【靳怀堾水文化文集】

智者乐水
ZHIZHELESHUI

靳怀堾 著

长江出版社

图书在版编目（CIP）数据

智者乐水/靳怀堾著．—武汉：长江出版社，2010.1
ISBN 978-7-80708-800-4

Ⅰ.①智… Ⅱ.①靳… Ⅲ.①散文—作品集—中国—当代 Ⅳ.①I267

中国版本图书馆 CIP 数据核字（2010）第 018061 号

智者乐水	靳怀堾 著

责任编辑：赵冕
装帧设计：刘斯佳
出版发行：长江出版社
地　　址：武汉市解放大道 1863 号　　　　邮　编：430010
　　　　　E-mail:cjpub@vip.sina.com
电　　话：（027）82927763（总编室）
　　　　　（027）82926806（市场营销部）
经　　销：各地新华书店
印　　刷：湖北通山金地印务有限公司
规　　格：787mm×1092mm　　　1/16　　　22 印张　　　428 千字
版　　次：2010 年 1 月第 1 版　　　　　　2010 年 1 月第 1 次印刷
ISBN 978-7-80708-800-4/K · 105
定　　价：46.00 元

（版权所有　翻版必究　印装有误　负责调换）

神交乐水的智者
（自序）

写下这个题目，我的眼前便浮现出一个又一个乐水智者的伟岸形象，老子、孔子、孟子、庄子、屈子、郦道元、李白、杜甫、苏轼、李清照、徐霞客、朱自清、沈从文、孙犁、冰心……继而，这些先哲纷纷向我走来，告诉我他们对水的认知、感悟，还有乐水的心路历程。

这些智者，虽都不曾与我谋面，但我却与他们都见了面——神交，我读他们的书，读他们与水的故事，体味他们与水的感情，感受他们如水的智慧，分享他们乐水的心境。在写作过程中，我与智者们作精神的沟通，作思想的交流，作快乐的分享，用他们酿造的"文化之水"冲开蒙昧的心智，赶走庸人自扰的烦忧，提升人生的境界。我很欣赏这样的话："下棋找高手，弄斧到班门。"这些乐水的智者都是中华民族思想文化界的顶极高手，尤其是先秦诸子，简直就是一个个中华文化的化身和符号，他们循循善诱，引领我进入了一座绚丽多彩的精神文化圣殿。

先秦时期也就是春秋战国时期，是一个礼崩乐坏、杀声震天、血流成河的动乱时代，但就是这个乱轰轰的时代，却绽放出艳丽无比的文化之花，随着百家争鸣局面的出现，一个个文化巨子带着神圣的使命横空出世，他们排除了人类神秘的"原始思维"对宇宙的神话解释，开始利用理性思维对自然、社会与人进行审视和解剖，用他们的大智大勇垒筑起中华文化的崇山峻岭，造就了中华文化的"轴心时代"。

中华民族崇尚"天人合一"，自然界的水被认为是有生命的物质，并常常与人类构成互动感应的关系。与先秦诸子神交，我发现了一个奇特的现象，就是孔孟老庄这些大智者，这些思想文化巨匠，都爱在水边思考问题，都爱用水阐发观点。为什么会是这样呢？我在"深思熟虑"后找到了初步答案：一方面，他们每个人都充满了"伟大的孤独"，他们先知先觉，叶未落而知天下秋；他们曲高和寡，世人昏蒙惟我独醒，鲜有能够"打擂"的对手，只好经常踽踽独行到水边作遐思冥想。另一方面，水是他们的良师益友，他们在与水面对面的时候，常常可以获得灵感，获得思想，获得哲学；还有，水边风景独好，他们偶尔也寄情于波光水色之中，排遣一下内心的孤独与寂寞。去得多，看得多，想得多了，自然之水便在他们那里升华为"文化之水"、"哲学之水"。于是，水，成了他们灵感的源泉和智慧的催化剂；水，成了他们认知宇宙和感悟人生的老师；水，也成了他们表达思想的载体和论辩的武器……

"上善若水，水善利万物而不争，处众人之所恶，故几于道。"老子最推崇水，认为水具有善利万物却甘于处下、不争不伐的美好品质。老子爱用水来比拟、阐发"道"的幽微精妙，常常以"天下莫柔于水，而攻坚强者莫之能胜"等"水性哲学"，谆谆教导我们要学习水、效法水。

"逝者如斯夫，不舍昼夜！"孔子站在河边，发出了千古一叹。我想当时夫子也许并没有想得太多，只是想告诉人们特别是年轻人，光阴如流水，拉不住，唤不回，要珍惜时光，自强不息，这样才不会枉活一世。

"源泉混混，不舍昼夜，盈科而后进，放乎四海，有本者如是。"孟子称赞水具有"盈科而后进"的品性，这种脚踏实地、循序渐进的品格，正是立志行道的君子所应追慕效法的。"盈科而后进"是流水的品质和追求；"成章而后达"是求学和做人的标准和境界。

"善游者数能，忘水也。"庄子看到，善于游泳的人，往往忘记水的存在，把在水中之游当成履平地一般。于是，庄子为我们指点迷津："忘水"是一种境界，对于人生而言，这种境界的取得需要经历无数生活风浪的考验和历练。有了这种境界，就会坦然面对人生的潮起潮落，处变不惊、宠辱不惊、胜固可喜、败亦欣然，这才是人生的智慧，而且是大智慧。

……

告别先秦诸子，我来到唐宋，见到了"诗满腹、情满怀"的李白、杜甫、苏轼、李清照，他们说，你们不是推崇唐诗宋词吗？那么我们就用诗词交流。

诗仙李白来了，挟着一股雄气、豪气、侠气、仙气还有酒气，一开口，便是"登高壮观天地间，大江茫茫去不还。黄云万里动风色，白波九道流雪山"，"君不见黄河之水天上来，奔流到海不复回"……仿佛他就是长江黄河，浩浩荡荡，激情澎湃，挥洒出的是诗仙独有的磅礴气象，演奏出的是盛唐的洪钟大吕。

诗圣杜甫来了，一脸的悲天悯人。我知道，他年轻的时候，同样豪放张狂,只是后来见大唐日渐式微,才"穷年忧黎元,叹息肠内热"。"无边落木萧萧下,不尽长江滚滚来","昔闻洞庭水,今上岳阳楼。吴楚东南坼,乾坤日夜浮。亲朋无一字,老病有孤舟。戎马关山北,凭轩涕泗流"……这怆然的声音,犹如长江呜咽,洞庭悲鸣。

苏轼来了,我以为他会唱"大江东去",却没想到吟出的却是"谁道人生无再少,门前流水尚能西,休将白发唱黄鸡","竹杖芒鞋轻胜马,谁怕?一蓑风雨任平生"……这也难怪,东坡先生一生曾经沧海,经历的自然和政治风雨实在太多了,这反而使他悟出了人生的真谛,变得豁达泰然了。在他看来,一方面,自然界的风雨也好,政治上的风雨也罢,都算不了什么,也没有什么可怕的,正可谓"一蓑风雨任平生"!另一方面,当斜照相迎的时候,面对雨过天晴,也没有什么好得意忘形的,因为人生和自然界一样,有晴有阴,有顺境也有逆境,阴晴晦明,进退得失,皆不足道,"也无风雨也无晴"最好!

"一代词宗"李清照来了,豆蔻年华、蕙质兰心的她,绣口一吐便是:"常记溪亭日暮,沉醉不知归路。兴尽晚回舟,误入藕花深处。争渡!争渡!惊起一滩鸥鹭。"我正想向她请教"溪亭"位于何处,蓦然回首,那张青春靓丽的脸不见了,一个面容忧戚满眼皱纹的李易安来了:"花自飘零水自流,一种相思,两处闲愁。此情无计可消除,才下眉头,又上心头。"在李清照传奇的一生中,不光有纵情山水的欢悦,夫妻鸾凤和鸣的幸福,也有受政治风雨牵连引出的离愁别恨,特别是靖康之变后,国破家亡,她漂泊江南,辗转流离,凄凄惨惨,像流水中的花儿一样,"飘零"成为其后半生的主旋律。

告别了李白、杜甫和苏轼、李清照,我又走进了现代文学殿堂,那里同样是大师云集的地方。

看那位身材不高、书卷气十足的朱自清,一会儿荡舟在"桨声灯影里的秦淮河"里,一会又徘徊于"荷塘月色"中。原来,他在精心打造属于他的独特的水意境,尤其是那些形态各异的"婉约"之水与他内心深处细腻的感受缠绵在一起,他的笔底便流淌出浓淡相宜、情景交融的诗情画意。

看那位叫孙犁的,他从白洋淀来,裹挟着水淀清新淡雅的荷香。于是,我们看到了水生、水生嫂等一系列栩栩如生的形象,"纯美的人性,崇高的品格,像白洋淀盛开的荷花一样,美丽灿烂"。

看那位娇小柔弱的冰心,她是大海的女儿,她给我们带来了浓郁的大海气息——"冰心的海是温柔的、秀美的；它既不像普西金的海，充满了辽阔和神秘气息；更不像海明威的海，粗犷而惊险，永远激荡着人们搏斗的气魄。冰心的海，具有女性的温柔和圣洁，这是一种可以洗涤人们内心污垢的美"。

还有那位从湘西走出的沈从文，他给我们送来的"文学湘西"，不但充满了田园牧歌式的情调，而且湿润润、水汪汪的，浸透着湘西之水的清灵和纤秀。他还特意告诉我们许多关于他与水的秘密："我感情流动而不凝固，一派清波给予我的影响实在不小。我幼小时较美丽的生活，大部分都同水不能分裂。我的学校可说是在水边的。我认识美，学会思索，水对我有极大的关系。"

对了，还有两位乐水的智者和奇人——郦道元和徐霞客，一个是北魏著名地理学家，一个是明末旅行家和文学家，他们风尘仆仆地来到我们面前，讲述着各自跋山涉水、感悟山水、记录山水的故事。我知道，二人出于对祖国大好河山的热爱，都有"游历癖"，郦氏"访渎搜渠"，足迹踏遍北中国的山山水水；徐氏"穷上下，高而为鸟，险而为猿，下而为鱼，不惮以生命殉"，北到盘山、五台，南至丽江、大理，足迹所及，遍及中华南北东西。二人的皇皇巨著——郦氏的《水经注》，徐氏的《徐霞客游记》，内容宏富，包罗万象，是中国地理书和游记文的双璧。

我要说，"文章多得江山助"，亏得有水的熏陶感染、启迪帮助，屈原、李白、杜甫、苏轼、李清照，才给我们留下了一首首饱含着水一般或雄浑或秀美的绝妙诗词；朱自清、沈从文、孙犁、冰心，才给我们留下了一篇篇浸润着水之灵性和神韵的千古美文。我还要说，"江山也要文人捧"，君不见，李白捧红了庐山瀑布，杜甫捧红了洞庭，苏轼捧红了西湖，孙犁捧红了白洋淀……这些智者，用他们的文采风流，不但给中华壮丽河山增光添色，也为我们这个民族留下了永恒的文化记忆。

子曰："知者乐水，仁者乐山；知者动，仁者静；知者乐，仁者寿。"我虽愚钝，难称智者，但我与智者神交，智者的快乐也在感染着我，让我像水中鱼，优哉游哉，怡然自得；智者的智慧也在启发着我，让我以水为师，嘉惠过去，烛照未来。

2009年10月6日于津门乐水书屋

目　录

上善若水
　　——老子与水　/1

智者乐水
　　——孔子与水　/11

水无常形，兵无常势
　　——孙子与水　/24

大禹的传人
　　——墨子与水　/35

善游者数能，忘水也
　　——庄子与水　/43

人性之善也，犹水之就下也
　　——孟子与水　/58

水则载舟，水则覆舟
　　——荀子与水　/72

行吟泽畔铸伟词
　　——屈原与水　/83

水者，万物之本原也
　　——管子与水（上）　/100

利在水也
　　——《管子》与水（下）　/109

崇尚"水德"的千古一帝
　　——秦始皇与水　/117

清水出芙蓉
　　——王羲之与水　/123

访渎搜渠注《水经》
　　——郦道元与水　/131

飞流直下三千尺
　　　　——李白与水（上）／148

桃花潭水深千尺
　　　　——李白与水（下）／171

不尽长江滚滚来
　　　　——杜甫与水（上）／176

好雨知时节
　　　　——杜甫与水（下）／196

大江东去
　　　　——苏轼与水（上）／203

雨雪菲菲总关情
　　　　——苏轼与水（下）／223

花自飘零水自流
　　　　——李清照与水／229

踏遍山水情未了
　　　　——徐霞客与水／248

会当水击三千里
　　　　——毛泽东与水／270

水孕育的情思
　　　　——朱自清与水／286

永远的良师益友
　　　　——沈从文与水／300

大海的女儿
　　　　——冰心与水／312

白洋淀上荷花香
　　　　——孙犁与水／322

水的大合唱
　　　　——谭盾与水／331

柔情似水
　　　　——女人与水／336

上善若水

——老子与水

我猜,老子的身影一定常常出现在江河湖海之畔,他不是为了一饱波光水色的眼福,而是为了求证他的"水性哲学"(有人说:老子的哲学就是水性哲学)。看得多了,想得多了,自然之水便升华为老子的"哲学之水",成为构建他思想大厦不可或缺的柱石。得衷心地感谢那位叫尹喜的关令,如果不是他执意将骑着青牛要出函谷关飘然而去的老子拦住,烦请老人家劳神为我们著书("子将隐矣,强为我著书"),我们也就无福沐浴在老子文化思想的光芒之中了。老子所著《老子》(又名《道德经》),尽管如箕中豆粒般历历可数,不过区区五千字,但那可是字字珠玑啊!在简约的文字中,老子为我们推出了一个"玄而又玄"的道的天地——他老人家把具有丰富哲学内容和政治内容的思想都归之于一个最高范畴——"道"之下了。当我们力求把握老子之道的精髓和特点时,发现其影响至深的哲学精见竟是千古流淌的"水"。老子爱用水来比况、阐发他的道,甚至水还一度被老子推崇为道的象征(认为水"几于道")。

一

道是老子哲学的中心观念,他的整个哲学体系都是从他所预设的道中展开的,并由此揭示出了"人法地,地法天,天法道,道法自然"(《老子·二十五章》)这一条贯穿着天地人的大法则。《老子》书中所有的"道"

字，符号形式虽然是统一的，但在不同章句中，却有着不同的内涵。也就是说，道的法则包罗万象，适用于自然万物和人类社会。有些地方，道作为产生并决定世界万物的最高实在（这个真实存在的道具有形而上的性格，它既不属于物质世界的东西，也无确切的形体和称谓，我们无法用感官去直接接触它的存在）。当道以本体形态出现时，老子把它称为"万物之宗"；当道作用于社会人生时，它又体现出某种规律，这些规律可作为我们认识世界的重要参照和为人处世的准则。

事实上，老子立说的道，并不都是主观的想象和臆造，在很大程度上是在经验世界中所体悟的"理"，经过抽象和升华后，把它们统统附托给所谓的道。也就是说，老子之道源于对大千世界物象的深刻体察和思考。从地理环境来看，老子和庄子这两位道家代表人物生长和活动的主要区域为河洛、江汉之间的水泽地带。《史记·老庄申韩列传》称老子"深藏若虚"、"其犹龙"，这种神秘性很容易使人联想到深不可测的水府。长期与水打交道，尤其是水所独具的各种形态和性质、功能，必然会深深启发老子的道机；而自然界中的水，这种普遍存在、分布广泛、孕育万物，与生命存在有着紧密文化联系的物质，恰恰与老子的道有着微妙的形似之处。从一定意义上说，老子哲学正是在对水及其他社会、自然事物进行高度抽象而得到的智慧结晶。

当道以万物之宗的"本体形态"出现时，似乎与水没有什么关系，但我认为老子在设计这个"道体"时，也一定离不开感知世界的参照物。客观世界万物谁能扮演这一举足轻重的角色呢？我们还从老子对道的描绘中寻找答案吧。老子这样形容他的本体的"道"：

是谓无状之状，无物之象，是谓惚恍。迎之不见其首，随之不见其后。

——《老子·十四章》

道之为物，惟恍惟惚。惚兮恍兮，其中有象；恍兮惚兮，其中有物。窈兮冥兮，其中有精；其精甚真，其中有信。

——《老子·二十一章》

道冲，而用之或不盈。渊兮似万物之宗；……湛兮，似或存。吾不知谁之子，象帝之先。

——《老子·四章》

我反复咀嚼着老子以上论道的文字，不经意间，一个大胆的推测在脑海中诞生了：作为万物之宗的道，其"形状"与渊深不可测的大海何其相似。大海的深广，让人望不到边，看不到头，又透不到底，大海的无状之状、无物之象在人的直观视觉中是"迎之不见其首，随之不见其后"的，恍恍惚惚，缥缥缈缈，神秘莫测。而大海之中，"其中有象"——大海本身的浩瀚就是无与伦比的大象；"其中有物"——大海中蕴藏着丰富无比的资源和财富；"其中有精"——大海中有无数生命的精灵；"其中有信"——大海的潮汐最讲诚信。"渊兮似万物之宗"——大海的渊深广大，是孕育生灵万物的摇篮。

中国古代，由于水与生命、与各种生物的生长的密切关系，先民们对水的种种神秘力量充满了崇拜，也产生了"水生人、水生天地万物"的观念。如春秋时的管子就称："水者，何也？万物之本原，诸生之宗室也。"（《管子·水地篇》）。这种水生万物的观念也必然会影响到老子，而老子恍惚无形、"渊兮似万物之宗"的道正与水有着惊人相像之处。因此，有人干脆说，老子的道一个重要的原型就是水（乔清举《河流的文化生命》）。

二

当老子的"道"体现在自然和社会规律、准则方面时，我发现它与水有着更近的亲缘关系。

老子说："反者道之动，弱者道之用。"（《老子·四十章》）"反"意味着事物发展到极点，则必转化而为其反面，即"物极必反"。老子认为"弱"（"柔"、"虚"、"后"、"下"）具有极强的生命力，而"弱者道之用"的最重要体现是"柔弱胜刚强"。

老子贵柔，把"柔弱"为自己哲学的重要范畴。在他的眼中，刚的东西容易折断，柔的东西反倒难以摧折，所以最能持久的不是刚强者，反而是柔弱者。当然，老子所谓的"柔弱"，并不是通常所指的软弱无力，而是具有十足的韧性，坚忍不拔的特征。老子是这样借水阐述柔弱之"道"的：

> 天下莫柔弱于水，而攻坚强者莫之能胜，以其无以易之。弱之胜强，柔之胜刚，天下莫不知，莫能行。
>
> ——《老子·七十八章》
>
> 天下之至柔，驰骋天下之至坚。无有入无间，吾是以知无为之有益。不言之教，无为之益，天下希及之。
>
> ——《老子·四十三章》

在老子看来，世间没有比水更柔弱的，然而攻击坚强的东西，没有能胜过水的。水性至柔，却无坚不摧。"水滴石穿，绳锯木断"，这人所共知的道理。的确，自然界中不乏这样神奇的现象，微不足道的水滴经过长年累月的"滴答"，可以把一块巨石穿破；柔弱的绳子不停地"磨擦"，能把硬梆梆的木头锯断。还有那一股股潺潺的溪流，柔弱而轻灵，可千万条溪水汇在一起，便成为浩浩荡荡大江大河，一旦破堤而出，便会成排山倒海之势咆哮而下，吞没农田房舍，冲毁道路桥梁，任何坚强的东西都抵挡不了。正所谓"天下至柔驰至坚，江流浩荡万山穿"。

柔能克刚，不但是自然界的一条重要法则，也是人类社会的一个普遍规律，因而老子告诫人们要"知其雄，守其雌"，"知其白，守其黑"，"知其荣，守其辱"（《老子·二十八章》）。虽有雄健之势，却甘居于雌弱之地；虽有洁白之身，却甘处于黑暗之中；虽有光荣之誉，却甘置于卑辱之位。这种柔弱胜刚强的规律运用于战争，老子主张"将欲歙之，必固张之；将欲弱之，必固强之；将欲废之，必固兴之；将欲夺之，必固与之，是谓微明，柔弱胜刚强"（《老子·三十六章》）。对于敌人，将要使它收敛，姑且先使它扩张；将要削弱它，姑且先使它强大；将要废毁它，姑且先让它兴起；将要夺取它，姑且先给予它，以促进强大敌人尽快走向反面，从而达到以弱胜强的目的。

柔弱胜刚强的命题，是老子在自然之水和其他柔弱事物具有比刚强更有生命力的启示下提出的核心思想之一，这中间包含着深邃的辩证理念，它给我们的启示多多：第一，坚持就是胜利。一滴水的力量微乎其微，然而许多滴水坚持不断地冲击石头，就会形成强大的力量，最终会把坚硬的石头滴穿。因此，在现实生活中，不论做什么事情，一定要学会坚持，只有锲而不舍，才能取得成功。第二，事物往往是以成对的矛盾形式出现，矛盾的双方在一定的条件下可以互相转化。因此，我们一定要注意把握"道"的这一原则，力求在不利的条件下争取有利的结果，即"以柔克刚"；在有利的条件下要避免向不利的方向转化，即"知雄守雌"。

"何意百炼钢，化为绕指柔"。在现实社会中，柔弱胜刚强的例子俯拾即是。君不见中华太极功，素有"棉拳"、"软手"之称，其特点是舒松、轻灵、圆活、柔和，外柔内刚，棉里藏针，用意不用力；动作软绵绵的，迈步如猫，动如抽丝，但在攻防格斗中，以静制动，以柔克刚，避实就虚，借力发力，屡屡上演以弱胜强的好戏。君不见世间许多大男人多么威武雄健，世间许多小女人多么温婉柔弱。大男人为了征服小女人，不得不先去征服世界，几经猛打硬拼，甚至浴血奋战，终于功成名就，也赢得了女人的芳心；而小女人呢，一点也不着急，看准时机，温柔之剑出鞘，只在当空软绵绵的一挥，便将威猛的大男人拿下，接着便顺手牵羊，让世界也拜倒在自己的石榴裙下。你看那楚霸王项羽和汉王刘邦，一个出身名门，力拔山兮气盖世，勇武绝伦，百战百胜，所向披靡；一个出身布衣，肩不能担担，手不能提篮，无文无武，屡战屡败，打不过就跑。但后者却深谙知雄守雌的辩证法，垓下一战，一向处于弱势的刘邦竟逼得强悍的项羽洒泪别姬，自刎乌江。

三

南怀瑾先生说，"上善若水"是老子人生哲学的总纲。

老子是这样以水喻道的："上善若水，水利万物而不争，处众人之所恶，故几于道。"（《老子·八章》）就是说，最高尚的品德像水一样。这就把水人格化了，并推崇到无以复加的高度。本来老子之道是恍惚无形的，而水尽管柔软流动，但毕竟是有形的，"道无水有，故几于道"（王弼《老子注》）。但水又与其它事物大为不同，它具有滋养万物生命而不争的无私德行，它能赐予万物以利益，却从不与万物争利益，"到江送客棹，出岳润民田"，只要能做到利他的事，就默默无闻地去做；他物争着处上，水独甘居卑下。水的这种"不争"、"处下"的崇高品德，正符合老子之道的特征："万物恃之以生而不辞，功成不名有，衣养万物而不为主"（《老子·三十四章》）。难怪老子盛赞水"几于道"了。

受老子的影响，后世崇水者大有人在。汉代刘安等编著的《淮南子·原道训》就奉水为"至德"：

> 天下之物，莫柔弱于水。然而大不可及，深不可测；修极于无穷，远沦于无涯；息耗减益，通于不訾；上天则为雨露，下地则为润泽；万物弗得不生，百事不得不成；大包群生而无好憎，泽及蚑蛲而不求报，富赡天下而不既，德施百姓而不费；行而不可得穷极也，微而不可得把握也；击之无创，刺之不伤，斩之不断，焚之不然（燃）；淖溺流遁，错缪相纷而不可靡散；利贯金石，强济天下；动溶无形之域，而翱翔忽区之上，邅回川谷之间，而滔腾大荒之野；有余不足，与天地取与，授万物而无所前后。是故无所私而无所公，靡滥振荡，与天

地鸿洞……与万物始终。是谓至德。

在这篇水的颂歌中，作者盛赞水具有"柔而能刚"、"弱而能强"、无私厚德、浩大无比、无所不能等品德，这里的"水"，不仅是"至德"，简直就是"道"的化身了。

宋代史学家、政治家司马光也对水推崇有加，他说："是水也，有清明之性，温厚之德，常一之操，润泽之功。"这简直就是在为"上善若水"作注脚。

老子在激赏水的"不争"、"处下"的品德后，向人们提出了效法水的为人处世哲学——谦卑、宽容、无争。他说：

居善地，心善渊，与善仁，言善信，正善治，事善能，动善时。夫唯不争，故无尤。

——《老子·八章》

一个人的行为应该像水一样，善于自处而甘居下地；心地要像水一样善于容纳百川而深沉渊默；行为要像水一样无私仁爱；说话要像水一样准平有信；为政要像水一样公正平衡；做事要像水一样无所不及而又无所不能；行动要像水一样善于把握时机适时而动。然后再加上水所具有的高尚品质——处下、不争，与物不争，与事不争，就会最大限度地避免祸患，处顺善终。老子由水的品格娓娓道来，讲了一连串做人做事的行为准则，为我们走好漫长的人生之旅提供了路标、尺度和借鉴。

"不争"，是老子之"道"体现生活准则的重要特征。老子"不争"的观念提出，主要是因为在现实社会中到处弥漫着为名利而你争我夺，甚至大打出手、头破血流的现象：国与国之间为争地盘，常常兵戎相见，打得血肉横飞；人与人之间为了争夺私利不惜使出坑蒙拐骗等阴损的手段，甚至为了争夺王侯之位，骨肉至亲反目成仇，喋血萧墙。有鉴于此，老子大声疾呼，让人们效法"水利万物而不争"的精神，做到"为而不争"。当然，老子的这种"不争"，并不是一种自我放弃，也不是逃离社会或遁入山林。他的"不争"，乃是为了消除人类的争端开出的一剂药方，在很大程度上也是无奈之举。其实，老子并不反对人们去"为"，只是强调所"为"要像水一样能"善利万物"，所收获的成果，并不据为己有，而是与大家共享；所获得的功劳，也不自己独居，而是与大家共有。

那天，我去湘西拜谒沈从文先生墓，先生墓碑背后刻的16个字引起了我的注意：

不折不从

星斗其文

亦慈亦让

赤子其人

这16个字是沈从文的妻妹、有"民国最后才女"之誉的张充和女士为沈他撰写的诔文。如果把每句的最后一个字联起来，就是"从文让人"。我读过沈从文的许多小说、散文，也读过凌宇所著的《沈从文传》，知道一些沈从文为文和为人的故事。沈从文既有不折不从的性格，有灿烂得像星星北斗一样的小说、散文，又有慈祥谦让，如同赤子般的品格。年轻的时候，他创作了《边城》、《湘西散记》等一系列文学精品，赢得了"乡土文学大师"的盛名。新中国成立后，正值壮年的沈从文因不能适应"新的要求"，不得不放弃心爱的文学事业，来到历史博物馆，默默无闻地做了一名为文物抄写目录、标签的小职员。"文革"期间，他同其他许多知识分子一样，遭遇了被批斗和被下放的厄运。当不少人在抗争中倒下时，沈从文却采取了超然不争的态度，顽强地乐观地活了下来。"文革"结束后，他调到中国历史博物馆和中国社会科学院研究所，从事中国古代服饰及其他文物研究工作，同样取得了骄人的业绩。当国内外许多人为他转行感到惋惜万分的时候，1980年78岁的沈从文在美国一所大学讲演时，却发表了一番发人深省的讲话：

我们中国有句俗话说：塞翁失马，焉知非福！在中国近30年的剧烈变动情况中，我许多很好很有成就的同行、老同事，都来不及适应这个环境的变化变成了古人。我现在居然还能在这里很快乐地和各位谈谈这些事情，证明我在适应环境上，至少做了一个健康的选择，并不是消极地退隐。

这就是沈从文，一个充满理性，懂得"不争"之道的智者。由于他的"不争"，上天反而没有亏待他。

"处下"是"不争"的一种重要表现形式。为了说明"处下"的好处，老子又一次以"有形之水"来比况"无形之道"：

道之在天下，犹川谷之于江海。

——《老子·三十二章》

大国者下流，天下之牝，天下之交也。

——《老子·六十一章》

> 江海所以能为百谷王者，以其善下之，故能为百谷王。是以欲上民，必以言下之，欲先民，必以身后之……是以天下乐推而不厌。
>
> ——《老子·六十六章》

江海居于低洼处下的地位，天下的"水往低处流"，纷纷投入它们的怀抱。老子受到江海处下反而为"百谷王"的启示，得出了万物皆归于道，犹如川谷同归江海的结论。他还详细阐发了善于"处下"在人生中的积极意义，告诫人们：海纳百川，有容乃大，只有像江海一样具有包容万象的气量、容积，才能成就王者的事业。

由此，我想起了"水能载舟，亦能覆舟"这句警言。舟比喻为君王，水比喻为百姓；舟在上，水在下。如果坐船的"君王"经常想到船下载舟的水（百姓），认识到"贵以贱为本，高以下为基"，居上思下，把自己的利益置于民众之后，"先天下之忧而忧，后天下之乐而乐"，就会得到民众的归附和拥戴，才能避免"覆舟"的危险；反之，轻视根本，甚至忘掉根本，肆无忌惮地在百姓头上拉屎拉尿，作威作福，人民就会掀起反抗的浪涛，"君王之舟"离倾覆也就不远了。

由此，我想起了屈身礼士的燕昭王，三顾茅庐的刘备，二人皆是"善用人者为之下"（《老子·六十八章》）的典型。前者礼遇老臣郭隗，为他造了一座精美的房子，并拜之为师，尊敬有加，结果"士争趋燕"，燕国成为"人才高地"，燕昭王靠着众多贤才的辅佐，使燕国迅速强大起来；后者礼遇诸葛亮，倚为腹心，言听计从，终于"三分天下有其一"，建立了蜀汉政权。

由此，我还想到了当下常听到的"顾客是上帝"、"人民的勤务员"之类的话语，这不都暗合了老子"处下"的理念和智慧吗？如果老子能得知今人有如此理念，一定会点头赞许："然也！正和吾道也！"

四

细读《老子》，我发现他老人家除了多次以水直接载"道"外，还用与水有关的"谷"、"谿"之类的物象来形容、阐释道：

> 谷神不死，是谓元牝。元牝之门，是谓天地根。绵绵若存，用之不勤。
>
> ——《老子·六章》

知其雄，守其雌，为天下谿。为天下谿，常德不离。……知其荣，守其辱，为天下谷。为天下谷，常德乃足。

——《老子·二十八章》

上德若谷，广德若不足。

——《老子·四十一章》

谷，《说文解字》的解释是"泉出通川为谷"；《尔雅·释水》则说"水注川曰谿，注谿曰谷，注谷曰沟"。就是说，谷是水的通道，水又往低处流，因而谷在地势上处于低下的位置；谷既为水的通道，自然也是虚空之所在。老子以谷喻道，主要有两方面的含义：一是取其"虚空"，来契合其道以虚无为本的思想。老子把"谷"之虚空有容的作用设想为"神"，这样，"谷神"便成为产生天地万物的根源。"玄牝"亦如谷，也是一个巨大深远却又神秘而又能产生万物的"虚空"母体，故能"绵绵若存，用之不勤"。惟其以虚为本，才能广纳众有，生生不息，永不枯竭。二是取其"处下"，来表示其道具有包容的属性。只有处下，才能谦虚容物，成为大器。老子推崇处下、不争，"上德若谷"与"上善若水"一样，都是希望人们要胸怀阔达，谦虚谨慎。其实，老子哲学的无为、质朴、无欲、谦退等思想，又有哪一点没有体现出水的性格和精神呢？

另外，老子还以盛水的容器之空（虚）与注水之满（盈）来形容"道"之虚空，深刻阐述了事物之实与虚、满与空的辩证关系。他说："道冲，而用之或不盈。渊兮，似万物之宗"；（《老子·四章》）"持而盈之，不如其已"（《老子·九章》）；"大盈若冲，其用不穷"（《老子·四十五章》）。"道冲"（"冲"，古字为"盅"，《说文》解释为"器虚"），指道是虚空而没有形体。盛水之器只有虚空，才能"其用无穷"。老子把这一生活现象提升到哲学的高度，并以"器虚"作为其道的本质，由此启示我们：如果把器皿注得满满的，就会发生水满而溢的现象，也就意味着事物发展到了极限和顶峰，接下来便是衰败的到来。因此，与其将水注满器皿，不如让它保持空虚，这样才会"注焉而不满，酌焉而不竭"（《庄子·齐物论》），持有无限的用途。

五

水给老子的启迪和灵感无疑是多多而巨大的，自然之水总能和老子之道紧密联系起来，以水喻道，堪称是老子思维中的一个定式。在老子睿智的目光中，当水流入其本体道构造的广阔思维空间时，自然之水便成为老子构造"道体"的基本模型；当水流入其道之体现自然和社会规律的幽长隧道时，自然之水便成了老子立说的"哲学之水"；当水流入其道之体现生活准则的宽大河床时，自然之水又成了老子思想的"社会之水"、"人生之水"。

水是老子文化思想中具有特殊意义和价值的重要标记，是老子喻道、阐道的重要载体。同时，通过水的载体，使老子形而上的道（精神的道、概念的道）从"玄而又玄"、"惟恍惟惚"的"众妙之门"中走了出来，使其道变得具体而生动，这就为我们体会和把握"老子之道"的深切奥义打开了感性的方便之门。

构思这篇文章时，我的脑海里总是闪现着老子的形象：老寿星似的头颅，前额高耸，大耳垂肩——前者是聪明的象征，后者是福寿的记号；一脸慈悲，慈眉善目——"看多了罪恶，不是与世同浊，心肠随之冷酷，便是脱胎换骨，超凡脱俗，蜕化出一颗大慈大悲的心灵"（鲍鹏山语），慈眉没问题，善目吗？值得商榷。我以为，老子那双眼睛，除了散发着"上善若水"般的柔波外，还一定不时地放射出灼灼的亮亮的光芒，明敏，犀利，洞悉一切，入木三分。

那天，我再次捧读《老子》，沐浴在老子思想的光辉中。恍惚间，一位骑青牛披紫气一身仙风道骨的老者飘然而到，我被他带到了一个神奇的"道"的大海边，看到了从来也没看到过的智慧的波浪，听到了从没听到过的哲理的涛声……

智者乐水

——孔子与水

读《论语》、《孔子家语》等典籍,你会发现有"圣人"、"万世师表"之誉的孔夫子喜欢与大自然中的山水为伍——他乐山,"登东山而小鲁,登泰山而小天下";他乐水,"亟称于水,曰'水哉,水哉!'"(《孟子·离娄》),而且"见大水必观焉"。对于水,他老人家还留下了两句十分著名的话,一句是"知者乐水",一句是"逝者如斯夫,不舍昼夜",让后人浮想联翩,费尽了心思、笔墨和纸张。

一

这是个春光融融、和风熏人的傍晚,上完了课,弟子们纷纷离去,杏坛上,只有子路、冉有、公西华、曾皙等几个得意弟子还围坐在孔子身边大摆"龙门阵"。夫子兴致颇高,他忽然把这样一个问题抛向身边的几个弟子:你们说说各自将来的打算吧。子路、冉有、公西华纷纷慷慨陈词,表达了自己"治国平天下"的理想和追求。对于他们的志向,孔子未置可否,却把询问的目光投向了离他稍远,正在鼓瑟的曾皙(名点)。在孔子的众弟子中,曾皙的年龄与孔子相仿,性格比较狂放。曾皙听到老师叫到他的名字,不慌不忙地停下了弹奏,不紧不慢地说道:"莫春者,春服既成,冠者五六人,童子六七人,浴乎沂,风乎舞雩,咏而归。"(《论语·先进》)暮春季节,春天的衣服都穿定了,邀五六个成年人,六七小孩子,结伴到沂水里洗洗澡,然后在凉爽宜人的舞雩台上吹吹风,大家潇潇洒洒地玩个痛快,之后高高兴兴地唱着歌回家——这就是我曾某人的理想啊!

年轻时,当我读到曾点这段表白时,心中暗道:这位曾点先生真是个胸无大志之徒。本以为他的这番"没出息"的言论会受到夫子的严厉批评,可是眼光稍稍往下一移,便看到了"吾与点也!"(我赞同曾点的想法呀!)这句话。孔子的这个表态,着实让我吃惊令我疑惑,那么要强上进的夫子,那么生命不息、奋斗不止的夫子,怎么会赞同曾点的观点呢?我真是搞不懂!

接近不惑之年后,当我不断地重温这段语录,终于明白了其中的蕴意:往大了说,曾点所描绘的从容潇洒的生活境界,正是孔子追求无限憧憬和追求之"大同"世界应有的景象,也只有天下太平,社会安定,国家富强,人民丰衣足食,才会有"浴乎沂,风乎舞雩"的闲情逸致。往小了说,亲近山水自然,与其水乳交融,合为一体,正是儒者"天人合一"理想的体现。在孔子看来,在家乡的沂河中沐身浴心,优哉游哉,分明是人生中不可或缺的乐事。而他所生活的空间,是个礼崩乐坏、污秽纵横的社会,尘世俗务免不了要污染他的心灵,而肉体本身也会经常蒙垢。于是,他便津津乐道于投入水的怀抱,洗去身心的污尘,让身体洁净清爽,让心灵一尘不染。因而对曾点表达的人生理想,孔子自然会"叹息而深许之"了。

孔子乐水,不但喜欢在水中沐浴,还喜欢在水上垂钓。孔子钓鱼,"钓而不纲"(《论语·述而》),只用渔竿钓鱼,不用大网捞鱼。可见孔子的乐趣在于"钓",而不在于"鱼",他是要在"钓"中寻找快乐,体味快乐。

孔子既是个圣人,也是个食人间烟火的凡人,他有普通人的苦辣酸甜,以及种种失意和烦恼。于是,孔子的"乐水",偶尔也把失意之情寄托于水波之上——"道不行,乘桴浮于海"(《论语·公冶长》)。意思是说,我的儒家之道不能推行于天下,我干脆驾着一个小木筏子到海上隐居算了。人生在世,不如意之处十有八九。怀抱大济社稷苍生理想的孔夫子,学识渊博,道德高尚,而他所开创的儒家学说,在当时就有广泛的影响,享有很高的声誉(与墨家共称"显学")。但是,孔子的学说特别是他的政治主张并不受当时统治者的待见。为了推行自己的"道",他曾率领众门徒风尘仆仆地周游列国,但所到之处常常与冷遇和奚落相伴——"伐树于宋,削迹于卫,穷于商周,困于陈蔡,受屈于季氏,见辱于阳虎,戚戚然以至于死"(《列子·杨朱》)。如此狼狈的人生遭遇,怎能不令夫子黯然神伤、满腔悲愤,终于不平则鸣,喊出了"道不行,乘桴浮于海"的巨大牢骚。

事实上，孔子骨子里绝不想真的隐逸在苍茫的大海中，过道家所谓的"逍遥游"生活。这牢骚不过是他老人家"干七十余君无所遇"（《汉书·儒林传》）的无奈与感慨，就如同我们普通人着急上火、火冒三丈时脱口而出的几句过头话一样。尽管挫折多多，他依然汲汲奔走于列国之间，以求实现他的仁政理想，而"不知老之将至"。

不过，孔子的这句牢骚话却为后世为宦海沉浮者指示了一个基本的行为方向，即当仕途失意时，就想"乘桴浮于海"，归隐泉林，担风袖月，梅妻鹤子。然而，又有几人真能做到绝弃尘缘呢？比如，唐代武则天时，大臣张说被罢官流配至钦州（今广西境内），面对波涛茫茫的大海，发出的是"乘桴入南海，海旷不可临"（《入海二首》）的悲叹。再如，宋代大文豪苏东坡因"乌台诗案"谪居黄州（今湖北黄冈），一度想摆脱尘世的纷扰，"小舟从此逝，江海寄余生"（《临江仙·夜归临皋》），但同样不过说说而已。看来，如果不是真心想作隐士，仕途失意之情靠水波是抹不平的。

二

看完了上述关于孔子乐水的故事，读者可不要产生错觉，以为孔子的"乐水"就是为了赏心悦目洁身。其实，孔子乐水绝不仅仅是陶醉、流连于水的自然之美和实用功能上，更主要的是通过对水的观察和体验，从中感悟出人生的真谛。

由孔子开创的儒家学派，以"仁"为学说的核心，以中庸为思想方法，重血亲人伦，重现世事功，重实践理性，重道德修养。孔子注重人事，不但"敬鬼神而远之"（"敬"是假，"远之"则是真），而且对"天"也不感兴趣，当学生向他问起"天"的事情时，他老人家常常显得颇不耐烦："天何言哉，四时行焉，百物生焉。天何言哉！"（《论语·阳货》）老天有什么好说的，春夏秋冬更替，昼夜旦暮转移，万物生生不息，不都是很自然的事吗，有什么好说的！孔子无心问"天"，是因为他一生都以救现世济苍生为己任（具体地说就是推行仁义，重整社会的道德伦理秩序，变天下无道为天下有道），他关注的是现实的社会问题。顾而他观水，在很大程度上是以构建儒家伦理道德思想的大厦为切入点的——这当然属于精神世界的东西。

孔子说："知者乐水，仁者乐山；知者动，仁者静；知者乐，仁者寿。"（《论语·雍也》）又说："知者不惑，仁者不忧。"（《论语·子罕》）这里，夫子将"智者"与"仁者"的习性作了比较，认为智者如水，流动奔腾，永不停息，喜欢奇思妙想，乐于开拓进取；仁者如山，仁慈宽厚，稳重不迁，喜欢平和安静，乐于稳坐钓台。显然，孔子的这一命题包含着这样的含义：一定的自然对象之所以引起人们的喜爱，是因为它有某种和人的精神相契合之处。

我以为，南宋理学大师朱熹在《四书集注》中对"知者乐水"的解读，最接近孔夫子的本意，他说："智者达于事理而周流无滞，有似于水，故乐水。"的确，水具有川流不息的"动"的特点，而"知者不惑"，通达事理，反应敏捷而又思想活跃，同样具有"动"的色彩，而且水的形态和功用，常常给智者认识社会、人生乃至整个物质世界以启迪。

端木子贡是孔子最得意的高徒之一。尽管孔子对他的评价没有颜回高，但凭心而论，他应是孔门弟子中才智和能力最杰出者。子贡是言语科的佼佼者，雄辩滔滔，"利口巧辩，孔子常黜其辩"，看来孔子有时也说不过他，只好让他缄口闭嘴。子贡是出色的外交家，出使于外，诸侯"无不仆庭与之抗礼"，接待规格之高令人咋舌。子贡是商界奇才，善于经营，家累千金，为中华儒商的鼻祖，倘若不是子贡生财有道，并不时拿出钱财来接济老师，孔子师徒饿肚皮的日子一定不少。子贡还是个重情重义的人，孔子逝世后，其他弟子在墓前守孝三年便纷纷离去，唯他在孔子墓旁"结庐守墓"，一守就是六年，足见其对老师的感情超乎寻常。直到今天，在孔子墓前西侧还有"子贡庐墓处"的遗迹。众所周知，孔子的文化思想大多是在与弟子们交谈中表现出来的，而子贡与夫子的对话最多、也颇精彩。

《孔子家语·三恕》中有一段关于子贡问"水"的记载，引起了我的注意：

> 孔子观于东流之水，子贡问曰："君子所见大水必观焉，何也？"孔子对曰："其不息，且遍与诸生而不为也，夫水似乎德；其流也，则卑下倨拘，必循其理，此似义；浩浩乎无漏（屈）尽之期，此似道；流行赴百仞之嵘而不惧，此似勇；至量必平之，此似法；盛而不求概，此似正；绰约微达，此似察；发源必东，此似志；以出以入，万物就以化洁，此似善化也。水之德有若此，是故君子见，必观焉。"

孔子设教，不像官学和一般私塾那样，整天守着一堆简策，讲呀，念呀，背呀，没完没了，令人厌烦，而是常常以社会为课堂，把学生带到大自然和实际生活中去，启发他们的心智，陶冶他们的情操。一个春光灿烂的日子，孔子带着众弟子们来到曲阜城外的泗水之畔春游踏青，赏水观澜。

习习的春风似情人温润的嘴唇，带着泥土和花草的芳香热情地吻着人们的面颊。泗水岸边，桃红柳绿，草色碧青，到处弥漫着盎然生气。河中，桃花水涨，唱着歌打着滚奔向远方。连日来，弟子们专心苦读，个个心神俱疲，为了不辜负眼前这大好的春光，大家都尽情地沉浸在姹紫嫣红的怀抱中，尤其是那些年岁较轻的弟子，更是像小马驹一样，撒着欢在河堤上下跑着跳着唱着。孔子开始也和大家一样，陶醉在游春的快乐中。当他的一双慧眼投到泗水之中，望见奔腾的流水时，便停步伫足，凝眉沉思起来。跟在他身边的子贡知道，"见大水必观"是老师的一个习惯，但老师由观水悟出了什么人生哲理是他最想知道的。今天正是好机会。于是他向老师发问：夫子见大水必观，其中必有讲究，愿夫子明教。孔子说：赐啊，你把大家叫来，我给你们讲讲。子贡遵命，赶忙招呼师兄弟们众星捧月般围拢在孔子身旁，孔子见弟子们眼里充满着期待，便清清嗓子，将平时对水的思索一一讲了出来：

这水不停地滋润，普遍地给予世间的各种生物却完全不为自己，就像君子的德操；它向低处流去，或直或弯，但总是遵循一定的规律，就像君子遵循着义；浩浩荡荡，奔流不息，就像君子的"道"；流经百仞深谷而不畏惧，就像君子的勇敢；达到低洼的地方，必求其水面平坦，就像君子的法度；保持平坦而不用（外力）概（"概"，古代用斗斛量谷物时用来刮平斗面的工具），就像君子的公正；它柔和而无处不在，就像君子的明察；它自发源处百折不挠地滚滚东流，就像君子的志向；万物受其洗涤而变得新鲜光洁，就像君子的善于教化。水有如此多高尚的德行，因此君子见到它，必定要观看！

弟子们听完老师的这一番宏论，无不惊诧，在司空见惯的流水中，老师竟能看出如此深奥的道理！老师哪里是在讲水，分明是讲如何立世做人——而水与君子的品德何其相似，难怪他老人家见到大水就凝神伫立！

从孔子的这番言论中可以看出，孔子是以水为比德的载体，描绘了他理想中具备崇高人格的君子形象，涉及到德、义、道、勇、法、正、察、志、善化等九德。

受孔子的影响，后世的儒者更是津津乐道于以"君子比德于水"，计有德、道、仁、义、勇、智、察、贞（包蒙）、善化、正（法）、度、意（志）、力、持平、礼、知命、圣等十七德，无非是取譬于水的静态、动态、流向、功用等等，来比拟君子的各种德操。

由此可见，孔子观水，着眼点不是水的自然之美，而是试图通过水这个介质来架起水之美与人之善间内在联系的桥梁，以放大水的社会意义和价值，并由此推衍出儒家立身处世的道理和准则。

著名历史学家钱穆先生说："中国古代文化中，天人合一观实是整个中国传统文化思想之归宿。"孔子这种对水的社会化、道德化的认识，正是"天人合一"思想的体现。孔子重视道德教化，他所创立的儒家学说从某种意义上讲就是一种道德学说。而水的许多"内在特质"——"似德"、"似义"、"似勇"、"似法"等，确与儒家的伦理道德有着十分相近之处，因而为孔子和其他智者、君子们所"乐"。于是，孔子便顺理成章地把水的形态和性能与人的性格、意志、知识、道德培养等对接起来。这时，自然之水也就成了体现孔子伦理道德体系的感性形式和观念象征，成了儒家文化的"道德之水"、"人格之水"。

孔子的这种水之"比德"论对后世影响很大，许多思想家都以这种观念来看待水之内在的美与善（中国古代，美与善同义）。尽管这一"比德"观念从本质上讲还不是以纯粹的审美心态来观照自然山水，其实质仍是一种功用论——道德功用论，但在中国美学史上，它"第一次揭示了人与自然在广泛的样态上有着某种内在的同形同构从而可以互相感应交流的关系。这种关系正是审美的一种心理特点"（李泽厚、刘纲纪《中国美学史》）。如在开辟山水审美新境界的魏晋南北朝时期，人们喜欢将水（山）等自然之物与人的品德乃至人的感情性格、音容笑貌相比况，盛行"人物品藻"的风尚。据《世说新语》载，卫瓘评价乐广为"人之水镜也，见之若披云雾、睹青天"，以清水和明镜为比喻称赞乐广之见识高明。郭泰赞美黄叔度说"叔度汪汪，如万顷之陂，澄之不清，扰之不浊，其器深广，难测量矣"，以水之深广形容黄叔度的器量宏大。宋朝文学家范仲淹也曾以富春江之美比于严子陵："云山苍苍，江水泱泱，先生之风，山高水长。"人品和山水之美交相辉映，成为千古绝唱。

三

奔流不息的河水不但令孔子赏之悦之，而且引发了孔子无限的哲学情思，一句"逝者如斯夫，不舍昼夜"（《论语·子罕》）的话，其中蕴含着多少人生的智慧呢？

孔子"观川"于何处，他老人家没有明说，典籍中也没有确切记载。

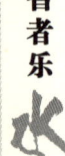

以孔子主要生活在鲁国，因而所观之川似应在曲阜周围一带，如泗水、洙水和沂水（大沂河、小沂河）等。但孔子周游列国，去过东周都城洛阳，见过伊水、洛水、瀍水、涧水；去过齐国，见过淄水、渑水；去过卫国，见过黄河，这些河都有可能是孔子"观川"的对象。我曾多次到孔子的故乡拜访，并执意要寻找"子在川上"的地方。当地的一位文史专家告诉我，孔子"观川"之处众说纷纭，尼山孔庙和泗水泉林（位于泗水县城东20公里，以泉水上喷如林而得名）都有后人所立"孔子观川处"。

为了追寻圣人的足迹，一个秋阳高照的日子，我带着朝圣般的心情，来到了位于曲阜城东南30公里处的尼山。尼山不高，海拔不过340余米，山上五峰连峙，惟中峰称尼山，因是圣人降生地（相传孔子降生于鲁国昌平乡陬邑尼丘山）而名扬四海。此山原名尼丘山，因讳孔子名"丘"，易名"尼山"。孔子，名丘，字仲尼，可见，圣人的名字与尼山有着不解之缘。自后周显德年间始建尼山孔庙，后世竟相在尼山东麓大兴土木，形成圣人祠庙、尼山书院、观川亭等人文景观。尼山风景秀丽，山上林木茂密，洞壑幽深，加之隐于尼山主峰东麓山腰苍松翠柏中的尼山孔庙建筑群，更给尼山染上了浓郁的文化色彩。但即使如此，我也坚信，倘若这山不是沾了孔夫子的光，肯定是个无名小山，这正印证了那句老话，"山不在高，有仙则名"。

在孔庙门前，我问导游此地与孔子相关的景观有哪些。导游说，这一带的景观差不多都与孔子有关，尤以智源溪、夫子洞、观川亭、鲁源林等处与他老人家关系最为密切。尼山脚下的夫子洞，相传为孔子出生的地方，我刚刚瞻拜过，洞的形状倒是有些奇特，但有关孔子的传说更是充满神秘色彩，诸如"凤生、虎养、鹰打扇"之类。鲁源林我没去过，但我知道鲁源林即指林木葱郁的鲁源村，那是孔子儿时的家。……没等我想得太多，导游指着庙门前那条潺潺流过的小溪说，这就是智源溪，溪水由尼山之巅汇流而下，经孔庙门前的石桥，注入山下的小沂河（为泗河支流）。因孔子出生于尼山脚下的夫子洞，而他老人家又是中华文化和智慧的化身，故后人为溪起名"智源"，意思是智慧之源。我说：一条普通的小溪，因为孔子光辉的照耀，竟成了一条文化之溪，名人效应不可小视。

孔庙东南隅，建有一座四角凉亭，亭上悬竖匾一方，上书"观川亭"三个隶体金字。此亭始建于至元四年（1338），亭下便是山谷中流淌千年的不息的小沂河。站在孔子当年曾经停留的地方，我凝眸远眺，思接千载，仿佛回到了2500年前，看到夕阳之下的孔子就站在这里，发出了穿越时空的千年一叹："逝者如斯夫，不舍昼夜。"

我猜，这样一句经典的"语录"，当是饱经沧桑而又充满大智慧的孔子晚年通过长期对水观察和人生感悟的结晶。孔子六68岁时，结束了14年周游列国的生活，重返鲁国，虽以国老的身份参与政事，但还是把更多的时间和精力用在了育才和整理古籍上。暮秋的一天，孔子在子贡、曾参等弟子陪伴下回到自己的故乡陬邑，登临尼山。夕阳西下时，孔子师徒尽兴下山，来到后世所称的"观川亭"处，停步小憩。俯瞰山下，孔子忽然睁圆了双眼。众弟子顺着老师的目光望去，但见山下那条波翻浪涛的大河正深深地融入天边金红的残照中。孔子久久凝视着这万古奔流的河水，陷入沉思冥想中。忽然，他指着山下滔滔奔涌的河水，开口说道："逝者如斯夫，不舍昼夜！"像是自言自语，又像是说给弟子们，又像是说给尼山和周围的花草树木。

孔子一连说了好几遍，弟子们都牢牢记住了老师的感慨，他们不语，都在默默地咀嚼着这句话的含义。孔子教学有个鲜明的特点，就是"不愤不启，不悱不发"，故在一般情况下，弟子对夫子说的话往往要尽心揣摩，有了心得之后，再向夫子讨教。

在孔门弟子中，只有颜回和子贡最善于理解孔子的意图。如今颜回已经作古，只有子贡尚追随在孔子身边，于是，曾参、子夏、子游等年轻的弟子们不约而同地把期待的目光投向了师兄子贡。

"这是老师对消逝的时间、人事与万物有如流水般永远留不住而引发的思考和感慨。"子贡沉思良久，终于开口道出了自己的心得。

听了子贡的解说，孔子只是微笑，未置可否。子贡知道，老师的这句话意味深长，内涵丰富，不可简单地理解，于是便进一步切磋琢磨起来。孔子把岁月的迁流比做流水，自然有使人爱惜光阴的意思，但奔流的水，同样与君子进德修业、自强不息的精神相仿。光阴如流水一般，时不我待，看来老师要我们珍惜时光，积极进取。想到此，子贡又说："老师是让我们效法流水，不舍昼夜，自强不息。"孔子微笑着注视子贡，颔首，认可了子贡的解读。

……

回到眼前的现实中来，我站在孔子当年驻足的观川亭前，学着孔子的样子把探寻的目光投到崖下，但见眼前的小沂河河床很宽，但水流却细、浅、缓,以此河为"逝者如斯"的参照物,时光仿佛也变慢了。我知道,这股潺潺细流如果放在2500年前,孔子断不会发出"逝者如斯夫"的浩叹;我也知道,当年浩荡咆哮的河水如今却不得不静悄悄地流淌,这并不是奔流千万年走得疲惫的缘故,而是上游的尼山水库阻挡住了她汪洋恣肆的前行脚步。不过,这并不能阻挡住我思考的脚步,我以为,孔子的"逝者如斯",还有一层自己不好明说的深意,我好像看到了垂暮之年的孔子独自站在河边沉湎于对过去的怀想之中:逝者如斯!回首逝去的人生岁月,虽然充满坎坷和无奈,但扪心自问,不敢虚掷光阴,每天都在修养自己的道德情操,探求着人生的光明大道,同时把体会于心的道理,尽最大努力推广开去——"知其不可为而为之"!尽管仁政、王道的政治理想在当世没能很好地实践下去,但我坚信,人间正道会像流水一样永不止息地传承下去。天行健,君子以自强不息。现在,我已进入桑榆暮景,来日不多了,我要抓紧教书育人,整理古代典籍,以泽被后世……

于是,人们看到垂暮之年的孔子在与时间赛跑,一方面以极大的热情倾注于教育事业,传道授业;一方面序纂《尚书》,修《诗》、正《乐》,阐发《易传》,笔削《春秋》,使古代典籍得以千古流传。

"逝者如斯夫,不舍昼夜",到底怎么理解呢?后世不少人都在用自己的言行表达着对这句话的领悟:

——"百川东到海,何时复西归。少壮不努力,老大徒伤悲。"(《乐府诗集》卷三十)这是汉代一位无名长者写的诗,以光阴如东流之水一般永不回头,来劝谕年轻一辈要珍惜青春,发奋努力,有所作为。

——"对酒当歌,人生几何,譬如朝露,去日苦多"(曹操《短歌行》),这是一代枭雄曹操面对飞逝的时光,发出了人生苦短、功业未成的感慨。

——"自信人生二百年,会当水击三千里"(毛泽东《〈沁园春·长沙〉注》),这是历史巨人毛泽东对"逝者如斯夫"的解读,表现的则是一种奋发进取、自强不息的人生态度。

——物质运动犹如流水,是在空间进行的,而这种运动的不舍昼夜、永不停息,又是它的时间表现形式。孔子不仅朴素地认识到一切物质都处于运动中,而且以川流不息的水为喻体,说明了运动与时间、空间的关系。而运动主体是流水一般客观存在的物质,这种物质的运动,是自然而然的,一切由物质的天性所决定。这是哲学家李泽厚眼里的"逝者如斯",充满了哲学的意味。

上述关于"逝者如斯"的解读，我认为毛泽东的那两句话最富于进取精神，也最契合孔子的本意。的确，时光如流水一样一去不复返，青春终会老去，万事万物都将成为流水般的匆匆过客。面对短暂的人生之旅，作为天地间渺小如草芥的人又怎样度过这一生呢？孔子是让我们效法滔滔东流之水不舍昼夜、勇迈古今之不断进取的精神，努力以有限的生命之水融注于无限的人生事业之河。在这方面，孔子本身也为我们树立了光辉的榜样，尽管怀瑾握瑜的他为了弘扬儒家之道到处碰壁，但依然如奔流的川水一样执着地、义无反顾地追求着人生的"正道"。

四

圣人之所以成为圣人，体现在人格的高尚，意志的坚定等方面，非凡人所及。有一则孔子"过于盗泉，渴矣而不饮，恶其名也"（《尸子》）的故事，启示着我们洁身自好要从小事做起，砥砺日久便可臻于至善至美。

盗泉，古泉名，故址在今山东泗水县东北。相传当年孔子率众弟子周游列国，一个烈日炎炎的夏日，大家走得汗流浃背，口渴难耐。忽见前面有一座小山，山前一股清泉正在汩汩流淌，许多人都在泉旁解渴纳凉。真是天无绝人之路，众弟子见状大喜，纷纷奔向那泉，一个弟子自己没顾上喝，先盛来一碗清泉孝敬老师。孔子接过水碗送向嘴边，忽然想起什么，便问身边老乡这泉的名字，老乡说：这泉啊，叫盗泉。孔子闻听此言，脸上立即严肃起来，把水往地上一泼，命令弟子继续赶路。众弟子大惑不解，忙问其故。孔子说：我不喝这泉水，是因为厌恶这泉的名字，志士不饮盗泉之水，廉者不受嗟来之食。本来，盗泉的"盗"字，不过是泉的名字而已，实则与"盗"字毫无干系，渴饮其水，本无不可，但孔子是真君子，心性极高，对自己的荣誉十分珍惜，容不得一丝一毫的玷污与亵渎。他老人家之所以不饮盗泉之水，是怕喝了"盗泉"之水，便与"盗"有了瓜葛——盗者，君子所不齿也！

孔老夫子"渴不饮盗泉"，这个故事千百年来已经家喻户晓；孔老夫子这种"拒腐蚀永不沾"的做法，同样为后世所推崇：

——"曾子立廉，不饮盗泉"（《淮南子·说林训》）；

——"志士不饮盗泉之水"（《后汉书·列女传》）；

——"廻车避朝歌，掩口去盗泉"（李白《赠宣城宇文太守兼呈崔侍御》）；

——"不饮盗泉水，愁闻吴市箫"（白蕉《江浦》）；

——今人奉"盗泉之水"为成语，用来比喻以不正当的手段获取的东西。

当然，也有对此不以为然者，东晋的吴隐之就是其中一位。当年，吴隐之受命到岭南广州任地方官。来到广州，有人说此地有一眼"贪泉"，饮之贪得无厌。吴隐之毫不介意，舀水饮之。到任后，吴隐之清正廉洁，惩治贪腐，上下肃然，颂声一片。这件事给我们的启示是：无贪欲者饮"贪泉"不贪，贪欲者不饮"贪泉"也贪，贪与不贪，取决于心性与操守。

今人思想解放，对"渴不饮盗泉"非但不以为然，反而提出疑义。有人作《盗泉》诗就表达了这种情绪：

路有孤行者，迷途荒漠间。七日不见水，舌干口生烟。远望绿荫起，近闻人马喧。踉跄滚爬近，绝处逢生涓。掬流言欲饮，耳闻水名传。"廉者不食嗟，志士远盗泉！"终为干渴毙，人间留笑谈。腐儒尽称颂，吾谓大不然。同为地脉水，恶名谁人传？贪廉一念起，人兽两心肝。浊流穿胸过，正气尚凛然。清者自然清，贪鄙终究贪。……

那意思再明显不过，如果盗泉之水是用来救命的，为什么不能喝？难道渴死保节贪图虚名才算对？！

我要说的是，不要曲解孔子"渴不饮盗泉"的意思，他老人家强调的实质是精神气节问题：坚守节操，不污其行！

五

"圣人门前水倒流"，这是孔子家乡曲阜水系的一个突出特点。受西北高东南低地势的影响，我国的河流大多是"一江春水向东流"。但环绕曲阜一带的河流，却反其道而行之——从东向西流。曲阜当地的民间传说对这种现象给出的解释是：孔子有一个弟子，是东海龙王的三太子，他幻化成人形拜孔子为师。孔子的仁政思想深深打动了三太子，他立志要为百姓多做好事。有一年，曲阜大旱，三太子背着玉皇大帝降下甘霖解除了这里的旱渴，自己却因触犯天条而被玉帝处死于曲阜之东，但他依然拼命向西边的庄稼地吐着雨水，于是，便形成了这里水向西流的状况。其实，这不过是人们的一种理想化的想象，真正的原因应该是曲阜三面（北、东、南）环山，一面（西）平川，西面最低，水往西流，这是当地的地形地貌使然。

对于曲阜水向西流的独特现象，当地人颇为得意。古语云：门前水倒流，富贵没有头。这样看来，孔子故里分明就是风水宝地。事实也如此，这里不但孕育了伟大的思想家教育家孔子，诞生了伟大的儒学，成为中华文化的圣地，而且孔子不断受到帝王们的尊崇和追封加谥，先后有12位皇帝20余次亲至曲阜朝拜孔庙、孔林。孔庙，也由最初的"庙屋三间"发展到现在的占地近330亩，殿、阁、坛、祠、堂、庑、亭等466间。与此同时，孔子的后代也倍享荣耀，宋以后其嫡系后裔一直世袭衍圣公，所居孔府，占地240亩，有厅、堂、楼、房463间，成为名副其实的"天下第一家"。

孔子生前爱水，死后仍依恋着河川。孔子仙逝后，弟子们把他葬于鲁国故城（曲阜）北泗水之上（泗水南岸）。随着孔子地位的日益提高，孔林的规模越来越大，围墙越来越高。今之孔林，占地三千余亩，四周围墙长达15华里。孔林二门内有条小河蜿蜒而过，名曰"洙水河"，因流经孔子墓前，与"圣脉"关系重大，故被后世称为"灵源无穷，宜与天地共长久"的"圣水"。

说起这条洙水河，同样有一段不寻常的来历。据说孔子73岁时，预感到大限已到，为了给自己找到一块上佳的安息之地，便带领众弟子勘选墓址，并最终在曲阜城北泗水之滨，圈下了一块占地18亩的墓地。尽管孔子认可了这块永久栖身之地，可子路仍嫌这里美中不足：此地虽好，可墓前还缺一条河，对子孙后代不利。孔子说：不必忙，自有秦人来挑河。弟子们虽不解其意，但老师既然说了，肯定不会错。果然，过了270多年，秦始皇焚书坑儒，有人向他建议，要想让儒学断绝，必须把儒学祖师爷孔子的"阴宅"风水破坏掉。孔林中没有河，如果在孔子墓地南面挑一道河，将他的阴宅和阙里的阳宅隔断，孔子就不能显灵了，他开创的儒家学说也会随之败亡。秦始皇闻听此言，觉得有理，便命人在孔子墓地南面挑了一道河，即洙水河。阴错阳差，不但完成了孔子墓的最后一道工程，也为孔林平添了一道风景。洙水河虽小，却像一条玉带系在孔林腰间。自此以后，孔子后代代代繁衍，人丁兴旺，并享受着历代帝王赐予的高官厚禄。

我知道，这则故事不过是好事者的附会和演义。一则是想给被奉于高高圣坛之上的孔子锦上添花，再给他戴上"前知五百年，后知五百载"的神圣光环；一则是想让秦始皇弄巧成拙，以表达对他焚书坑儒的强烈不满。事实上，洙水本是古代一条天然河流，古洙水河发源于泰山（今新县东北），与泗水合流后，至曲阜东北又与泗水分流。鲁人以洙水河作为都城北和西面的护城河，又将小沂河引入作为东和南面的护城河。天长日久，古洙水逐渐淤湮。为纪念孔子，后人将鲁国故城北的护城河指为洙水。今洙水源自曲阜城东五泉庄，穿过防山间的洼地，流向西南，再穿过孔林，向西注入泗河。

《水经注》说:"洙水西北流,经孔里北,是谓洙泗之间矣。"洙泗书院位于曲阜城东北 2 公里处,面洙背泗,原名先师讲堂,是孔子当年修书讲学的地方,后成为纪念和祭祀孔子的场所。孔子周游列国归来后,曾在这里设教讲学,并删诗书,定礼乐,整理古籍。后来"洙泗"成为儒学的代号。南宋爱国词人张孝祥的《六州歌头》说,"洙泗上,弦歌地,亦膻腥",以"洙泗"代表中原和儒家文化,以激发人们的爱国热情。

那天,我们一行五六人去拜访孔林,进入至圣门西行约 200 米,有一座建造精美的石坊立于眼前。石坊建于明嘉靖年间,四柱三间,坊额刻有"洙水桥"三个大字,传为明代严嵩所书。石坊北即为洙水桥,单孔,拱型,砖石铺面,石雕栏杆。站在桥上观洙水,因年久淤积,她已显得十分苍老干瘪,充其量不过是一条小河沟而已。看到同行的伙伴对这条小河失望的眼神后,我忙说:这洙水河表达的更多的是象征意义,不必拘泥于它的形貌,要"遗貌取神"才是。

水无常形，兵无常势

——孙子与水

一

春秋末期，中国思想界星光灿烂的上空，出现了三颗最为明亮的星体——孔子、老子和孙子，他们一个是儒家的鼻祖，一个是道家的创始人，一个是百世兵家之师。他们三人的联袂而出，一举把中华文化推进到一个成熟的高峰。

其实，在先秦诸子百家中，兵家是最受各路诸侯欢迎的一家——列国之间，弱肉强食，你争我夺，或争霸或自保，军事斗争是主要手段，谁也离不开领兵打仗的人。历史为兵家提供了纵横驰骋的舞台；而残酷频繁的战争，则为兵家的锻造提供了火红的熔炉。于是，我们看到，春秋战国之际，一大批军事家争先恐后地走上历史的前台，斗智斗勇，运筹帷幄，上演了一出又一出威武雄壮的好戏。但大浪淘沙，有"兵圣"之盛誉者，惟孙子一人而已。

孙子名武，字长卿，春秋末期齐国乐安（今山东惠民，或说博兴、广饶）人，出身于精通军事的世袭贵族家庭。长辈给他取名为"武"，字"长卿"，显然是期望他武能安邦，建立一番功勋。孙子在军事上的伟大建树主要体现在他为后人留下了一部伟大的军事著作——《孙子兵法》上。这部5000多字的兵书，包罗宏富，言简意丰，深刻提示了军事斗争的普遍规律，对中国乃至世界的军事理论和实践产生了深远的影响。《孙子兵法》同时也是一部精粹的哲学著作，其兵法理论中总揽全局、综合比较、求实超前的能动运筹理论和能动辩证、因利制权的作战指导思想，也被广泛应用于外交、经济、体育等非军事领域，直接或间接地影响着人们的各种社会实践活动。

在《孙子兵法》十三篇中，有七篇直接涉及水与战争的关系。我推测，《孙子兵法》之所以有这么多有"涉水"的分子，原因主要有二：

第一，与《兵子兵法》完成的地域——吴国有关。孙武是齐人，他的国家历史上不乏深于谋略的军事家、政治家，比如齐国的开国之君姜太公，辅佐齐桓公"霸诸侯，一匡天下"的管仲，还有齐景公时熟谙兵法、善于带兵打仗的司马穰苴（即田穰苴），等等。另外，孙子的祖辈也多是谋略过人的将领。在时代、国风、家庭的熏陶下，少时的孙武就对军事产生了浓厚的兴趣，加之天赋过人，小小年纪就有不凡的见解，被人视为未来的大器。孙武也想长大后报效自己的母国，但齐国卿大夫之间残酷的倾轧，特别是功勋卓著的军事家司马穰苴的蒙冤而死，使他深感恐惧和失望，他觉得如果在齐国待下去，不但平生抱负难施，而且还有性命之虞。孙武可不想当政治斗争的牺牲品，于是横下一条心，于十八九岁（约为齐景公三十一年，公元前 517 年）时候毅然远走高飞，投奔了吴国。南方的吴国自寿梦称王以来，联晋伐楚，国势日盛，颇有新兴气象。孙武认定吴国具有他大展经天纬地之才的舞台。

在吴都（今江苏苏州）郊外，孙武结识了从楚国投奔而来的伍员，即后来大名鼎鼎的伍子胥，二人都是旷代英才，惺惺相惜，很快结成莫逆。开始的时候，孙武"避隐深居"，继续潜心研究兵法，著书立说。孙武想，我写的这部兵书，将来是要呈给吴王作为晋见之礼的，而吴国争霸的对象，首当其冲是越国和楚国，吴越、荆楚之地，本是水乡泽国，河流纵横，湖泊棋布，出门见水。这样的地情水情条件，对行军作战影响很大，因而兵书中自然不能忽视在多水环境下的作战问题。

另外，在孙武写定兵法之前，吴与越已结下深仇大恨，为了让吴王读他的兵法时倍感亲切，孙武在兵法中每以吴、越之事为譬：

夫吴人与越人相恶也，当其同舟而济，遇风，其相救也如左右手。

——《九地篇》

以吾度之，越人之兵虽多，亦奚益于胜败哉？

——《虚实篇》

第二，孙武在撰著兵法时，一定认真观察过水、思考过水。他发现，在行军打仗中，如果断了水，比断粮还可怕；他发现，"兵形象水"，而水所独具的无常形及兼有利与害、柔弱与刚强、防御与进攻两重性的特点，与战争的特性有着某种惊人的相似之处；他还发现，以水代兵的战例在古今中外的战争史上屡见不鲜。于是，孙武看到了水的力量，受到了水的启迪。以水的特性和功用论述军事思想，堪称《孙子兵法》的鲜明特色之一。

一般认为，吴王阖闾上台后不久，孙武便完成了兵法十三篇的著述。我个人觉得，如果此说成立，孙武二十多岁便完成《孙子兵法》这样成熟的大著，以他的年龄和阅历，似不可能。很可能这部兵法在呈给吴王时，仅是个毛坯初稿。以后，孙武经过数十年的南征北战，心得颇多，并于晚年归隐山林后对"十三篇"进行了全面修订和补充，使之臻于完善。

阖闾是位雄才大略的君主，他登上王位后便励精图治，实施富国强兵政策，"任贤使能，施恩行惠"，发展农业生产，使吴国迅速强大起来。在伍员的大力举荐下（史载为"七荐孙子"），孙武终于走进了吴王的宫殿。二人见面，寒暄了几句，孙武便将自己所著的兵法呈给了吴王。阖闾开始读孙子的兵法时，还有些漫不经心，但很快便被竹简上深邃的思想和精妙的战略战术所征服，情不自禁地啧啧称好。阖闾是个聪明人，看罢孙武的全部兵法，忽然产生了一个念头：这兵法讲得头头是道，用于实战是否真的有效呢？孙武本人是不是夸夸其谈之徒呢？他眉头一皱，计上心来，当场让孙武"试以妇人"（操练宫中的美人）。面对吴王抛来的这块"烫手山芋"，孙武没有畏惧退缩，而是从容镇静，胸有成竹，用他的大智大勇导演了一出"斩姬练兵"的好戏，让吴王心服口服。自然，吴国将军的职位也成了孙武的囊中之物。从此，在孙武与伍员等人的筹划指挥下，吴国西破强楚，南服越人，北威齐晋，让吴王阖闾赫然进入"春秋五霸"之列。

二

在中华传统文化中，"势"是一个被广泛重视和应用的重要范畴。何为"势"？许慎《说文解字》释"势"为"盛力，权也"。《现代汉语词典》对"势"的解释包括五个方面，分别是势力，一种事物力量表现出来的趋向；自然界中的现象或形势；政治、军事或其他社会活动方面的状态或情势；姿态；雄性生殖器。其实，势"是基于形势和运动，由气和力化合而成的一种能量"，主要包括权势、形势、趋势等三个方面。

孙子十分重"势"，他在兵法十三篇中15次提到势。在《计篇》中，孙子对决定战争胜负的道、天、地、将、法等"五事"进行比较分析后，接着便提出了一个关于"势"的命题。他说："计利以听，乃为之势，以佐其外。势者，因利而制权也。"计算客观利害，意见得到采纳，这只是战争的常法，还要凭籍常法之外的变法才能把胜利的可能变为现实。这个"变法"就是"因利而制权"的势。战场中的这种势，很难用生动的战例和具体的语言表达出来。孙子怕人们懵懂，便用现实中常见的激水漂石现象作喻：

激水之疾，至于漂石者，势也。……是故善战者，其势险，其节短。

——《势篇》

流水湍急，呼啸奔涌，其迅疾之势可以把大石头冲走。善于作战的人，他所造成的态势是险峻的，他所掌握的行动节奏是短促而猛烈的。这里，孙子提出了"势险"和"节短"两个重要原则。"势险"说的是军队运行速度，"激水之疾，至于漂石"的比喻，形象地强调了速度是发挥战斗威力的重要因素。"节短"说的是军队发起冲锋的距离，孙子用"鸷鸟之疾，至于毁折"作喻，要求军队发起冲锋时应像雄鹰搏击小鸟那样，凶猛快捷，短兵相接。这就对指挥作战的将帅提出了明确要求，即在作战时，一定要注重造势，以争取主动，形成有利态势，从而打跨敌人。

为孙子上述高论作注脚的有解放战争时期著名的渡江战役。当时中国人民解放军百万雄师在西起湖口、东至江阴的千里战线上强渡长江，在较短的时间内便突破了国民党军队精心构筑的长江防线，占领了南京、上海、武汉等大城市，解放了长江以南广大地区。抛开国民党军队军心涣散、抵抗能力较差不说，也与解放军全线进攻、迅猛出击，造成排山倒海的态势有着极为重要的关系。

交战的双方是否处于有利的态势固然重要，但战争的胜负还主要取决于军事实力的对比。即使一方处于非常有利的形势，如果实力不济，最终还会走向失败。孙子十分清醒地看到了这一点，又提出了"形"的概念。《势篇》说："强弱，形也。"这里所谓的"形"，指的是军事实力。孙子认为，创造条件，积蓄军队的作战力量，使自己立于不败之地，是战胜敌人的客观基础；在这个前提下，去等待和寻求战机，才能把优势化为胜势：

善用兵者，修道而保法，故能为胜败之政。故胜兵若以镒称铢，败兵若以铢称镒。胜者之战民也，若决积水于千仞之溪者，形也。

——《形篇》

孙子把敌对双方的力量对比建立在科学计算的基础上,而且要求这种强弱对比如同"以镒称铢"那样占有绝对优势。他以高高的山上决开积水奔腾而下,其势不可阻挡来比喻军队具有强大的战斗力,认为只有这样的军队,用兵作战时才会有横扫千军如卷席之势,摧枯拉朽,战无不胜。

由此可见,《孙子兵法》中的"势",主要强调的是主观能动作用的发挥,从而造成有利的形势;"形",主要强调的是军事实力。只有在一定的"形"的基础上,发挥将帅的指挥才能,造成有利的"势",才能克敌制胜。难能可贵的是,孙子在认识论上具有朴素的唯物主义倾向,他没有随心所欲地夸大人的主观能动性,他的头脑是清醒的,理智的。而以水为喻,使得"势"、"形"这对抽象概念变得具体、生动和形象起来,让我们易于理解,便于掌握。

三

用兵作战,灵活运用战略战术十分重要。对此,孙子提出了"奇正"和"虚实"的思想,告诉领兵打仗的人:指挥作战所要灵活机动,既要遵循常法,又要因时制宜,因地制宜,随机应变。

孙子非常重视战术的"奇正",尤为偏爱"奇"的运用。他说:

> 战势不过奇正,奇正之变,不可胜穷也。奇正相生,如循环之无端,孰能穷之?故善出奇者,无穷如天地,不竭如江河。
>
> ——《势篇》

"奇"与"正"的关系,最富于变化,"奇"可以变为"正","正"可以变为"奇"。为了形象地表达"奇"、"正"变化之关系,善用比喻的孙子信手将天地和江河拈来,用以阐述其深邃的"奇正"思想,指出:一个高明的将帅,应随机应变,随着战场情况的变化而变换奇正战法,犹如天地一样,春夏秋冬、阴晴圆缺,变化无穷;犹如江河一般,滔滔奔涌,不舍昼夜。活用奇正之术,变化奇正之法,是指挥员应变战场瞬息万变形势所必须把握的艺术。在敌我双方对峙的战场上,尽管奇正的变化"无穷如天地,不竭如江河",但落脚点往往在一个"奇"字上。唯有善出"奇"者,才算领悟到了奇正变化的要旨。

由此我想到了一代名将韩信,他导演的"井陉之战"无疑就是运用孙子"奇正"思想的经典战例。公元前204年十月,韩信在平定了魏国、代国的割据势力后,越过太行山,向东挺进,兵锋直指赵国。此时,由于刘

邦已把韩信的精兵调往荥阳一带正面对付项羽,韩信手中只有近期招募的3万军队。经过急行军,汉军来到井陉口(今河北井陉东,为古代著名的关隘之一),在关外30里处安营扎寨。韩信的对手深知韩信的厉害,赵王歇和主帅陈余不敢怠慢,统帅20万大军扼守井陉口,居高临下、以逸待劳,等候韩信来送死。面对敌众我寡和粮草接济困难的严峻形势,韩信决定主动出击,速战速决。这天半夜时分,韩信先派2000名骑兵,每人携带一面红旗悄悄出营,埋伏在敌人营垒附近,准备乘隙袭占之,断其退路;又派1万多人渡过绵蔓水(今河北井陉境内),背水列阵,以迷惑调动赵军。赵军本来就认为韩信的军队不过区区3万人,没有什么了不起,如今望见汉军背水列阵,无不嘲笑韩信不会用兵,对其更加轻视。天亮时,韩信亲率大军向井陉口的赵军逼近。赵军见状,纷纷打开营垒,挥戈迎战。韩信佯装败退,与事先背水列阵的汉军汇合。赵军以为汉军要逃之夭夭,遂倾巢而出,企图一举歼灭之。汉军将士见背靠大河,无路可退,便以一当十,拼命死战。正在双方打得难解难分之际,埋伏在赵军营垒附近的2000名精兵突然冲进赵军营垒,拔去赵军的旗帜,遍插汉军的红旗。赵军久攻汉军不下,欲暂时收兵回营,择机再战。惊回首,但见营中到处飘扬着汉军的旗帜,以为老巢被端,顿时军心大乱。汉军乘势掩杀,前后夹击,大败赵军。汉军以少胜多,大败数十倍于己的强敌,战后诸将亦莫名其妙,便向韩信请教。韩信说,兵法云:"兵士甚陷则无惧,无所往则固,深入则拘,不得已而斗"。敌众我寡,如果陈兵于活地,将士何能拼命死战呢?听完韩信的一番分析,诸将无不折服。

井陉一战充分体现的韩信高超的指挥艺术。背水列阵虽是兵家大忌,但韩信没有墨守成规,而是逆向思维,奇正并用,出奇制胜,从而谱写了中国战争史上的光彩夺目的篇章。

有人说,狭路相逢,勇者胜;背水作战,赌徒胜。的确,背水作战,是兵家大忌,但韩信却能置之死地而后生,这当然有赌的成份。其实,战争就意味着风险,在很多时候,交战的双方都没有绝对的把握,只不过,高明的指挥员善用"奇正"之变,精于筹划,灵活运用,故能把这种风险(或者说"赌"的失算)降低到最低的限度。韩信不愧为一代名将,他不但深谙孙子"奇正"哲学,而且用实战完美地阐述运用了这一思想,正所谓"运用之妙,存乎一心"了。

与奇正之法相对应,孙子又进一步提出"虚实"思想,即"避实而击虚"、"因敌而制胜"的作战指导原则。

"虚实"是奇正的具体表现形式,是指军队作战所处的两种基本态势——力弱势虚和力强势实之间的辩证关系。孙子在深刻的观察和思考中,发现水形与兵形有十分相似之处:

夫兵形象水,水之行,避高而趋下;兵之形,避实而击虚。

——《虚实篇》

用兵的法则就象流动的水一样,水流动的规律是避高而趋下,用兵的规律则是避开敌人坚实之处而攻击其虚弱的地方。

如何做到"避实而就虚,因敌而制胜"呢?孙子认为应根据敌情变化灵活运用各种战法而打败敌人。他又一次以水作喻:

水因地而制流,兵因敌而制胜。故兵无常势,水无常形,能因敌变化而取胜者,谓之神。

——《虚实篇》

地势的高下制约着水的流向,作战应根据敌情而决定克敌致胜的方针。所以,用兵没有固定不变的方式方法,就像水流没有固定的形态一样;能够依据敌情变化而取胜的,就称得上用兵如神了。这就告诫指挥员,指挥作战时要针对敌情变化而采取灵活机动的战略战术,才能把握胜利的主动权。

孙子因水之启示而提出的"避实就虚"的作战法则,为历代兵家战将所推崇,并成为屡试不爽之克敌致胜的法宝。比如,大家耳熟能详的"围魏救赵"之战,就是经典的战例。再如,被毛泽东称为一生中的"得意之笔"的"四渡赤水"之战,更是避实就虚、变被动为主动的光辉范例。四渡赤水战役,是毛泽东根据情况的变化,实行高度灵活的运动战方针,纵横驰骋于川、黔、滇边界广大地区,迂回穿插于数十万重兵之间。通过四渡赤水,不但摆脱了敌人的围追堵截,而且避敌之长,击敌之短,一再造成敌人的错觉,从而寻找到战机,歼灭了大量敌人,最后巧渡金沙江,终于实现了北渡长江的计划,使红军在长征的危急关头,从被动走向主动,从失败走向胜利。

古希腊哲学家赫拉克利特有一句名言:"人不能两次踏入同一条河流。"河水在不停地流动,当人们第二次踏入这条河流时,接触的已经不是原来的水流,而是变化了的新的水流了。智者所见略同,孙子用与赫拉克利特的观点一样,他把战争看成是水一般"流动体",而不是"凝固体",并由此提出了"兵无常势,水无常形"的著名军事格言,对后代兵家的启示可谓大矣！斗转星移，四时更替，一切客观事物都处于发展变化之中。战场上的情况更是瞬息万变，如果千篇一律、墨守陈规地对待各种不同的战争情况，就会失去战机，甚至会招致失败。

四

天时、地利、人和都是决定战争胜负的重要因素。孙子重视天时、人和，同样也没有忽视地利，认为掌握好地利，克敌制胜的先决条件。在《行军篇》中，孙子论述了充分利用各种地形行军作战的方法，特别对"临水作战"的原则做出了精辟阐述：

绝水必远水；客绝水而来，勿迎之于水内，令半济而击之，利；

欲战者，无附于水而迎客；视生处高，无迎水流，此处水上之军也。

在这段简约的文字中，孙子提出了临水行军作战的四项基本原则：

第一，"绝水必远水"。部队通过江河后必须迅速远离之，以免陷入背水作战的险境。远离江河，既可引诱敌人渡河，致敌于背水之地，又可使自己进退自如，畅通无阻。

第二，"客绝水而来，勿迎之于水内，令半济而击之，利"。"半济（渡）而击"，这是一条极为重要的原则。站在守方的立场考虑，敌军渡河进攻，要乘其渡河至一半时便全力反攻，歼敌于进退维谷之中。如果攻方还在对岸蓄势待发，守方切忌主动出击，渡水迎敌，否则就会大大消耗自身的力量，难以做到事半功倍；如果让攻方安然渡河进入守方阵地，人家气势正旺，且无退路，必然拼死进攻，守方抵抗将十分困难，即使获胜，也要付出较大的代价。站在攻方的立场考虑，则必须采取一切办法和手段，迅速脱离"半渡"的状态，提前作好迎战的准备，以免半途而废，甚至溃不成军。

第三，"欲战者，无附于水而迎客"。这是江河作战的又一重要原则，它包括两方面的含义：一方面，如果我方决心迎战，那就要采取远离河川的布置，诱敌半渡而击；另一方面，如果我方不准备迎战，那就阻水列阵，使敌人不敢轻易强渡。

第四，"视生处高，无迎水流"。即在江河地带驻扎，也要居高临下，不要处于江河下游，以防止敌军从上游顺流而下，或决堤放水，或投放毒药。水战据上游，无疑可获得地利的优势。关于这一点，孙子还强调，在涉江渡河时，要注意观察水势，不能莽撞行事。他说："上雨，水沫至，欲涉者，待其定也。"河流上游下暴雨，看到水沫漂来，要等水势平衡以后再渡，以防山洪暴至，猝不及防。

　　孙子之所以能够提出上述"四项基本原则"，绝不是拍脑门的凭空想象，而是在总结历史上许多战争胜败得失经验教训的基础上才得出的真知灼见。比如，"半济而击"原则的提出，在很大程度上是汲取了宋襄公"泓水之战"遭到惨败的沉痛教训。

　　公元前 638 年（周襄王十四年）夏，宋襄公出兵伐郑。郑文公向楚国求救，楚成王接报后，没有直接去救郑国，而是统帅大军浩浩荡荡杀奔宋国。宋襄公见情况不妙，连忙从郑国撤兵，回救宋国。《左传》绘声绘色记载道：

　　宋襄公及楚人战于泓，宋人既成列，楚人未既济。司马子鱼曰："彼众我寡，用其未济，急请击之。"公弗许。既济未成列，子鱼复请。公复未之许。及成列而战，宋师败绩。

　　宋军在泓水（今河南柘城县西）北岸扎好营盘不久，楚国大军也赶到了对岸。翌日天一亮，楚军便调动兵马准备渡河，此时宋军已在泓水北岸严阵以待，处于"半流而击"的有利态势。司马子鱼对宋襄公说："敌众我寡，待楚军渡到一半，我军乘机杀过去，方能取胜。"但宋襄公拘守"不鼓不成列"的君子原则，不许宋军出击。待到楚军全部渡河，在河岸上整顿兵马布阵的时候，子鱼又急劝宋襄公下令向正在处于混乱的楚军发起冲锋。宋襄公还是不肯，认为人家没布好阵就去打，称不上仁义之师。说话间，楚军排列整齐，呐喊着冲了过来，宋襄公这才下令出击。但由于楚强宋弱，宋襄公虽然身先士卒，带头冲杀，也没有挽回失败的命运。宋军大败，襄公也被流矢射中了大腿。这次战争本来不是中国历史上的关键之战，但却因留下了两个著名的成语，一是"半渡而击"，一是"宋襄之仁"。

　　后来，孙子将这个战例总结为"勿迎之于水内，令半济而击之"，这就是半渡而击的经典来源。事实上，孙子写定《兵法》不久，"半济而击"的原则便在实战中得到了检验。公元前 506 年，吴楚交战，吴军在柏举（今湖北省麻城附近）击败楚军后，乘胜追击，于清发水（今湖北省安陆西的涢水）追上楚军。吴军采取"半济而击"的战术，乘楚军正在渡河的混乱之际，发起进攻，把楚军打得落花流水。

五

　　以水代兵，是交战双方惯用的伎俩，对此，孙子洞若观火。在《火攻》

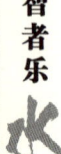

篇中，孙子在专门论述了火攻的方法后，还特别提出以"以水助攻"的问题。他说："以水佐攻者强，水可以绝。"认为用水来辅助进攻，攻势可以加强。水可以分割、断绝敌军，从而达到战胜敌人的目的。

历史上，以水攻助战、以水代兵并获得胜利的不乏其例。如建安二十四年（219年），蜀军大将关羽奉刘备之命率军攻打魏将曹仁把守的樊城，曹仁的兵力远逊于关羽，情况危急。曹操派大将于禁、庞德引兵数万，南下增援。不料是年8月，连绵大雨不断，长江最大的支流汉江（襄樊以下称襄河）泛滥，平地水深数丈。于禁援军只知在樊城一带据险而守，却不知洪水的厉害，结果所率七军皆被大水所困。关羽趁机率荆州水军大举进攻，斩庞德，擒于禁，取得了"威震华夏"的辉煌战绩。

水是生命之源。有时，水能在战争中扮演着生死攸关的角色。孙子对水源保证在作战中的重要性有非常深刻的认识，指出在各种地形与条件下争战都不要忽视水的因素，以免陷入被动甚至危险的境地。关于在山地行军作战，孙子强调要"绝山依谷"，即在山地作战必须沿着溪谷行进，因为山谷地形比较平坦，取水方便，且丛林密布，隐蔽条件好。关于在盐碱沼泽地行军作战，孙子认为要"绝斥泽，惟亟去无留；若军交于斥泽之中，必依水草而背众树"，因为一旦缺乏水草和粮食，军队就会陷入十分被动的境地。

三国时，诸葛亮为了实现"北定中原，兴复汉室"的大业，六出祁山，北伐中原，由于各种原因，每次都铩羽而归，留下"出师未捷身先死，长使英雄泪满襟"的千古遗恨。其中，建兴六年（公元228）年诸葛亮第一次北伐的失败，就与水有关。

经过几年的苦心经营，蜀国聚集了相当的力量。诸葛亮见时机成熟，便统率大军攻出祁山（今甘肃礼县东），一路势如破竹，攻下祁山北面的天水、南安、安定等三郡。在这样的大好形势下，诸葛亮决定以参军马谡为主将、王平为副将，率领2万人马抢占并扼守军事要地街亭（今甘肃秦安县东北陇城镇），这样即可以卡住魏军西进的道路，又可以作为北伐大军进退时的接应。来到街亭以后，马谡察看了地形，对王平说：这一带地形险要，街亭旁边有一座山（今龙山），山高谷深，形势险要，正好在山上扎营扼守。王平提醒马谡：丞相临走时嘱咐过，要坚守城池，稳扎营垒，在山上扎营太过冒险。马谡不听王平的劝告，坚持在山上扎营。不久，魏将张郃率大军赶到街亭。张郃不愧为魏之良将，他见马谡在山上扎营，心中不禁暗喜，马上指挥魏军将山上的蜀军团团围住；更为要命的是，他还派人把蜀军下山取水的道路堵死了。不经意间，水源便成了这次战争胜败的关键。大家知道，人没有水喝，别说打仗，就连生命也维持不了几天。蜀军在山上断水，不但饭做不成，而且口渴难熬，时间一长，军心大乱。张郃看准时机，发起总攻，山上的蜀军又饥又渴，战斗力衰弱，一触即溃。马谡见无力回天，只好率领少数亲随拼命杀出重围。后来的结局大家都清楚，就是诸葛亮"挥泪斩马谡"。

街亭失守，蜀军失去了重要据点，又损兵折将。诸葛亮见大势已去，为了避免受到更大的损失，只好把人马撤回汉中，第一次北伐就这样失败了。

我一直在想，是什么原因让饱读兵书且才器过人的马谡一败涂地的呢？传统说法认为，马谡刚愎自用，不听诸葛亮将令和王平固守街亭的建议，抱守孙子兵法"置之死地而后生，投之亡地而后存"的教条，把部队屯于一座四面皆不相连、且树木极广的山上，故而招致了"失街亭"之败。但依我愚见，事情未必这么简单。山下的街亭，说是一座城池，其实不过是一个不大的营寨，御敌能力有限。更何况马谡到街亭时，魏军距此不过十余里了，倘若来个急行军，个把小之内就能赶到。如果死守街亭，以区区2万兵力如何能挡住曹魏十几万大军，敌众我寡，街亭失守是早晚的事。马谡屯兵于山上，居高临下，从道理上看，未必是错，真正的错误在于他选了一个没有水源的地方扎营。那么，饱读兵书（我相信，不过5000多字的《孙子兵法》他可能倒背如流）的他，怎么会忘记孙子"绝山依谷"的提醒呢？还有，以马谡的聪明，他怎么会想不到大军驻扎需要充足的水源保障这一常识呢？

答案很可能是：马谡是今湖北襄阳一带人，从小在水量丰沛的汉江边长大，后来他长期在西蜀一带活动，"西蜀漏天"，四川盆地同样是多水之地，大约从来没有碰到过行军打仗缺水的情况。而西北黄土高原一带，多是干旱缺水的荒原，许多地方掘井三四十丈深才能见到地下水。由于没有在旱渴的西北地区的作战经验，马谡对水源问题压根没当回事。而张颌呢，从官渡之战时，他已经是名将了，而且不乏在西北地区作战的经验。因此他一到街亭，就抓住了蜀军的命门：断了蜀军的水源，让其不战自乱。由此看来，马谡之败，不在于他把大军驻扎在高山上，而在于水源的不济！

大禹的传人

——墨子与水

在先秦诸子中，差不多都是坐而论道的理论家，惟有墨子是个例外，他不但思想深邃，独创墨家学说，而且还是一位身体力行的实践家和能工巧匠，堪称中国古代"知行合一"的典范。墨子所创立的墨家学说与孔子创立的儒家学说在百家争鸣的先秦时期冠盖群说，并称"显学"——甚至一度抢了儒家的风头，难怪孟子会酸溜溜地说："杨朱墨翟之言盈天下。天下之言，不归杨，则归墨。"可见墨家在战国时期的声势之大。秦汉以降，由于儒学独尊地位的确立，加之其他因素，墨学渐成衰微之势，并几近湮没，但墨家的思想和精神并未因此灭绝。历史进入近代，墨学再度复兴，并一度被视为拯救中华民族危亡的济世良方，接引西学的工具。

如果你耐心读完体现墨家文化思想的《墨子》（为墨子及其弟子与后世墨家学者著述的总汇）一书，我发现它简直就是"百科全书"，几乎包罗了当时可能获得的各种知识，涉及到哲学、伦理、政治、经济、管理、军事、教育以及自然科学的各个门类。尤其是在自然科学方面，墨学在诸子学说中堪称绝无仅有、奇葩一朵，举凡天文、物理、化学等基础学科以及制造工艺、土木建筑、测量等技术领域，无不涉猎。从水文化的视角去探宝寻珍，我们同样收获颇丰——在《墨子》质朴而浩瀚的文化思想中同样蕴含着丰富的水文化因子。

一

墨子出身平民（大概出于工匠之家），被人称为"布衣之士"和"贱人"。相传他制作的"木鸢"，与他同时代的一位能工巧匠鲁班不相上下，都能在天上连续飞三天三夜不落地。墨子更是一位具有开拓精神的思想家，他的思想源头可以追溯到大禹——大禹是一位治水专家，也是工程师的鼻祖，是他领导华夏民族消除了多年的水患，才使"中国可得而食也"（《孟子·滕文公上》）。

或许是旁观者清，关于大禹治水精神对墨子及墨家的影响，道家学派的代表人物庄子看得最为透彻，他引用墨子的话来说明问题：

墨子称道曰："昔者禹之湮洪水，决江河，而通四夷九州也，名川三百，支川三千，小者无数。禹亲自操橐耜而九杂天下之川，腓无胈，胫无毛，沐甚雨，栉疾风，置万国。禹大圣也，而形劳天下也如此。"使后进之墨者，多以裘褐为衣，以跂蹻为服，日夜不休，以自苦为极。曰："不能如此，非禹之道也，不足谓墨。"

——《庄子·天下》

墨子对大禹佩服得五体投地，他称赞说：从前大禹治水时堵塞洪道，疏通长江黄河使四夷九州沟通起来，整治的大河有三百条，分支河道三千条，小沟小河不可计数。大禹亲自抬筐挥铲，终于将汪洋在地上的积水导入大江大河。为了治水，大禹劳碌奔波，成年累月赤足泥行，顶风冒雨，累得身形消瘦，汗毛不生，才将天下安顿下来。禹是大圣，仍亲自为天下事务如此操劳。因此，要让后世的墨家，多用羊皮、粗布做衣服，用木鞋、草鞋做装饰，日夜不停地操劳，把自身的清苦当作自己的行为准则。墨子还说：不这样做，就不是大禹之道，就不配称作墨家。

不难看出，墨子对大禹的推崇，主要有两点，一是大禹采用"疏"导江河的科学治水方法，这与墨家尊重科学技术的思想是别无二致的；一是大禹治水，不辞劳苦，亲历亲为，这与墨家崇尚世人难为的苦行精神是别无二致的。由此也可以认定，墨家的理论和实践，实际上都是以大禹治水精神为依归的。正如有学者指出的那样："如果说墨家学派带有某种宗教神秘性，那么他们所信奉的最高精神教主，就是大禹。"

诚然，儒家和道家对大禹治水的精神也是推崇备至的。但是，真正以具体行动实践这种"禹之道"的，却只有墨氏一家。墨子热心于济世救民，其学说的基本内容包括尚贤、尚同、兼爱、非攻、节用、节葬、天志、明鬼、非乐、非命等，皆为救世之术，与大禹治水、为民造福的精神一脉相承。从行动上看，墨子及其弟子以大禹亲操橐耜、栉风沐雨的做法为榜样，注重实践，身体力行，他们多系参加生产劳动的劳动者，亲自种地、做工，尤其是手工制造更是他们经常从事的劳动和必须掌握的基本技能。墨子本人即是精通机械制造的工匠。墨家这样做的直接目的，是为了通过总结劳动经验或制作生产工具，以便指导或便利民众的生产劳动，造福施惠于人民。尤为难能可贵的是，墨子不但亲自参加生产劳动，而且生活俭朴，刻苦自厉，"日夜不休以苦为极"，同时富于奉献和牺牲精神，"摩顶放踵而利天下"（《孟子·尽心上》），以身殉道，死不旋踵。上述行为所表现出的言行一致、亲身践履、严于律己、勇于奉献的精神和品质，无疑是大禹治水精神的传承和弘扬。

墨家不但以大禹为心中的榜样，而且躬行效法。在《墨子》书中，多处赞美大禹治水为民造福的勋业和品质。墨子指出："兼相爱，交相利，此圣王之法，天下之治道。"（《兼爱·中》）他还大量征引大禹治水的事迹，说明"兼爱"的主张取法于大禹等古代圣王的主张和实践。

况乎兼相爱，交相利……古者圣王行之。何以知其然？古者禹治天下，西为西河鱼窦，以泄渠孙皇之水；北为防原泒，注后之邸，嘑（滹）池（沱）之窦，洒为底柱，凿为龙门，以利燕、代、胡、貉与西河之民；东为漏之陆防孟诸之泽，洒为九浍，以楗东土之水，以利冀州之民；南为江、河、淮、汝，东流之，注五湖之处，以利荆、楚、干、越与南夷之民。此言禹之事，吾今行兼矣。

——《兼爱·中》

墨子的这段议论，是针对有些人说：兼爱好是好，但难以行得通而生发的。指出，兼相爱、交相利，古代圣王如大禹就实行了。通过记述大禹不辞劳苦，四处奔波，疏导九州各河，消除各地水患，惠及人民的"兼爱"事迹，旨在说明大禹等古代圣王是"兼爱"的楷模，从而增强了论证的说服力。

"尚贤"是墨子治国的基本纲领。战国初期，政权仍为贵族封建主垄断，广大下层士人要求参与政事、当家作主的呼声日益高涨。对此，墨子提出了"使能以治之"的任人唯贤原则，强调用人应当"不党父兄，不偏富贵，不嬖颜色"《尚贤·中》，"虽在农与工肆之人有能而举之"，进而提出了"官无常贵,民无终贱"(《尚贤·上》)、"贤者举而尚之,不肖者抑而废之"(《尚贤·中》)的尚贤主张。他还以"鲧禹治水,一败一成"的事例,阐明了选贤任能方能安邦治国的道理:

> 昔者伯鲧,帝之元子,废帝之德庸,既乃刑之于羽之郊,乃热照无有及也,帝亦不爱。然则天之所使能者谁也?曰若昔者禹、稷、皋陶是也……禹平水土,主名山川。
>
> ——《尚贤·中》

尽管鲧的出身十分高贵,官职地位很高,但他德庸才薄,治水无功,最后还是被诛杀以谢天下。鲧被杀后,德才兼备的禹受命于危难之中,继续领导人民治水,历尽了千辛万苦,克服了千难万险,终于平定水患,"主名山川",成为功德盖世的圣王。

如果说大禹治水精神是中华民族精神的一个标志性符号,那么墨子的思想和行动则充分体现了"大禹之道",或者说深深地打上了大禹治水精神的烙印。墨子及其弟子最让我感动的,是他们"兴天下大利,除天下大害"为己任的超强责任感与使命感,是他们为了实现"兼爱"、"非攻"等利人主义理想而赴汤蹈火、舍身取义的崇高精神,这种风范是悲壮的、崇高的,是墨家为中华民族贡献的一笔弥足珍贵的思想文化财富,是中华民族精神中最积极、最耀眼的成分之一。

由此我想到另外一个问题,就是后来墨家的式微,除了墨家学说与统治阶级思想不合拍,以及遭到后来在思想上处于独尊地位之儒家的排斥与非难等因素外,是否与他们"摩顶放踵""以苦为极"的严酷自律,让后世人望而却步、难以接受与坚持有关系呢?

二

同先秦诸子一样,务实的墨子有时也会跑到水边思考问题,也善用水来做譬喻,阐明事理、论证观点,这样做的目的当然显而易见,无非是为了增强其思想观点的说服力、感染力,同时给略显干瘪木讷的行文增加些生动与趣味。

"兼爱"是墨子的社会伦理思想的核心,其实质是"爱利百姓",施惠天下人。墨子认为造成家、国、天下动荡不安的根源,是人人不相爱,彼此冷漠、憎恶,甚至不惜刀光剑影,用血腥的战争来满足一己之私利。因此,他提倡"兼相爱,交相利",认为如果整个社会都处于爱意融融的互利关系中，天下定会实现和谐美满。在墨子看来，人与人之间彼此相亲相爱并不难，他说：

  苟有上说之者，劝之以赏誉，威之以刑罚，我以为人之于就兼相爱交相利也，譬之犹火之就上，水之就下也，不可防止于天下。

——《兼爱·下》

"兼爱"这种作法，不但有利于天下，而且容易做到，之所以不能施行，是因为执政者对此不感兴趣。倘若执政者大力倡导推行"兼爱"之道，就如同火向上窜、水往低处流一样，会在天下形成一种不可遏止的态势。墨子希望通过提倡兼爱解决问题，这当然只是一种理想，那些热心于逞强争霸的诸侯们，哪里会听得进墨子的这套"乌托邦"主张。就连提倡仁爱的儒家（他们主张的爱是有差等的）对墨子的"兼相爱"（爱无差等）也不以为然，孟子甚至破口大骂，说"墨氏兼爱，是无父也。无父无君，是禽兽也"！仅就此点而言，儒家的境界远不如墨家。

在墨子的政治思想中，十分重视执政者的道德修养问题，认为道德修养是为人治国的根本，因此君子必须努力锤炼自己，提高品德境界。他还特别指出了不注意品行修养的危害：

  本不固者未必几（危），雄而不修者其后必惰，原（源）浊者流不清，行不信者名必耗。

——《修身》

这里，墨子以水的源头污浊，整条河流也必将浑浊的自然现象，形象地说明了忽视品德修养，做人为官就容易私欲熏心、滥施恶行。多行不义必自毙。长此以往，就会陷入污秽的深渊不能自拔，招致身败名裂的恶果。

"亲士"也是墨子的重要政治主张之一。墨子认为，要治国安邦，君主必须亲近贤士，使用贤才。《墨子》的第一篇便是《亲士》，专门论述了如何亲士和用士问题：

  良弓难张，然可以及高入深；良马难乘，然可以任重致远；良才难令，然可以致君见尊。是故江河不恶小谷之满己也，故能大……是故江河之水，非一源之水也……夫恶有同方不取，而取己者乎？盖非兼王之道也……是故溪陕（狭）者速涸，逝（流）浅者速竭。

执政者只有像江河纳百川那样，不捐小流，虚怀若谷，才能广泛延揽使用各方面的人才；只有像江河有无数源头那样，善于听取和采纳不同的意见，才能兼收并蓄，兼听则明，使君臣上下同心同德，实现天下大治。

反之，如果器量狭小，不能包容万物、广布恩泽，就会像狭小的溪流容易干涸、很小的小河容易枯竭那样，成为孤家寡人，最终会导致众叛亲离、迅速败亡的下场。历史上这方面的事例可谓举不胜举，大家熟悉的项羽和刘邦，就是一对正反典型。项羽"力拔山兮气盖世"，有万夫不当之勇，但心胸狭窄，连一个忠心耿耿的老臣范增都猜忌不用，最后兵败垓下、自刎乌江也就不足为怪了。而刘邦呢，自己虽然本事不大，但虚怀若谷，礼贤下士，萧何、张良、韩信等英杰都愿意为他卖命，最后终于打败强大的项羽，一统天下，建立汉朝，亦可说是顺理成章。

值得关注的是，墨子的上述思想中透露出哲学的意味——"江河不恶小谷之满己也，故能大"；"江河之水，非一源之水也"，以江河成其浃浃巨流是由千川万源汇聚而成的事例，说明事物发展过程本质上是通过量变的积累实现质变的。

墨子还从事物对立面的转化、量变到质变的飞跃中，隐隐约约地感到了"度"的客观存在，提出了"太盛难守"的命题：

> 是以甘井近竭，招（乔）木近伐，灵龟近灼，神蛇近暴……故曰：太盛难守也。

——《亲士》

甘甜的水井往往因人们争先取用而率先枯竭，高大的树木因有用常常先被砍伐，灵验的宝龟总是先被烧灼用于占卜，神异的灵蛇常常先被曝晒用于祈雨……这些"太盛难守"的现象恰好与辩证法所讲的适度原则有惊人的一致性。在墨子看来，为人做事必须把握好"度"，不可"太盛"。否则，事物往往会转向其对立面，造成不良甚至十分严重的后果。可见，墨子已从自然界和社会的一些具体现象中体悟到了矛盾对立面之间相互转化的规律，尽管他的这个认识是朴素的，模糊的，不明确的。

三

有人说，先秦诸子中，孔子是影子政府的创始人，老子是独立思想的创始人，而墨子则是中国历史上政党的创始人。仔细琢磨一下，这话说得还真有些道理。

墨子与其他先秦思想家不同的是，他广收门徒，建立了一个组织严密、纪律严明，又能干预社会事务的类似于后世政党性的团体，成员多达数百人。墨家的成员都称"墨者"，他们大多能文能武，具有治国理政的操作能

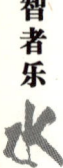

力，不像儒道两家的一些弟子，"四体不勤，五谷不分"，纸上谈兵所向无敌，但真的做起实际工作来却笨手笨脚，甚至束手无措。更为难能可贵的是，墨家弟子信念非常坚定，为了救世济民，他们可以"赴汤蹈刃，死不旋踵"。由于墨子正义在身，加之手上掌握着这样一支"王牌军队"，因而底气十足，多次阻止了诸侯间的战争，实现了自己"非攻"的主张。

墨子既是思想家，又是政治活动家，一生奔波于各诸侯国之中，宣扬"非攻"，反对战争，并力主防御，即用防御战争反对侵略战争，实现"武装和平"。据史料记载，墨子曾成功地阻止了齐伐鲁、鲁攻郑、楚侵宋等三次箭在弦上的战争，显示出超人的智慧和胆识。特别是他曾和公输班论战，成功地制止了楚国对宋国的侵略战争，在青史上传为佳话。墨子阻止诸侯间的攻伐，并不一味依赖于说教，他深知诸侯争霸，有些战争不可避免。为了备世之急，墨子创造性地建立了积极防御的军事学说，这些学说主要载于《墨子》中的《备城门》、《备水》等11篇涉及军事内容的篇章中。

古代"城"的营建，一般出于军事防御的需要，故往往城池并重，即在修筑城墙时，还要外面挖一条护城河，与城墙构成有机的防御体系。《墨子·备城门》中强调，"凡守城之法，厚以高，壕池深以广"，即是说，为了强化城池的防守，要使城墙厚且高，护城河深而广。在冷兵器时代，水是阻挡敌人进攻的一道重要屏障，开挖护城河当然是越深越宽越好了。

墨子时代，滔滔的江河、滚滚的激流已成为诸侯们以水代兵、进行兼并战争的工具。针对当时水攻战例普遍出现的情况，墨子与他的弟子们在实地查勘和反复研究的基础上，提出了一套比较系统的对付水攻的防御之法：

城内堑外周道，广八步，备水谨度四旁高下。城地中偏下，令耳（渠）亓内，及下地，地深穿之令漏泉。置则（测）瓦井中，视外水深丈以上，凿城内水耳（渠）。并船以为十临，临三十人，人擅弩计四有方，必善以船为轒辒。二十船为一队，选材士有力者三十人共船，亓十二人人擅有方，剑甲鞮瞀，十人人擅苗（矛）。先养材士为异舍，食亓父母妻子以为质，视水可决，以临轒辒，决外隄（堤），城上为射机疾佐之。

——《备水》

面对兵临城下、大水灌城的严峻形势，当务之急是要打退"水的进攻"。具体的方法和步骤是：第一，在城中地势较低的地方开挖渠道，在地势更低的地方挖井，使它们相互贯通，以便引水泄漏。第二，在井中置放"则瓦",随时测量井中的水位,如果发现水深达到一丈以上,就开渠泄水。第三,挑选训练有素的三百精兵以及快船二十只,组成决堤突击队,出其不意地冲到城外,决堤放水。为了加强攻击力量,每两只船并列在一起,叫做"一临"。每临配备三十名孔武有力、具有专门技能的士卒,携带弓弩、长矛、锄头、头戴盔、身披甲,利用黑夜,在城上"射机"的掩护下,冲到城外,持锄挖堤,并辅以坚硬的𫐐辒船冲撞堤坝。

　　透过以上记述,我们看到,墨子破解敌人水攻的办法确实高明,他不是单纯的消极防御,而是在挖沟排水、保障城池不被大水淹没的前提下,组成决堤突击队,冲到城外决堤放水,从而以攻为守,"里应外合",变被动为主动。有道是,进攻才是最好的防守。如果一味地龟缩死守,虽然短期内可保城池无虞,但长时间被水围困,成了一座孤城,如果敌人在乘机进攻,破城就只是时间问题了。

善游者数能,忘水也

——庄子与水

先秦诸子中,庄子最有魅力,也是个至今都让人难以读懂、扑朔迷离的奇人,像雨像雾又像风。比如他身在江湖却与江湖世俗格格不入,终日游荡在"无何有之乡";比如他写的《庄子》让人爱不释手却又终难释义,为了释义又不能不劳神竭虑地去解析。他有着超人的智慧,奇绝的思想,飘然的精神,骇俗的举止,他是继老子之后道家的最主要的代表,也是继老子之后真正能称为哲学家的文化巨人。读他的书,我发现他和老子一样,也喜欢从水中感悟和阐发其"道"的精微与幽深,但二者的思维方法和运用方式大不相同。老子以水论道,大多具有形而上的本体论和宇宙论色彩,且往往直抒胸臆,有什么,说什么,说直话,不转弯;庄子则不然,他哲学是一种"境界哲学",追求体道以后心灵境界的飞升,且往往以水为载体编织参差诡异的寓言故事(庄子说自己是"寓言十九,卮言日出"),来阐发道的真谛,其想象之奇幻、运思之深邃、语言之精美,令人叹为观止。

一

庄子生逢乱世,他对乱世中个人所遭遇的种种痛苦有独特且刻骨铭心的体验,为了摆脱现实的黑暗和人生的无奈,一方面,他以玩世不恭的心态和夸张的戏谑来表达对现实世界强烈的嘲讽与敌意,乃至把现实世界视做一片毫无意义的荒原;另一方面,他又极力劝说自己和别人淡忘一切,摆脱世俗功利,遁入逍遥自适的精神家园。

《逍遥游》是《庄子》的首篇,也是表达庄子哲学思想的代表作。有学者称,"逍遥游"是庄子苦闷心灵的追求之歌,是庄子人生哲学的最高境界,也是庄子哲学有别于老子哲学最根本的标志。《逍遥游》的主旨是说一个人应当突破尘世中的功、名、利、禄、权、势、尊、位等种种"身外之物"的束缚,使自己的精神作无挂无碍、无我无物的"逍遥"之游。

为了表达其博大无碍而与物冥合的精神境界和人生态度,《逍遥游》的开篇就为我们呈现出一个至大至广、气吞万里的世界:

北冥有鱼,其名为鲲。鲲之大,不知其几千里也。化而为鸟,其名为鹏。鹏之背,不知其几千里也。怒而飞,其翼若垂天之云。是鸟也,海运则将徙于南冥——南冥者,天池也。

鱼是水中之物,老子曾以鱼喻道,强调"鱼不可脱于渊"(《老子·三十六章》)。庄子则不然,他不但让鱼游于渊,还让它脱于渊——使鱼化鸟,不但能游,而且能飞。北冥——北海有多大,庄子没有说,但它里面涵养的一条鲲就"不知其几千里",水之浩阔就不难想象了。在庄子的笔下,鲲是一条生活在北海、硕大无比的大鱼;鹏就是由鲲化成的一只巨鸟,与鲲一样,鹏也是个庞然大物,"背若太(泰)山,翼若垂天之云"。为了衬托鲲与鹏的伟岸与潇洒,庄子以天地间最大的物象——大海和苍穹作为他们的驰骋的空间。因为只有大海和天空,才能衬托出鲲之巨和鹏之大,才能表现出大鹏"水击三千里,抟扶摇而上者九万里"的磅礴气象。

我原以为,伟岸的鲲鹏能够在"九万里"的广阔天地间自由翱翔,应该就是庄子所说的"逍遥游"了。但读完《逍遥游》全篇,悉心体察,发现并非如此。原来在庄子眼里,伟岸的大鹏,虽然一飞冲天,翱翔天宇,但它毕竟"有所待"——大鹏振翼高举,必须"抟扶摇而上",也就是说依赖于海面上急剧盘旋而上的暴风,方能乘势冲上九万里高空,这种借助"风力"的飞行,自然进不了绝对自由的境界,算不得真正的逍遥游。怎样才是"无所待"的逍遥游呢?庄子给出的答案是:乘天地之正,而御六气之辨(变),以游无穷者。遵循天地的法则(亦即自然规律),驾驭"六气"(阴、阳、风、雨、晦、明)的变化,遨游于无穷(不受时间、空间的限制)的境域,才是无所待,才是逍遥游。

我似乎明白了,庄子在《逍遥游》中极写鹏之大、椿之寿,一则是为了造势,如以鹏徙南冥,"水击三千里",造成一种极其雄壮的声势,从而引人入胜；二则是为了对比和暗示，如以鹏之宏大暗示人的渺小，以大椿之长寿（"上古有大椿者，以八千岁为春，八千岁为秋"）暗示人生的短暂，造成一种强烈的反差，从而震撼人心。大鹏堪称天地间最为伟岸潇洒者了，还必须乘风而飞，尚且要有所待，人的渺小和人生不自由更是不言自明。既然如此，汲汲于立德、立功、立言还有什么意义，追名逐利更没有价值，还不如彻底摆脱名呀利呀等俗物的束缚，到无为、无待、无己的"无何有之乡"去作"逍遥游"！

如何做到对现实世界的超越呢？庄子的办法是"忘"（类似的还有"外"、"丧"、"遗"、"黜"、"无"等）。在庄子看来，"忘"是"游"的必要条件——只有"忘我"（舍弃在现实世界中积习已久的自我中心意识）才能"无我"（忘却自身），只有"无我"才能"无物"（忘却身外之物）——忘的过程就是学会以全新的眼光看世界的过程，就是脱胎换骨的过程。没有"忘"就不能脱离常规世界的俗事俗物，展开"游"于宇宙之间的翅膀。

泉涸，鱼相与处于陆，相响以湿，相濡以沫，不如相忘于江湖。

鱼相造乎水，人相造乎道。相造乎水者，穿池而养给；相造乎道者，无事而生定。故曰：鱼相忘乎江湖，人相忘乎道术。

——《大宗师》

这里，庄子以鱼在水中畅游来比况人在道中。江湖浩瀚，鱼在其中优哉游哉，彼此相忘，恩断情绝。有水，鱼便能"出游从容"，享受在水中自由遨游的快乐。不过，一旦泉源断绝，河湖干涸，鱼儿们便只能在陆地上共渡危难，共图生存——吐沫相濡，呵气相湿，互相亲附，但比之在江湖中优哉游哉、独往独来的生活，真有天壤之别。"鱼相忘乎江湖"，就超越了失水的局限性，由物及人，同样，人只有彻底摆脱对有限现实的依托和羁绊（"有待"），才能自由遨游于无限的天地之间（"无待"），优游自在，无牵无挂，一任自然——这就是逍遥游的境界！

人孕育于水中，对水有着天然的偏爱，水中游弋确实充满着无穷的快意，而庄子更喜欢从"游"中体悟他逍遥游的境界。除了"鱼相忘于江湖"这一极为精妙的寓言以外，庄子还在《达生》篇中给我们讲述了"津人操舟若神"和"吕梁丈人在急流中畅游"的故事：

颜渊问仲尼曰："吾尝济乎觞深之渊，津人操舟若神。吾问焉，曰：'操舟可学邪？'曰：'可。善游者数能。若乃夫没人，则之未尝见舟而便操之也。'吾问焉而不吾告，敢问何谓也？仲尼曰：'可。善游者数能，忘水也。若乃夫没人之未尝见舟而便操之也，彼视渊若陵，视舟若覆，犹其车却也'。……"

孔子观于吕梁，县（悬）水三十仞，流沫四十里，鼋鼍鱼鳖之所不能游也。见一丈夫游之，以为有苦而欲死也，使弟子并流而拯之。数百步而出，披发行歌而游于塘下。孔子从而问焉："……蹈水有道乎？"曰："亡，吾无道。吾始乎故，长乎性，成乎命。与齐俱入，与汨偕出，从水之道而不为私焉。此吾所以蹈水也。"……"吾生于陵而安于陵，故也；长于水而安于水，性也；不知所以然而然，命也。"

在第一则寓言中，庄子从游泳中感悟出了人生逍遥游的道理——"善游者数能，忘水也"，即善于游泳的人，往往忘记水的存在，把在水中之游当成履平地一般。善于潜水的人，即使没有划过船，也敢于撑船出没于江河湖海，因为他觉得水和陆地没有什么两样，有风浪，翻了船，如同车行陆上倾倒，扶正了就是了，没有什么大不了的。有鉴于此，庄子给我们指点迷津："忘水"是一种境界，对于人生而言，这种境界的取得是需要经历无数生活风浪的考验和历练，有了这种境界，就会坦然地面对人生的苦辣酸甜、喜怒哀乐，处变不惊、宠辱不惊，胜固可喜、败亦欣然，这才是人生的智慧，而且是大智慧。

在第二则寓言故事中，庄子讲到，吕梁丈人之所以能在"悬水三十仞，流沫四十里"的急流中畅游无碍，是因为他与水已浑为一体，水已成为他"故"（习惯）、"性"（本性）、"命"（生命）的一部分，即达到了"与天为一"、与自然浑然一体、"不知所以然而然"的境界。这种境界即道的境界，也就是逍遥游的境界。

由是观之，庄子的"逍遥游"其实是一种超越现实的局限性，摆脱名缰利索、道德是非、逻辑理智束缚的一种悠然自得的心境，从这个意义上讲，庄子的"逍遥游"应该叫"游心"，它不是肉体的飞升，而是精神的逍遥。

二

庄子大谈逍遥，是不是嘴上说说而已，现实中的庄子真的"逍遥游"了吗？我们这些有着"小人之心"的俗人总是嘀嘀咕咕，将信将疑，常常瞪着眼在庄子给我们留下的文字中到处寻找"破绽"。大概是庄子担心我们嘀咕（觉得他说一套做一套），便在《秋水》中讲述了一则自己与世俗"不合作"的故事：

庄子钓于濮水。楚王使大夫二人往先焉，曰："愿以境内累矣！"庄子持竿不顾，曰："吾闻楚有神龟，死已三千岁矣。王巾笥而藏之庙堂之上。此龟者，宁其死为留骨而贵乎？宁其生而曳尾于涂中乎？"二大夫曰："宁生而曳尾涂中。"庄子曰："往矣！吾将曳尾于涂中。"

首先要声明，这则故事的真实性比较高，因为司马迁在《史记·老子韩非列传》中记述了楚王礼聘庄子之事——"楚威王闻庄周贤，使使厚币迎之，许以为相"，虽说情节有些出入，但大致内容是一样的，以太史公治史之严谨，我们应该"信其有"。

中国的文人，从古到今，都有非常强烈的当官情结。当了官，抛开能够金玉满堂、威风八面不说，"君子之仕，行其义也"——单就能"立功"于世的成就感而言，就足具诱惑力。大言之，为官一任，造福一方，可以实现富国裕民的社会价值；小言之，展示自我，证明自我，可以实现流芳百世的自我价值。于是为了当官，引得无数书生蜂拥科场，不惜为此折腰。我们知道，战国时代的风气，士人普遍受重视，有才能有名望的士人可以做官，也可以做被君主或贵族供养起的学者清客。而且有意思的是，那时的各国诸侯国重士，并不以士人的学识是否实用为唯一标准，颇有点不分青红皂白，只要有名就行的味道。庄子是当时的大知识分子，名声很大，颇受当时一些政治人物的敬畏，若想当官甚至做高官并非难事，至少做一名"不治而议论"的清客十分容易。当许多人乘势而上，兴高采烈地奔向名利场的时候，面对唾手可得的物质利益，庄子却以一种书生的认真和呆气，拒之于千里之外，宁可坚守清贫，过穷困潦倒的日子（经常穷得吃了顿没下顿。有一次，家里几近断炊，不得不向监河侯借粮以救急，结果粮没借到，反而遭到对方一顿奚落）。于是我们看到发生在濮水边一幕生动有趣的场景：

庄子在清澈的濮水边持竿垂钓，聚精汇神地盯着鱼漂，耐心地等待着鱼儿上钩。不知什么时候，有两位衣冠楚楚的官人悄然来到庄子身边（他们乘坐的华丽的马车就停在不远处的大道旁）。为了表示对庄子的尊重，他们本想等庄子钩上一条鱼之后再说话，可是等了老半天，鱼儿也没咬钩，一位官人忍不住了，开口说道："先生，我们是楚威王的手下的两位大夫，奉大王之命，请您出山。我们大王说，希望把国内政事托付给您，劳累您啦！"

看，这位大夫多会说话。大概他们来之前研究过庄子，知道庄子有"不合作"的脾气，为了能打动庄子，非常谦恭而巧妙地用了一个"累"字（一定是事先设计好的！）。假如他们请的人不是庄子，而是孔孟，我想这二位一定会忙不迭地应承下来，丢下鱼竿便欣然前往。当年，孟子在齐国难行"仁政"，只好辞去官职，准备回乡，正要走时，齐宣王专门到馆舍去看孟子（大概是怕落个容不下贤人的恶名），说："从前希望见到您而不可能，后来终于得以和您一起共事，我感到很高兴。可是，现在您又将弃我而去，不知我们以后是否还能相见？"孟子回答："这本来就是我的愿望，我不敢请求罢了。"（"不敢请耳，固所愿也"。）齐宣王刚一表示惋惜（或许是假惺惺的），孟子便顺水推舟，迫不及待地提出愿意留下辅政的话。转过头来再看看我们的庄周先生，面对高官厚禄的巨大诱惑，竟心如止水，不为所动，他的表示是"持竿不顾"！

好一个"持竿不顾"，简直是不屑一顾！对此，鲍鹏山先生有如下精彩点评："濮水的清波吸引了他，他无暇回头看身后的权势。他那么不经意地推掉了在俗人看来千载难逢的发达机遇。他把这看成了无聊的打扰。"（《庄子下：人在江湖》）

使命在身的两位大夫面对庄子"持竿不顾"的冷漠，当然不会不死心，大概又喋喋不休地说了一大堆诸如楚威王如何贤明、您登上相位如何能大展鸿图之类的话，弄得庄子很不耐烦，为了打发两位大夫快走，他不得不放下了鱼竿，给他们上了一课：我听说楚国有一神龟，已经死了三千多年了，楚王用精致的竹箱装着它，用漂亮的巾饰覆盖着它，并把它珍藏在宗庙里。这只神龟，是宁愿死去为了留下枯骨表示尊贵呢，还是宁愿活着在泥里拖着尾巴呢？二位大夫脑子里没进水，他们不约而同地回答道："宁愿拖着尾巴活在泥里。"庄子见二位大夫终于明白了自己的意思，便说："你们走吧，我仍将拖着尾巴生活在泥水里。"

这就是奇人庄子，"表里如一"的庄子，不为世俗的功名利禄所动，拒绝权势的媒聘，表现出超凡脱俗的境界。纵观中国历史上众多的"钓叟"，像姜子牙那样以垂钓为名行钓取功名之实者多多，像庄子那样纯粹为钓鱼而钓鱼的钓者少而又少，简直是凤毛麟角！有感于此，鲍鹏山先生在《庄子下：人在江湖》中说了一段感慨万端的话：

是的，在一个文化屈从权势的文化传统中，庄子是一棵孤独的树，是一棵孤独地在深夜看守心灵月亮的树。当我们都在大黑夜里昧昧昏睡时，月亮为什么没有丢失？这是因为有了这样一两棵在清风夜唳中独自看守月亮的树。

但庄子本人就真的超脱得不食人间烟火吗？我看不是，因为他毕竟是"无逃乎天地间"有血有肉的人，虽然对功名富贵常常投去轻蔑地一哂，但真正说来，庄子也不是不想做官，只是他看到现实世界太黑暗、太污浊、太不可救药了，让他失望至极，绝望透顶，所以干脆弃之不做。《庄子·秋水》给我们讲的"惠子相梁"故事，就可以证明这一点。庄子一生曲高和寡，特立独行，是个经常"品味孤独"的人，朋友少之又少，如果有，惠子应算一个。惠子名施，是战国中期声名显赫的政治家、哲学家，名家学派的代表人物，他学富五车，思想独特，才思敏锐，尤其善辩。庄惠二人之所以会成为朋友，是典型的不打不成交——他们是一对惺惺相惜的冤家朋友，旗鼓相当的辩论对手，一见面便摇唇鼓舌，争论不休，他们各自把对方的观点——一个主张有为，一个推崇虚无；一个提倡建立积极入世的"有用"之学，一个奉行游戏人生的"无用"之学，当成靶子，极尽批驳之能事，骂完之后各自走人，都觉得痛快、有味。后来，惠子好不容易在魏国作了相，屁股还没坐热，手下人便报告说：庄子来了，要抢您的相位。惠子一听，非常生气：你庄子不是口口声声说不想做官吗，怎么这会又冒出头来捣乱！于是，便下令在全国范围内戒严搜捕庄子，抓了三天连庄子的影子都没找到。正当惠子不知所措的时候，庄子却自己找上门来，一见面便气哼哼地讲了一个故事给惠子听：

  南方有鸟，其名为鹓鶵，子知之乎？夫鹓鶵，发于南海，而飞于北海，非梧桐不止，非练食不食，非醴泉不饮。于是鸱得腐鼠，鹓鶵过之，仰而视之曰："吓！"今子欲以子之梁国而吓我邪？

  南方有一只大鸟，叫鹓鶵，你知道吗？鹓鶵从南海起飞到北海去，不是梧桐不栖身，不是竹子的果实不吃，不是甜美的泉水不喝。在这时，有一只猫头鹰拾到一只腐臭的老鼠，鹓鶵从它面前飞过，猫头鹰看见它，惟恐抢走它的食物，发出了"吓"的怒斥声。现在你也想用梁国来"吓"我吗？这个故事讲得实在太精妙了，它通过不同动物的饮食差异来折射人格的差异——鹓鶵，喻指志向高洁之士；鸱（猫头鹰），喻指极力追求功名利禄的人；腐鼠，喻指功名利禄。庄子明确告诉惠子，我对"食物"是有选择的，即使饿得前胸贴后背，也不会"饥不择食"！

  庄子不愿做官不假，但他并没有忘记水深火热中的芸芸众生，否则，就很难理解他何以能够安坐家中不辞劳苦、洋洋洒洒地记录他的思想，为我们留下了那么多指点迷津的好文章。

庄子置身的是一个战祸连绵、危机四伏的社会环境，对苦难的现实有着真切的体验。我明白了，庄子之所以爱作"逍遥游"，是因为现实的土壤充斥着尔虞我诈、弱肉强食、蝇营狗苟，为了摆脱世俗的种种羁绊，他只好一次又一次地做心灵的飞升和遨游。但他的逍遥游从根本上来说还是精神上的，并非真正的出世，而是"寄沉痛于悠闲之中"（陈鼓应《老庄新论》）。尽管在庄子看来，他所处的社会已坏到无药可医的地步，但庄子仍不能完全舍弃这个世界。在《逍遥游》中，尽管作者从原则上否定了大鹏，但却义正辞严地驳斥了蜩与学鸠对大鹏的嘲笑，批评其"小知不及大知"，而且三次用浓墨重彩之笔，不惜重复地描绘了大鹏的雄伟形象，热爱之情溢于言表。庄子为什么对大鹏情有独钟呢？一位真正读懂庄子的学者诠释得十分到位：

　　一只大鹏在茫茫北冥中冲天而起，一颗心灵在深深苦闷中挣扎而出，幻想翅膀张开了，怒而飞向无何有之乡……有所待的大鹏失败了，那么心灵呢？有所求的心灵能在那广漠之野找到慰藉吗？答案显然是否定的。那雄伟的大鹏形象所体现的正是作者这种欲飞的理想无法飞走的悲哀。

　　大鹏是雄伟的，也是孤傲绝俗的，就如同庄子本人一样，千载之下，有谁能读懂他的心。想着这只孤傲的大鹏鸟，我隐隐地感觉到，庄子虽然游世，不愿与主流社会同流合污，但他的骨子里未必一点入世的基因都没有——鹏程万里的壮举及其深蓄厚养之功难道不都显示着一种入世的胸怀吗？正是基于此，庄子在为我们创造出一个巨鲲潜伏北冥、后又化为大鹏展翅图南的浩瀚气象之后，又语重心长地说出了这样一个道理——积厚方能大成：

　　夫水之积也不厚，则其负大舟也无力，覆杯于坳堂之上，则芥为之舟；置杯焉则胶，水浅而舟大也。

　　　　　　　　　　　　　　　　　——《逍遥游》

　　不妨以世俗的眼光对庄子的这段话进行释义，从而得到人生的另一种启迪：大海不深无以养大鱼，水积不厚无以载大舟，风积不厚无以举大翼。鲲如果不在大海之中深蓄厚养，就不能化而为鹏；大鹏图南，若无九万里厚积的风，借助于雄劲的风势，"则其负大翼也无力"。同样，人的识见、功力浮浅，则难以成就大的作为。这说明积厚是大成的必要条件。即使是聪明绝顶的人，要想成为一个栋梁之材，也必须走苦学、苦练、磨砺的积厚之路，而且积之愈厚，其成就的功业也越大。纵观古今中外，凡是大成之人，都有积学、积才、积势、积气的经历，经过千锤百炼，才肩负起"载大舟"的重任，干出一番大鹏"图南"般轰轰烈烈的壮举。反之，也不乏空怀"图南"之志，却不肯花大气力、下苦功夫去培育、积蓄自己的能量、力量者，到头来终究是庸庸碌碌，万事蹉跎，正所谓"水之积也不厚，则负大舟也无力"！

三

老子之"道"，是一个处于万物之外或万物之先的高高在上的独立实体，让我们觉得玄而又玄，难以认清和把握；庄子之"道"则不然，他的道的世界不是抽象和玄想，而是赋形于自然中，无处不在（"道在蝼蚁""道在屎溺"），俯拾即是。

庄子喜言大，庄子善言大。庄子的朋友惠子曾批评庄子的言论"大而无用"、"大而无当"，说庄子学说像个大瓠（大葫芦），"坚不能自举"（用它盛水，质地太脆，无法提举），"瓠落无所容"（切开当水瓢，没有哪只水缸能容下它）。面对惠子的批驳，庄子也以大葫芦为论据，说"五石之瓠"可"为大樽而浮于江湖"（容积五石的大葫芦，挖空可以当船而浮游江湖），说明大葫芦不是无用，而是惠子"拙于用大"，且充斥"有蓬之心"（心地过于狭窄）。这就是有名的"大瓠之辩"（《逍遥游》）。其实，庄子之所以热衷于言大，并非主要从物质功利的层面出发，而是着眼于超然物外的"独与天地精神往来"（《天下》）——一方面，庄子看到在现实社会中，芸芸众生往往被拘于俗事之中，封闭心灵，见小不见大；另一方面，至大的物象如汪洋的大海、广阔的天空，具有纵横万里的挥洒空间，更容易展示庄子之"道"超越现实局限、恣意逍遥的境界。《逍遥游》中的北冥、天池以及巨鲲、大鹏，都是庄子哲学中至大的象征——由巨鲲潜藏的北冥，到大鹏振翼飞往的目的地天池，拉开了一个无穷开放的空间系统，创造出了一个广阔无边的大世界。事实上，在庄子的笔下，江河湖海尤其是大海常常是庄子用来表现至大的物象。"夫道，渊乎其居也。……覆载万物者也，洋洋乎大哉！"（《天地》）这里，庄子以深广无际的大海（水）比况道，让人们感受到"道"的渊深和博大。大海覆盖了地球表面的十分之七，是地球上最大的物象；大海既博大精深，又包罗万象，惟有大海，才更能体现老庄之道的无限和绝对。

事实上，庄子从来没给"道"下过定义，甚至连经典的表述都没有，庄子之道活泼跳跃地贯穿在那些精彩优美的寓言、对话之中。在《秋水》篇中，庄子精心编制的关于黄河与大海、井蛙与海龟等具有象征意义的寓言故事，差不多把庄子之道的内涵和境界诠释到极致：

秋水时至，百川灌河，泾流之大，两涘渚崖之间，不辨牛马。于是焉河伯欣然自喜，以天下之美为尽在己。顺流而东，至于北海，东面而视，不见水端。于是焉河伯始旋其面目，望洋向若（北海神）而叹曰："野语有之曰，'闻道百，以为莫己若'者，我之谓也。且夫我尝闻少仲尼之闻而轻伯夷之义者，始吾弗信。今我睹子之难穷也，吾非至于子之门，则殆矣，吾长见笑于大方之家。"

秋天到了，洪水汹涌而至，千百条河流都把满满当当的水灌向宽大的黄河。河水大涨，黄河的河面更加宽阔了，隔河望去，对岸的牛马都分辨不清。这一下，黄河之神河伯找不着北了，以为天下最壮美的景色都聚集在自己这里。得意之余，想起了有人跟他提起的北海，于是决定到那里去看一看。河伯顺流来到黄河入海口，面朝东方放眼望去，只见北海汪洋一片，横无际涯。他痴呆地看了一会儿，蓦然升起惭愧的念头，急忙收敛起自己志得意满的面孔，面对着海神北海若感叹道："俗话说，'听到了上百条道理，就以为谁也比不上自己'，这话说的是我呀。如今我亲眼看到了你这样浩瀚无穷，我如果不是因为到了你的门前（感受到小巫见大巫），可真的危险了。那样，岂不被有见识的人永远地耻笑。"

河伯代表河，海若代表海。这里，庄子拿具体、单个的黄河与"不见水端"的北海之水相比，分明是有限的现实和无限的"道"的精妙比况。河伯作为黄河之神，看到的自己浩荡东流的伟大样子，感到十分得意，以为天下之水都不能和自己相媲美；当他看到浩淼无垠的大海时，才发现自己原来是那样的渺小，自大自负的心态一下瓦解了，转为一种由衷的羞愧。的确，"天下之水，莫大于海。万川归之，不知何时止而不盈；尾闾泄之，不知何时已而不虚；春秋不变，水旱不知。此其过江河之流，不可为量数。"（《秋水》）万川之水受陆地上旱涝条件的限制，有盈有枯；而大海却"春秋不变，水旱不知"，超越了时空、因果、条件等各个方面，表现为永恒、不变、无限、绝对。但这种永恒、不变、无限、绝对同样是相对的，因为大海之大，比之天地，不过是"小石小木之在大山"而已——"计四海之在天地之间也，不似礨空之在大泽乎？计中国之在海内，不似稊米之在太仓乎？"庄子以海神作为道的代言人,用一层一层的比较来显示大小的相对性,最后达到无形和无限,这才是庄子之"道"的本质内涵。用庄子自己的话说:"道"是"注焉而不满,酌焉而不竭"(《齐物论》)。

那天,我在梦中神游,进入了庄子勾画的"道"之路径,我与河伯、海若结伴,沿着"河—海—天地"这一轨道走下去,进行一番超越有形、有限,达到无形、无限的攀跃……恍惚间,我似乎茅塞顿开,悟到庄子之道的精妙,并获得了这样的人生启迪:人不是世界的主宰,人必须走出自己的小天地,以敬畏的心态看待他物,这样才会不断发现我们所不熟悉的新天地、新价值、新境界。

《秋水》篇中,还有一则著名的"井中之蛙"的故事,同样深刻地表达了无限之"道"与有限事物的差别。井中之蛙以为自己"擅一壑之水",享受着无穷的美和快乐,为了炫耀它在井中惬意的生活,专门请东海之鳖来观摩,但"东海之鳖左足未入,而右膝已絷矣",只好"逡巡而却"。海龟见井中之蛙得意洋洋的样子,虽然颇不以为然,但它宅心仁厚,还是把大海的壮观情形讲给了井蛙听:

夫千里之远,不足以举其大;千仞之高,不足以极其深。禹之时十年九潦,而水弗为加益;汤之时八年七旱,而崖不为加损。夫不为顷久推移,不以多少进退者,此亦东海之大乐也。"于是埳井之蛙闻之,适适然惊,规规然自失也。

井中之蛙与河伯的心态惊人一致,也是局限于小而未见于大,因而盲目自大,神气活现,当然会让方家笑掉大牙。对此,庄子还以北海神为代言人,为我们分析了井中之蛙之所以坐井观天的原因——"井蛙不可语于海者,拘于虚也"。井蛙因受时空等条件的限制,才没看到自己的渺小。由物及人,不难看到,井蛙的心态就是世人常有的自大心态——世人因"拘于虚"、"笃于时"、"束于教",往往以自我为中心,以为自己耕耘的"一亩三分地"土壤最佳、长出的庄稼最好、产量最高,沉迷其间,津津乐道,全然不知自己和脚下田地的可怜和渺小,全然不知外面有更加广阔和精彩的世界,岂不可悲?!

"井蛙"的故事,让我联想到司马迁《史记》中讲的夜郎自大的典故。汉朝的时候,在中国的西南方有个名叫夜郎(今属贵州)的小国,由于它周边的国家比夜郎还小,加之夜郎国王从没有离开过自己统治的小天地,便以为夜郎是全天下最大的国家。汉武帝初年,为了加强与西南少数民族的联系和打通去往身毒（今印度）的道路，朝廷派使者赴夜郎安抚他们，当使者来到夜郎国时，骄傲又无知的国王因不知道自己治下的国家只和汉帝国的一个县差不多大，竟不知天高地厚地问使者："汉与夜郎国哪个大？"这一问，不但"问成"了一则千古笑谈，也造就了一个精妙的成语："夜郎自大"。想想看，这夜郎国王和井蛙何其相似！后来，"井蛙"成了一个充满象征意义的文化符号，人们把那些浅薄无知而自我陶醉、自以为是的人统统称之为"井蛙"。与此同时，人们还充分利用这个绝妙的素材，作文论事，编排故事（就连小学生作文也常以"井蛙"为题，记述自己的看法），使井蛙的形象日益生动丰满起来，成为警示人们的绝好教材。

推及当今社会，如果做进一步的联想，我们发现庄子所讲的"河伯见大海"和"井中之蛙"的故事，确实不乏振聋发聩的启迪意义。"望洋兴叹"、"贻笑大方"早已成为人们熟知的成语。"望洋兴叹"的现代意义一般是指做事时因力不胜任或没有条件感到无可奈何。而它的原始意义是指"以天下之美尽在己"的河伯，面对广阔无垠的大海发出的羞愧不及和赞美不已的感叹（"始旋其面，望洋向若而叹"），体现出的是一种哥伦布发现新大陆般的惊奇。如果把这个成语中的"洋"字理解为近代文化意义上的"洋"，并用"望洋兴叹"去形容近代中国人的一般心态，应该是比较贴切的。当妄自尊大的天朝大国抵挡不住西洋人坚船利炮的时候，中华民族付出了沉重的代价才开始睁眼看世界。今天，如果我们不打开国门，实行改革开放，恐怕我们更要"望洋兴叹""贻笑大方"了。

四

老庄为我们设计的"道"是恍惚无形的，是感官所不能感知的。为了让我们更好地体道，庄子不但给我们讲了不少生动、形象的有关水的寓言故事，同时还教给了我们一个直观识道的办法——静观法。"水静则明"，于是庄子又信手拈来水以论道：

> 万物无足以铙心者，故静也。水静则明烛须眉，平中准，大匠取法焉。水静犹明，而况精神！圣人之心静乎！天地之鉴也，万物之镜也。夫虚静、恬淡、寂寞、无为者，天地之平而道德之至，故帝王圣人休焉。休则虚，虚则实，实则备矣。虚则静，静则动，动则得矣。
> ——《天道》

> 水之性，不杂则清，莫动则平；郁闭而不流，亦不能清。天德之

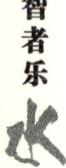

象也。故曰：纯粹而不杂，静一而不变，惔而无为，动而以天行，此养神之道也。

——《刻意》

人莫鉴于流水而鉴于止水。唯止能止众止。平者，水停之盛也。其可以为法也，内保之而外不荡也。

——《德充符》

水静则平，平则易清，清则明洁，这是一种常见的水的自然属性，但慧眼独具的庄子却从中发现了静水与体道之间的契合点：水之平、静、清、明，都是静止而非流动所致，这正与老子的"无为"思想一脉相承，与庄子所推崇的"虚静、恬淡、寂寞、无为"的人格修养别无二致。"圣人休焉"，也就是圣人之心就像绝对静止的死水一般，不受任何外界因素的影响，其内心也没有任何波动。达到这种无忧无虑无为的心境，这也就接近"道"了。

水有动静、清浊，水静则清，能够映照；水动则浊，不可为鉴，正所谓"人莫鉴于流水而鉴于止水"也。古时没有玻璃明镜，故那时人照面，或用铜镜，或用水。静水清澈，可以照面，还可以映照万物——这使我想到了南宋大学问家朱熹的两句诗："半亩方塘一鉴开，天光云影共徘徊。"（《观书有感》）方塘水清而静，犹同一面镜子，照见了"天光云影"。清水能照见人，使人获得关于"自己"的认识，进而也可以照见人的"心"——因为人的"内心世界"（如正气或邪气）可以通过人的外在形象表现出来。这样，水、镜通过认识这个中介，便与心、思挂起钩来。

庄子以静水能照见万物（特别是人自己）的特性，譬喻心静则可以察天地之精微，镜万物之玄妙。由此可以看出，庄子的止水静观之喻，与老子的"涤除玄鉴"以及释家禅宗强调的"心如明镜台"有异曲同工之妙。庄子要人们效法"渊而静"（《庄子·在宥》）的水，是为了提醒人们要时刻保持静的状态——心静则智慧生，从而更能准确地接受和判断信息，以一种不偏不倚、公正无私的心态认识和对待万事万物。

如何做到心如明镜止水，庄子也给我们开出了良方，比如"心斋"、"不撄心"、"澡雪"人之精神等。

——心斋，就是心的斋戒。"唯道集虚。虚者，心斋也。"（《庄子·人世间》）虚，就是心的空与明，空可容物，明可照物。用通俗的话说，所谓心斋，就是虚怀若谷，澄静清明。

——不撄心，就是不扰动心，如同不能搅动静水一样。水动则泥沙俱起，浑浊浮动，如人心中物欲充斥，杂念横生，心浮气躁，就会失却晶莹剔透之心，当然也就无法体道即洞鉴宇宙之奥妙、人生之真谛了，此所谓"其嗜欲深者，其天机浅"（《大宗师》）也。

——澡雪人之精神，就是"疏瀹而心，澡雪而精神，掊击而知"（《庄子·知北游》），从而成为无知无欲之人。在庄子看来，知、欲都是惑乱人心的东西，有了它们，人的心灵和能力就会扭曲，就无法认识大道。只有通过洗刷心灵，洗涤精神，打破知识，心灵才能如明镜止水一样，映照出道来。

但是，上述的方法只是庄周先生的一厢情愿。试看这人世间，从古至今，有几个人真能达到心如明镜止水的境界？！

五

在中国传统文化的系统中，老庄的道家哲学中渗透了浓重的"山水"精神，对中国美学的产生和发展有着深远的影响。本来，在老庄哲学中，"自然"一词的意思是自然而然，它并非指包括山水在内的大自然。老庄思想特别是庄子思想对山水美的影响，主要不是表现在其著作中有关山水的只言片语上，而是体现在其哲学思想本身已包涵着自然山水审美意识的潜在逻辑内涵。推崇"逍遥游"的庄子，尽管极力追求"无江海而闲"（《刻意》）的"逍遥游"境界，但这种理想的境域只存在于虚拟的"无何有之乡"中，在现实社会中是不存在的。在人类的生存空间中，大自然的山山水水是纯粹的，没有尘世的喧嚣和纷争，这正充分体现了庄子哲学中自然之道的人生理想。从这种意义上说，庄子的哲学思想中散发着浓郁的"潜在山水精神"。

庄子之后，从晋宋玄学大师们开始，才真正把庄子的自然之道和"逍遥游"的人生理想具体化到自然的山山水水上。不过，如果真正走入庄子的内心世界，你会发现庄子其实是个热爱生命、热爱生活的人，他追求逍遥但却难以摆脱人生的种种羁绊，只好转而追求精神的独立，向往神人（至人）的境界，幻想着能够"不食五谷，吸风饮露。乘云气，御飞龙，而游乎四海之外"（《逍遥游》），不肯把自己的生命耗费在立功立名的市场价值上。在现实生活中，他从来没把自己封闭起来（只是不愿与世俗同流合污），他喜欢置身于大自然的山水中寻找精神家园，体验得"道"的快乐，尝言

"山林与，皋壤与，使我欣欣然而乐也"(《知北游》)。于是，我们看到，在华夏的江河湖海之上，留下了他一串串"逍遥游"的脚印。

——在一条名为濠水的小河边，庄子与好朋友惠子就是否知晓"鱼之乐"这个问题进行了千古一辩，两位思想家唇枪舌剑，辩得智慧的火花四溅，辩得波澜不兴的濠水风生水起（无名之水随之留名千载）。其实，庄子之所以对濠水中"出游从容"的鱼儿充满艳羡，缘于他不但对"鱼之乐"感同身受，而且是带着艺术欣赏的情调。

——在濮水之上，他持竿而钓，优游自得，沉浸在波光水色中。面对世俗功名利禄的诱惑和骚扰，他用"持竿不顾"来表达自己对政治的鄙夷和对濮水的痴迷。

——在波翻浪涛的水上，他经常看到行船的人操舟自如，若有神助；游水者披波而行，如履平地。羡慕之余，他悟出了"善游者忘水"的道理。

——在黄河入海的地方，他发现了河的渺小、海的伟大，也发现了有限与无限的巨大差别，感喟之余，还精心编排了"河伯望洋兴叹"的故事。

——在海浪放歌的地方，他常常面对大海心驰神往，或把自己的"道"与浩淼无边的大海相比况，发出诸如"夫道，洋洋乎大哉"之类的咏叹；或把大海所具有的广阔空间与逍遥游的人生理想联系起来，比如，北冥之鱼和大鹏飞往的天池，都向我们暗示出"逍遥游"与大海的许多关联……

人性之善也，犹水之就下也

——孟子与水

　　孟子作为"亚圣"，学问深得孔子的嫡传，但孔孟还是有差别的，比如孟子远比孔子善辩。孔子提出君子要"敏于行而讷于言"（其实孔子一生也没少说话，一部《论语》就是他讲话精华部分的集成），但孟子却对先师的这句教诲没有入脑入心，他既敏于行，更善于言。为了写这篇文章，我又一次拜读了孟子的七篇大作。抛开其内容不说，我发现，孟子的辩才真是举世无双，口若悬河，雄辩滔滔，激情澎湃，犹如江河洪流，浩浩荡荡，一泻千里，令人折服。大概是怕别人说他善辩，孟子还专门解释说："予岂好辩哉，予不得已也。"（《滕文公下》）我哪是好辩啊，我是不得已才这样做的。

　　如同孔孟之道一脉相承一样，孔孟的"爱水情结"也是一脉相承。或是受孔子的影响，或是孟子本人对生命之源的水怀有特别的感情，孟子对水的观察、思考和由水而感悟人生、阐发事理的程度毫不逊于孔子，他把儒家的"文化之水"推向了新的高度。

一

　　为实现自己的仁政理想，孟子也效法孔子周游列国，不过他对所"游"国家远比孔子挑剔得多。其中对齐国最为看中，两次游齐，先后长达30年之久。当时,齐国是东方大国,也是天下海岸线最长的国家,首都临淄东北百余里处便是大海。我想,游齐时,喜水的孟子一定不会拒绝大海的召唤,一定会不止一次地来到齐国的海滨倾听大海的涛声。众所周知,在先秦诸子中,孟子是位心气极高、傲骨铮铮的伟男,他曾公开宣称:"万物皆备于我矣。"(《孟子·尽心上》)"如欲平治天下,当今之世,舍我其谁!"(《孟子·公孙丑下》)。我猜,大丈夫气概十足的孟子,第一次真切地看到浩瀚无垠的大海时,也不能不"矮了三分"(何止三分!)。何以见得?晚年,孟子回到故国(邹城),"退而与万章之徒"著书立说时,字里行间中便表现出对大海的由衷敬畏:"孔子登东山而小鲁,登泰山而小天下,故观于海者难为水,游于圣人之门者难为言。"(《孟子·尽心上》)登绝顶而一览众山小,经沧海则难为水,这的确是人生经验的写照。沧海浩大,横无际涯,岂是小江小河小湖小池之水可与之相提并论的?在圣人面前,我们岂敢"之乎者也",卖弄自己那点浅薄的"三字经"。

一千多年后,唐代有个叫元稹的诗人借用孟子"观于海者难为水"的话,化为《离思五首·其四》中的诗句:"曾经沧海难为水,除却巫山不是云。取次花丛懒回顾,半缘修道半缘君。"前两句为千古绝唱,意思是说,经历无比深广的沧海的人,别处的水再以难以吸引他;除了纯洁美丽的巫山之云,别处的云都黯然失色。诗中以沧海之水和巫山之云隐喻爱情的深广笃厚,见过大海之水、巫山之云,别处的水和云就难以看上眼了,除了诗人所思念、钟爱的女子,再也没有能打动他心弦的"她"了。

后来"曾经沧海难为水"又演化为"曾经沧海"这一经典的成语。

在孟子眼里,大海之所有以波澜汹涌,是因为其本身的深广无涯使然。故孟子又说:"观水有术,必观其澜",观赏水也有相应的"窍门",就是一定要观赏它壮阔的波澜——由波澜之壮观,可以想见本体之深广。我以为,"观水有术"的孟子,对水的认知是别具慧眼的,因为这时孟子心目中的水,已不仅有"善"的品质,而且具有"悦目"的审美意味了——因为"澜者,大波浪也",本身就是水之美的一个雄壮音符。当然,孟子的"必观其澜",其主旨仍不是激赏水的自然之美,而重在其"比德"的功用,即强调要从水的自然形态和功能中寻觅和挖掘出对人生对社会的深切体验和认识。于是,孟子话锋一转,接着说道:"流水之为物者,不盈科不行;君子之志于道也,不成章不达。"(《孟子·尽心上》)孟子称赞水具有"不盈科(坎也,即坑洼)不行"的品性——流水不放过任何坑坑洼洼,不把它们填满便不会向前流,这种脚踏实地、扎扎实实、循序渐进的品格,正是立志行道的君子所应效法的。

盈科而后进,是流水的品质和追求;成章而后达,是求学和做人的标准和境界。

又有一次,孟子的弟子徐子请教孟子:"仲尼亟称于水,曰:'水哉,水哉!'何取于水也?"(孔夫子多次称赞水,水有什么可取之处呢?)孟子沉思后给出了这样的答案:

> 源泉混混,不舍昼夜,盈科而后进,放乎四海。有本者如是,是之取尔。苟为无本,七八月之间雨集,沟浍皆盈;其涸也,可立而待也。故声闻过情,君子耻之。
>
> ——《孟子·离娄下》

这里,孟子特别强调了"有源之水"的重要性,指出:只有有源之水,才能不舍昼夜,奔流不息;而无源(无本)之水,即使在某一时段因雨水骤至而河满沟溢,但时令一过,干涸也就随之而来。对孟子这段话,南宋理学家朱熹在《四书集注》中是这样诠释的:"水有原本,不已而渐进以至于海,如人有实行,则亦不已而渐进以至于极也。"由此观之,孟子这番议论是借水性表现君子立身修道的经历:一是君子要像有源之水那样立于儒家之道这个根本上,才能获得取之不尽,用之不竭的动力源泉。二是水之"不舍昼夜,盈科而后进"的特点,正与君子锲而不舍的修道过程相似。既有充盈的本源,又能坚持不懈,努力躬行,才会渐进达到道德学问的至境。

二

性善论是孟子对儒学的一大贡献。"孟子道性善,言必称尧舜"(《孟子·滕文公上》);"圣人与我同类","人皆可以为尧舜"(《孟子·告子下》)。

人性问题,早在春秋时就已出现,并逐渐成为先秦许多思想家关注的一个重大命题。孔子认为"性相近,习相远"(只是说人性之初大致相近,并未做善恶之分),法家认为"性好利",荀子认为"性恶,其善者伪也",告子认为"性无善无不善",等等。孟子别开思路,提出了性善说,并从人性的角度为"仁政"思想找到了本体论的根据。

孟子为构建他的"性善大厦",可以说绞尽了脑汁,用尽了心智。他指出:"恻隐之心,人皆有之;羞恶之心,人皆有之;恭敬之心,人皆有之;是非之心,人皆有人。恻隐之心,仁也;羞恶之心,义也;恭敬之心,礼

也；是非之心，智也。仁、义、礼、智，非由外铄我也，我固有之也，弗思耳矣。"(《孟子·告子上》)

在孟子性善说的体系中，突出了孔子伦理体系中的仁、义、礼、智，他把这四者与人性善的思想有机地结合起来，认为人生下来就具有的恻隐之心、羞恶之心、辞让之心、是非之心，是仁、义、礼、智这四大伦理道德范畴的根芽，即"四端"。与此同时，孟子还认为人的善性是本性中所固有的，是天赋的"良知"、"良能"，而不是外在影响、教育的结果，进而得出了"圣人与我同类"，"人皆可以为尧舜"的结论。至于圣人与普通人的区别，孟子认为圣人之所以为圣，是由于"圣人先得我心之所同然耳"——圣人只不过先把人人都具备的"善端"加以扩充而已。他以自然界中的水、火为喻，阐述道："凡有四端于我者，知皆扩而充之矣，若火之始燃，泉之始达。"(《孟子·公孙丑上》)凡是能保有这"四端"的，知道把它扩充开来，就会像火燃烧起来那样不可扑灭；就会像泉水喷涌而出那样无法遏止。

孟子性善论的思想一提出，便引发了激烈的争论。于是，大千世界普遍存在的水，便被睿智的孟子拿来作为论证性善、反击论敌的有力武器。以水为载体，阐发性善，可称孟子性善说的一个鲜明特点。

这天，云游天下的告子来到邹国拜访孟子。孟子知道告子是个"兼治儒墨之道"的大学者(告子本身没有著作流传，他的学说仅有一鳞片甲隐于《孟子·告子》中)，对他非常敬重，不但设宴款待，陪其游峄山、观泗水，更与之热烈地探讨关于自然人生的学问。二人惺惺相惜，虽有不少共同语言，但看法相左的地方也不少，故交谈中时常"夹枪带棒"，争辩最多也激烈的便是人性问题。

这是一场智者之间的交锋和对话，有趣的是，他们都喜欢拿水来"说事"。

告子的论点是："生之谓性（生来如此就是性）"，"食色，性也"。顺便提出的是，不知为什么，现在许多人津津乐道于引用"食色，性也"这句话，但却把此话的发明权安在了孔子头上，张冠李戴，浑然不知，孰不知这是告子的名言！我想，倘若告子能活到今天，一定会为这句话的"版权"问题打官司的。在告子看来，人与生俱来的本性本无善恶之分，外在条件和环境对"善与不善"起着至关重要的导向作用，导向善则向善，导向恶则趋恶。告子以水为喻，说："性，犹湍水也，决诸东方则东流，决诸西方则西流。人性之无分于善与不善也，犹水之无分于东西也。"告子以决堤之水的流向为喻，认为人性有如湍急的流水，从东方决口则可引之向东，从西方决口则可引之向西。人性本来无所谓善，正像水本来无所谓东西一样。

告子的一番议论，当然难合孟子之意，他同样以水为喻，批驳告子：

水信无分于东西，无分于上下乎？人性之善也，犹水之就下也。人无有不善，水无有不下。今夫水，搏而跃之，可使过颡；激而行之，可使在山，是岂水之性哉？其势则然也。人之可使为不善，其性亦犹是也。

——《孟子·告子上》

在孟子看来，水虽然无法自行选择东西的流向，却必定自上流于下，人性之向善，正如水之就下，是自然之势。人可以搏击或阻遏水流，使之跃起甚至倒流上山，但水的本性决不是上流。人性如水，向善如水往低处流，是自然而然的事。人之作坏事施恶行，与本性无关，犹水之过颡、在山，实乃"搏"、"击"所致。

孟子真是善辩，就地取材，操斧伐柯，以其人之道，还施彼身，让人不能不佩服。但气壮如牛的善辩不等于真理就掌握在自己的手里。抛开人性善或恶这一论题先不说，推敲起来，孟子这个比喻本身就有问题，水永远向下，只能比喻人性有一种固定的趋向，可以证其善，也可以证其恶。现在我们套用孟子的话，改"善"为"恶"，这一比喻同样能成立：人性之恶也，犹水之就下也。人无有不恶，水无有不下。反观告子以水为喻讲出的那番议论，至少从逻辑的角度而言，还是站得住脚的。

真理往往在智者之间的争辩中诞生的。我们不知道告子是被辩才无碍的孟子说服了，还是被盛气凌人、"拿着不是当理说"的孟子气跑了，反正辩论的结果以孟子胜利而告终——孟子自己写的文章记述这件事，当然不会让自己失败了。

到底人性是如孟子的看法天生善良，还是如荀子的看法天生邪恶，或者如告子的看法无所谓善也无所谓恶，直到哲学社会科学进步到今天，仍是一个很难说清的问题，学者们往往各执一端，莫衷一是。笔者以为，人既是社会的人，也是自然的人，是一个复杂的矛盾统一体。就共性而言，人的本性中既有善的东西（如同情弱者、崇尚正义、扶危济困等），也有恶的东西（如嫉妒、幸灾乐祸、占有欲等）；就个体而言，有的"善"多些，有的"恶"多些（这是人类多样性的表现）。由于受教育程度不同，个人所处的生存环境的差异，有的更多地表现出善的一面，乃至成为万人称颂的好人、天使；有的则更多地表现出恶的一面，乃至成为千夫所指的坏人、恶魔。事实上，在中国古代众多论"人性之善恶"的思想家中，告子的"人之性无分于善与不善"的观点闪耀着"唯物主义"的光芒，更接近于真理。但在儒家正统思想的影响下，告子的思想一直被贬抑，直到清代后期的思想家龚自珍才"拨乱反正"，将告子的思想特别提出并发扬光大。

作为一家之言，孟子的"性善论"颇有一厢情愿的味道，用现代的语言评价就是具有浓厚的唯心主义的色彩。尽管如此，孟子的"性善论"毕竟充分肯定了人的道德意识中"理想性"的东西，难道能够否定其"积极进取"和"健康向上"的社会意义吗？

三

"仁"是孔子政治思想的重要组成部分。孟子继承、发扬了孔子"仁"的学说，从道德角度发展为"义"（孔子讲"杀身成仁"，孟子讲"舍生取义"）；从政治角度发展为"仁政"（也称"王道"，与"霸道"相对），即以性善理论为根据，开创性地提出了"仁政"思想，并从操作层面设计出了施行仁政的一整套政治构想。孟子认为"不以仁政，不能平治天下"（《孟子·离娄上》），为了增强其论证的说服力和感染力，善言的孟子又一次次地借用水的特性来设喻说理，阐发其"仁政"的主张。他说：

民之归仁也，犹水之就下，兽之走圹也。故为渊驱鱼者獭也，为丛驱雀者鹯也，为汤武驱民者桀与纣也。

——《孟子·离娄上》

民心归顺仁政，就如同水顺流而下，野兽自然向旷野奔跑一样，这个趋势是谁也阻挡不了的。他藉此警告统治者，只有施仁政于民众，以人民的利益为利益，才能使百姓"犹水就下"般望仁德而归附；否则，君王像为渊驱渔的獭、为丛驱雀的鹯一样，残民以逞，必然会沦为桀、纣那样的独夫民贼，那时，老百姓就会不堪残暴，揭竿而起，推翻暴君的统治。

孟子生活的时代，正值战国中期，诸侯之间的相互征伐愈演愈烈。面对诸侯之间"杀人盈野"的罪恶战争。大约40多岁时，孟子怀着救民于水火的美好愿望，肩负着"当今之世，舍我其谁"的崇高使命，"以儒道游于诸侯"，带着弟子奔走于梁（魏）、齐、宋、滕、鲁等国之间，含辛茹苦地宣扬和推行着仁政。

孟子的"仁政"作为一种理想，一种信仰和学说，的确光芒耀眼，灿烂诱人，但在诸侯争霸、弱肉强食的战国时代，这种理想化的政治构想又怎么能行之于世呢？因此，一心想用武力雄霸天下的诸侯王们，如梁惠王（魏惠王）、齐威王及齐宣王等，尽管都很尊重和厚待孟子，让他"处宾师之位"，却从来没有真正采纳过他的王道之说。尽管软钉子、硬钉子碰了不少，但执著的孟子不气馁，不退缩，矢志不渝，表现出"君子以自强不息"的顽强斗志和干劲。

公元前320年（周慎靓王元年），古稀之年的孟夫子离开滕国（今山东滕州一带）来到魏国首都大梁（今开封）。那天，梁惠王把孟子请到王宫，劈头就问："叟不远千里而来，亦将有利于吾国乎？"（《孟子·梁惠王上》）面对傲慢势利的梁惠王，豪气十足的孟子也没客气，马上反驳道："王何必言利？亦有仁义而已矣。"接着，孟子便滔滔不绝地向梁惠王讲起了"言利"的坏处。后来，孟子与梁惠王多次论政，向他讲述了"与民同乐"的道理，为他勾画了强国富民的蓝图。在战国诸侯中，梁惠王应算是个具有远大志向的君主，与孟子交谈，他发现孟子的学说虽然不能完全实行，但却不无道理，加之孟子的人格魅力同样令人钦敬，因而随着谈论问题的深入，梁惠王的态度一次比一次好，到后来再与孟子见面，便成了"寡人愿安承教"（我很高兴接受您的指导）。

经过几次的交谈，孟子发现梁惠王"孺子可教也"（其实也是表面现象）。正当孟子对在魏国推行"仁政"充满憧憬的时候，转过年的春天，即公元前319年，老迈的梁惠王撒手人寰而去，孟子好不失望（即使梁惠王不死，也未必能用孟子的主张）。一日，继位不久的梁襄王（梁惠王的儿子，名赫）召见孟子，朝堂之上，这位新王忽然提出了一个没头没脑的问题："天下恶乎定？"（天下如何才能安定？）这样的问题自然难不倒孟子，他坚定有力地回答："定于一。"（天下安定在于统一。）

"仁者无敌"是孟子坚定的政治信念。尽管孟子对"望之不似人君"的梁襄王不抱希望，但他不想放弃这次宣传仁政的机会。为此，当襄王问他"孰能一之"时，孟子还是耐心地给他上了一课，希望能对魏国的政治走向产生积极的影响。孟子说："不嗜杀人者能一之。"他以雨润禾苗和"犹水就下"为喻，侃侃而谈：

王知夫苗乎？七八月之间旱，则苗槁矣。天油然作云，沛然下雨，则苗渤然兴之矣。其如是，孰能御之？今夫天下之人牧，未有不嗜杀人者也。如有不嗜杀人者，则天下之民皆引领而望之矣。诚如是也，民归之，犹水之就下，沛然谁能御之？

——《孟子·梁惠王上》

　　这里，孟子用时雨之降、救民于水火来说明实行仁政的效果。他说：大王你知道田里的庄稼吗？七八月间，久旱无雨，禾苗枯槁。忽一日，天空中乌云密布，接着大雨倾盆，禾苗得救，苗壮成长。像这样，还有谁阻挡得住它的长势呢？现在世间那些统治者，没有不喜欢杀人的，如果有一个不嗜杀的，天下百姓都会伸长脖子，盼望着他来解救自己。假如真是这样，老百姓都归附他，就像水往低处奔流一样，又有谁能阻挡得住呢？

　　在孟子的眼里，仁政有时就是"时雨"。有一次，他的弟子万章问他：宋国是个小国，现在准备实行仁政，齐、楚这两个大国因忌恨要攻伐它，该怎么应对呢？孟子没有直接回答万章的问题，而是给他讲了一段"商汤征无道葛伯"的故事：商汤住在亳地，与葛国为邻。葛伯放纵无道，不祀祖先。商汤派人质问他：为什么不祀先祖？葛伯回答说：没有祭祀的东西。汤派人送去牲畜、粮食等祭品，并让亳地百姓帮助他们耕种，供给老幼食品。葛伯却带人杀死老人儿童以抢夺他们的食品。于是，汤征伐葛伯。天下人都知道汤征伐葛伯，不是为了夺取土地，而是为了给"匹夫匹妇复仇也"，都盼望着汤赶快讨伐到自己这个地方——"民之望之，若大旱之望雨也。归市者弗止，芸者不变，诛其君，吊其民，如时雨降。"（《孟子·滕文公下》）

　　在魏期间，孟子还与梁惠王手下许多大臣进行了辩论和交流。有个叫白圭（名丹，字圭）的大臣，是个水利专家。这位白圭是个心术不正的家伙，为了魏国的私利，竟把自己的擅筑堤防的技艺用在损人利己上——以邻为壑，通过造"曲防"将洪水引到别的国家。对此，白圭不以为耻，反以为荣，一次，他竟得意洋洋地向孟子炫耀："丹之治水也愈于禹。"孟子本来就看白圭不顺眼，今天见这厮竟如此恬不知耻，更加义愤填膺，他冷冷一笑，义正辞严地反驳道："子过矣。禹之治水，水之道也，是故禹以四海为壑。今吾子以邻国为壑。水逆行，谓之洚水。洚水者，洪水也，仁人之所恶也。"（《孟子·告子下》）在此，孟子一方面通过赞扬大禹按照水的本性加以疏导，使之入海而获得成功的事例，表达出不论治水还是办其它事情，都应顺应客观规律的思想；另一方面，通过鞭挞白圭治水以邻为壑的不义之举，旗帜鲜明地指出这种损人利己的不义行为，不但与"王道"相去甚远，更是善良的人们所深恶痛绝的。

原来，春秋战国时，黄河沿岸的各诸侯国为了防止河水泛滥，纷纷在黄河两岸修筑堤防。由于诸侯林立，互不相统，各自从本国利益出发，"壅防百川，各以为利"的现象比较普遍。当时，齐与赵、魏以黄河为界，赵、魏两国的地势较高，齐国的地势低下，黄河发水齐国首当其冲，齐国见自己吃亏太大，便率先沿黄河修筑了一条长长的堤防，于是"河水东抵齐堤，则西迄赵、魏"，水势便直奔赵、魏而去。赵、魏亦如法炮制，在本国境内的黄河岸线上大筑堤防。更有甚者，齐和赵、魏还纷纷在自己一岸修筑"曲防"，把洪流"挑向"对岸，这就是孟子口诛笔伐的"以邻为壑"。据《孟子·告子下》记载，公元前651年，齐桓公在宋国的葵丘（今河南民权）主持诸侯会盟，其中盟约中就有"无曲防"的规定，即禁止修筑危害别国防洪安全的堤防——这堪称是我国古代诸侯国之间"国际条约"中关于水利的最早条文了。

梁襄王既不能接受孟子的仁政思想，又没有君主的样子，孟子见在魏国待下去也是徒劳，便"走为上计"，离魏而去。这时齐宣王刚即位不久，雄心勃勃的他很想有一番大的作为——"欲辟土地，朝秦楚，莅中国而抚四夷也"（《孟子·梁惠王上》），因而上台之后做的第一件大事便是重振稷下学宫，延揽天下贤士。于是孟子再次适齐。在齐都临淄，孟子受到齐宣王的隆重礼遇，拜他为客卿（孟子在齐国只做客卿，"不治而议论"，这样可以保持他的独立性），给他丰厚的俸禄，并隔三差五登门问政于他。谈话中，孟子时而委婉譬喻，循循善诱，时而开门见山，言辞犀利。几次谈话后，孟子发现齐宣王有实施仁政的想法（曾表示"吾虽不敏，请尝试之"），十分高兴，幻想着"致君尧舜"，依靠齐宣王实现自己梦寐以求的仁政理想。然而现实是残酷甚至是血淋淋的，孟子很快发现，齐宣王嘴上对王道津津乐道，骨子里推崇的仍是他那套王霸思想，强暴仍是他执政的主旋律。最典型的一例便是齐国兴师伐燕，杀人放火奸淫抢掠，无恶不作，给燕国人民带来巨大的灾难。与此同时，齐宣王在国内实行所谓的仁政，往往也是做做样子而已。对此，孟子深感痛心和失望。

在孟子看来，施行仁政应当全心全意、真心实意，而且要一以贯之，决非一时一事的权宜之计，更不能靠小恩小惠收买人心。他以"水克火"的自然现象为例，痛批齐宣王等执政者浅尝辄止的仁政行为：

仁之胜不仁，犹水胜火。今之为仁者，犹以一杯水救一车薪之火也；不熄，则谓之水不胜火，此又与于不仁之甚者也，亦终必亡而已矣。

——《孟子·告子上》

在治理国家中，实行仁政必然要胜过推行暴政，这好比水可以灭火一样。但如今有些所谓的行仁者，他们的为仁就好像用一杯水来救一车柴燃起的大火，火没有扑灭，就说水不能灭火。这些人和不仁的统治者差不了多少，最终他们还会把自己仅有的一点点仁也丢掉了。这里，孟子以水必然胜火的事实，说明了"仁胜不仁"是必然的趋势。同时尖锐指出，如果为了沽取仁德的好名声，半心半意甚至虚情假意地实行所谓的仁政，就会像杯水车薪那样无济于事，充其量不过是沽名钓誉而已，断不会收到持续长久的效果。

我们要说的是：在那个以攻城掠地、杀人盈野为能事的时代，孟子的呐喊，即使句句是真理，一句顶一万句，又有谁能听得进去呢？就连对孟子十分敬重的梁惠王都认为他"迂远而阔于事情"。

四

翻开中华民族的历史，我们会发现，治水在中华民族生存与发展中有着特殊重要的地位和作用。尤其是大禹治水，具有筚路蓝缕的开创意义，不但平治了严重的水患，拯救了水深火热之中的华夏民族，而且使当时松散的氏族部落联盟逐渐形成多民族的统一国家，功劳堪比日月。先秦儒家对大禹都很推崇，并把他放在了儒家道统的序列中——唐尧、虞舜、夏禹、商汤、文武（周文王、周武王），是赫然并列一起的"圣王"。孔子对大禹的评价是："禹，吾无间然矣。菲饮食而致孝鬼神，恶衣服而致美乎黻冕，卑宫室而尽力于乎沟洫。禹，吾无间然矣。"《论语·泰伯》）大禹啊，我对他真是没有什么可挑剔的了！自己吃的食物很粗糙，供奉神明的食物却很精致。自己穿的衣服很简陋，祭祀天地祖先时穿的祭服却很讲究。自己住的房子十分小，但却把精力全部放在了带领人民兴修水利发展农业生产上。大禹啊，我对他真是没有什么可挑剔的了！孔子虽然认为大禹"无可挑剔"，评价很高，但评语比较概括，涉及的实际内容不多。孟子呢？他是先秦诸子中对大禹治水体会最深的两位思想家之一（另一个是墨子），《孟子》一书，提到大禹有30次之多，而且多用具体的事例说话。比如，他曾不惜笔墨地向我们展示了大禹治水的伟大功绩，以及治水对华夏民族文明进步的巨大推动作用：

当尧之时，水逆行，泛滥于中国。蛇龙居之，民无所定。下者为巢，上者为营窟。书曰："洚水警余。"洚水者，洪水也。使禹治之，禹掘地而注之海，驱蛇龙而放之菹；水由地中行，江、淮、河、汉是也。险阻既远，鸟兽之害人者消，然后人得平土而居之。(《孟子·滕文公下》)

　　当尧之时，天下犹未平，洪水横流，泛滥于天下。草木畅茂，禽兽繁殖，五谷不登，禽兽偪人，禽蹄鸟迹之道交于中国。尧独忧之，举舜而敷治焉。舜使益掌火，益烈山泽而焚之，禽兽逃匿。禹疏九河，瀹济漯而注诸海；决汝汉，排淮泗而注之江；然后中国可得而食也。

——《孟子·滕文公上》

　　孟子的上述描述，十分明确地阐明了中国古代社会由野蛮转向文明，由渔猎转向农耕过程中治水与人类生存的重要关系。远古时期，由于人类尚未脱蒙昧的状态，认识和改造自然的能力十分低下，面对洪水的危害，只能逃而避之，筑巢营窟，群而居之。直到大禹横空出世，率领人民进行了大规模的治水——疏浚排洪，"掘地而注之海"，即将主干河道疏通，加速洪水的排泄，再将两岸加开若干排水渠道，使到处漫溢的洪水迅速回归到河槽中，"水由地中行，江、淮、河、汉是也"，然后"人得平土而居之"。从此人类由渔猎时代转向农耕时代，通过"耕之"，使"中国可得而食也"。同时，由于大禹领导民众平治了水患，大大促进了生产力的发展和社会的文明进步，于是，大禹的儿子启顺应社会发展的要求，建立了中国历史上第一个奴隶制国家——夏。

　　孟子不但对大禹治水的功绩进行了详细记述，还对他为民造福的奉献精神给予了充分肯定，认为大禹的做法才是真正的王道（"王道"是孟子仁政思想的又一表现形式，他认为只有广施仁德于民众的政治才是真王道）。在《孟子》中，他多次举出大禹治水为民除害造福的业绩，盛赞他实行王道的仁德。他说："禹思天下有溺者，由己溺之。"（《孟子·离娄下》）大禹想到天下有遭水淹没的百姓，就像是自己使他们淹没一样。为了救民于水患灾难之中，禹继承了乃父鲧未竟的治水大业，薄衣食，卑宫室，栉风沐雨，历尽艰辛，"八年于外，三过其门而不入"，"决九川致四海，浚畎浍致之川"（《孟子·滕文公上》），经过十多年的艰苦努力，终于制服了洪水，使人民安居乐业。孟子赞美大禹，除了他自己对大禹的人格事功佩服得五体投地外，更重要的是想让当时的统治者效法大禹：以天下为己任，尽心竭力为民造福。

孟子推崇大禹,还因为大禹治水采取了"行其所无事"科学态度,即在治水中采取了遵循水之本性的治水方法——"疏导",为后人树立了按自然规律办事的光辉典范。他说:

> 如智者若禹之行水也,则无恶于智者矣。禹之行水也,行其所无事也。如智者亦行其所无事,则智亦大矣。
>
> ——《孟子·离娄上》

如果聪明人像大禹治水那样,就不至于厌恶聪明了。大禹的治水(使水运行),就是行其所无事,顺应自然。如果聪明人谈论人性也能行其所无事,顺应自然,那可算是大聪明了。由此看来,孟子可能是先秦诸子中对大禹治水体会最深的一位,他总结大禹治水经验是"无事",也就是遵照水的本性("水曰润下")来治水,真是精当之论。由此观之,尽管孟子的上述宏论是由人性问题引发的,但它却从另一方面说明了这样一个道理:大禹治水之所以获得成功,在于他能够根据水往低处流的特性,因势利导,将洪水疏导入海。这就昭示人们,做一切事情,应切忌自作聪明,自以为是,一定要从实际出发,按自然规律办事,才能收到良好的效果。

五

恢复周礼,恢复井田制,是孔子向往的,也是孟子梦寐以求的。井田制为何物?史书记载很模糊,多亏有孟子的记述,才使我们不致堕入五里烟雾中:

> 死徙无出乡,乡田同井。出入相友,守望相助,疾病相扶持,则百姓亲睦。方里而井,井九百亩,其中为公田。八家皆私百亩,同养公田,公事毕,然后敢治私事,所以别野人也。
>
> ——《孟子·滕文公上》

依井而居,千百来一直是中华民族主要的生存方式。中国历史上最早的土地制度——"井田制"的形成、演化与"水井"有着密切的关系。据史学家考证,井田制是一种具有综合性能的社会经济制度,它兼有耕作方式、租税制度、宗族制度、军事组织和村落形式等综合内容。井田制以四井为一邑,四邑为一丘,四丘为一甸,一甸共六十四井。井田制的劳役地租率是什一(即十分之一),八家实际上经营公私田共八百八十亩(周亩,合今0.328市亩),剩余的二十亩为水井、屋舍、菜田所占地。每家八口,八家共六十四口，他们"出入相友、守望相助，疾病相扶持"，实际上是以公共水井为中心组成的自然村落。可见，那时的凿井，主要用于同部族人生活饮水，随之就形成了人们聚井而居的生存方式和以同井之人为一个耕作单位的劳动及管理方式。孟子在这里描述的，就是一个典型的由原始公社时代向私有制时代过渡的乡村自然社区的生产生活情况。这种社区形成的自然地理基础是公有的共同的水源点，即所谓"乡田同井"。可见，当时以井为标志的自然水源点对满足人们生产和生活需要是何等的重要。

西周实行的分封制，全国遍布许多小的诸侯国。各诸侯国的中心都城所在地称为"国"，国之外谓之郊，郊之外谓之野。《周礼》注："去国百里为郊，郊之外谓野。"仔细端量孟子的上述言论，还可以看到，文中把这种守护着确定的地域空间、组织严密有序的生产方式和具有亲密无间社会关系的乡村社区的人们，与那种没有固定居住区域，缺乏血缘纽带，组织松散的"野人"区别开来，这就告诉我们这样一个事实：共同的生产活动和对于水资源的共同占有，是培育乡村社区凝聚力和促进社区组织发展的重要推动力量。它使社会群体之间的地缘关系进一步加强，社会组织的吸引力大大增加，从而保证了社会组织的有序化。

先秦时期，由于人口的增长和生产力的发展，人类向自然进军的步伐也在加快，较大规模的开发活动导致了水土流失和自然资源的破坏，引起了有识之士的关注和反思。孟子就敏锐地发现了这个问题，并鲜明地提出要适度开发利用自然资源的主张。一次，孟子见梁惠王，给他讲了这样一番治国的道理："不违农时，谷不可胜食也；数罟不入洿池，鱼鳖不可胜食也；斧斤以时入山林，材木不可胜用也。"（《孟子·梁惠王上》）他告诫梁惠王，在开发利用自然资源时，应当有所节制，不能竭泽而渔，对自然资源进行掠夺性开发乃至破坏。孟子还指出：

牛山之木尝美矣……斧斤伐之，可以为美乎？是其日夜之所息，雨露之所润，非无萌蘖之生焉，牛羊又从而牧之，是以若彼濯濯也。人见其濯濯也，以为未尝有材焉，此岂山之性也哉？……故苟得其养，无物不长；苟失其养，无物不消。

——《孟子·告子上》

在孟子看来，以往郁郁葱葱的牛山，之所以成为光秃秃的濯濯童山，是人为的滥砍乱伐和过度放牧惹的祸，并非山的原始面目，进而提出了"苟得其养，无物不长；苟失其养，无物不消"的警示。可见，在孟子的思想中，包含着十分鲜明的水土资源保护观念，这在当时是难能可贵的。

细读《孟子》，我还意外地发现，书中记载了不少水利、水名及水的流向的知识，说明孟子这位大思想家对水利、水文地理等方面的问题也有涉足。

《孟子》中留下了黄河、长江、淮河、汉水、济水、汝水、泗水、溱水、洧水、漯水等河流的名字，这些都是春秋战国典籍中常见的。孟子对战国时期一些河流流向的描绘，为后人留下了极为宝贵的资料。如在《滕文公上》中有这样的记述："禹疏九河……决汝汉，排淮泗而注之江。"就是说，大禹疏导九河，浚通汝水和汉水，疏通淮水和泗水而流到长江之中。

对孟子的上述说法，后人多有争论。南宋大理学家朱熹在《四书集注》中说："汝、泗则入淮，而淮自入海。此谓四者皆入江，记者之误也。"当代著名学者杨伯峻先生经过仔细考证，对孟子的这段记述提出了新说，他指出：对孟子的这一记述古今争论最多，人们普遍认为孟子搞错了，因为除汉水外，汝与淮、泗都不入江。一些儒者为尊者讳，不时为孟子打圆场，说孟子不过申述禹治水之功，未必字字实在，所以不必拘泥。事实上，错的并不是孟子，而是朱夫子们。春秋战国时期，淮河进入长江有两条水道：东道，淮河由邗沟入长江；西道，在淮河中游州来（今安徽凤台城关）附近，溯东淝水南下，经寿春（今安徽寿县），行于施水（今南淝河），到达合肥，入巢湖，穿湖而过，进入裕溪河入江。孟子之前的春秋时期，楚庄王和楚平王时代，曾多次利用西道水路行军打仗。后来，由于黄河夺淮的影响，东淝水中游淤为瓦埠湖，下游也逐渐淤高，淮河、东淝水已不能通流。由此可见，孟子时代的淮河、长江是能够沟通的。

孟子还熟悉古代和当时的水利工程，如《告子上》记载："今夫水，搏而跃之，可使过颡；激而行之，可使在山。"这里的"激"，指的是古代修建的横断河床的堰坝，用来阻挡水流，抬高水位，引水入渠。孟子记述的这种"激"的水工技术，到秦汉以后已大量使用。《淮南子·诠言训》中就有"激"水技术应用的记载：使水流下，孰弗能治；激而上之，非巧不能。

孟子不愧为文化巨匠，他的知识是何等的渊博！

水则载舟，水则覆舟
——荀子与水

　　读荀子的书《荀子》，我发现荀子和其他先秦诸子相比，真是个"集大成"者，也是个"唯物主义"者。他的"集大成"，体现在其学说主体属于儒家，同时又批判地熔铸诸子百家的思想于一炉，如他既主张崇王道、隆礼法，而又对霸道、法治具有浓厚兴趣。他的"唯物主义"，体现在他对天命的否定上，这在上帝鬼神大行其道的先秦时期，显得身单力孤却又难能可贵。正是由于荀子在儒家学派中属于另类，他也成为中国历史上备受争议的人物，或毁或誉，轩轾甚大。但不管怎么说，荀子在中国文化史上是一位非常重要思想家！

　　作为一代文化巨匠，荀子对"天人之际"的哲学思考是相当深刻的，其博大精深的思想主要体现在他著作《荀子》一书中。为了阐发自己的思想，荀子常常把大千世界中的水信手拈来，作为论据和"武器"。《荀子》中多次提到水，或以水阐释哲学观点，或以水论述王业兴衰，或以水比德君子，或以水说明人生的道理，自然之水经过荀子哲人目光的过滤，便在"自然的人化"中彰显出深邃而又生动的文化特质来。

一

　　君与民之间的关系，历来都是一个重大政治课题。作为政治家、思想家的荀子，对这一问题的探究是非常深入的。从总体上讲，荀子认为君与民的关系是纲与目、本与支的关系,君主是臣民之主、之枢,负有统治臣民的职责;但同时,他也认为君与民是互相影响、互相依存的。荀子认为,一个好的君主要爱民、利民才会到人民的拥护。他用江河"源与流"的关系表达这一思想:

> 君者,民之原也,原清则流清,原浊则流浊,故有社稷不能爱民,不能利民,而求民之亲爱己,不可得也。
> ——《王制》

君为民之主,君为源民为流,君主如果能爱护人民,尽力为人民谋福利、办好事,就会赢得人民的拥戴;反之,纵有社稷但不知爱民、惠民,甚至骑在人民头上作威作福,想得到人民的亲附和爱戴那是不可能的。

看惯了自然的云卷云舒,历览了人类历史的兴衰成败,荀子发现,大自然的所作所为是不以人的意志为转移的,但统治集团的兴亡却主要取决于人为的因素,人民的力量是无比强大的,得道多助,失道寡助,商汤、文武与夏桀、商纣,恰是正反两方面的典型教材。为此,在君民关系的问题上,他提出了极为著名的"君舟民水"论:

> 马骇舆,则君子不安舆;庶人骇政,则君子不安位。马骇舆,则莫若静之;庶人骇政,则莫若惠之。选贤良,举笃敬,兴孝悌,收孤寡,补贫穷。如是则庶人安政矣;庶人安政,然后君子安位。传曰:君者,舟也;庶人者,水也。水则载舟,水则覆舟。"
> ——《王制》

读罢上述这段高论,我们不能不承认,荀子是个极为坦率的人,他毫不掩饰庶人和君子——君王之间是被统治和统治的关系,他以"马骇舆"形容"庶人骇政",生动而深刻。马惊骇,车随时可能倾覆,自然会对坐在车上的君子造成极大的威胁,让他不能安车;庶人发动暴动,则会撼动君王屁股下的椅子,让他不能安位。为了更好地说明问题,荀子形象地将君与民的关系比做"舟水",强调水能载舟,亦能覆舟,这是极其深刻的政治思想。据《荀子·哀公》称,君舟民水的关系是孔子最早提出的,鲁哀公问政,孔子回答:

> 君出鲁之四门以望鲁四郊,亡国之虚(墟)则必有数盖焉,君以此思惧,则惧将焉而不至矣!且丘闻之,君者,舟也;庶人者,水也。水则载舟,水则覆舟,君以此思危,则危将焉而不至矣。

这段话是否真的为孔子所说,因不见于荀子以前的文献著录,不好轻下结论。一般认为,这是荀子假借孔子之言来阐述他的观点(这也是许多古人的贯用"伎俩",一部《管子》就是借春秋时齐国大政治家管仲的"大嘴"来说话)——因为孔子名声大,拿他的话说事,说服力强,杀伤力大。因此,我们不妨把"君民君水论"的发明权归之于荀子。话又说回来,即使舟水关系说的始作俑者不是荀子,他的传承之功难道不是"善莫大焉"吗?

这里,荀子明确地把君与民的关系形象地比作舟与水的关系,强调了人民力量的巨大威力,以此警告当权者:"君王之舟"要靠"人民之水"来承载,君主为民,实行王道、仁政,则国治民安,君王之舟就会稳如泰山;反之,君王残民以逞,施行暴政,就会导致民不聊生,啼饥号寒的百姓就会"犯上作乱",倾覆君王之舟。而朝代的更替、君王的迭换为荀子的上述论断提供了无可辩驳的铁证。正是基于这种认识,荀子继孔孟提倡德政、仁政之后,提出了"惠民"、"爱民"的主张,具体包括尚贤任能,即"选贤良",委以军国大任;隆礼敬士,即"举笃敬、兴孝悌",推行礼义教化;平政爱民,即"收孤寡、补贫穷",使人民安居乐业,等等。

荀子对君与民关系做出的这种理性思考,不仅在当时很了不起,而且对后世产生的影响更是不可估量。历代的明君贤臣无不奉"水则载舟,水则覆舟"为圭臬,注意妥善处理好爱民与使民的关系,从而使国家长治久安。特别是千余年以后,这句金玉良言传到一代圣君唐太宗李世民的耳朵,便成为他执政的座右铭。李世民在与魏征、房玄龄等大臣研讨政务时,一再提及"载舟覆舟"这句警语,一再强调"载舟亦覆舟,所宣深慎","为君之道,必须先存百姓"(《贞观政要·论君道》)。李世民还意味深长地说:"天子者,有道则人推为主,无道则人弃而不用,诚可畏也。"(《贞观政要·论政体》)这些议论成为"圣君"、"贤臣"互相唱和的千古佳话。

荀子是孔孟儒学的传承者,这一点是毋庸置疑的,但他的政治学说是在抛弃孔孟儒学之于现实的傲慢与迂阔,从内心皈依于封建专制制度的基础上提出的。有学者据此认为,荀子的君民"舟水"关系说,实质上弱化了孔孟民本主义精神,强化了君主专制的思想,从而构筑了儒学"君本主义"的基本框架,并在牺牲了"民贵君轻"精神的情况下,完成了与封建专制政治制度的理论整合(王保国《评荀子的君本论和君民"舟水"关系说》)。对王保国等先生的观点,我虽不完全赞同,但也承认,荀子的思想中确实有十分明显的重君倾向。不过,这种重君的倾向,是与战国末期的政治走向密切相关的。这一时期,中国奴隶制度日薄西山,"诸侯异政"行将就木,中央集权的封建制度的建立已成为历史发展的必然,这正是荀子"重君"思想产生的时代背景。荀子虽然重君,但他并没有陷入"君本主义"的泥潭,试看他的如下言论:

> 君子者,治之原也。官人守数,君子养原,原清则流清,原浊则流浊。故上好礼义,尚贤使能,无贪利之心,则下亦将慕辞让,致忠信,而谨于臣子矣。……故赏而不用而民劝,罚而不用而民服,有司不劳而事治,政令不烦而俗美,百姓莫敢不顺上之法,象上之志而劝上之事,而安乐之矣。
>
> ——《君道》

在荀子看来,君主是治理国家的根本、主导,而官吏处于从属地位,是君主政令的执行者。正是由于君主地位的无比重要,君主贤明或昏暗对国家的治或乱影响极大,君主的德行好恶同样对臣下的思想和行动影响极大。为了说明其中的道理,荀子以水源的清浊对下游的影响为喻,强调源清流清,源浊流浊——源,指君主为施政之本原;流,指政事和被导向之臣民。因此,要正本清源,首先要正君,即使君成为遵守制度、遵守道德的表率。只有君上以礼义对待臣下,尚贤使能,清心寡欲,则臣下必然以忠信以报君上。至于"赏不用则而民劝,罚不用而民服",则是荀子从政的最高理想,体现出王道政治的洋洋气象。

上行下效,上有所好,下必甚焉。有鉴于君主的言行对臣下的巨大影响,荀子非常重视君主自身的品德修养。当有人问及怎样治理国家这样重大的问题时,荀子鲜明地提出:"闻修身,未尝闻为国也",进而又强调:

> 主者,民之唱也;上者,下之仪也。彼将听唱而应,视仪而动。
>
> ——《正论》

> 君者,仪也,民者,景也,仪正而景正。君者盘也,民者水也,盘圆而水圆。君者,盂也,盂方而水方。君射,则臣决。楚庄王好细腰,故朝有饿人。
>
> ——《君道》

这里,荀子把臣民比喻为水,君主比喻为盛水的盘、盂;而水的形状取决于盘、盂的形状,这就形象地说明了君主对臣民的巨大影响力——人民效法君主如影之随仪,水之随盘。由此,我想到了孔子的名言:"子帅以正,孰敢不正?"你带头走正道,谁敢不走正道。由此,我想也起了春秋五霸中的二霸,一是齐桓公,一是楚庄王。前者喜欢穿黄色的衣服,一时间穿黄衣成为时尚，大臣和百姓们都争先恐后地抢购黄色布料作衣裳，而其它颜色的面料在仓库中堆积如山，无人问津；后者喜欢细腰的美女，导致全国的女子们纷纷效法，拼命节食饿肚子，到了"国有饥色饿人"的程度。可见，君主之言（唱）和身（仪）教的表率作用，是何等的重要！

二

中国近现代哲学大师冯友兰先生说："孟子以后，儒者无杰出之士。至荀卿而儒家壁垒始又一新。"荀子之新，当指他在哲学上提出的唯物主义哲学体系。先秦儒家由孟子到荀子的变化，最显著的标志是"孟子乃软心的哲学家，其哲学有唯心论的倾向；荀子为硬心的哲学家，其哲学有唯物论的倾向"（冯友兰语）。荀子的哲学思想，以其理论的深度和逻辑力量，把我国古代朴素唯物主义思想发展到一个新的高度。水作为人类探索自然世界规律的利器，自然会被荀子这样的思想家所重视。可以说，在对客观世界进行辩证思维的过程中，水给予荀子的启示是深刻的。

《荀子》的第一篇是《劝学》，每个上过中学的人都读过这篇劝人"好好学习，天天向上"的名篇。如果你稍加留意，就会发现，整个《劝学》几乎通篇都在用水作喻来阐述人必须学习和怎样学习的道理。《劝学》的开篇，便用了两个与水有关的比喻。第一个是"青，取之于蓝，而青于蓝；冰，水为之，而寒于水"。意思是说，人经过学习，就像水变成冰（虽然还是原来的水，却比水寒），虽然还是"本我"，却已质变升华到一个高的层次。第二个是"不临深溪，不知地之厚也；不闻先王之遗言，不知学问之大也"。用深溪对比出大地之深厚，暗喻先王圣人学问的博大和高深，说明学无止境，"不可以已"的道理。接着，为了阐发"终日而思""不如须臾之所学"的观点，又以水为喻："假舟楫者，非能水也，而绝江河。君子生非异也，善假于物也。"说明学习之于人，如同渡河工具舟楫一般不可或缺。由此得出结论，君子之所以能够超越常人，并非先天素质高于常人，而完全靠后天善于学习。再接下来，为了说明坚持不懈的积累在学习与修养中的重要性，以"积土成山，风雨兴焉；积水成渊，蛟龙生焉"和"不积跬步，无以致千里；不积小流，无以成江海"为喻；为了说明君子求道不畏穷困的道理，以"良农不为水旱不耕，良贾不为折阅不市"为喻，这些散发着淋淋水气的比喻，生动形象，说服力强，闪耀着理性的光芒。

这里需要特别提出的是，荀子《劝学》中有两句名言，一是"冰，水为之，而寒于水"，一是"不积细流，无以成江海"。这两句原本旨在以水变冰、江海积细流成其大的道理，来劝勉人们要把学习进行到底。但这两句话所体现的哲学意义远远大于荀子的初衷，其更大的价值在于揭示了事物从量变到质变这一规律，为人类的哲学思辨架起了感性认识通往理性认识的桥梁。尽管由于时代的局限，荀子没能以概念思辨的抽象方式，提出"量变质变"的规律（这一规律直到19世纪中期才由伟大的思想家马克思恩格斯在继承前人知识经验的基础上总结出来），但其精深的哲学价值是不容忽视的，我们不应该对生活在两千多年前的思想家提出过高的要求。

思维与存在，精神与自然界、人与天的关系问题，是哲学的最根本问题。荀子所生活的时代，注定他不可能提出"自然界是本原"这样的唯物主义命题，但我们看到，这位大哲学家在《天论》、《礼论》、《荣辱》、《儒效》等篇中，已从不同层面对这个命题展开了全面的论述，并做出了基本上属于唯物主义的解释。

熟悉历史的人都知道，我国商周时代，崇神信鬼是一种普遍现象，当时的人们大多认为水是上天作为生活资料供养人类的，从而形成了"山川神祇"的观念。而荀子则认为，自然界的万物为人类所用，并非神的恩赐，而是自然而然的事情。他说："故天之所覆，地之所载，莫不尽其美，致其用。"（《王制》）在荀子看来，世间万物皆"尽其美，致其用"，以山水为中心的自然界就更不待言了。他指出："山林川谷美，天材之利多。"（《强国》）对所谓的"山林川谷美"，王先谦认为乃是"多良才及灌溉之利也"（《荀子集解》）。荀子"尽其美，致其用"观念的提出，说明他已摆脱了常人那种对自然山水的神秘和恐惧，敏锐地看到包括自然山水在内的自然界是可以认识和改造的。

"天行有常，不为尧存，不为桀亡。应之以治则吉，应之以乱则凶"（《天论》），就是荀子留给我们关于如何看待和处理天人关系的名言。在荀子看来，自然界有其固有的运动规律，是不以人的意志为转移的，不论是圣君唐尧还是暴君夏桀，他们的出现或消失都与老天无关；人事的吉凶与社会的治乱，完全取决于统治者治理方略和措施是否得当，与自然的变化没有必然的联系。上述几句话在现在听来似乎颇为平常，但在荀子所处的"天命论"大行其道的时代，堪称石破天惊的天外之音，它第一次冲破了中国认识史上天命神学的堤坝，是对千百年来根深蒂固之"天命论"的毁灭性打击。荀子到此并没有罢手，进而又提出了"明于天人之分"的光辉思想，认为天和人各有其职分，天职属于自然，天没有意志，自然而然；而人职属于社会，是有组织有意识的人类活动，可以能动地改造自然。他以"天旱而雩"为例，为自己的观点张目：

> 雩而雨，何也？曰：无何也，犹不雩而雨也。日月食而救之，天旱而雩，卜筮然后决大事，非以为得求也，以文之也。故君子以为文，而百姓以为神。以为文则吉，以为神则凶也。
>
> ——《天论》

雩是祈雨时举行的宗教祈祷仪式，祷告天降甘霖于人间，以解除旱象。但荀子认为天下雨或不下雨与祈祷没有必然的联系，其间并无鬼神主宰其事。至于"雩"之类宗教仪式，只不过起到文饰作用，而百姓因无知而迷信，认为真有鬼神左右着人间的一切。

荀子以前的许多思想家，如老子、尹文等，都主张天道自然无为，而没有充分看到人的主观努力对改造自然界的作用；墨子、孟子虽然强调了人的主观能动性，但又有过分夸大之嫌。荀子则吸收了各派的合理因素，明确提出要"制天命而用之"（《天论》），从而实现了先秦以来天人关系理论的新飞跃。比如，在发展生产方面，荀子主张要大力兴修水利，以解决水旱灾害问题：

> 修堤梁，通沟浍，行水潦，安水藏，以时决塞；岁虽凶败水旱，使民有所耘艾。
>
> ——《王制》

在当时的生产力条件下，靠天吃饭是主旋律，人们往往对水旱灾害束手无策，听之任之。荀子则不然，他主张要充分发挥人的主观能动性，通过兴修水利——修堤坝架桥梁，疏通田间沟渠，排除水涝，加固水库，依照时令开放或关闭水库等，解决水旱灾害对农业生产的影响。

荀子虽然主张"制天命而用之"，但并没有走入极端，他同样强调要按客观规律办事，不可恣意妄为：

> 草木荣华滋硕之时，则斧斤不入山林，不夭其生，不绝其长也。鼋鼍鱼鳖鳅鳝孕别之时，罔罟毒药不入泽，不夭其生，不绝其长也。……汙池渊沼川泽，谨其时禁，故鱼鳖优多，而百姓有余用也。斩伐养长不失其时，故山林不童，而百姓有余材也。
>
> ——《王制》

草木开花结果的时候，刀斧不能进入山林，不夭折草木的生命，不断绝它们的生长。鳖鱼、鳄鱼、泥鳅、鳝鱼等产卵时，鱼网毒药不能进入江河湖泽，不夭折它们的生命，不断绝它们的生长。池塘沼泽河川，严格禁止在生长时节捕捞，鱼类就会丰饶，老百姓的饭桌就可以摆满丰盛的水产品。砍伐种植皆不失时机，山林就不会光秃，老百姓就有多余的木材可用。他还认为，要强国富民，天时、地利、人和各种因素缺一不可："上得天时，下得地利，中得人和，则财货浑浑如泉源，汸汸如河海，暴暴如丘山。"（《富国》）这里，"泉源"、"河海"等水体，又成了他论说的喻体。

尽管荀子的唯物论思想还有很大的局限性，尽管在漫长的历史时期，中国古代的唯物理论哲学发展受到了相当的压制，步履维艰，踉踉跄跄，但荀子所提出的唯物自然观犹如一盏明灯，在"天命论"弥漫的中国历史天空上光芒四射，更照亮了后世对自然真理的探究的方向。以后，又有王充、柳宗元、叶适、王廷相、王夫之、戴震等一大批唯物思想家，沿着荀子开辟的道路披荆斩棘，勇往直前。

三

"性恶说"是荀子的著名主张，是他在批驳孟子的"性善说"的基础上提出的。

可以肯定，荀子在提出耸人听闻的"性恶论"之前，是深入研究过孟子的"性善说"的，甚至开始的时候说不定还比较赞同孟子的观点。但随着对社会现实和人性观察思考的深入，他改变了看法，来了个一百八十度大转弯。

荀子的人生经历和先秦许多思想家有不少相似之处。15岁时，他便满怀"治国平天下"的理想离开母国赵国踏上了游学之路。但现实是残酷的，当时，"上无贤主，下遇暴秦，礼仪不行，教化不成，仁者绌约，天下冥冥，行全刺之，诸侯大倾"（《尧问》）。面对天下汹汹的局面，荀子期望从人本身来寻找社会混乱的原因，他发现，人性本"恶"！不是吗？为了争夺地盘扩大领地，诸侯之间大事征伐，杀人盈野；为了争名夺利，臣子之间尔虞我诈，落井下石；为了占有那点可怜的财产，亲人之间也撕下了含情脉脉的面纱，父子反目，兄弟成仇……正是由于这种恶，社会才出现了种种混乱和争夺，人间才会产生种种是是非非。于是，他对孟子的"性善说"产生了怀疑，认为那是孟老夫子美好的一厢情愿，并与孟子唱起了对台戏。他用人的生理、心理上的种种欲望来证明"人之性恶"，批驳孟子的

"性善"与"天赋道德"等观点,他说:"人之性恶,其善者伪也","今人之性,生而好利焉","生而有疾恶焉","生而有耳目之欲"。在荀子看来,人的本性是恶的,那些善的表现,是人的后天的"人为"。比如,人生下来就有贪利、嫉妒憎恶以及耳目的欲望等——"目好色,耳好声,口好味,心好利,骨体肤理好愉佚"(《性恶》)。如果对这些本能欲望不加以节制,任其自由扩张下去,就会带来不可收拾的社会恶果。尽管"性恶"是人之本能,但荀子并未因此对人类悲观失望,他认为只要对人性进行必要的改造,人是能够化恶为善的,由此他提出了"涂人可以为禹"(涂,通途;涂人,路途之人,指普通人)的命题,与孟子"人皆可以为尧舜"别无二致,只不过是把孟子的尧舜换成了大禹而已。

关于改造人性的办法,荀子认为教化是最重要的途径之一。他特别注重"圣人君师"的"化性起伪"作用,认为通过圣人的引导和规范,加上自己对感观欲望的节制,就可以"归于治""合于道"。他用盆水来做比喻:

> 人心譬如槃水,正错而勿动,则湛(同"沉")浊在下,而清明在上,则足以见须眉而察理矣。微风过之,湛浊动乎下,清明乱于上,则不可以得大形之正也。心亦如是矣。故,导之以理,养之以清,物莫之倾,则足以定是非决嫌疑矣。
>
> ——《解蔽》

人心就如同盆中的水一样,平正地放着不动,污浊自然沉淀在下面,澄清的水就在上面,能够照见人的须眉,察看皮肤上的纹理。有风吹过,把盆底的污浊搅动,上面的清水也会随之变得浑浊,就不能鉴照人体的正常形态了。同理,人的心也是如此。只要用正确的道理来教化导引它,就会如同"正错而勿动"的盆水一样,自然能够明辨事理,通晓是非大义,而不会脑筋混淆、皂白不分了。

关于人性"善"与"恶"的是是非非,笔者在《孟子与水》一文中已做了一定的分析,这里不再哆嗦。简言之:在人性的认识上,荀子是个悲观主义者,却更接近客观;孟子是个理想主义者,主观色彩更浓些。

四

儒家在人与自然的审美关系中,尚"比德",亦即由客体自然物(如山、水、玉、竹、松等)的某一特征中领悟品味出某种与主体人(君子)相关的美德,作为某种品性、德行的象征,使人们效法之。其中,自然美只是个象征、形式,而道德美、人格美才是实质。在这方面,荀子与儒家的祖师爷孔子是一脉相承的。在《宥坐》篇中,荀子以孔子为代言人,把水的形态、性能、功用与人的性格、意志、品德、知识能力等一一对应地联系起来,让我们看到了充满"水性"的君子形象:

> 孔子观于东流之水,子贡问于孔子曰:"君子之所以见大水必观焉者,是何?"孔子曰:"夫水,遍与诸生而无为也,似德。其流也埤下,裾拘必循其理,似义。其洸洸乎不淈尽,似道。若有决行之,其应佚若声响,其赴百仞之谷不惧,似勇。主量必平,似法。盈不求概,似正。淖约微达,似察。以出以入,以就鲜洁,似善化。其万折也必东,似志。是故君子见大水必观焉。"

孔子爱水,他有"见大水必观"的习惯。有一天,孔子又在一条波浪奔涌的大河边驻足凝视着东流之水,他的得意弟子端木子贡走上前向孔子请教,问老师为什么见到大水必要观看的原因,孔子便语重心长地告诉他:这水,普遍地滋养世间万物却完全不为自己;就像君子的"德"(德操)。埋头向低处流去,或直或曲,但总是遵循一定的规律,就像君子的"义"(义举)。浩浩荡荡,奔流不息,就像君子的"道"(循道)。如果挖开堤岸,让其通行,它就立即奔腾向前,如同回音应声,它奔向深谷而无所畏惧,就像君子的"勇"(勇敢)。注入地面低洼的地方,必定使水面平坦,就像君子的"法"(执法)。注满低洼之地保持平坦而不用借助"概"(刮平斗斛的器具),就像君子的"正"(公正)。柔和而无处不到,就像君子的"察"(明察)。万物受到其洗涤而变得新鲜光洁,就像君子的"善化"(善于教化)。千回百转却必定向东流去,就像君子的"志"(意志)。所以君子见大水一定要观看。

这段君子"比德于水"的言论,其实是荀子借孔子与弟子的对话,来表达自己对儒家"道德之水"的理解和认识。文中将水的各种自然属性和特点,与君子的德、义、道、勇、法、正、察、志等优秀品德修养一一对应,表达得淋漓尽致,精辟至极。可以说,这是荀子对儒家君子比德于水观念的发展和升华,开拓了儒家"文化之水"的新境界。后世儒者大多循着荀子的思路,对水的道德意义不断进行挖掘和弘扬,构建了儒家"以水比德"的思想体系。概括地说,就是,以水比君子之德,强调的是君子仁、义、礼、智、信、勇、正以及明察、无私、意志坚定、行为果敢等多种优秀品德。

《宥坐》篇中，开篇第一段还记叙了孔子师徒关于"宥坐之器"的对话，表达了荀子对于学习、修身等问题的认识：

　　孔子观于鲁桓公之庙，有欹器（一种倾斜而不易放平的器物）焉。孔子问于守庙者曰："此为何器？"守庙者曰："此盖为宥坐之器。"孔子曰："吾闻宥坐之器者，虚则欹，中则正，满则覆。"孔子顾谓弟子曰："注水焉。"弟子挹水而注之，中而正，满而覆，虚而欹。孔子喟然而叹曰："吁，恶有满而不覆者哉？"

水满则溢，月圆则缺，这是大自然中常见的现象，从这些自然现象中，先哲们悟出了深刻的人生道理：满招损，谦受益。为此，鲁国的有识之士在鲁桓公的庙中安装了欹器，藉此警示后人"虚则欹，中则正，满则覆"。当孔子有感于此，发出"恶有满而不倾覆"的感叹时，弟子子路请教他有无保持"满"的状态的办法，孔子借题发挥，告诫他的学生说："聪明圣知，守之以愚；功被天下，守之以让；勇力抚世，守之以怯；富有四海，守之以谦。此所谓挹而损之之道也。"（《荀子·宥坐》）就是说，只有做到智高不显锋芒，居功而不自傲，勇武而示怯懦，富有而不夸显，谦虚谨慎，戒骄戒躁，才能保持长久而不致衰败。

荀子的这段关于孔子观"宥坐之器"的记述，所阐发的道理是十分深刻的，至今仍闪耀着真理光芒，对后世产生的影响也是巨大的。据记载，晋杜预和南朝的祖冲之都曾制过类似的"欹器"，以此教育弟子要好好学习，不要骄傲自满。

行吟泽畔铸伟词

——屈原与水

一

　　写下屈原这个名字，眼前便出现一幕萧索悲凄的画面：一个白发披散、形销骨立的身影在湘江之畔徘徊，破旧的衣衫在寒冷的北风中瑟瑟颤抖，呜咽的波涛伴着他杜鹃啼血般的悲吟：

　　　长太息以掩涕兮，哀民生之多艰。路漫漫其修远兮，吾将上下而求索！亦余心之所善兮，虽九死其犹未悔。……

　　但屈原本来不是这样的，他出身于贵胄之家，为"楚之同姓"，血管中流淌的是贵族的血。他年轻的时候，伟岸俊朗，才华横溢，意气高张，怀抱"美政"的理想，"为楚怀王左徒。博闻强志，明于治乱，娴于辞令。入则与王图议国事，以出号令；出则接遇宾客，应对诸侯"（《史记·屈原贾生列传》），指点江山，英气横溢。只是后来他一心要举贤授能，变法革新，在政治上有一番大的作为，触及了一帮权贵和奸小的利益，造成了大半生的蹭蹬坎坷，直至被逐出郢都，颠簸悲吟在苦难的流放之旅。

　　屈原的出地在今湖北秭归，位于长江北岸的卧牛山麓，那里是楚国最初建国的地方，也是楚文化的发祥地之一。深秋的一天，我去屈子故里拜访，见秭归一带的许多名胜都打上了屈原的烙印。秭归县城东门外，矗立着一座高大的牌坊，上书"屈原故里"四个大字，系当代大文豪郭沫若所书；旁边还有两块石碑，分别刻有"楚大夫屈原故里"和"汉昭君王嫱故里"字样。我的同伴发出了这样的感叹：小小的秭归，竟孕育出一男一女两位盖世人杰，真可谓人杰地灵啊！走入屈原的故乡乐平里，扑面而来的便是浓郁的屈原文化的气息，香炉坪、照面井、读书洞、"玉米三丘"等古迹，都在无声地讲述着有关屈子的动人故事。此时正值季秋，满目都是柑桔林，红桔绚丽，隐没于茂密的青枝绿叶中，如诗如画，让我不禁吟起了屈原的名篇《橘颂》："后皇嘉树，橘徕服兮。受命不迁，生南国兮。深固难徙，更壹志兮，绿叶素荣，纷其可喜兮。……"是啊，这橘树不但有"青黄杂糅，文章烂兮"的美好的外表，精纯甘美的果实，更有独立不移的高贵品质，难怪"苏世独立，横而不流"的屈原会以之为榜样，咏之颂之。

移步间，一条碧玉带般的河流淌入眼帘。它从崇山峻岭中蜿蜒而来，在三闾乡乐平里一带却放慢了载歌载舞的脚步，潺潺流淌，似有恋恋不舍之意。河面宽阔，溪水清澈，卵石、白沙、绿萍清晰可辨，水中游鱼历历可数；掬水入口，甘甜清凉，唇有余香……不用说，她的名字应叫香溪，是屈子家乡的母亲河。立于河岸远眺，满目青山绿水，巧云蓝天；河上波光闪闪，轻舟点点，鸥鸟盘旋。我在想，智者乐水，这不舍昼夜的香溪，当年该会给屈原多少人生的启迪啊！

屈原与楚王同姓（芈），始祖屈瑕，是楚武王熊通之子，"食采于屈，因以为氏"。一方水土养一方人。巫峡一带瑰丽的山水，养育着屈原，浸染着屈原，"他的气魄的宏伟，端直而委婉，他的文辞的雄浑，奇特而清丽，恐怕也是受了些山水的影响"（郭沫若语）。

说到屈原，自然离不开楚辞。楚辞的世界，博大精深；楚辞的世界，色彩斑斓；楚辞的世界，令人神往。楚辞是我国战国末期在江汉流域的楚国培育出的一种瑰丽雄奇、深沉真挚、悲壮奔放的崭新诗歌，它的开山鼻祖就是屈原。楚辞连同它的伟大作者之所以产生于楚国，并非偶然，它是由楚国所处的地理和人文环境共同交融激荡的结果。"楚人信巫鬼而重淫祀"，这是楚地民风的一大特点。同时，楚地有瑰丽的山水，丰饶的物产，加之地处"荆蛮"，较之中原，那里的人民不太把礼教当回事，他们生性浪漫，我行我素，喜欢唱歌跳舞听音乐，加之信鬼好巫之风的吹拂，更助长了音乐舞蹈的发展，影响到诗歌的创作。

我以为，屈原之所以成为伟大的爱国主义诗人，除了楚地具有生产楚辞的温床外，还是以下元素合成的结晶。首先，屈原的天赋一流。《史记·

屈原贾生列传》说他见闻广博，记忆力很强，通晓律令，熟习外交，口若悬河，其超一流的天分，远非常人可比。其次，屈原的母国地位"卑下"。荆楚是我国南方一个古老民族，它曾参加周武王伐纣的战争，因有功被封为子爵。不过，由于当时的经济文化中心在中原一带，楚国长期受到中原列国的歧视乃至敌视，被看作"披发左衽"的"荆蛮"，这就使楚人生命的基因中多了一层忧患意识、国家观念和乡土感情。而屈原呢？由于与楚王同姓，加之对自己有着极高的期待，他的家族意识、国家意识比其他楚人更热烈、更持久。其三，屈原的命运多舛。"文章憎命达"，屈原的不幸，让他心中汹涌着难遏的忧愤之气，正所谓"屈原放逐，乃赋《离骚》"。于是，一个风流千古的"东方诗魂"诞生了——从屈原开始，中国才有了以文学名世的作家；屈原创立的"楚辞"，开创了中国文学的"香草美人"传统，他的诗篇与《诗经》合璧，共同形成"风骚传统"——一部楚辞（屈原的作品，后来统称为楚辞），启百代文心！

二

"国之大事，在祀与戎。"殷周时，上至天子，下至诸侯，无不把祭祀当作为政的要务，轰轰烈烈、堂而皇之地拜鬼祭神。楚国在春秋战国时虽为南方大国，但其疆域大多处于相对落后的蛮夷地区，故"信巫鬼而重淫祀"，巫风颇盛。所谓"淫祀"，指祭祀的对象包括许多邪神野鬼，十分凌乱芜杂，而且祭祀方式不循常规，随心所欲，有许多难登大雅之堂的歌舞表演。东汉王逸《楚辞章句·九歌序》中说："昔楚国南郢之邑，沅湘之间，其俗信鬼而好祠，其祠必作歌乐、鼓舞以乐诸神。"其实，巫风不但在民间盛行，在楚国宫廷也堂而皇之地大行其道。楚灵王信巫觋，在吴人大举来攻时，不是领兵拒敌，而是煞有介事地"祀群神，射执羽帔，起舞坛前"；楚怀王也曾导演过"隆祭祀、事鬼神，欲以获福助却秦师"的闹剧。抛开巫风的迷信成份不说，巫风也有神秘浪漫的一面，有利于神话的保存与传播。楚国先民想象力特别丰富，奇异而又浪漫的艺术风格在很大程度上与巫风的浸润不无关系。

事实上，《九歌》是屈原看到民间祭祀歌舞"其词鄙陋，因为作《九歌》之曲"（王逸《楚辞章句》），也就是说，屈原的《九歌》是在民间祭祀乐歌基础上的再创作，既是唱给事天神地祇人鬼的颂歌，又是一组带有屈原人生感喟的抒情组诗。楚人祭祀的神灵主要有三类，一类是天神，包括东皇太一、东君、云中君、大司命、少司命;一类是地祇,包括湘君、湘夫人、河伯、山鬼;一类是人鬼,国殇(死于国事者)。闻一多先生根据《九歌》11篇的内容和风格特征,对其进行了分类,将《东皇太一》与《礼魂》归为一类,这一类的内容是叙述祭祀的礼仪与过程,风格特征是"肃穆"。中间九篇又分为两类:《东君》与《云中君》、《湘君》与《湘夫人》、《大司命》与《少司命》、《河伯》与《山鬼》为一类,其内容多是用独白或对白的方式陈述悲欢离合的爱情故事,风格特征是"哀艳";《国殇》为一类,内容是铺陈战争的壮烈、赞颂将士的英勇,风格特征是"悲壮"。《九歌》虽是唱给各路神灵的祭歌,但其中的诸神已被赋予了浓重的"人情味";所写诸神不但形象美、情感美,山水草木等环境的衬托也美。

水是生命之源,是生活所必须,是古人最为崇拜的自然力之一。华夏文明是典型的大河文明,中华民族祖祖辈辈离不开江河的哺育,同时也承受着江河暴怒鼓荡洪水带来的灾难,因而对江河充满了爱恨交织的感情,爱悠悠,恨亦悠悠。

湘江是楚国南境的巨川,它滔滔南来,浩浩北去,注入洞庭,汇入长江。应该说,湘江和洞庭湖对楚人尤其是南部楚人的繁衍生息影响巨大,因而楚人对湘江和洞庭湖的敬畏远甚于其他江河湖泊。屈原作《湘君》、《湘夫人》(又称"二湘"),首先是写给湘水水神的祭祀之歌,但不可否认,这里也有屈原"借题发挥"的意味,我们可以从诗本身"读出"这一点。按照"二湘"的书面意思,湘君与湘夫人约会,却阴错阳差地谁也没有见到谁,弄得两人都痛苦得很。往深里一读,就读到了弦外之音——作者分明是借用"二湘"之口,宣泄自己政治上、情感上的困顿和执著,倾诉对楚怀王的爱与恨缠绵、失望与期待交融的复杂感情。

有学者指出,根据作品所反映的内容,以及所采用《诗经·蒹葭》"所谓伊人,在水一方"之"企慕情境"手法,可基本断定这是屈原失意前期的作品。对于这一判断,我持赞同态度。

屈原年轻时,一度得到怀王的极大信任,20多岁便身居三闾大夫的要职,不久又被提拔为左徒(比楚国的令尹即宰相只低一级),对内辅佐怀王变法图强,革故鼎新;对外应对诸侯,联齐抗秦,干得风生水起,有声有色。正当楚国的政治出现生机勃勃气象的时候,一股罪恶的暗流悄然涌向屈原,"心害其能"的上官大夫靳尚和怀王宠姬郑袖等屡屡向楚怀王说屈原的坏话,"软耳根"的怀王竟忠奸不分,听信谗言,"怒而疏屈平",罢黜了他的左徒之职。不过，怀王觉得屈原还没有走到不可救药的地步，便网开一面，让他继续担任三闾大夫，有限度地参与国家的外交事务（如出使齐国）。按照楚国的官制，三闾大夫职掌王族三姓（昭、屈、景）子弟的教化，位虽显贵，但却是个闲官。我猜测，大概是屈原被怀王冷落不久，湘江洞庭湖一带又发生了大的水灾，信神信鬼的楚怀王以为江河的泛滥是水神不满人间的供奉（包括祭词粗鄙），耍脾气兴风作浪所致，便想找人重写一篇祭祀水神的乐歌，从而娱神祈福，保佑楚地风调雨顺，国泰民安。于是，他想到了屈原——怀王虽然疏远了屈原，但对他的才能尤其是盖世文才还是打心眼里折服的，并认定为湘水神写歌功颂德的活儿非屈原莫属。而屈原呢？虽然被"荃不察余中之情"的楚怀王疏远，但仍对他心存幻想，期待着这位"荃"有朝一日能够回心转意，重新让他主持国政，大展"美政"鸿图。这时，怀王找上门来让他来为湘水之神作祭歌，这让正处于"闲愁最苦"中的屈原心生感动，东山再起的雄心和激情一下被点燃起来。于是，他倾力投入，来创作这首祭歌，既唱给鬼神听，也唱给楚怀王听。

　　自古以来，湘水流域和洞庭湖一带便是个水灾频发之地。八百里洞庭，纳湘、资、沅、澧四水，北与长江接通。四水中，湘水独大，如果把湘水神"摆平"，其他三水之神也就不在话下。关于湘水之神的来历，与这样一则虞舜与娥皇、女英之间生死相随的凄美爱情故事有关：上古之时，唐尧有二女，长曰娥皇、次曰女英（称"二妃"），一同嫁给虞舜为妻。舜老的时候，到南方巡狩，"崩于苍梧之野，葬于江南九疑"。娥皇、女英千里寻夫，来到九疑，得知舜帝已死，悲痛欲绝，"以泪挥竹，竿尽斑"。后来二妃投湘水而死，化为湘水水神，人称湘妃、江娥。但屈原不想完全沿袭传说，而是要借用"二妃"传说旧题，标新立异，在祭歌中将其虚拟成一对夫妻神，彼此约会，相互倾慕。

　　于是，我们看到，《湘君》以浓重的笔墨描写湘夫人迎接湘君的心情和经过：

　　　　君不行兮夷犹，寨谁留兮中洲；
　　　　美要眇兮宜修，沛吾乘兮桂舟；
　　　　令沅湘兮无波，使江水兮安流；
　　　　望夫君兮未来，吹参差兮谁思；
　　　　驾飞龙兮北征，邅吾道兮洞庭；
　　　　薜荔柏兮蕙绸，荪桡兮兰旌；

望涔阳兮极浦，横大江兮扬灵；
　　扬灵兮未极，女婵媛兮为余太息。
　　横流涕兮潺湲，隐思君兮陫侧。
　　桂棹兮兰枻，斲冰兮积雪。
　　采薜荔兮水中，搴芙蓉兮木末。
　　心不同兮媒劳，恩不甚兮轻绝。
　　石濑兮浅浅，飞龙兮翩翩。
　　……

湘夫人与湘君约好，某日要到北渚（指洞庭湖中的君山，亦称湖山或洞庭山）相会，但不知何故，湘君迟迟未到，使得二人"相见时难"。湘夫人思念心切，不免发出诘问：湘君啊，你为何犹豫不决未曾启行，是谁将你滞留在水中沙洲？你可知道，为了迎接你的到来，我精心疏妆，打扮得楚楚动人；我亲自驾着桂舟，劈波斩浪而来。为了让你来时顺风顺水，我让江面波澜不惊，让江水潺缓慢流。左等右等你也没来，只好吹起排箫倾吐衷肠。湘夫人久等湘君不来，便驾舟北出湘浦，转道洞庭寻寻觅觅，仍然不见湘君身影。此时已是暮色苍茫，只好抱憾返回北渚。由于失望至极，不免既怨又恨，索性将昔日湘君所赠爱情信物玉环抛入江中，佩饰弃于岸边。

《湘夫人》与《湘君》是姊妹篇，内容紧密承接，环环相扣：
　　帝子降兮北渚，目眇眇兮愁予。
　　嫋嫋兮秋风，洞庭波兮木叶下。
　　登白薠兮骋望，与佳期夕张。
　　鸟何萃兮蘋中，罾何为兮木上。
　　沅有茝兮澧有兰，思公子兮未敢言。
　　荒忽兮远望，观流水兮潺湲。
　　……
　　闻佳人兮召予，将腾驾兮偕逝。
　　筑室兮水中，葺之兮荷盖。
　　……
　　九嶷缤兮并迎，灵之来兮如云。
　　捐余袂兮江中，遗余褋兮澧浦。
　　搴汀洲兮杜若，将以遗兮远者。
　　时不可兮骤得，聊逍遥兮容与。

被湘夫人埋怨为"交不忠""期不信"的湘君终于来了约会的北渚，而湘夫人早已悻悻离去。眼前只有秋风落木、波浪翻滚的萧瑟景象。望断秋水、不见伊人的湘君搔首踌躇，先是踏上了长满白蘋的湖泽向四处张望，喃喃地诉说已将迎接心上人的美丽房屋造好；接着又悄然来到沅水、澧水岸边，默默地采摘着白芷、兰草，以寄托对心上人的怀思之情。令人伤心的是，不论他来到哪里，见到的都是烟波浩淼、清流潺潺，哪里有湘夫人的影子！在急切的寻觅中，湘君忽然产生了与湘夫人如愿相会的幻觉：建在水中央的庭堂用奇花异草香木构筑修饰，色彩艳丽，香气弥漫……直到九嶷山的众神把湘夫人接走，他才从这梦幻般的美境中惊醒，重新陷入痛苦的相思中。湘君在失望之余，也像湘夫人那样，向江中和岸边弃其贻赠之物。但他最终还是恢复了平静，他来到汀洲采下芳香的杜若，准备日后赠给他的湘夫人。

　　按照《湘君》中给出的情节轨迹，我们不妨剥笋式地体会一下屈原在诗里设下的"埋伏"：第一层，写湘夫人作了一番精心打扮后，乘小舟兴致勃勃地来北渚与湘君约会，却不见湘君到来，于是在失望中吹起了哀怨的排箫，这分明是屈原对楚怀王不明真相无端疏远自己哀怨情感的流露。第二层，写久等湘君不至，湘夫人便驾着轻舟往洞庭湖去寻找，这分明表现出屈原对楚怀王和楚国政治心未死、情未了。第三层，写湘夫人对湘君"心不同"、"恩不甚"、"交不忠"、"期不信"的一连串斥责和埋怨，又分明又折射出屈原对楚怀王爱之深、责之切的心境，而将玉环、饰佩等定情物抛弃的过激举动，则是由上述四个"不"导致的必然结果。第四层，写"峰回路转"：湘夫人心绪逐渐平静下来，她决定放长眼量，耐心等待时机，这分别意味着屈原对楚怀王抱有希望，期待这场因"先来后到"产生的误会和幽怨有着一日烟消云散，君臣契合，共兴楚国。

　　至于《湘夫人》，我以为它同样充满象征意义，其中"湘君"便是屈原心目中求贤若渴的理想君王形象，也是屈原对楚怀王的厚望。

三

　　《河伯》则是屈原《九歌》中专门唱给黄河之神——河伯的祭歌。

　　河伯为何方神圣？它是中国古代神话中的黄河水神（原名冯夷）。因黄河经常泛滥为害，古人不知这是黄河自然属性使然，而是把它归结为黄河之神河伯的暴虐和好色。为了取悦河伯，不使他动辄兴风作浪，人们便千方百计拍他的马屁，为他供奉各种牺牲乃至送上美女（"妻人于河"）。中学课文《西门豹治邺》中记述的"河伯娶妇"的故事，就告诉我们，直到战国中期，中原一带为河伯选美娶妇的陋习尚未绝迹。黄河自古多水患，因而黄河两岸的人民对这位喜怒无常的大神一直敬畏有加。现存甲骨文中便有"寮于河"、"祊于河"的记载，这显然是对黄河的礼祭。由于河伯在地上诸神中享有极为尊贵的地位，故商周以来这位大神一直是国家祀典殿堂中的上宾。虽然黄河不在楚国地望之内，虽然春秋以后楚国率先称王搞起了独立王国，但荆楚毕竟曾经是大周的"王土"，楚人毕竟曾经是大周的子民，特别是早熟的高势能的黄河—中原文化对楚国的影响和渗透是全方位的，楚人的骨子里同样积淀着深厚的中原文化基因，比如，"河为祟"的观念就根深蒂固，因而长期以来祭祀河伯乃是楚人不敢马虎的大事。

屈原写《河伯》，我推测与他写"二湘"一样，很可能也是奉楚怀王之命而为之。大概是怀王觉得原来唱给河伯的祭歌歌词过于粗鄙，便诏命屈原重写一篇优雅动听的歌词，以讨河伯欢心，好让这位大神能够从遥远的中原把更多的福祉带给楚国。应该说，屈原对黄河是熟悉的，他多次出访齐国，肯定造访过这条雄浑的大河；屈原对河伯的神话传说更不陌生，他在《天问》中曾发出了这样的诘问："帝降夷羿，革孽夏民，胡射夫河伯，而妻彼雒嫔？"对后羿射伤河伯、霸占其妻的遭遇充满同情和不平。既然是礼祭河伯，当然要尽可能地表现河伯"美与善"的光辉一面了。这是屈原的拿手好戏。很快，在屈原生花妙笔的勾画下，一位威风八面又温柔可爱的河伯跃然纸上：

与汝游兮九河，冲风起兮水扬波。
乘水车兮荷盖，驾两龙兮骖螭。
登昆仑兮四望，心飞扬兮浩荡。
日将暮兮怅忘归，惟极浦兮寤怀。
鱼鳞屋兮龙堂，紫贝阙兮珠宫。灵何为兮水中？
乘白鼋兮逐文鱼，与汝游兮河之渚，流澌纷兮将来下。
子交手兮东行，送美人兮南浦。
波滔滔兮来迎，鱼鳞鳞兮媵予。

显然，祭词中的讲述的是"男性河神和女性洛神谈恋爱"（郭沫若《屈原赋今译》）故事，是河伯在波涛上向自己的恋人思慕情愫的倾诉。河伯的恋人是谁？按照神话传说，她是洛水的水神宓妃。宓妃又叫雒妃，本是伏羲的女儿，因在洛水渡河时不幸溺水而死，后来被天帝封为洛水之神。宓妃美艳无比（三国时大才子曹植作《洛神赋》形容她"翩若惊鸿，婉若游龙"，"皎若太阳升朝霞"，"灼若芙蕖出渌波"）。河伯对宓妃一见钟情，并娶之为妻。不过这位大神生性风流，经常乘坐螭龙为驾的豪华水车，带着山精水怪幻化的女郎到九河上遨游。宓妃被打入水府冷宫，终日郁郁寡欢。那位射日的大神后羿听说宓妃的遭遇后，十分气愤，便上演了一出"英雄救美"的好戏，将宓妃救出深宫。但这位"射神"的拔刀相助之意可不在于打抱不平，而是垂涎于宓妃的美貌。很快，后羿与宓妃之间便你有情我有意，打得火热起来。河伯见自己被戴了"绿帽子"，恼羞成怒，化作一条白龙潜入洛水，掀起风浪，吞噬了无数村庄和良田。后羿得知河伯作孽，怒从心头起，恶向胆边生，取出神弓，一箭射瞎了河伯的左眼（"眇其左目"），河伯仓皇而逃。后来，河伯向天帝状告后羿，但天帝认为河伯咎由自取，没有理会。妻子被别人夺去，自己又申诉无门，河伯心里别提多郁闷了，从此，他的脾气更加凶暴，黄河发洪水也成了家常便饭。

《河伯》一开头，便对黄河的伟大雄壮进行了铺张扬厉的渲染。大风骤起，河水卷起滔天巨浪。在这种威武豪壮的气氛下，乘着以四龙为驾豪华水车的河伯威风凛凛，在美人的陪伴下闪亮登场。河伯强势出行，既是他作为大河之神动辄兴风起浪的一惯作风，又不乏炫耀以取悦这位同游美人的成分。他们先是溯流而上，一直来到黄河的发源地昆仑山。来到昆仑极顶，河伯登高远望，面对浩荡的黄河，不禁心胸开张，意气昂扬。日暮时分，河伯心怀惆怅，思归之情涌上心头：是啊，昆仑虽是我的故乡，但我所真正怀念的"家"却是前面的河上。那里有锦鳞披盖的华屋，有雕龙画栋的大堂，有紫贝堆砌的宫阙，有珍珠修饰的殿宇。于是，河伯告别昆仑，携美人准备返回自己的豪华水府。乘着大白鼋在大河上疾行，身旁追随着斑纹绚丽的鲤鱼。到了南浦，美人却执意要与河伯分手，虽然河伯对她恋恋不舍，但还是颇有风度地将她送走。之后，又义无反顾地继续踏波东行。其实，河伯并不孤独，一路上，不但有滚滚的波涛在鼓掌欢迎他，而且有成群结队的鱼儿陪伴他，更有东方的大海张开宽广的怀抱等待着他。

揭开《河伯》深层的面纱，我们似乎又体察到屈原的一番良苦用心：诗人在重塑河伯的形象时，亦将自己的思想、情感和人生理想，融注于其中，换言之，"新河伯"身上叠印着诗人的身形，深藏着诗人的求索轨迹，饱含着诗人对人生的美好企望——昆仑是河的发源地，也是河神生命的诞生地。河伯西登昆仑，登高望远，正是要从那里汲取力量，将自己的生命和情感一并"激活"。东方是浩瀚的大海，是河流的归宿，河伯在远游西方、登上昆仑之后，没有多长时间的停留，便"乘白鼋""逐文鱼"，顺流东行。难能可贵的是，河伯没有被儿女情长所羁绊，在"南浦"告别伴行的美人，再次踏上了东去的征程。而我们的诗人呢？虽然面对世道污浊，阴阳颠倒，小人得志，直士失势的残酷现实，有过踌躇彷徨，甚至萌发过"远逝"的想法——"登昆仑兮食玉英，吾与天地兮比寿，与日月兮齐光"（《涉江》），以获得身心的解脱，但强烈的济世情怀，又让他不肯放弃人生的理想，不肯放弃眷恋与热爱的祖国，还有哀其不幸、怒其不争的楚怀王。

四

屈原是个诗人，屈原是个伟大的诗人，这样的评价，恐怕不会有人提出异议。但当年的屈原，他的理想可不是做一个诗人，而是一个辅佐君王匡政时弊、济世报国，从而实现"美政"理想的贤臣良相。尽管他有经天纬地之才，有"虽九死其犹未悔"的执著信念，但由于他太追求完美，太过正直，太不谙世俗政治，在登上政治生涯的顶峰——任左徒之职，并获得短暂的辉煌之后，便跌入了"被疏"和"流放"的深渊，终日在无边的忿懑和痛苦中挣扎；至于诗，不过是忿懑和痛苦衍生出的副产品，但却"玉成了他成为一个空前而且恐怕绝后的伟大诗人"（郭沫若语）。

据文史专家考证，屈原一生，曾两次遭放逐，第一次是楚怀王时期被放逐于汉北（今湖北襄樊一带）；第二次是顷襄王时期被放逐于江南（今湖南"沅湘之间"）。

战国大势，起初基本的走向是"横则秦帝，纵则楚王"，两国势均力敌，但由于楚国君暗臣昏，几次与秦作战和外交均以失败而告终。大约在楚怀王二十四年（公元前305年），秦楚订立黄棘（今河南新野县东北）之盟，楚国彻底放弃了"齐楚联盟"而投入了虎狼之秦的怀抱。屈原直言强谏，又一次触怒怀王，被贬斥到汉北。《抽思》有云："有鸟自南兮，来集北汉。"怀王三十年，屈原从汉北返回郢都。同年，秦昭王"邀请"楚怀王在武关（今陕西商县东）相会。屈原深知秦国没安好心，力劝怀王不要赴约，怀王不听，果然上当，成了秦国的阶下囚，三年之后客死异邦。新继位的顷襄王，比起乃父来昏庸有过之无不及，"暗主乱俗，汶汶嘿嘿，以是为非，以清为浊"（刘向《新序》）。在这样的君王手下，屈原哪会有什么好

果子吃。果然，顷襄王六年（公元前293年），"复放屈原"，这一次屈原的流放地是荒蛮的江南。这里的"江南"，是指楚国的"江南"，即现在的洞庭湖一带。这一区域开发较晚，长期以来一直号称荒蛮，历来是楚国"黜臣窜逐之所"。屈原"上洞庭而下江"，漂泊于沅湘一带，"九年而不复"，最后悲愤绝望，怀沙自沉，结束了悲剧的一生。

愤怒出诗人！正是由于国难不断、屡遭放逐的巨大的伤痛，才使屈原"发愤以抒情"。一般认为，除了《橘颂》为屈原早年立志之作，祭神的《九歌》作于他政治失意之初外，其余诗作大都是他被放逐后用血泪写成的——《九章》中的《惜诵》《抽思》《思美人》三篇与《离骚》、《天问》作于他遭楚怀王贬疏时，其余五篇作于被放逐江南之后，为顷襄王时期的作品。

有道是，一部中国古代文学史，差不多就是一部文人潦倒落魄的辛酸史、血泪史。国家不幸诗家幸，但诗家的所谓"幸"，是以家国和自身的惨痛经历为代价的，这代价不仅十分巨大，而且过于残酷，浸满了"阶级苦，血泪仇"。我倒觉得，为了国家繁荣富强和个人的快乐幸福，还是少出点像屈原那样大不幸的诗人为好！

"望北山而流涕兮，临流水而太息"，这是东汉王逸在《九思·抽思》中代屈原抒发的忧愤感喟。屈原为群小谗谤，报国无门，然忠君、爱国、忧民之心从未泯灭。在政治与精神双重流放的路上，他仍然上下求索，并时时将这种炽热的爱与忧寄托于山水草木之中，如《九章》中的《涉江》《惜往日》《悲回风》中都有楚地山川风物的描写。其实，屈子登山临水，不止都在流涕，在叹息，也在寻求心灵的慰藉：

——"去故都而就远兮，遵江夏以流亡。……顺风波以从流兮，焉洋洋而为客。凌阳侯之氾滥兮，忽翱翔之焉薄。心絓结而不解兮，思蹇产而不释。将运舟而下浮兮，上洞庭而下江。"（《九章·哀郢》）诗中以主人公乘舟远去，沿着长江、夏水、洞庭一带颠簸、流亡，以及冒着洪波大浪不知漂于何方等描述方式，凄婉动人、如泣如诉地表现出屈原当年离郢时的眷恋之情、痛苦之状；而"上洞庭而下江"的漫长水路，氾滥的洪波，下浮的运舟，都成了直接、具体、实在地承载屈原恋阙思乡、忧国忧君之思想感情的载体。

——"船容与而不进兮，淹回水而凝滞。"（《九章·涉江》）屈原告别国都，满怀忧伤地踏上了流放江南之路，看这湘江之水，好像深深地懂得作者恋恋不舍的痴情，回旋倒转，滞留行船。倘若问屈子对故国的爱有多深,流水代表他的心!

——"朝吾将济于白水兮,登阆风而绁马。忽反顾以流涕兮,哀高丘之无女。"(《离骚》)山叠嶂水纵横,尽管流放之路没有尽头,但屈子对国事仍然念念不忘。这不,他在想象中周游求索,渡白水登阆风(神话中地名,在昆仑山上),又来到高丘山上访求神女。对此,王逸在《楚辞章句》这样解释道:"楚有高丘之山。女以喻臣。言己虽去,意不能已,犹复顾念楚国无贤臣,以为之悲而流涕也。"

——"冯昆仑以瞰雾兮,隐岷山以清江;惮涌湍之礚礚兮,听波声之汹汹。……漂翻翻其上下兮,翼遥遥其左右。氾潏潏其前后兮,伴涨弛之信期。观炎气之相仍兮,窥烟液之所积;悲霜雪之俱下兮,听潮水之相击。"(《九章·悲回风》)屈子设想自己死后,灵魂不灭,神游太空。但转侧之间忽然惊醒,又起故国之思:凭倚昆仑仰观云雾,依傍岷山俯瞰清江水流。波涛汹涌,水石相击,令人胆寒。心思也如湍急的流水一般,翻飞漂浮,忽上忽下,时左时右。这是作者借着水流之"漂翻翻"的态势,来表达心的困惑,不知所释,不胜悲怆。另外,上述诗中关于波涛的描写,颇为精彩传神。

不过,要说屈子作品中写景抒情的极致,非《湘夫人》的开首四句莫属:

帝子降兮北渚,目眇眇兮愁予。

袅袅兮秋风,洞庭波兮木叶下。

秋到洞庭,秋风吹来阵阵凉爽,茫茫洞庭,清波荡漾,落叶纷纷,这分明是一幅洞庭秋水图。再看我们的主人公,望穿秋水也没见到心上人的影子,于是面对浩淼的洞庭,"心波"起伏,愁绪四溢。情与景,水乳交融,把读者带入一个别样的意境。"袅袅兮秋风,洞庭波兮木叶下",这两句是写秋天洞庭的绝唱。有人说,"洞庭"一句抵得上唐人绝句千首,话虽说得夸张,但如果把前后文的意思贯穿起来,仔细玩味,确实是不可多得的佳言妙句。你看,深秋的洞庭,盛满夏秋汛水,水势浩荡;秋风劲吹,树叶凋零,登高远望人的视野顿时开阔起来。如果是夏天,绿荫蔽天,茂盛的树木就会遮住纵目远眺人的视线。但现在树叶凋零殆尽,透过树干的夹缝就可将浩阔的洞庭尽收眼底。有了这两句绝妙好词的引导和启发,便有了杜甫的"无边落木萧萧下,不尽长江滚滚来",有了晏殊的"昨夜西风凋碧树,独上高楼,望尽天涯路",有了无数诗人、词人在"秋风""落叶"中悲秋情绪不绝如缕的倾诉……

"若乃山林皋壤，实文思之奥府。……然屈子之所以能洞监（鉴）风骚之情者，抑亦江山之助乎。"（南朝·梁·刘勰《文心雕龙·物色》）是的，荆楚瑰丽的江山无时无刻不在熏陶启迪着屈原，也抚慰着他那颗孤独寂寞又愁凝苦结的心。

五

"游于江潭，行吟泽畔，颜色憔悴，形容枯槁"（《渔父》），这应该是屈原生命历程中最后一段时光的真实写照。让时光倒流，把我们带到两千二百多年前的悠悠岁月，与屈子一路颠簸而行，体会一个伟大生命走向尽头的凄凉和悲壮。

按照《涉江》《哀郢》勾勒出的屈原"流放图"，大体说来，屈原的流放路线是这样的：出郢都，渡长江，过洞庭，至沅江，再到湘江，最后来到湘江的支流汨罗江，汨罗江的南岸有一座山叫玉笥山，这应是屈原流放的终极地。

这天，一位面容憔悴、形体枯槁的老人正在湘江边徘徊。一位中年人眼尖，认出这是被流放的三闾大夫。大家围拢上来，嘘寒问暖。屈原点头回应，感谢众人对自己的关心。许久，众人叹息而去。屈原正要移步离开，忽听江边有人大声呼唤："三闾大夫请留步！"话音刚落，只见船上跳下一位五十多岁的老汉，转瞬间便来到屈原面前。屈原定睛一看，见眼前的老者须发皆白，一身渔夫打扮，身板硬朗，浑身上下充满"精气神"，尤其是那双眼睛，炯炯有神，放射出睿智的光。看这位渔父神情举止，屈原便知他不是一般的打鱼人，而是一位隐士。此时，这位渔父也在上下打量着屈原，见他面容憔悴、衣衫褴褛、忧戚愁闷的样子，长叹一声："屈大夫，您如何落魄到如此地步？"屈原也长叹一声，回答道："举世皆浊我独清，众人皆醉我独醒，是以见放。"（这个世上的人全都沾满了污泥浊水，只有我一个人干净；大家都喝得醉醺醺的，只有我一人清醒，因此被流放，落到了这般田地。）

渔父听完屈原的话，直言劝道："通达事理的人对客观时势不拘泥执着，而且能够随着世道变化改变自己，大夫何不学圣人而变得随和些呢？"屈原面有愠色，反问道："何谓不拘泥？何谓随和？"

渔父微微一笑，说："既然这个世界上到处都是污泥浊水，大夫何不搅混泥水扬起浊波呢？既然大家都喝得酩酊大醉，大夫何不去奉陪几杯，也喝个痛快淋漓呢？何必苦思冥想又自命清高，以至让自己落得被放逐的下场？"

闻听此言，屈原真的生气了，他提高了声音的分贝："吾闻之，新沐者必弹冠，新浴者必振衣。安能以身之察察，受物之汶汶者乎？"（我听说，刚洗过头的人一定要弹去帽子上的尘土；刚洗过澡的人一定抖落衣服上的泥灰。哪能让洁白的身体接触污秽的外物？）

渔父见屈原难以说服，还想做最后的努力，说话的声音也高了八度："有道是'识时务者为俊杰'，人应该随遇而安，乐天知命……"

渔父的话似乎说得不错。春秋战国时期，各诸侯国为了争雄称霸，招贤纳士蔚然成风，"士无常君，国无定臣，得士者富，失士者贫"（扬雄《解嘲》），特别是"楚才晋用"几成一种时尚。以屈原的人品和才干，加上他的贵戚的身份和声望，到其他诸侯国谋个卿相之位并非难事。良禽择木而栖，你干吧这么死心眼，非得要在昏君佞臣当道的楚国这棵"歪脖树"上吊死？但屈原就是屈原，他就是"苏世独立"，"受命不迁"，凭你渔父的一张嘴，岂能改变其为直道而生、为直道而死的志向？还没等渔父说完，屈原又从胸腔中放射出一串掷地有声的话："宁赴湘流，葬于江鱼之腹中，安能以皓皓之白，而蒙世俗之尘埃乎！"（我宁愿投身湘水，葬身于鱼鳖的肚子里，也不能让洁白纯净的身体，蒙受那世俗尘埃的沾污！）

渔父见屈原态度绝决，知道再多说也无益，便莞尔一笑，转身跳上小船，摇起船桨悠然而去，身后留下一串动人的歌谣："沧浪之水清兮，可以濯吾缨；沧浪之水浊兮，可以濯吾足。"

渔父远去了，屈原却没有移动脚步，他久久地伫立于江堤之上，遥望着烟雾迷濛的江面，石雕铁铸一般。夕阳西下，将他长长的身影地印在江岸上；江风呼啸，似乎在为穷途末路的屈原大夫大放悲声。

这里顺便交待一下关于《渔父》的作者问题。古代许多学问家，如西汉的刘向，东汉的王逸，南朝梁代萧统，南宋朱熹等，都认定《渔父》是屈原的作品。我倒觉得，这不像是屈子所为，理由有二：一是《渔父》中屈原与渔父的对话有调侃的意味，按照《渔父》中传达的信息，其时屈原已抱定了"宁赴湘流，葬于鱼腹"的信念，似不可能再有心情用轻松的笔调描写"莞尔而笑，鼓枻而去"的渔父。二是全文采用第三人称的表现手法，亦与屈原作为此文的作者不合。因此，我赞同郭沫若先生的看法："《渔父》可能是深知屈原生活和思想的楚人的作品。"（《屈原赋今译》）

"悲江介之遗风"（《九章·哀郢》）。屈原是热爱生命的，他在死之前，

曾在大江之畔久久徘徊，寻找古朴的风尚，产生了无限的悲慨，也有过许多踌躇、思考和选择，但结果是无路可走——屈原在流放的最后几年中，接连听到了楚怀王客死异邦和秦将白起攻破郢都的噩耗。国破家亡，理想毁灭，希望无存，同时在这个世上，他没有一个知音——"哀南夷之莫吾知兮"（南边的少数民族，没有一个理解我），只有极度的孤独和痛苦，再苟活下去，实在没有一点意思。于是作《怀沙》绝命词，下定了"知死不可让，原勿爱兮"的决心。

公元前278年农历五月五日夜晚，屈原来到汨罗江边。之前，他斋戒沐浴，使自己变得洁净而清爽，也使自己的灵魂得到净化和升华；他梳头理发，并穿上最好的衣裳——屈原是个完美主义者，如同他洁身自好的人格一样，推崇"浴兰汤兮沐芳，华采衣兮若英"（《九歌·云中君》），一生都好修饰打扮，有"日三濯缨"的习惯。在弥留之际，他显得十分镇静和从容，毫无生的留恋，死的悲哀；屈原是真正的男子汉大丈夫，然而由于极其丰富的人生情感和极其浓烈忧患情怀，使他像女人一样易伤感、常垂泪，但此时，他的腮边却没有一滴泪痕，或许是他的心早被揉碎，泪早已流干。月光如水，洒满大地；汨罗江面，水波不兴，苍茫一片。屈原在江岸边停下脚步，面向西北——那里是郢都的方向，也是家乡秭归的方向，行跪拜大礼，然后起身，掸去身上的尘土，抱起一块大石，从容地向汨罗江心的月亮走去……

质本洁来还洁去，屈原把自己的归宿放在清洁的水里——"怀抱沙石以自沉"。其实，屈原的水死，并非仓促行事，而是深思熟虑后的选择。何以见得？在《悲回风》中，屈原便毫不掩饰地表达了赴渊的意向："凌大波而流风兮，托彭咸之所居"，"浮江淮而入海兮，从子胥而自适。"彭咸和伍子胥的两位先贤的遭遇，屈原是清楚的，但诗人已无路可走，只有追随彭咸和伍子胥，赴水而死。其实，屈原以水为灵魂的归宿，还另有深意。楚人源自巴蜀，古巴蜀人崇拜水，认为周流不已、长存不泯的水既是生命的创造者，也是生命的归宿，还是生命轮回转换的媒介。颛顼（五帝之一，号高阳氏）是楚族的祖先，在神话传说中，颛顼即是死后在水中复生的。屈原作为"帝高阳之苗裔"，自然也是水神的后代，他自水中来，也希望最后浴水永生。

屈原自沉的日子是五月五日——这同样是他的精心选择。五月五日这一天是端午节（又称端五、重五、端阳、天中等），在古人的信仰中，五月为恶月，五日又是恶日，是恐怖日、灾难日、死亡日，为了避邪禳灾，父母要将未满月的儿女带往外婆家躲避灾祸，故称"躲午"；人们要在这一天进行一系列的驱鬼消灾的活动，如喝雄黄酒，挂菖蒲、艾草，吃粽子，赛龙舟……屈原选择这一天死亡，是为了能引起国人的关注和震撼。应该说，他到临死的时候，仍然于心不甘，仍然没有放弃思君忧国的表白。

我要说，屈原以水为自己人生的最后归宿，是死得其所！因为，水的世界是诗人最终摆脱现世一切羁绊和束缚，使充满伤痛的灵魂得到彻底安歇的地方；同时，水的世界是清洁的，与屈原一贯所持的不肯同流合污、清高独处的品质是契合的。以世俗之躯投水而殉崇高之理想，谁能说不是最完美、最圆满的结局?!

六

坦率地说，屈原不是完人，他的人生悲剧有社会的原因，也有自己的原因。他的自杀源于他人生美好理想与无法实现的矛盾。他是一个社会责任感非常强的人，一生都以治国安邦为己任；他对政治十分狂热，但他的追求完美的性格又不适合做官，他是个失败的政治家。"屈原之不朽，在于他那浪漫天才的铺设与幻想，纵横驰骤挥洒自如的感情，冲决一切形式的酣畅气力，令人眼花缭乱的七彩文章"。这几句对屈原充满崇拜的话语是一个叫张炜的作家说的，我表示赞同。不过，我还是认为，屈原的不朽，更主要的是他的精神境界，是他的忠君爱国、独立不迁、上下求索、好修为常的人格精神。从这个意义上讲，我更同意楚辞专家周建忠对屈原所下的评语："屈原的伟大之处与悲剧之源，就是对故乡、故国过分的眷恋，对人格美的过分珍惜。屈原至死没有离开楚国，用生命殉了自己的理想，用毕生追求为自己建立了一座非物质的纪念碑，从而对民族传统、伦理意识产生了巨大作用。"（周建忠《屈原讲演录》）。我们看到，屈原之后的中国历史，每当暴虐横行、生灵涂炭的时候，每当外族入侵、国难当头的时候，每当天灾降临、身处逆境的时候，屈原精神就会在神州大地上激荡，成为炎黄子孙维护正义、抗击外侮、共克时艰的力量之源。

屈原死时是悲壮的，但也是寂寞的。屈原死后许多年，仍是寂寞的——不信，查一查战国的史籍，先秦的文献，没有一个人一本书提到过屈原。大概是屈原自己怕人们忘记他，"恐修名之不立"，便倾注全部的才华和心血写就了《离骚》《九歌》《九章》《天问》等鸿篇巨制，但仍没有得到他的同代人的认同，没有为他留下哪怕是只言片语的记载。直到汉代，才有人把冷峻、严正的目光投向了这位被历史遗忘的伟人。先是怀才不遇的青年才俊贾谊，赴长沙任长沙王太傅，经过汨罗江，感物伤情，想起同样怀才不遇的屈原，惺惺惜惺惺，留下了《吊屈原赋》；后又有司马迁，"适长沙，观屈原所自沉渊，未尝不垂涕，想见其为人"，有感于屈原放逐、贾谊遭贬，自己受宫刑之大辱，满怀悲愤地写就《屈原贾生列传》，让屈原在中华史册上熠熠闪光。随着时间的推移，屈原的形象在中华民众的心中不但扎下了根，而且越来越高大，以至于逐渐演化出一个让他"独享"的节日——端午节。

关于端午节和屈原的关系，民间传说是这样的：屈原于农历五月初五自沉汨罗江，当地人为了使屈原的尸体不为水中鱼龙所食，便向水中抛洒粽子喂它们。以后，世人为了祭祀屈原，每年于此日投五色丝粽子于水中，以驱龙鱼。又说，屈原投汨罗江后，当地百姓闻讯后纷纷驾舟来救，一直寻至茫茫的洞庭湖。后来，为了寄托对屈原的哀思，每到农历五月五，人们便荡舟于江河之上，并逐渐演变为龙舟竞渡。直到今天，每到端午节，国人仍以龙舟竞渡和吃粽子等方式纪念屈原。

事实上，早在屈原之前，端午节就已形成了，所有的内涵都有了，而且其起源的说法很多，比如，吴越民族图腾祭说，纪念伍子胥说，恶月恶日避灾说，等等。但后来，这个被赋予丰富内涵的民族节日，却被屈原"独享"了。在华夏五千年的历史长河中，涌现出多少个叱咤风云的英雄人物，又诞生了多少个世界级的文化巨匠，但在一年三百六十五天中拿出一天来专门纪念的，惟屈原一人而已。所以，闻一多先生在《人民的诗人——屈原》中掷地有声地说：

惟其端午节是一个古老的节日，"和中国人民同样的古老"，足见它和中国人民的生活如何不可分离；惟其中国人民愿意把他们这样一个重要节日转让给屈原，足见屈原的人格，在他们生活中，起着如何重大的作用；也惟其远在屈原死后，中国人民还要把他的名字，嵌进一个原来与他无关的节日里，才足见人民的生活里，是如何不能缺少他。

悲哉屈原，伟哉屈子，你的楚辞永存，你的精神不朽！

水者，万物之本原也

——管子与水（上）

在先秦诸子中，管子（名夷吾，字仲）给后人印象最深的不是他的立德立言，而是他的立功——他以大政治家和"春秋第一相"的身份载入史册，他以辅佐齐桓公"九合诸侯，一匡天下"（《史记·管晏列传》）成为"春秋第一霸"而威震华夏。至于立德，在我们看来，管仲是个小节上有不少污点的人，做人方面很难成为正人君子的楷模，但万世师表的孔夫却不这么看，他说："微管仲，吾将披发左衽矣。"（假如没有管仲，我也要穿民族服装了，言外之意是：没有管仲"尊王攘夷"，华夏就亡于外族了。）由衷地赞美管子，称赞他是民族英雄。至于立言，在我们看来，他一生似乎都在忙于行政、军事和改革工作，没有闲工夫著书立说，但却有《管子》一书流传后世。据考证，该书是战国初期至西汉初期数代"管仲学派"的传人追述管子的言论著成的，是"集体智慧的结晶"，最后由刘向"定著"的，计86篇，亡佚10篇。尽管《管子》"非一人之笔，亦非一时之书"，但其中的多数篇章记录或反映了管仲的治国思想，这应该是没有疑义的。因此，从一定义上说，在先秦诸子中，能够做到"立德、立功、立言""三不朽"的，惟管仲一人而已。

《管子》是一部丛集诸说、涉及百家、包罗万象、宏博精深的奇书，书中《水地》等篇关于"哲学之水"、"人性之水"、"治国理政之水"的论述，堪称洋洋大观,让人耳目一新。

一

世界万物的起源与生成问题,是中国古代哲学家热心探讨的重要课题之一。人类理性在思维的初级阶段,主要以直接观察的办法获取直观抽象的概念。水是造物主赐予给我们这个星球最宝贵的物质资源,没有水就没有生命,没有世间万物生机勃勃的景象。水生万物的哲学观念(具有明显的朴素唯物论思想),几乎是中华民族一种普遍的心理意识,《管子》一书可谓这种观念的集大成者:

> 是以水者,万物之准也,诸生之淡也。是故具者何也?水是也。万物莫不以生,唯知其托者能为之正。具者,水也。故曰水者何也?万物之本原也,诸生之宗室也。
> ——《水地》

在《管子》看来,天地万物谁是具备一切、包罗万有的呢?仔细考量,非水莫属也。因为万物没有一个不是依靠水的滋养而生存的,如果不信,万物都能为此作证。所以说水是什么呢?水是万物的始祖、根本和源头,是各种生命的根蒂,这就明确提出了水是"万物的本源"、"诸生之宗室"的命题,从而把自然之水上升为"哲学之水"。

无独有偶,有科学和哲学之祖盛誉的古希腊思想家、科学家、哲学家泰勒斯也说:"水是物的质料因(始基)。"认为水是世界初始的基本元素,"水生万物,万物复归于水"。他还有一句著名的格言就是"水是最好的",可见泰勒斯对水的推崇。

现代科学证明,人类所繁衍生息的星球,准确地说不应该叫"地球",而应称为"水球"。地球 70.8% 的面积被海洋覆盖着,全球藏水总量约 13.7 亿立方千米。在地球上生命演化的舞台上,扮演主角的不是别人,正是水。所以我们说:水是生命之源!

以今天的眼光看,《管子》的"水生万物"的物质观无疑是形而上学的,但与"世界起源于上帝","世界起源于绝对精神"的唯心主义观念相比,无疑闪耀着科学和理性的光芒,更何况这些对世界本源的认识是距今 2000 多年以前提出的呢。

为了增强水是"万物之本原,诸生之宗室也"这一命题的说服力,《管子》又举例说明之:

> 是以无不满，无不居也。集于天地，而藏于万物，产于金石，集于诸生，故曰水神。集于草木，根得其度，华得其数，实得其量。鸟兽得之，形体肥大，羽毛丰茂，文理明著。万物莫不尽其几，反其常者，水之内度适也。
>
> ——《水地》

水，浮天载地，无处不在——世间没有什么东西不能被它充满，没有什么地方不能留居。它可聚集在天空地上，可以藏于万物的内部，可以生存在金石之中，可以留于各种生命体内，如此"无孔不入"的水，简直如神了。在《管子》看来，万物之所以繁衍生息，充满生机与活力，靠的是水的滋养哺育——水聚集在草木之内，根就能得到充分生长，花就能开得繁茂，果子就能结得很多。飞鸟走兽得到水的滋润，形体就能长得肥大，羽毛就能长得丰茂，纹理就能长得鲜亮。万物之所以获得生机，充分发展其本性，就是因为水在万物内部充足适度。

应该说，《管子》对水的认识是深刻的。现代科学的研究成果是这样为《管子》的这番话作注解的：水的历程造就了生命的历程，却又隐身于生命体内。有相当于全球河流一半的水，流淌在人类和动物的血管里，滞留在植物的根茎、叶脉中……

或许有人会问，水对万物的滋养之功如此，那么对"三才"（天、地、人）之一、万物之灵的人来说，又有什么作用呢？《管子》对这个问题非但没有回避，而且说得直截了当：

> 人，水也。男女精气合，而水流形……凝蹇而为人，而九窍五虑出焉。
>
> ——《水地》

人是由水生化而来的，即男女精气相合，由水流布形成胚胎，又在"羊水"的保护下生长，凝聚强大起来便成为人体，生出九窍和五官的功能。事实上，在人体组成的成分中，水的含量最高，大约占到体重的60%—70%。成年人每天要从饮食中摄取2.5升左右的水。同样，也要从呼吸、粪便、汗水以及皮肤表面，排除2.5升左右的水。医学证实，人在有水无食的情况下可以存活一个月，可是没有水，连一个星期也活不下去。

水与人类的孕育、生长密不可分，人类的繁衍生息同样离不开水的滋养哺育。对于这一点，《管子》也充分看到了：

智者乐水

> 夫民之所生，衣与食也；食之所生，水与土也。
>
> ——《禁藏》

民以食为天，食从水土中生。江河湖海等水域中蕴藏的丰富的鱼虾蚌蟹等水产品，一直是人类赖以生存的重要食物来源；而立足于土地生产的粮食、果蔬等食物，同样离不开水的浇灌养育。由此可见，水又是维系人类生存须臾不可或缺的极为重要的资源保障。

二

俗话说，一方水土养一方人。对此，《管子》有深刻的认识。如前面提到的《水地篇》就说过，"水者何也，万物之本原也，诸生之宗室也，美恶贤不肖愚俊之所产也"，认为水不但是孕育生命万物的根基，也是产生美与丑、贤良与不肖、愚蠢与俊秀的基础条件，即人的形貌、性格、品德、习俗等都与水密切相关。为了充分论证自己的观点，作者还通过深入调查研究，将战国时期各诸侯国的河流和水质情况与国民的体貌、性情、道德等对照起来，进行了一番臧否点评：

> 夫齐之水道躁而复，故其民贪粗而好勇。楚之水淖弱而清，故其民轻果而贼。越之水浊重而洎，故其民愚疾而垢。秦之水泔最而稽，淤滞而杂，故其民贪戾罔而好事。齐晋之水枯旱而运，淤滞而杂，故其民谄谀葆诈，巧佞而好利。燕之水萃下而弱，沉滞而杂，故其民愚戆而好贞，轻疾而易死。宋之水轻劲而清，故其民简易而好正。

齐国的水湍急而又旋涡重重，所以齐国的百姓就贪婪、粗暴而好勇。楚国的水柔弱而清澈，所以楚国的百姓就轻快、果断而敢为。越国的水重而浸润，所以越国的百姓就愚蠢、嫉妒而污秽。秦国的水浓厚而流缓，淤泥沉滞而混杂，所以秦国的百姓就贪婪、暴戾、虚狂而好生事非。晋国的水苦涩而浑浊，淤泥沉滞而混杂，所以晋国的百姓就谄谀而心怀欺诈，奸佞而贪财好利。燕国的水深聚而柔弱，沉滞而混杂，所以燕国的百姓就愚蠢、痴呆而喜好忠贞，轻视急难而不怕死。宋国的水轻快有力而清澈，所以宋国的百姓就纯朴、平易而又喜好公正。作者具体论述了齐、楚、越、秦、晋、燕、宋诸国水质的差异对当地百姓品貌习性产生的巨大影响，其宗旨意图很明显，就是为了说明"一方水土养一方人"、"一方水土造就一方人"的道理。

笔者认为，这段关于水性与人性关系的议论，虽不乏真知灼见，但也存在着明显的问题,一是未免夸大了水性对人性的影响;二是与事实未必完全相符,且打着深深的个人情感色彩。比如战国诸子对宋人常有微词,而该文"独赞楚而美宋",不免失之偏颇。我怀疑,握有这段评说话语权者很可能是宋人,他爱祖国爱家乡,月是故乡的圆,人是家乡的好,敝帚自珍,把自家的水和自家的人大大美化了一番,可谓用心良苦。心情可以理解,但主观因素太浓,对问题的看法难免有失公允,这是需要引以为戒的!

可能是受《管子》的影响或者与《管子》"英雄所见略同",在《吕氏春秋》、《淮南子·地形训》、《汉书·地理志》以及《世说新语·言语》、《水经注》等典籍中,都有与《管子》类似的言论。《世说新语·言语篇》载:"王武子、孙子荆各言其土地之美。王云:'其地坦而平,其水淡而清,其人廉而贞。'孙云:'其山嶵巍以嵯峨,其水(泙)渫而扬波,其人磊砢而英多。'"认为山水的特色可以决定一方人的性格,平坦而水清的地方,人的品性简淡清洁,而山高水急的地方,人往往具有磊落不凡的英气。这样的分类虽不一定科学,确也道出了山水感召和影响人类的客观现象。"初唐四杰"之一的王勃则把前人的认识用"物华天宝、人杰地灵"八个字加以概括,可谓言简意赅。

近代国学大师刘师培对北人与南人的生活、性格和气质等方面的差异,也从水土环境上找原因:

> 大抵北方之地,土厚水深,民生其间,多尚实际;南方之地,水势浩洋,民生其间,多尚虚无。民崇实际,故所作之文,不外记事析理二端;民尚虚无,故所作之文,多为言志抒情之作。

与《管子》"英雄所见略同的"不止是中国人,也有外国人,如近代西方著名思想家法国人孟德斯鸠在《论法的精神》中就高声宣称:

> 气候的王国才是一切王国的第一位。……异常炎热的气候有损于人的力量和精神,居住在炎热天气下的民族秉性懦怯,必然引导他们落到奴隶的地位。而寒冷的气候则赋予人们的精神和肉体以某种力量,这种力量和勇气使他们能够从事持续的、艰难的、伟大的和勇敢的行为,使他们保持住自由的状态。

这些言论无疑与《管子》的认识有异曲同工之处。可见,具有唯物倾向、直观片面认识水土环境与历史文化之间关系的思想,是源远流长、古今中外相辉映的。

山清水秀出俊杰,穷山恶水出刁民。根据水质水性判断人性,根据不同的人性采取不同的办法实施管理,应该说是有一定道理的。事实上,人们生活的环境因地理、气候的关系,造成了水的多寡和时空分布的不同;同时水对处于不同环境的人们所给予的恩泽与灾难也是大相径庭的,在客观条件的制约下,必然造成不同生活环境的人们生产和生活方式的差异,也必然导致不同的甚至截然相反的习俗和价值文化观念。我国古代逐渐形成的齐鲁文化、燕赵文化、三晋文化、荆楚文化、吴越文化以及世界上出现的内陆农业文化、海洋文化、炎土文化等类型,都有力地说明了不同的地理环境特别是水环境对人们习性和文化类型的影响是巨大的。

不过,凡事过犹不及,如果一味夸大地理环境对人的秉性的影响,而忽视人文环境的作用,就会陷入"地理环境决定论"的泥潭之中。

辩证唯物主义和历史唯物主义告诉我们,地理环境对人性有重大的影响作用,尤其是在古代相对封闭的社会,环境对人的影响远比经济文化高度发达的今天大得多。但环境对人类文化的影响不是无限的,人文的作用有时却有扭转乾坤的作用。比如,现在我们一提起地处南方的江浙(古时为吴越地区)地区,人们的脑海里就会浮现出锦绣江南、鱼米之乡、灵山秀水、吴侬软语、才子佳人等字眼。但先秦时期,地处中国南方的吴越地区,同样弥漫着尚武好斗之风,"操吴戈兮披犀甲,车错毂兮短兵接"(屈原《国殇》),那时,吴越人曾佩带锋利的刀戈,与人搏杀在荆棘草莽和波涛汹涌的江湖上,他们披发文身,赤膊上阵,一派英雄气概。但东晋以后,吴越地区的民风却发生了剧变——迅速从刚转柔,从尚武转为尚文。这种嬗变,与人文环境的巨大改变有直接的关系。原来,西晋永嘉之乱后,北方中原的先进文化伴着如潮水般的移民涌入吴越地区,使江南的好山好水得到充分开发,迅速从荒蛮之地变为富庶之乡,"敏于习文,疏于用武"之风也日盛一日,于是很快褪尽"荆蛮气质",成为"江浙人文薮"。

当今时代,由于科技的日益发达,交通和通讯工具的先进便捷,使人们的交往、交流和流动十分频繁,客观上大大弱化了地理环境对区域文化的影响力。因此,我们要以科学的态度把握对人类文化影响的各种因素,以免犯"攻其一点,不及其余"的错误。

三

和先秦的许多思想家一样,《管子》的作者们也热衷于以自然之水的品性和功用比之于"道"或君子之德,盛赞水是"具材"(材美具备),是

"神",希望人们取法于水:

> 故曰水具材也,何以知其然也?曰:夫水淖弱以清,而好洒人之恶,仁也。视之黑而白,精也。量之不可使概,至满而止,正也。唯无不流,至平而止,义也。人皆赴高,己独赴下,卑也。卑也者,道之室,王者之器也,而水以为都居。
>
> ——《水地》

遍观世间万物,只有水的身上材美兼备。水柔软而清澈,能洗去人身上的污秽,这是水的仁德。水看起来是黑色的,其实是白色的,这是水的诚实。计量水不必用"概"(一种刮平斗斛的器具),流到平衡就停止了,这是水的道义。人都愿往高处走,水独流向低处流,这是水的谦卑。谦卑是"道"寄寓的地方,是王天下者的器量,而水就聚集在那里。

这里,《管子》依据水的不同功能和属性,以德赋之,唱了一曲水之美的赞歌,实与老子"上善若水"和儒者"水者,君子比德焉"的观念是一脉相承的。尤其是"卑也者,道之室,王者之器也,而水以为都居"的言论,分明是道家水性哲学的体现。这里,《管子》盛赞水具有的"仁德"、"诚实"、"道义"、"谦卑"等优良品德,主旨是规劝人们要向水学习,效法水的无私善行,从而达到善美兼备的境界。

我怀疑,上述观点根本不是管子的思想,管子治国,采用的主要是法家的那一套。管子的时代,为春秋初期,老子、孔子都还没出生,自然也没有什么道家、儒家思想。上述观点显然是"管仲学派"传人的借题发挥。

治理国家是上层建筑领域的问题,似乎与水不太搭界,但我国古代的思想家们往往能从水性和治水活动中得到某种启发,并升华为治国安邦的思想。鉴于水对人性的重大影响,《管子》甚至提出了以依水性治世的思想:

> 是以圣人之化世也,其解在水。故水一则人心正,水清则民心易。一则欲不污。民心易则行无邪。是以圣人之治于世也,不人告也,不户说也,其枢在水。
>
> ——《水地》

圣人君子欲治世理民,匡正世风,一定要先搞清楚当地的水情,因为:水纯洁人心就公正,水清澈民心就平易。人心公正欲望就不会污染,人心平易行为就不会邪恶。因此圣人理世治民,不用一个人一个人地告诫,也不用挨家挨户地劝说,关键的一环在于了解水性。那潜台词无非是说:了解了这个地区的水性也就知道了这个地区人性,人性清楚了,就能因地制宜，对症下药，制订和实行相关的策略，就能达到治世化民的功效。我们要说，这种"依水性而治世"的观点，尽管不乏合理的成份，但它片面夸大了水性对人性的作用，没有统筹考虑水性以外特别是社会人文因素对人性的影响，不免有绝对化和走极端之嫌，如果放在今天，给它戴上一顶"客观唯心主义"的帽子似乎不为过。

《管子》在以水喻政方面同样有许多精辟的阐述：

> 下令于流水之原（源），使居于不争之官（职业）……下令于流水之原，令顺民心也……令顺民心，则威令行。
>
> ——《牧民》

> 天下道其道则至，不道其道则不至也。夫水波而上，尽其摇而复下，其势固然也"
>
> ——《君臣下》

> 治人如治水潦，养人如养六畜，用人如用草木。居身论道行理，则群臣服教，百吏严断，莫敢开私焉。
>
> ——《七法》

颁布实施法律政令，应顺民心、符民意，这样才易于推行，就如同流水自源头顺流而下，呈现出的是一种自然而然的形态，而不是不管客观情况，恣意而为。君主行君道，天下人就会归附；君主不行君道，天下人就会与之背道而弛，这就如同波浪涌动而上，竭力摇荡之后又重新落下来一样，是水势自然如此。治理民众也要按规律、道理行事，就如同疏导积水一样，顺水性而为，才能收到理想的效果。由此观之，《管子》的治国理民思想中，蕴含着尊重自然、以水为师，按客观规律办事、顺乎民意而行等可贵思想。

《管子·七法》指出，治国治军必须掌握好七条基本原则，即则（寻求规律）、象（了解情况）、法（掌握标准）、化（施行教化）、决塞（善于权衡）、心术（把握思想）、计数（精于计算），合称"七法"。而所谓"决塞"，即"予夺也、险易也、利害也、难易也、开闭也、杀生也"。对于"决塞"的含义，《管子》做出了如是解释：

> 民迁则流之，民流通则迁之。决之则行，塞之则止。唯有明君，能决之，又能塞之。不明于决塞，而趋众移民，犹使水逆流。
>
> ——《七法》

百姓过于迂曲保守就要去疏导，使他们开通流动；百姓过于开通流动就要适当地去封闭，使他们迂曲保守，这就如同流水一样，开堤使之流，堵塞使之止。只有明君圣王，才深谙这种"决塞"的艺术，既能使他们开通，又能使他们堵塞。不善于权衡，要想驱赶迁移百姓，就好像让河水倒流一样。由此观之，《管子》提出所谓的"决塞"之道，明显受到了水之利害并存、能行能止、能上能下等特性的启示。同时，我们也看到，2000多年前，先贤们虽然没有明确提出对立统一的辩证思想，但在治国理民、处理矛盾方面提出的策略，已隐约透露出这一理性的曙光。

利在水也

——《管子》与水（下）

"仓廪实则知礼节，衣食足则知荣辱"（《牧民第一》），这是《管子》这部大书留给我们最有价值的一句格言。我以为，这句闪耀着真理光芒的不刊之论，很可能是管子亲口说的，而不是"管仲学派"秀才们的"创作"。因为管子首先是个政治家、宰相，他不像孔孟、老庄那样有的是闲功夫，可以从从容容地谈玄"务虚"，他最关注的还是现实问题，他要通过"务实"来达到"富国强兵"的目的。管子冷静地看到，精神不是万能的，要使人"知礼节"、"知荣辱"，必须有强大的物质即"仓廪实"和"衣食足"作为坚强的后盾。道理很简单，用现在的话说叫物质决定意识！

如果说《<管子>与水》（上）重点讨论了《管子》"形而上"的"哲学之水"的话，那么，《管子》"形而下"的"实用之水"又是何等景象呢？下面我们继续走进《管子》，向他请教这个问题。

一

中国古代，国土的意识很浓，所谓"普天之下，莫非王土；率土之滨，莫非王臣"（《诗经·北山》），强调的就是疆域即是国土意识。后来，人们发现，水不仅可为人类提供舟楫、灌溉之利，而且本身也财富的渊源，比如，水中的鱼鳖虾蟹和菱藕蒲苇之属，可以供养人类、造福人类，于是便有了"水为国之财富"的观念。《管子》深悉这一点，明确提出了"利在水

也"(《禁藏》)的思想:

> 涸泽,百而当一。……薮,镰缠得入焉,九而当一。……流水,网罟得入焉,五而当一。……泽,网罟得入焉,五而当一。
>
> ——《乘马》

本来,周代中期以前,赋税的对象只有土地,而且按照可耕作的程度分级缴纳。但这种规矩随着人们对"水为财富"认识的加深,到春秋战国时期被打破了——"水"被纳入了赋税范畴,折算成地亩交税。齐国就规定,江河水面、湖泊沼泽,可以下网捕鱼的,五亩折合一亩;植物繁茂的沼泽,十亩折合一亩;就连干涸的湖泊,百亩也要折合为一亩。

除了江河湖泊外,水产资源丰富的海洋也被滨海的诸侯国列为重要的取利对象。《管子·禁藏》说:

> 渔人入海,海深万仞,就彼逆流,乘危百里,宿夜不出者,利在水也。

打鱼的人扬帆于海上,披波逐浪下而进,冒险到百里之远的深海,昼夜飘泊在波涛汹涌的海上,这当然不是为了寻求刺激,而是利益的驱动——因为大海能给他们鱼虾鳖蟹等丰厚的回报。齐国东临大海,海岸线漫长,海域辽阔。早在周初,姜太公被封在齐地,就根据其"地负海舄卤,少五谷而人民寡"的实际情况,因地制宜,"(太公)乃劝以女工之业,通鱼盐之利,而人物辐辏"(《汉书·地理志下》)。可见,齐国的逐渐做大做强,与他们大力推行"靠海吃海"的政策,"以海为田",源源不断地收获"鱼盐之利"有很大的关系。

"齐带山海,膏壤千里。"(《史记·货殖列传》以依山面海的地理位置和丰饶的物产为基础,齐文化表现在经济上是农商并重,政治上是尊贤尚功,学术上是兼容并包,并逐渐形成了以开放、务实为基本特征的文化思想。《管子》的一个鲜明特色(也是齐文化的特色)就是对商业的重视,并提出了一个著名的理财观念——"轻重"之术,其主旨是:国家必须将关系国计民生的粮食和货币牢牢控制在手里,进而根据粮食和货币与万物的不同比价,运用"轻重"之术即价格杠杆的原理调控流通,这样,既可避免"大贾蓄家"操纵市场,又能使国家从中获取巨大的利益。《管子》以货币和谷物之间的关系为例,以水为喻,娓娓道来:

> 故善为天下者,谨守重流,而天下不吾泄矣。彼重之相归,如水之就下,吾国岁非凶也,以币藏之,故国谷倍重,故诸侯之谷至也。

是藏一分以致诸侯之一分，利不夺于天下。善用本者，若以济大海，观风之所起，天下高则高，天下下者下。天下高我下，则财利税于天下矣。

——《山至数》

善于掌控天下者，应严格控制粮价使其居高不下，这样粮食就不会流散到其他国家。道理很简单，粮食流向高价收购的地方，就如同水往低处流一样天经地义。在自己国家没有灾荒的情况下，故意抬高价格收购粮食，各诸侯国的粮食就会像流水一样源源不断地涌入。这种低价囤积、高价抛售的办法，能使一国拥有十国的财富。

善于管理经济的，就应该像航于大海见风使舵一样，天下的物价高我就水涨船高，天下的物价低我就水落船落。如果反其道而行之，天下的物价抬得很高我却打压得很低，就等于把大量的财富赋税拱手奉送给别的国家了。

听完这番言论，我仿佛看到一位善于掌控市场的高手，手执一棍，带着神秘的微笑地走进一间房子。在粮食收获的季节，他把手中的棍儿轻轻向上一挥，粮价便抬升上去，各地的粮食就如同流水一般涌进了他家的粮库；当各地闹饥荒的时候，他又拿起那根棍儿，重重往下一按，粮食便从仓库流向四面八方，而四面八方的钱币则像江河涨水一样滚滚流入他家的钱库。这样，在他那根"轻重"魔棍的操纵下，粮食几进几出，钱币越积越多，一个富可敌国的富翁便宣告诞生了。

二

富国强兵，是管仲一生奋斗的目标。作为春秋初期齐国的宰相，他辅佐齐桓公"九合诸侯，一匡天下"，实现了霸业。无疑，这种政治上的辉煌，是以雄厚的物质基础和军事力量作支撑的。史载，管仲在齐桓公的支持下，在经济、政治、军事等领域实行了一系列改革，"通货积财，富国强兵，与俗同好恶"（《史记·管晏列传》），使齐国大治，富强冠于诸侯。

我们看到，《管子·立政》中，全面探讨阐述了君主临政的一系列重大问题，提出了一套比较完整的治国纲领和政策措施，即"三本"、"四固"与"五事"。"五事"指经济方面的五件大事，关乎国家的繁荣富强，其中第二件便是关涉水利的问题：

二曰沟渎不遂于隘，障水不安其藏，国之贫也。……沟渎遂于隘，障水安其藏，国之富也。

沟渠不畅通，堤坝不牢固，大水来了就会肆虐泛滥，毁坏田地家园，不但国家赋税无望，而且还要拿出巨额的财力物力赈济灾民，恢复生产，重建家园，财力枯竭、捉襟见肘的日子就会不期而至。反之，如果大兴水利，沟渠畅通，堤坝牢固，风调雨顺，农业增收，商贸正常，税收加大，财源滚滚而来，就会国家富裕，百姓小康。

如果说《立政》只是初步涉及了兴水利除水害的问题，那么《度地》则旗帜鲜明地把兴水利、除水害看作是治国安邦的根本大计，并提出了一整套的治理策略与措施，堪称我国先秦时期治水经验和智慧的结晶。《度地》以管仲与齐桓公君臣对话的方式引出了"五害"问题。桓公与管仲君臣际遇，堪称中国历史上千古难遇的绝配。按照书中的记述，我们略加想象便可以复原当时的场景情境：

一天，齐桓公与管仲在朝堂上探讨治理国家的方略，君臣交谈甚欢。在谈完"度地形而为国者"（勘察地形建设京都）这件事后，齐桓公又对管仲说，仲父（齐桓公对管仲的尊称）不是经常说"善为国者，必先除五害"吗，寡人"愿闻五害之说"。管仲见齐桓公虚心讨教，心生感动，于是便把自己对"五害"的看法合盘推出：

水，一害也；旱，一害也；风雾雹霜，一害也；病，一害也；虫，一害也。……五害之属，水为最大。五害已除，人乃可治。……除五害，以水为始。

水是一害，旱是一害，风雾雹霜是一害，瘟疫是一害，虫是一害。这就是所谓的"五害"。这五害，对经济的发展和社会的稳定构成了极大的威胁，只有采取强有力的措施消除它们，才能保证天下安定富强，百姓安居乐业。在五害中，水害是最凶恶的自然灾害，清除五害，首当其冲要从治理水患做起。

齐桓公说：寡人想听听水害的情况（"愿闻水害"）。于是管仲便详细讲述了关于河流的分类、水性以及泥沙对河道的影响等问题，最后又说到如果不对江河进行有效的治理，就会导致"水妄行"的严重后果：

水妄行则伤人，伤人则困，困则轻法，轻法则难治，难治则不孝，不孝则不臣矣。

洪水泛滥，就会毁人田园、伤人性命，人受到洪水的伤害就贫穷困顿，贫穷困顿就会看轻法度，看轻法度就难以治理，难以治理就行为不善，行为不善就不服从统治了。管仲层层递进,把水灾的危害分析得鞭辟入里,这绝不是危言耸听,而是事实如此。打开中华史册,我们会发现,每当"水妄行",造成大的洪涝灾害,就会出现民不聊生的社会问题。饥寒起盗心。如果饿殍载道,饥民如潮,则会导致盗贼蜂起,甚至会引发大规模的农民暴动,搅得天翻地覆,国家败亡。

齐桓公虽然对管仲所讲的有关水的"技术问题"一时尚不能全部消化吸收,但他对"水妄行"造成的骇人后果却心知肚明。齐国地处黄河下游,黄河以及其他河流的经常决溢"妄行",洪水凶过猛兽,让齐国吃尽了苦头,要不是管仲调度得当,朝廷赈灾及时,说不定真会闹出什么大乱子来。听完管仲的一席话,齐桓公更加警觉起来,眉头紧皱,面露忧色,不由得在座位上欠起了身子,把探寻的目光落在了仲父身上:请问您防备水害的方法是什么?

管仲见齐桓公一脸的诚恳和渴望,也兴致勃发,说出了自己经过深思熟虑谋化出的治水方略和措施,可谓长篇大论,洋洋洒洒,堪为一篇科技含量极高治水专论。主要包括:第一,设立水行政管理机构,配备熟悉治水的官员专司水利管理;第二,加强对江河堤防的维护管理,做到有备无患;第三,做好水利冬春秋建设的组织管理工作;第四,强调了要根据季节的特点进行治水的问题。由于这段论述专业性较强,本文只好忍痛割爱,概而言之了。

《管子》之所以把防治水患作为治理国家的首要大事,是基于中国的自然地理特点和经济条件的实际做出的正确判断。在中国历史上,水旱灾频仍,水害一直是中华民族的心腹之患,大禹治水的传说深刻地反映出这一严峻的社会现实。同时,古代中国作为一个自然经济占主体的农业之国,最紧迫最基本的事情是要发展农业生产,解决老百姓的吃饭问题。水利是农业的命脉,因而兴水利除水害必然成为统治者执政的要务。

三

先秦时期,黄河的上游、左右岸分布着十来个诸侯国,有些诸侯国为了一己的私利,热衷于以邻为壑,或通过造"曲防"将洪水"挑"到别的国家,如魏国的水工专家白圭就曾以"以邻为壑"为炫耀的资本,受到孟子的痛斥;或通过堵塞上游的河道截断下游诸侯国的水源,如"东周欲下稻,西周不下水"(地处下游东周国准备种稻,但处于上游的西周国却在河上筑坝挡水，使东周无水可用)，"二周"差点因此打起仗来。管仲深知以邻为壑的危害，因此在辅佐齐桓公"一匡天下"过程中，几次通过政治、军事手段妥善处理诸侯国之间的水事纠纷，在历史上传为佳话。

我在读《管子·霸形》时，看到这样一则记载：春秋时，南方的楚国日益强大起来，他们觊觎中原，不断北上扩张，先是攻打郑国，采取了火攻毁城的焦土策略；继而又入侵宋国，采取了另一个极为阴损的办法——"要宋田，夹塞两川，使水不得东流，东山之西，水深灭垝，四百里而后可田。"就是说，楚国截取宋国的农田，夹着两条河筑堤打坝，阻遏河水东流，使东山以西沦为汪洋泽国，四百里之外才能耕种。齐与郑、宋为近邻，楚国忌惮齐国兵强马壮，便派人到齐国用金银财宝去贿赂齐桓公左右的近臣，并散布烟雾弹，说什么齐国君明臣贤，强大无比，楚国愿意事奉齐国之类的恭维话，好让齐国君臣在飘飘然中放松警惕。齐桓公君臣果然被"糖弹"击中，准备交好楚国，对楚国侵犯宋、郑置之不理。惟有老成谋国的管仲一眼看穿了楚国的阴险把戏，及时向桓公进谏，揭露了楚人的狼子野心，并提出应对建议："请兴兵而南存宋、郑，而令曰'无攻楚'，言与楚一遇（会盟）。至于遇上，而以郑城与宋水为请。楚若许，则是我以文令也；楚若不许，则遂以武令焉。"意思是说，我们要发兵南下保护宋国、郑国，并声称不向楚国进攻，而是要与楚王会盟，和平解决问题。到会盟时，就提出郑城被焚和宋水被堵的问题要求楚国解决，楚国如果答应，就等于我们用文的方式命令他；如果不答应，我们就用刀枪教训他。齐桓公听了管仲这番话，如梦方醒，连连称"善"。于是便发兵直驱宋、郑，并向楚王发出了会盟的邀请。

楚王万万没想到齐国会来这一手，但慑于齐国的强大，只好答应会盟。于是，在齐桓公的主持下，齐、宋、鲁、陈、卫、郑、曹、许等八国诸侯与楚国在召陵（今河南漯河市召陵区）举行"联合国大会"，并在缔结的盟约中提出了"毋贮粟，毋曲堤"等四条主张，其中"毋曲堤"，就是不允许筑堤挑水危害邻国。同时，又提出郑城遭焚和宋水被堵的问题逼迫楚国就范。楚王见自己一点好处也没捞到，当即拒绝，但又不敢与齐、宋、郑、鲁等国联军硬拼，只好退兵七十里驻扎下来，静观其变。齐桓公根本没把楚军放在眼里，命令"多国部队"开入郑国和宋国，一面帮助郑国筑城，一面挖开了横在宋国境内的河道上的堤坝，使河水得以宣泄东流。楚国虽然恨得咬牙切齿，但因实力不济，只好悻悻而归。遭此打击之后，楚国不得不重新审视和定位自己的实力，暂时收起了向中原扩张的野心。

"召陵会盟"是中国历史上一个惊天动地的大事件，它以北方诸侯联合抗楚并通过结盟的形式奠定中原百年和平的基础而载入史册。就水利而言，则以"毋曲堤"即第一个华夏国际水利盟约的确定而被后世津津乐道。

这之后，齐桓公在管仲的协助下，又先后召集了首止、洮城、葵丘等八次会盟（连同召陵会盟，称"九合诸侯"），齐国的霸主地位得到完全的巩固。其中最后一次在宋国的葵丘（今河南民权县境内）会盟，又提出了"毋曲堤"、"毋雍泉"、"毋障谷"的内容，对制止诸侯国之间的水事矛盾起到了积极的作用。

四

在人类的进化过程中，寻找良好的自然环境作为自己安居乐业的处所一直是人们孜孜以求的目标。事实上，在很早的时候，我们的祖先就已懂得选择"风水宝地"作为栖息之所的重要性。因此，在数千年的历史进程中，"风水"（尽管其中含有不少迷信的成份）也就成为中国人追求理想生存环境的代名词。不言而喻，水在"风水"中占有极为重要的地位，故有"风水之法，得水为上"的说法。在中国古代出现的大地有机说中，始终把水看作是大自然的重要组成部分。对此，《管子》中亦有精到的见识：

> 地者，万物之本原，诸生之根菀也。……水者，地之血气，如筋脉之通流者也。
>
> ——《水地》

血，对于人体的重要性是可想而知的；相应地，水作为大地的血液，对大地的重要性也就不言自明了，这就是风水中所说的"得水为上"的要旨所在。城市是经济社会和文化发展的产物，是人类文明进步的重要标志。中国古代，京都大邑的选址和建设是事关国家长治久安的大事。耐人寻味的是，先民们在选址建城特别是营建都城时，都毫不例外地把水环境的因素作为充分必要条件。对于城市的选择和建设与水的关系，《管子》中就有十分精彩的论述：

> 圣人之处国者，必于不倾之地，而择地形之肥饶者，乡（向）山左右，经水若泽，内为落渠之写（泻），因大川而注焉。乃以其天材，地之所生，利养其人，以育六畜。
>
> ——《度地》

强调选址建城必须统筹兼顾防洪、供水、排水以及水环境等问题：一是要处于地势平缓、水资源丰富、物产富饶的地方，这样才能就地取材，保证城市粮食物资的供给。二是要背山临水，即所谓的"后有靠，前有照"，背有靠山，给人安全稳固之感，同时有利于城池的防御；城池的前后左右比邻江河，城市的水源供应和环境美化就有了保障。三是要在城中建设沟渠网络，以随时排泻沥涝之水，避免城市被"泡"。为了把这件事情说得更清楚，《管子》又谆谆告诫说：

> 凡立国都，非于大山之下，必于广川之上，高毋近旱而水用足，下毋近水而沟防省，因天材，就地利。故城郭不必中规矩，道路不必中准绳。
>
> ——《乘马》

选择都市或京都的位置，不在大山的脚下，也要在大河的旁边。建在高地的，不能靠近干旱地区，要有充足的水源；建在低地的，不能靠近低洼地，以省去建筑排水沟渠的花费。城市建设布局要因地制宜，视地形和水环境条件而定，不必拘泥于一定的建筑模式。

《管子》关于都城选址的论述，是先秦时关于生存"环境选择"经验的概括，也充分彰显出中华民族崇尚"天人合一"，追求人与自然和谐相处的理想，闪耀着人类文明和智慧的灵光。今天，伴随着我国城市化进程的加快，"钢筋水泥森林"堂而皇之地成为城市的主角，生态环境恶化问题愈演愈烈。为了解决这一痼疾，不少专家学者根据中国传统的山水自然观和天人合一哲学观，提出了建设"山水城市"的构想，其最终目的在于建立"人工环境"与"自然环境"相融合相协调的人类聚居环境。而《管子》提出的关于选址建城的"重水"思想，对未来"山水城市"的建设无疑具有重大的启迪意义。

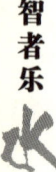

崇尚"水德"的千古一帝

——秦始皇与水

论起对中国历史走向产生深远影响的大人物，千古一帝秦始皇当赫然列于头排。令人称奇的是，这个"蜂准长目、胸似鹰鸷、声如豺狼"却又精力旺盛，每日批阅奏章以百石计数的工作狂，这个横扫六国、征服岭南，将中华版图拓展到"西涉流沙，东有东海，北过大夏"的一代天骄，这个强力推行郡县制和"车同轨、书同文、统一度量衡"的铁血政治家，这位唯我独尊、藐视一切、创立"皇帝"（取"德兼三皇，功盖五帝"之意）尊号的始皇帝，却对水充满了崇拜之情——在他的治下，以"黑"为高贵色、以"六"为吉祥数字，以黄河为"德水"……

秦始皇是个雄才大略的智者，他的想象力、创造力和执行力都是惊人的。智者乐水，秦始皇也是个"乐水"智者，只不过作为冷峻的政治家，他的"乐水"，着眼的几乎都是"水之用"，功利性之强达到了无以复加的地步。

秦始皇能"吞二周而亡诸侯，履至尊而制六合"，除了自身秉性和拥有一支攻无不取、战无不胜的虎狼之师外，还依赖于都江堰、郑国渠和灵渠这三大水利工程的强力支撑。

都江堰虽不是秦始皇所筑，但秦始皇却从他爷爷昭襄王手中继承下了这笔丰厚的物质遗产。当时，经过开疆拓土，秦昭襄王的势力已进入秦国西南的蜀地。昭襄王任命精明能干的李冰为蜀郡郡守。李冰上任后，发动蜀地人民治理岷江水患，修建了著名的都江堰工程，自此，饱受水旱灾害之苦的川西平原成为"水旱从人，不知饥馑"的天府之国，也为大秦打造了一座取之不尽、用之不竭的粮仓。

郑国渠建于嬴政为王初期。当韩国人水工郑国毛遂自荐到秦国修渠时，秦王嬴政还少不更事，大权掌握在母后赵姬和相国吕不韦手中。待到嬴政22岁亲政的那一年（公元前238年），老天似乎有意要考验一下他的执政能力，先是有惊无险地平定了嫪毐的叛乱，接着又将长期把持朝政的吕不韦流放到蜀地；刚要喘口气，迎面又来了"郑国奸细案"。原来，作为秦国东边近邻的韩国，面对虎狼之秦，惊恐异常，为了拖住秦国东扩的脚步，君臣想出了一条所谓的"疲秦之计"，其如意算盘是：诱使秦国兴修大型水利工程，大量消耗它的资财，使其无力发动吞并战争。他们把"宝"压在了一个叫郑国的水利工程师身上。郑国来到秦国后，果然取得了秦国当局（主政者吕不韦）的信任，即命他在渭北平原修建大型的引泾灌溉工程。正当开渠大业如火如荼进行的时候，韩国的"疲秦之计"暴露，在秦国贵族的煽动下，血气方刚的秦王嬴政拍案而起，不但要杀郑国以儆效尤，还举一反三，颁布了"逐客令"，要驱逐所有在秦国供职的"外国人"。

假如历史按照这样的逻辑演绎下去，中国的历史将要重写。不过，历史又一次垂青了年轻的嬴政，没有让他沿着错误的道路走下去。一个叫李斯的楚国人挺身而出，及时呈上了《谏逐客书》，嬴政被其折服，幡然悔悟，立即下令撤销了"逐客令"，继续实行任人唯贤的用人路线。而朝堂之上郑国的一番慷慨陈辞同样收到了峰回路转的奇效："臣始为间，然渠成亦秦之利也。臣为韩延数岁之命，而为秦建立万世之功。"意思是说，我开始的时候是以间谍的身份来秦国修渠的。但大渠修成后秦国可享灌溉丰收之利。我这样做只不过为韩国延续了几年的寿命，却为秦国强大建立了万世的丰功。这番话深深打动了志存高远的嬴政，他觉得郑国说的是实话，也暗笑韩国使用的"疲秦"伎俩实在拙劣：韩国也太小看我秦国的实力了，区区一条水渠岂能把我大秦拖垮！这样一想，他不但赦免了郑国之罪，而且命令他继续修渠。果然，渠成之后，引泾河水灌溉4万顷（合今约115万亩，一说为280万亩）"泽卤之地"，"于是关中为沃野，无凶年，秦以富强，卒并诸侯"（《史记·河渠书》）。耐人寻味的是，郑国渠建成受益的第二年，秦国开始了吞并六国统一天下的战争，而第一个被秦所灭的国家，正是导演"疲秦之计"的韩国。

灵渠的开凿则是秦灭六国之后的事了。六国纳入大秦版图以后，嬴政便迫不及待加封自己为始皇帝。不过，始皇并没有就此满足，他很快把虎视眈眈的目光投向了岭南那块化外之域。始皇二十六年（公元前221年），秦国50万大军分兵五路，从东到今福建、西到今广西的千余里战线上齐头并进，直扑岭南。让秦军想不到的是，强大的秦军多次攻伐都无功而返，甚至付出了统帅屠睢被杀、"伏尸流血数十万"的惨重代价。阻挡秦军前进脚步的因素有三：一是百越人的顽强抵抗；二是岭南一带山高林密、瘴气逼人，士兵水土不服，自然减员严重；三是尤为关键的是，岭南山高路险，粮草和兵援供给不上。始皇无奈，只好下令暂停攻击，命史禄开凿运河以打通运输线。经过五年的艰苦努力，终于在今广西兴安境内的崇山峻岭间凿出了一条沟通湘江与漓江支流始安水之间的运道。可别小看这样一个不起眼的水道沟通工程，它使长江和珠江两大水系牵起手来（以灵渠为纽带，湘江东北流，注入长江；漓江西南流，注入珠江），舟楫往来，畅通无阻。秦始皇三十三年（公元前214年），也就灵渠凿成的当年，秦军便长驱直入，一举荡平了岭南，郡县制也随之推行过去。而此后的2000多年，灵渠一直不辞劳苦地承担着沟通中原与岭南的重任，直到近代京广铁路通车。

都江堰、郑国渠和灵渠，都是大秦帝国在统一华夏最高意志和政治逻辑下诞生的水利杰作，它们也着实为嬴政扫平天下立下了汗马功劳。

吞并六国后，秦始皇很快用自己的强权做了一件与黄河有关的大事，即"决通川防，夷去险阻"。

原来，春秋战国时期，东周名存实亡，诸侯割据，互相征伐。其中，燕、齐、韩、赵、魏五国分踞黄河下游（齐与赵、魏以黄河为界），他们"壅防百川，各自为利"（由于缺乏统一的规划，人为地造成了河道的弯曲），当黄河发起洪水时，便以邻为壑，把洪水灾害转嫁到邻国身上；当干旱水少时，便截断河道，不让水流向下游国家，以至出现了"东周欲为稻，西周不下水"的情况。更有甚者，一些诸侯国还以水代兵，把水当成了战争的工具。如公元前332年，齐魏联军攻打赵国，赵国决开黄河南岸大堤，用滚滚波涛击退了敌人的进攻；公元前225年，秦国大将王贲攻打魏国，决黄河堤引水淹没魏都大梁（今开封），大败魏国。为了制止这种以邻为壑的做法，早在春秋时，率先建立霸业的齐桓公先后两次召集诸侯会盟，订立的盟约中便有"毋曲防"之类的条款。如公元前651年，齐桓公在宋国的葵丘（盟台在今河南民权县东37.5公里的黄河故道旁）大会诸侯，签订了"葵丘之盟"，盟约的内容包括"毋壅泉"，即不得壅蓄泉水；"毋曲堤"，即不得修筑以邻为壑的堤防；"毋障谷"，即不得在河道上兴建阻碍行洪的设施。但由于诸侯各自为政，这些会盟条约多成一纸空文，难以生效。

可见，单就统筹治理黄河，改变"壅防百川、各自为利"的混乱局面而言，就需要一个强大的统一王朝的出现。而嬴政用他包举宇内的雄心和金戈铁马，顺应了历史的要求。于是，在成为纷乱战国的终结者之后，秦始皇即下令将中原各国在黄河上修筑的"曲防"全部拆除，统一整治了黄河大堤并疏浚了黄河水道；同时，也将六国的城防和边界长墙、隘口等险阻一并捣毁。大概嬴政对自己的这一壮举也颇为得意，始皇三十三年（公元前214年），秦始皇东临碣石，勒石记功，专门将"决通川防，夷去险阻"作为功德之一刻在了石碑上。对此，后人有诗赞道："虎战龙争四百年，神州逐鹿遍狼烟。六王夷灭川防毁，一统山河日月鲜。"

秦始皇一统中华以后，便开始为自己坐拥天下寻找理论根据。他想到了阴阳家邹衍的"五德终始说"。

战国末期，以邹衍为首的阴阳家将前代的阴阳五行学说进一步系统化。邹衍在总结前人认识成果的基础上，提出了"五行相胜"的观点。他认为木生火、火生土、土生金、金生水、水生木是"五行相生"的转化形式，这一形式说明事物之间的统一关系；水胜火、火胜金、金胜木、木胜土、土胜水则是"五行相胜"的转化形式，这一形式则说明着事物之间的对立关系。邹衍还把这种五行相生相克的物理性能，比附到社会历史方面，作为解释历代王朝兴衰成败的依据，提出了所谓的"五德终始说"。按照他的推演，黄帝时，天降黄龙和地螾（蚯蚓）之瑞，于是黄帝以土德王；大禹时，天降草木秋冬时节仍然茂盛之瑞，于是"木克土"，夏以木德王；商汤时，天降"金刃生于水"之瑞，于是"金克木"，商以金德王；文王时，天降赤鸟衔丹书集于周社之瑞，于是"火克金"，周以火德王；并预言"代火者必将水"。这样，历史的发展就变成了"五德循环"。自秦汉至宋辽金，"五德终始说"作为改朝换代的重要理论武器，一直受到新王朝建立者的推崇。

按照"五德循环"说，水克火，秦代周，应属水德。可是，秦王朝建立之初，并没有发现"水代火"的符瑞，这下可愁坏了秦始皇。还是他手下大臣善解人意，他们想皇帝之所想，急皇帝之所急，供皇帝之所需：我大秦早有水德的祥瑞，当年您的先祖秦文公时曾猎取过一条黑龙，那不是祥瑞是什么？秦始皇听后龙心大悦，认定："今秦变周，水德之时。昔秦文公出猎，获黑龙，此其水德之瑞。"（《史记·封禅书》）随即下令依照"水德"改制：黄河为众水之宗，改黄河为"德水"。更改一年的开始，以冬十月为岁首，"朝贺皆自十月朔"。水在北方，色黑，故尚黑，衣服、符节和旗帜皆用黑色。水为阴；"阴变于六"改数目"以六为纪"，符节和御史所戴的法冠皆六寸，车宽六尺，六匹马驾一辆车，六尺为一步。除此之外，其他许多方面也以"六"为基数，如分天下"为三十六郡"，铸"金人十二"，"徙天下豪富于咸阳十二万户"，会稽刻石"二百八十八字"……凡此种种，不一而足。

　　在中国传统的五行观念中，"水"的特性是"润下"（水往低处流），引申为具有寒冷、滋润、向下运动的事物。五行之于方位，"水位在北方"，即北方属水。五行之于季节，"冬藏至阴也"，即水对应冬季，代表气体向下的运动方式，万物休眠，为来年春天积蓄能量。五行之于颜色，冬天水之颜色发黑，故以黑为水之色。五行之于天干，水在天干、方位中为壬癸，"壬为江河之水，癸为雨露之水"。五行之于数理，金为七，木为八，水为六，火为九，土为五。在阴阳家看来，水主阴，终六数。《周易》称卦中阴爻为六，"用六永贞，以大终也"。《说文》也说："六，《易》之数，阴变于六。"中国古代还有"天一生水，地六成之"的说法，用"天一"表示阳性、奇数，用"地六"表示阴性、偶数，故"六"常常被看成是代表水的数字。黄河是中华民族的母亲河，是陆地上各种水的总代表，具有十分尊崇的地位。这些就是秦朝以冬十月为岁首、以"黑"为高贵色、以"六"为吉祥数、以黄河为"德水"的由来。

　　其实，秦始皇崇水，还另有深意，因为"水主阴，阴刑杀"，为其崇尚严刑峻法、推行残暴统治提供了法理依据，于是秦始皇更加有恃无恐——他好大喜功，滥用民力，大修长城、驰道以及豪华的阿房宫和骊山墓；他专制独裁，禁锢思想自由，焚书坑儒；他"专任狱吏"，法令严苛，百姓动辄被罚充苦役或遭受酷刑……以为这样做才符合"水主阴"的命数，真是荒唐至极！按照始皇帝的如意算盘，嬴氏江山"二世三世至于万世，传之无穷"。但历史运行的轨迹是不以秦始皇的意志为转移，颇具有讽刺意味的是，大秦王朝不过存在了短短二世十五载便土崩瓦解了，这祸根就是他的

暴虐不仁——"一夫作难而七庙,身死人手,为天下笑者,何也?仁义不施,攻守之势异也。"(贾谊《过秦论》)

　　秦始皇对水的偏爱,还体现在诸多方面。如他统一中国后,不仅喜欢登山封禅,勒石纪功,更喜欢巡海——执政期间,曾先后四次东巡海上,虽然主观上为了寻求长生不老之药,但客观上促进了中国造船和航海事业的发展。由于崇水,他在大规模扩建首都咸阳时,按照"法天"的思想,"引渭水贯都,以象天汉,横桥南渡,以法牵牛"(《三辅黄图》)。他还大肆营建山水园林,如著名的上林苑,东起曲江池,南至终南山,西临沣水,北界渭水。苑内除有渭水、沣水、滈水等天然河流景观外,还人工开挖了牛首池、镐池、樊川池等水域宽阔的池沼。兴建的许多宫殿,亦以水取胜,最著名的是兰池宫——引渭水为池,临池建宫。兰池水面辽阔,"东西二百里,南北二十里",池中构筑假山象征蓬莱仙岛。临池修建宫阁,山水相依,宫殿相映,草木葱茏,成为秦代著名的离宫别馆。其实何止"阳宅"如此,就连秦始皇死后的"阴宅"——陵墓,也"以水银为百川江河大海,机相灌输,上具天文,下具地理"(《秦史·秦始皇本纪》)。

清水出芙蓉

——王羲之与水

王羲之,中国历史上最负盛名的书法家,独享"书圣"的美誉。但"书圣"是怎样炼成的,特别是他和水有什么关系,并不是轻易能说清楚的。如果您有耐心,不妨和我一起穿过历史的天空,走入王羲之生活的时代,走入他书法和文学艺术的绚丽世界,真切地感受一下"书圣"带给我们的"清水出芙蓉,天然去雕饰"的艺术美。

一

王羲之,字逸少,号澹斋。祖籍琅琊临沂(今山东临沂市南),后迁于建康(今江苏南京),又迁于会稽(今浙江绍兴)。王羲之的人生之旅,跨越西晋和东晋两个朝代。大家知道,魏晋南北朝,是中国历史上最黑暗、最血腥的时代,但也是人文觉醒、名士风流的时代。王羲之的人生,王羲之的艺术,无疑都经历了那个时代风风雨雨的洗礼,并深深打上了那个时代的烙印。

西晋永嘉之乱后,中国北方长期陷于战乱,晋室政权流亡江南,建立东晋,北方世家大族亦纷纷南迁。王羲之的家族(琅琊王氏家族),是中原数一数二的名门望族。建兴元年(313年),王羲之11岁的时候,举家南渡,迁居建康。从此,王羲之便扎根于江南这片山水秀美的丰饶土地上,积学砺志,研习书法。他先是就学于叔叔王廙,学习"章草"和"飞白";

又就学于表姑卫夫人（名卫铄，其书法"如插花舞女，低昂美容，又如美女登台，仙娥弄影"），书法日益精进。

少年的王羲之俊朗飘逸，为世人所推崇，当时的名士周顗称他有廉颇、蔺相如之风；而另一位名士郗鉴更是独具慧眼，干脆选他为"东床快婿"。说起郗鉴选婿，还有一段传颂至今的佳话。话说当朝太尉郗鉴的家里，尚有一位秀外慧中的宝贝女儿待字闺中。为了给女儿找到一位才貌双全的佳婿，郗鉴可谓煞费苦心。在当时的社会，婚姻特别讲究门当户对。而以丞相王导为核心的王氏家族，不但门第显赫，而且人才济济。于是，郗鉴便把选婿对象锁定在王导丞相的子、侄辈中，"使门生求女婿于导"。门生来到王导家，见王家后生个个衣冠楚楚、温文尔雅地在东厢房中等候。原来，王氏子弟们听说郗太尉的千金相貌端庄，性格温柔，都想接住那个从天飘来的"红绣球"。为了能给登门相亲者一个好印象，他们梳洗沐浴，峨冠博带，抖擞精神，作足了"面子工程"。惟有一位少爷旁若无人，袒露着肚皮，躺在床上大嚼胡饼，给门生留下了深刻的印象。门生回去向主人禀报："王氏诸少并佳，然闻信至，咸自矜持。惟一人在东床坦腹食，独若不闻。"郗鉴听罢，应声说道："正此佳婿邪！"派人一打听，乃王羲之也，于是就把女儿嫁给了他（《晋书·王羲之传》）。从此"坦腹东床"和"东庆快婿"成了女婿的美称。郗鉴之所以选中王羲之为婿，除了欣赏他不矫揉造作、率性纯真的风神气度外，还与他小小年纪便满腹经纶，特别是在书法上才气勃发，卓尔不群有关。

好一个"东床坦腹"！这一举止，正是魏晋时期典型的名士风度。魏晋时期，政权更迭频繁，社会极为动荡，人的生命无常，为了避祸全身，挣脱精神的枷锁，那些士大夫们"托杯玄胜、远咏老庄"，不拘礼法、放浪形骸，其中不少人为了远离世俗，干脆投向川渚、归隐山林，沉迷于山水之中，表现出一种"烟云水气"而又"风流自赏"的潇洒气度，如"神仙中人"，为后世所景仰。

正是在这种人文背景之下，中国人的审美意识从倾向于"错彩镂金，雕缋满眼"转向了崇尚"清水出芙蓉，天然去雕饰"，达到了更高的审美境界。这种历史发展的必然，为王羲之成为"书圣"提供了丰富的营养。

与大多数名士一样，王羲之"高爽有风气，不类常流"，"飘如游云，矫若惊龙"，他所追慕的不只是政治、道德的成就，更主要的是一种人格上的潇洒飘逸。"山水以形媚道"，南方气候温润，河湖密布，山川秀美，让

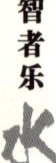

他一下子找到人生的寄托——"晋人向外发现了自然,向内发现了自己的深情。山水虚灵化了,也情致化了"(宗白华《美学散步》)。于是,人们看到,王羲之的身影经常出没于山水之间。迁居会稽后,王羲之更是被这里的好山好水所陶醉,尝言,"初渡浙江,便有终焉之志"。《晋书·谢安传》告诉我们这样一则信息:"(谢安)居会稽,与王羲之及高阳许询、桑门支遁游处。出则渔弋山水,入则言嘱文,无处世意。"可见王羲之对山水的痴迷,简直达到了沉酣忘我的程度。永和十一年(355年),53岁的王羲之弃官不做,归隐山林,"与东土人士,尽山水之游",弋钩为乐"(《晋书·王羲之传》)。他"遍游东中诸郡,穷诸名山,泛沧海","游目骋怀","极视听之娱"。山水之游,不但使王羲之得到了精神的满足和美的享受,更让他进一步发现了自然美的真谛,陶冶了情操,启迪了艺术心灵。郭廉夫先生在《王羲之评传》中这样品评王羲之和他的书法作品:

  王羲之以艺术的心灵,博大的胸怀去体察山水,由实入虚,"建立最高的晶莹的美的意境",他曾说:"从山阴道上行,如在镜中游!"欲将融入山水之中,出神入化、超越现实的自我,升华到玄远、空灵的境界。在这种境界中,一切功名利禄、物质欲望、人间的烦恼都将化为无影无踪。"我卒当以乐死",的确是王羲之的脏腑之言。罗丹说:"艺术就是感情。"王羲之把自然看成一种崇高的美,他对自然的一往深情,倾注到自己的书法创作中,后世书家不难看出他的书法潇洒绝俗,有一种"初发芙蓉,自然可爱"的美。

  文如其人,书法又何尝不是如此!作为东晋名士的王羲之,他的举手投足,心态品格无疑打上了山水的烙印,而这种心性又会潜移默化于他的书法艺术之中。王羲之的书法艺术之所以"独擅一家之美,天资自然,风神盖代",除了天资和勤奋外,更与他崇尚自然、师法自然的审美追求密不可分。

二

  书法作为一种艺术,它不像绘画那样可以描摹事物的外貌,也不像小说那样通过语言塑造人物形象,写出具体的人事关系及其演变的情节,而是运用纸、笔、墨、砚,以文字作为艺术表现形式。通过书写,在组织安排点、画、线形的间架结构,节奏旋律,气势变化等,抒情写意,动人心弦。从美学的角度来说,最突出的表现是流畅雄健的线条美,即通过不同形状的线条,给人以不同的美感。就汉字的线条而言,横线即水平线表示安闲、和平、宁静,斜线意味着运动,圆线、弧线则体现圆满和完美……而书法艺术则不仅对线条的外观十分讲究,还要表现出线条本身的厚度、节奏等更深层次的美,还必须注意疾徐、轻重、浓淡、枯湿、上下衔接以及线条的寓意性。

书法艺术讲究气韵生动,而水有流泻之美。江河瀑布和风云急雨的流转浮动所表现出的气韵与书法艺术颇有相契合之处。江河暴涨时的激骤奔泻、降落时的舒流缓淌,瀑布倾泻"飞流直下三千尺"的气势,流云飞动时的飘逸,无不对中国书法艺术起着"随风潜入夜,润物细无声"的陶冶作用。

古人云:书亦有意,书者舒也,抒也,如也。王羲之则强调"意在笔先,然后作字"(《题卫夫人<笔阵图后>》),"每作一字,须用数种意……或转侧之势似飞鸟空坠,或棱侧之形如流水激来。"(《佩文书斋画谱》卷五《晋王羲之书论》)。历史昭示,王羲之所指引的书法之路是正确的。真正的书法家在进行书法创作时,并不是闭门造车,而是善于从山水自然物象中汲取灵感,"使胸中宏博,纵横有象",即从山水的形态中领悟笔法、笔意,展开丰富的联想,在此基础上,"立象以尽意",并融入自己的学养、情操、性格、气质等,从而达到出神入化的境界。

王羲之一生喜欢在崇山峻岭和清流急湍的山水中跋涉,其书法作品中表现出来的江河滔滔奔涌的气势和风卷云舒的潇洒之美,正与他酷爱山水,并从中汲取智慧和灵感的艺术实践有关。

伟大的《兰亭序》就是他投身山水,在山水中探究哲理、陶冶性情和展示抱负的结晶。

晋穆帝永和九年(353年)三月三日,时任会稽内史的王羲之邀"筑室东土"的文人雅士谢安、郗昙、孙绰、孙统、李充、支循、许询以及子侄凝之、徽之、献之等42人,赴会稽山阴(今绍兴)过"修禊日",这就是历史上极为著名的兰亭集会。

"修禊"是中华民族的一种古老的风俗。我国古代在每年阴历三月上旬的巳日,有在水边行祓禊之俗。禊的意思是浴(为一种祭礼),就是到河边溪畔用香熏草蘸水洒身,或沐浴洗涤,以清除污垢晦气,求得吉祥。魏晋以后,固定三月三日为上巳日,诗圣杜甫《丽人行》所说的"三月三日天气新,长安水边多丽人",表现的就是上巳节长安曲江池畔的盛况。

兰亭周围风光宜人，有崇山峻岭，茂密的森林，修长的翠竹；更有清澈的溪流，像透明的带子一样环绕左右。文人集会，当然少不了饮酒赋诗来助兴。在这郊野之中，酒怎么喝，诗怎么吟，的确是个颇费思量的问题。但这难不倒这些高智商的名士们，他们稍动脑筋，便创意出了"曲水流觞"的办法——名士们在曲水旁"列坐其次"，让酒杯顺着曲宛的溪水漂流，停到谁的面前，谁就得取饮赋诗；吟不出诗的要罚酒三斗。纵情于大自然的山水之中，举觞痛饮，赋诗抒怀，耳目舒畅，逍遥自在，真是其乐无穷。42人中，有26人分别赋得37首诗。大家把诗汇集起来，公推此次集会的召集者、德高望重的王羲之作序。王羲之也没推辞，乘着酒兴雅兴和诗兴，用鼠须笔在蚕纸上即席挥洒，写下了28行324字的被后人誉为"天下第一行书"的《兰亭集序》：

　　永和九年，岁在癸丑，暮春之初，会于会稽山阴之兰亭，修禊事也。群贤毕至，少长咸集。此地有崇山峻岭，茂林修竹；又有清流激湍，映带左右。引以为流觞曲水，列坐其次，虽无丝竹管弦之盛，一觞一咏，亦足以畅叙幽情。是日也，天朗气清，惠风和畅，仰观宇宙之大，俯察品类之盛，所以游目骋怀，足以极视听之娱，信可乐也。

天朗气清，惠风和畅，茂林修竹，清流激湍，名流高士，曲水流觞，饮酒赋诗，畅叙幽情，何其快哉！乐哉！这一切让酒酣耳热的王羲之激情澎湃，神思飞动，心手双畅，笔走龙蛇，出神入化，在不经意间"制作"出了这篇文采与书法双绝的扛鼎之作，也留下一段风流千古的佳话。

《兰亭集序》无疑是"书圣"王羲之的巅峰之作，它一改汉魏以来质朴稳健的书风，开妍美流便的先河，其雄秀之气，似出天然。对此，古今评家不吝溢美之词，给它以极高的评价。如说它"清风出袖，明月入怀"；说它"飘若浮云，矫如游龙，波谲云诡，变化无穷"；说它"章法为古今第一，其字比映带而生，或大或小，随手所如，皆入法则"；说它"字既精美，尤善布置，所谓增一分太长，亏一分太短，极有分寸，直无遗憾，变化多端，尽如人意"……

据说，后来王羲之想将《兰亭集序》再抄写一遍，然而"书百数十本无如拔禊所书之者"，写了多少次也写不出原作的气韵和境界，只好投笔叹息作罢。其实，写诗作文和书法都需要的灵感，没有了当时的环境、氛围和心境，没有"意气"充溢，是断难产生高境界的佳作的。

《兰亭集序》是王羲之在兰亭聚会后乘着酒性和诗情的即兴之作，可谓

"四美具"——良辰、美景、赏心、乐事荟萃，营造出最佳的创作环境和状态，千载难逢，可遇不可求，日后作者自己再重写当然也难以企及原来的艺术水准。

三

王羲之的书法艺术冠绝古今，其成就地位世所公认。但关于他文学方面的造诣，却鲜有提及，这大概是他的书法光芒太盛，文学等方面的亮色反而被有意无意地遮掩住了。

王羲之的文学作品大多见于他写的书帖中，并非刻意为之，而是感情的自然流露，题材也是根据需要信手拈来。他的文学作品，包括散文和诗，大多是登山临水后的即兴之作，清新自然，与他的书法一样，有一种"出水芙蓉"的美。

一般都认为，晋末宋初的谢灵运是山水诗的开山鼻祖，但实际上，王羲之的《兰亭集序》是替谢氏打开山水诗大门的前驱之作。因为在此之前，还没有哪一个人像《兰亭集序》一样，把山水写得如此"质而有灵趣"。《兰亭集序》不过寥寥300余字，语言清新优美，行文如行云流水，句式整齐而富于变化，韵律和谐，堪称千古美文。

你看它写景："此地有崇山峻岭，茂林修竹，又有清流激湍，映带左右，引以为流觞曲水。列坐其次，虽无丝竹管弦之盛，一觞一咏，亦足以畅叙幽情。"由远及近，由静而动，突出了景致的开阔、幽静、清雅。尤其是状景之语如诗如歌，读来如沐春风，如饮甘泉。有美如斯，让人忍不住要欢呼一声："风景这边独好！"

你看它抒情："天朗气清，惠风和畅，仰观宇宙之大，俯察品类之盛，所以游目骋怀，足以极视听之娱，信可乐也。"由天气联想到宇宙的寥廓，大千世界种类的繁多。纵目游览，胸襟大开，极尽耳目视听的欢娱，实在是人生一大乐事。有情如斯，让人真想跨越千年，与名士们共同寄景抒怀，共享惬意。

你看它说理："虽趣舍万殊，静噪不同，当其欣于所遇，暂得于己，快然自足，曾不知老之将至……固知一死生为虚诞，齐彭殇为妄作，后之视今，亦由今之视昔，悲夫！"尽管人们取舍不同，性情各异，但生命中的一切都将成为陈迹。人生也不例外，不论寿命长短，终将归于寂灭。一次宴游之乐引发了作者对生命本体的深刻思考，虽然也有人生苦短的无奈，但却不赞成"一死生"、"齐彭殇"的虚妄人生观,明确肯定了生命的价值。有理如斯,让人油然而生光阴易逝、不可虚掷的感慨。

另外,王羲之在兰亭集会时,还即席而作《兰亭诗》两首,第一首有"咏彼舞雩,异世同流。乃携齐契,散怀一丘"的句子,抒发了诗人及与会者怡情山水、恬淡自适的情怀。第二首较长,诗中侧重于天道与现实的思考,充满了老庄玄学的哲理,但其中也有"仰望碧天际,俯瞰绿水滨","虽无丝与竹,玄泉有清声"等句子,已有山水诗的味道。有人说,王羲之的兰亭诗是山水诗的雏形,为以后山水诗、山水画的构架奠定了基础。

除了书法和文学之外,我还欣赏兰亭集会本身所展示的风雅文化之美。兰亭之集,既是名士宴游之集,也是中国古代"天人合一"观念的集中展示,还是中华民族审美追求的,雅景、雅人、雅事、雅怀,真可谓风流千古,引人怀想,令人神往。

有趣的是,兰亭集会中晋朝人发明的"曲水流觞"饮宴法,后来一度风行,成为一种时尚。"禅歌能俪曲,墨客竞分题"(刘禹锡《三日与乐天、河南李尹陪令公洛禊》),"流觞曲水无多日,更作新诗继永和"(苏轼《和王胜之》),便是效仿这种饮法的真实感受。

东晋以后,"曲水流觞"成为文人雅集的常备"节目",被视为中国古典"沙龙"。如唐时,陕西长安城东南的曲江池(秦汉以来一直是长安的著名风景区,尤其是唐代,曲江池成为一个南北长、东西短、弯曲有致、清波荡漾的大水池),一度成为文人骚客们雅集的佳所。他们常在宴饮开心之际,行曲水流觞之习,可谓不亦乐乎。文人雅士们的这种游戏,还被列为古代"长安八景"之一——"曲江流饮"。

唐宋以来,豪门贵族还在自家的庭院、别墅、山居等有泉石之盛的地方,人工造修可以流觞的曲水渠,作为宴游集会的载体。如北京中南海,明清时其瀛台东侧有一座"流杯亭"(清代称"流水音"),亭中用汉白玉石雕成弯弯曲曲、深15厘米、宽10厘米的水槽,引泉水入槽徐徐流动,称"流杯渠"。当年,风流天子乾隆常与手下大臣们在此饮酒赋诗。吟诗时,先把斟满美酒的酒杯置于"流杯渠"的起点,酒杯随泉水飘浮流动,待酒杯流至渠尾,脱口成诗者为"快手"。乾隆爷对流杯亭情有独钟,不仅亲题"流水音"匾额,还曾赋诗道:"凭栏俯碧流,佳景喜相酬。素色因心静,清音与耳谋。仙人捧醇酎,春鸟弄箜篌。恶旨思前戒,盈科悟进修。"在北京,除中南海外,潭柘寺、故宫乾隆花园、恭王府花园等处,也建有"流杯亭"。不独北京，中国不少历史悠久的园林如承德避暑山庄、成都杜甫草堂、苏州沧浪亭等，都可找到"曲水流觞"的陈迹。

　　那天，我慕名来到安徽滁州的琅琊山，拜访当年大文豪欧阳修赐名的醉翁亭。在醉翁亭中，我惊喜地发现亭旁有一条用鹅卵石镶嵌而成的小水渠，啊，这分明是用于"曲水流觞"活动的场所！不由得想起了《醉翁亭记》中的句子："太守与客来饮于此，饮少辄醉，而年又最高，故自号曰醉翁也。……"据说欧阳修当年常在醉翁亭会友饮宴。于是我想，他那篇著名的《醉翁亭记》是否也是与宾朋们玩完"曲水流觞"的游戏，借着放怀情山水的雅兴和酒精的刺激一挥而就之作呢？

访渎搜渠注《水经》

——郦道元与水

  构思这篇文章时，眼前会不时浮现出一个头戴斗笠、手执图籍，裹挟着一路风尘沿河跋涉的伟岸身影：他的脸膛黑红，烙着饱经风雨沧桑的印记，他的目光坚毅、睿智，似乎能洞悉自然和人类社会的一切。他一会儿策马疾驰，一会儿徒步徐行，一会儿停步驻足；或登高望远，深情地环顾祖国壮丽河山；或走到河边，观水流向，相度河势；遇到河流经过的城镇村落或名胜古迹，便在那里盘桓良久，甚至住上几日，勘查现场，搜集资料，访问遗老；夜深人静时，他还要在秉烛奋战，查阅地图文献，核实史书记载，撰写考察日记……这位不辞劳苦"访渎搜渠"者不是别人，正是《水经注》这部大书的作者郦道元。

  毫无疑问，郦道元对水是充满感情的，他在《水经注序》引《玄中记》由衷地赞美水："天下之多者，水也，浮天载地，高下无所不至，万物无所不润。"在郦道元的眼里，"万物无所不润"的水是美善的化身，是值得大书特书的，这或许便是他甘心倾注毕生心血、历尽苦难痴心不改注疏《水经》的不竭动力之源。

一

  东汉末年，有一位叫桑钦的地理学家，对祖国的河流水系产生了浓厚兴趣，撰写了《水经》一书。《水经》是我国第一部较完整的记述有关河流水系的水文地理专著，桑氏作为《水经》的著者，开创之功应该肯定。但该书记载的水道不过137条，文不过万字，不但内容粗疏，繁简不一，而且错谬之处颇多。弥补《水经》之不足，只好留待后来者了。历史在等待，华夏民族在等待。在桑氏作《水经》之后百余年的北魏，一个叫郦道元的人横空出世，他用博大的胸怀、深邃的思想、敏锐的眼光、缜密的构思、详实的野外考察、优美生动的文字，为我们捧出了一部具有划时代意义的地理巨著——《水经注》。

郦道元是谁？他生活在一个什么样的时代？《水经注》是怎样的一部书？郦道元又是如何写成这部三十余万字的煌煌巨著？怀着种种好奇，我在叩问历史，追寻郦道元"访渎搜渠"的足迹，力求得到我所期待的答案。

郦道元，字善长，北魏范阳涿州（今河北涿县）人，出身官宦家庭，大半生服官于北魏王朝。郦氏本人自述家世道："巨马水又东，郦亭沟水注之。水上承督亢沟水于迺县东，东南流，历紫渊东，余六世祖乐浪府君，自涿之先贤乡爰宅其阴。"表明郦氏的家乡坐落在巨马河流域的郦亭沟之畔，一个叫"郦亭"的村落——"郦亭在涿州南二十里，为郦道元故居"（清孙承泽《春明梦余录》卷六十四）。这里之所以要费些笔墨讨论一番郦氏的郡望，是为了说明郦道元是今河北涿县人，而不是今河北涿鹿人。由于《北史·郦道元传》称郦道元是"范阳涿鹿人"，今天的许多工具书也以讹传讹，说他是河北涿鹿县人。好在郦道元自己留下了可靠的文字记述，后人才不至于把这场笔墨官司没完没了地打下去。

郦道元生活在魏晋南北朝时期，是一个干戈扰攘、生灵涂炭的时代，但同时也是各方人民大交流、各个民族大融合的时代。秦汉是中华的大一统时代，但到了西晋末年却发生了剧变。由于晋室南渡，使中华版图一分为二，从此经历了二百六十多年，南方仍是汉族人的天下，而北方则是"五胡乱中华"，匈奴、羯、氐、羌、鲜卑等北方游牧民族纷纷越过长城，入主中原，称孤道寡，称王称霸，你方唱罢我登场。而原居于今华北、中原一带的农耕民族，在游牧民族铁鞭的驱使下，被迫离开了祖辈居住的以粟（小米）为主食的旱作农业区，迁移到以稻（大米）为主食的江南水乡。草原游牧民族从长城以北迁徙到长城以南的中原，中原人民迁移至水网密布的江南，尽管有主动与被动之分，但客观结果却产生了前所未有的不同民族之间、同一民族不同地域之间的大交流、大融合。适者生存。面对陌生而新鲜的自然地理环境和人文环境，人们要使出浑身解数去熟悉、去适应，

智者乐水

并努力开辟新的生存环境,这就大大地拓展了人们的视野,丰富了人们的地理知识,也为大批地理学家和地理著作的诞生提供了孕育和生长的温床,而他们中的佼佼者无疑是郦道元和他的《水经注》。

《水经注》是怎样的一部书呢?提出这个问题后,我忽发奇想,如果召开一个"《水经注》研讨会",把地理、历史、文学等各方面的专家都请来,听听他们对《水经注》的评价,那场面该是多热闹。不难想象,由于角度不同,专家们给出的评语肯定是仁者见仁,智者见智:

地理学家会说,《水经注》是一部以河流为纲的区域地理学著作——《水经》共载水道137条,而《水经注》则拓展为1252条,近十倍于《水经》(今人赵永复先生将全书包括湖、淀、陂、泽、泉、渠、池、渎等算入,总计2596条)。描述的范围,除以西汉王朝的疆域为蓝本外,还涉及到当时不少域外地区,包括今印度、中南半岛和朝鲜半岛若干地区。涵盖的内容,包括自然地理、人文地理、山川胜景、历史沿革、风俗习惯、人物掌故、神话故事等,可谓中国六世纪一部地理百科全书。涉及的时间,上起先秦下至北朝当代,纵横2000多年。

地名学家会说,《水经注》同时也是一部地名学著作——它搜集了北魏及其以前的大量地名,包括中国境内的非汉语地名和域外地名,对其中不少地名的渊源进行了解释。从《水经注》开始,地名学才始具较完整的概念。

政治家会说,《水经注》不仅是一部具有高度学术价值的地理学专著,同时也是一部感情丰富,具有强大感染力的爱国主义著作——作者虽然身处南北分裂时代,但他向往祖国的金瓯一统,他以《禹贡》所描写的历史上曾经出现的中华广大的版图为蓝本,以横跨区域界限的河流水系为纲,打破了人为的政治疆界,充满了大一统思想和"中国的自然之爱"。

文学家会说,《水经注》具有很高文学价值,可谓山川蕴珠玉,文章耀古今——它是"魏晋南北朝时期山水散文的集锦,神话传说的荟萃,名胜古迹的导游图,风土民情的采访录",不少注文成为山水文学的翘楚,这是那些刻板化(近人称之为"地理八股")、干巴巴的地理著作所望尘莫及的。

历史学家、考古学家、金石学家、文献学家也会说,他们在《水经注》中淘到了属于自己那个学科的稀世珍宝。

最后是郦学家发言,他们会说:一言以蔽之,《水经注》包罗宏富,博大精深,故它才在汗牛充栋的地理著作中脱颖而出,形成了一门内容丰富而又广泛的"郦学"。

郦道元着手撰著《水经注》于何时？也是我这个爱刨根问底的人非常想知道的问题。郦氏《水经注原序》中多少透露出一些信息："窃以多暇，空倾岁月，辄述《水经》，布广前文。"据此，一些学者（如广东警官学院的张鹏飞，撰有《郦道元年谱考略》）认为，郦氏注疏《水经》，始于北魏宣武帝延昌四年（515年）他被罢官之初。理由是：郦道元官宦生涯中共有两次被罢官的经历，一次是孝文帝太和二十二年（498年），郦道元30岁时，因他的上司李彪被弹劾罢官，以属官坐免，赋闲三载；第二次罢官是延昌四年，因郦道元为官刚正威猛，受人弹劾丢掉东荆州刺史的职位。郦道元第二次丢官赋闲在家，一待就是八年，此时正值他的壮年，注疏《水经》的各种条件已趋成熟。

笔者认为，郦道元注疏《水经》，是一部前无古人的鸿篇巨制，不是三年五载甚至十年八载就能够完成的，而是一个长期渐进的过程。他作《水经注》，当始于第一次被免官后，其时，郦道元风华正茂，活力四射，精力旺盛，为了不"空倾岁月"，他开始投入到"辄述《水经》"的伟大工程之中。当然，这期间只是著述的起步阶段，所做工作主要是收集资料、实地考察以及谋篇构思等，但不排除这样的可能，即他以熟悉的一些河流为"试验田"，开展了投石问路的注疏写作工作。至于第二次离官赋闲，当是他撰著《水经注》的黄金时期，并最终完成了这部伟大的著作。郦道元的两次免官，也算是因祸得福，无官一身轻，他可以潜心于《水经注》的撰著。

二

那么，作为一名大半生服官于北魏的"高级干部"，为什么能写出《水经注》这部"宇宙未有之奇书"，而且他本人也以"全世界最伟大的地理学家"（日本著名地质学家和地理学家小川琢治语）而彪炳史册呢？我以为，原因不外乎两个，一是时势使然（时势造英雄），一是个人天赋和努力（英雄造时势）。

关于前者，正如前文所述，郦道元所处的时代，正是中国历史上地理大交流的时代，这个时代不仅让他和许多地理学家眼界大开，也促使他们重新思考人与自然的关系，并致力于地理学方面的研究、实践和著述活动。"郦注精博，集六朝志之在成"，如果没有当时涌现出的大量的"六朝地志"，郦道元要完成《水经注》这样的"大部头"，显然是不可能的。

关于后者，透过《水经注》这部煌煌巨著字里行间，我们可以强烈地

感受到：郦道元其人有着超出常人的大智大勇！

首先，郦道元有着伟大的抱负。要知道，郦道元的职业是做官，并不是一个从事专门地理研究的学者，以他达官显贵的身份和条件，完全可以坐享荣华富贵，而不必劳心费力地去写什么地理著作，但他却义无反顾地选择了自讨苦吃去攀登这座科学高峰。如果不是志存高远、勇于担当的人，断不会有如此大的作为。郦道元为何要为《水经》作注呢？他在《水经注序》中回答了这个问题：一是为了改变《山海经》、《禹贡》、《汉书·地理志》等地理典籍或过于芜杂或只具轮廓或记述不详备的问题，故选定《水经》一书为纲来描述全国的地理情况，以达"因水证地，即地以存古"（《王先谦合校本序》）之目的。二是有感于地理现象复杂多变，上古情况渺茫无踪，其后部族迁徙、城市兴衰、河道变迁、名称更迭频仍，他立志以水道为纲，把自然地理和人文地理的演变情况真实地记录下来，以使后世子孙不致再坠云里雾里不知其然。三是鉴于当时处于南北分裂时代，他向往华夏江山一统，把南北分裂、支离破碎的国土当作一个整体来写，字里行间充满了"华夏文明"照耀天地的自豪感。

其次，郦道元有水滴石穿的毅力、锲而不舍的精神，这一点尤为重要。《水经注》的编著不同于文学创作，文学创作的特点是抒情表意、辞由己出，有一定生活积淀和写作能力的人，关在书斋里便可造出好看的作品来；而《水经注》作为地理著作，要言有所据、事有所托，字字句句有来历，把自己关起来闭门造车是万万不能的。撰著《水经注》是个复杂的系统工程，需要广泛地搜求和甄选各种资料，需要到野外踏勘考察，需要把自己的理论见地和实践所得一一渗透到字里行间，需要一个辛苦耕耘、惨淡经营的过程。面对着《水经注》这座巍峨的文化大山，郦道元知难而进，奋勇攀登，"访渎"不息，"搜渠"不止，终于集腋成裘，"缉而缀之"，登临绝顶，一览无限风光。

再次，郦道元有经天纬地的卓越才智。用现代流行的话说，他"太有才了"。这"有才"体现在他有广博丰赡的知识储备，高屋建瓴的宽阔视野，严谨缜密的思维能力，驾驭鸿篇的运筹能力，游刃有余的语言运用能力等等。据《北史·郦范传》记载："道元好学，历览奇书，撰注《水经》四十卷，《本志》十三篇。又为《七聘》及诸文，皆行于世。"由此可见，郦道元是个地地道道的"高产作家"。可惜只有《水经注》流传下来，其余著述皆已亡佚。

为了写好这部前无古人的地理学著作，郦道元既"读万卷书"，又"行万里路"。

从《水经注》的非凡成就看，非博览群书、学富五车者不能做到。《魏书》、《北史》都说"道元好学，历览奇书"，这短短八个字当是郦道元勤奋好学、读书万卷的注脚。据统计，在《水经注》中，郦道元引用前人的著作达437种之多，辑录汉魏金石碑刻350种左右，另外还采录了不少书信、地图、民间歌谣、谚语方言、传说故事等。而实际上，郦道元所占有的资料，远比他在《水经注》中引用的数量大得多。这些文献资料的收集，在当时的条件下，是要费尽九牛二虎之力的。南北朝时，雕板印刷尚未兴起，一切文献资料的取得，都必须经过传抄，而地理资料的收集特别是对分散各地的区域地理资料的收集，就是个相当困难的事情。可以想象，郦道元为了广泛占有资料，撒下了一张何其大的搜罗巨网，付出了多少艰辛努力；可以想象，当一册心仪已久的奇书（图册）收集到手，如获至宝的郦道元该是如何手舞之足蹈之歌咏之！

可惜的是，《水经注》中引用的许多文献资料，后来在岁月风刀霜剑的砍伐下，要么零落成泥，要么散佚不知去向，幸有郦道元的引用转录，才留下弥足珍贵的吉光片羽。

就做学问而言，占有资料只是万里长征迈出的第一步，科学地利用这些资料，才是至关重要的，就如同建筑房舍，同样的砖瓦木料摆在面前，高明的建筑师能建起富丽堂皇的亭台楼阁，蹩脚的泥瓦匠只能盖起粗鄙的鸡屋狗舍。郦道元就是一个高明的"建筑大师"，他先是将收集来的材料经过一番"去伪存真、去粗取精、由此及彼、由表及里"的甄别，然后实行"拿来主义"，或直接引用或进行改写或进行深加工再创作，形成具有"郦氏风格"的描述，并最终构建出《水经注》这座巍峨的地理学殿堂。

最近我在一本杂志上看到这样一则消息，称多年以来被选入中学课本的《水经注·江水》中的名篇《三峡》（"自三峡七百里中，两岸连山，略无阙处……"），作者不是郦道元，而是南朝时作《荆州记》的盛弘之。此说的依据是：郦道元所处的时代，正值南北朝对峙，他所服官的北魏，疆域只及今秦岭和淮河以北地区，没有囊括包括三峡在内的长江流域。郦道元一生在北朝做官，也没有出使过南朝，他根本没有到过三峡。这是事关"版权"的问题，我不敢贸然给予肯定和否定，便向著名郦学家陈桥驿先生请教——方法是研读他的《郦道元评传》和《郦学札记》。陈先生说："三峡为他（指郦道元）足迹所未履，他写这一段，是撷取他人的文字精华。由于他广读精选，并且剪裁得当，所以虽未身历其地也能写出如此绝妙文章。"陈先生还认为，对于《三峡》这段文字，《御览》卷五十三把它作为南朝刘宋盛弘之所著《荆州记》录入，但郦氏在《水经注·江水》中未言此为盛文，倒是在《水经注·淯水注》中曾提及盛氏所撰的《荆州记》，《御览》把《三峡》作为盛弘之的文章录入，此事疑点颇多。

　　细读《水经注》可以看到，郦道元在引用他人著述时，都明确标上别人的名字。比如，郦道元在《水经注·江水》"又东过夷陵县南"注中，曾多次引用袁山松的话，且以"袁山松曰"、"袁山松言"、"《宜都记》曰"等表述方式明确之。以郦道元的为人和治学态度而言，如果他全文引用盛弘之《荆州记》的原文，定会在文中说明来源，而不会贪天之功归为己有。

　　我之所以用了不少笔墨来叙述《三峡》作者是谁，不是为了就《三峡》一文的署名问题替郦道元"打官司"，而是想就此说明这样的一个事实，就是郦道元对长江以南水系（包括长江流域和珠江流域）的描写，并非亲临采访所得，而是运用各种资料进行整合创作的结果。当然，他这样做，也是万般无奈之举。

　　对于北方河流水系及其他情况的描述，许多第一手材料是经过他"行万里路"的实际调查取得的。郦道元在《水经注序》中说："脉其枝流之吐纳，诊其沿途之所躔，访渎搜渠，缉而缀之。"可见，野外考察是郦道元治学的重要方法，也是《水经注》取得辉煌成就的重要原因。"纸上得来终觉浅，绝知此事要躬行"，陆放翁分明是在用这两句诗为郦道元注重实地调查作诠释。

　　郦道元小的时候，就对山川地理产生了浓厚兴趣。他自幼跟随任青州刺史的父亲郦范居于青州（治在今山东青州），度过了青少年时光。期间，他一边读书学习，一边四处游历考察，踏遍了那一带的山山水水，掌握了大量的第一手资料。后来，他青少年时代的野外考察成果在《水经注》中多有体现。成年以后，郦道元先是在北魏中央政府为官，多次"从高祖（北魏孝文帝元宏）北巡"，在跋涉过程中，郦道元处处留心，对北方特别是今内蒙古阴山一带的人文地理情况有了相当深入的了解。例如，在《水经注·河水》中，他记录了旅途中发现的古代游牧民族的岩画情况：

河水又东北历石崖山西，去北地五百里，山石之上，自然有文，尽若虎马之状，粲然成著，类似图焉，故亦谓之画石山也。（河水）东

流迳石迹阜西，是阜破石之文，悉有鹿马之迹，故纳斯称焉。

1400年后，中华人民共和国内蒙古考古队按照《水经注》提供的线索，"按图索骥"，终于在阴山山脉的狼山地区的深山峭壁上，找到了千余幅举世罕见的古代珍贵民族文物——阴山岩画。我要说，当阴山岩画被揭开神秘面纱的那一刻，考古工作者激动之余最要感谢的人应该是郦道元。

北魏孝文帝太和二十二年（498年）春，郦道元的上司御史中尉李彪被仆射李冲弹劾免官，城门失火，殃及池鱼，时任治水侍御史的郦道元因受长官的牵连"以属官坐免"，时年三十岁。三年以后，郦道元重新被启用，转任地方官，先后任职于冀州、颍州、鲁阳、东荆州等地，直到宣武帝延昌四年（515年），他47岁时又一次被罢官免职，8年以后才得以东山再起。这期间，郦道元不仅在任官的当地，也在转任他官的途中、出公差的路上，特别是赋闲的时间，利用各种机会进行野外考察，并将考察的成果写入《水经注》，纠正了《水经》及其他地理书中的许多谬误。

在任东荆州刺史时，他考察了州治所在地比阳（今河南泌阳县城附近）一带的山川地理，纠正了《水经》的错误，指出：《水经》说比水发源于比阳县东北的太胡山，往东南流过县南，泄水从南方流来注入。"然比阳无泄水，盖误引寿春之沘泄耳。……州治比阳县故城，城南有蔡水，出南磐石山，故亦曰磐石川，西北流注于此，非泄水也"（《水经注·比水》卷二十九）。比阳境内没有泄水，大概是误把寿春的沘泄张冠李戴到比阳的头上。东荆州治所在比阳故城，城南有蔡水，发源于南磐石山，所以也称磐石川，往西北流，注入比水，而不是泄水。

在舟车劳顿的旅途中，他常常不辞劳苦，进行野外考察。对于泗水的源头，《汉书·地理志》说它发源于乘氏县（今山东菏泽县附近），《山海经》说它发源于鲁（今山东曲阜一带），《水经》说它发源于卞县北。为了正本清源，"余昔因公事，沿历徐沇，路迳洙泗，因令寻其源，水出卞县故城东南桃墟西北"（《水经注·泗水》卷二十五），经过千辛万苦的探寻，终于查明泗水发源于卞县老城的东南，桃墟的西北。

郦道元在野外的"访渎搜渠"，常常以《水经》、方志、地图等典籍图册为参照，以达到事半功倍的效果。在担任鲁阳太守时，他结合地图、方志，查勘了淮河支流汝河的发源情况，得出了"汝水西出鲁阳县之大盂山蒙柏谷"（《水经注·汝水》）卷二十一）的结论，并用生动的语言描述了源头一带的生态环境："岩鄣深高，山岫邃密，石径崎岖，人迹裁交。"（同上）从而纠正了《地理志》、《博物志》以及《水经》中关于汝水发源地的种种错误说法。他在考查濡水（滹沱河支流）沿岸的一些古代墓葬时，采用了查阅文献和访问相结合的办法："濡水又东迳武阳城西北，……其水侧有数陵坟高壮，望若青丘。询之古老，访之史籍，并无文证，以私情求之，当是燕都前古坟也。"（《水经注·易水》卷十一）从而作出了正确的判断。

郦道元实地查勘走访的足迹遍布秦岭和淮河以北广大地区。可惜他生于南北各执半壁江山的时代，尽管他对中华一统充满了憧憬，但严酷的现实在是：他的脚步始终未能踏上南中国的土地，因而他对包括长江在内的许多南方河流的记述，只好完全求之于文献资料。正因为缺乏实地查勘资料，他对南方一些河流记述得相对简略，加之引录摘抄较多，其中还有不少错谬，这不能不说是个历史性的遗憾。"尽管这些错误对于这部撰成于14世纪以前的古代名著来说，实属瑕不掩瑜。但是假使郦道元在当年能够亲眼看到南方各地的山河风景，可以设想，今天我们读到的《水经注》，必将更为生动完美。"陈桥驿先生的这番感慨，道出了郦氏的无奈。

三

"水德含和，变通在我"，这是郦道元在人水关系上留给我们的一句精辟格言。

对以农业立国的中华民族而言，水对农业收成具有决定性影响。我想，"万物无所不润"的水之所以在郦道元的心中占有崇高的地位，主要是因为水是农业之本，"雨露滋润禾苗壮"，不然，他怎么会在《水经注》中不惜篇幅地把大量的水利工程和治水人物写进去呢？

《水经注》记载了大量农田水利工程，如引漳十二渠、都江堰（都安大堰）、郑国渠（郑渠）、芍陂（安丰塘）、长湖（鉴湖）、马仁陂、白起渠、六门陂、车箱渠、豫章大陂等。

《水经注·浊漳水》卷十，在引述了《史记·日者传》关于西门豹治邺、智破除河伯娶妇陋习的故事后，用较长的篇幅记录了历代对漳水开发利用的情况：

昔魏文侯以西门豹为邺令也，引漳以溉邺，民赖其用。其后至魏襄王以史起为邺令，又堰漳水以灌邺田，咸成沃壤，百姓歌之。魏武王又竭漳水，迥流东注，号天井堰。二十里中，作十二墱，墱相去三百步，令互相灌注。一源分为十二流，皆悬水门。陆氏《邺中记》云：

水所溉之处，名曰堰陵泽。故左思之赋《魏都》谓："'墱流十二，同源异口'者也。"

通过上述记述，我们看到，自战国西门豹开漳河灌溉农田的先河后，后世的史起、曹操等人都非常重视漳河的开发利用。尤其是东汉末的曹操，他在打败北方的军阀袁绍后，以雄踞于漳水之畔的邺城（今河北临漳东北）为根据地。为了巩固执政根基，曹操在河北一带大兴水利，其中堪称大手笔的除了开凿运河"织成"河北水上交通运输网之外，还在漳河上做足了水利文章——在20里（一作12里）长的漳河上修筑了12条梯级拦水堰，并在每个引水口门上设闸门控制水量。

对中国历史上盛名远播的都江堰和郑国渠，郦道元更是不吝笔墨，详加记述：

> 李冰作大堰于此，壅江作塴，塴有左右口，谓之湔塴。江入郫江、捡江以行舟。……是以蜀人旱则借以为溉，雨则遏其流。故《记》曰：水旱从人，不知饥馑，沃野千里，世号陆海，谓之天府也。俗谓之"都安大堰"，亦曰"湔塴"，又谓之"金堤"。
>
> ——《水经注·江水》卷三十三

> 沮水东注郑渠，昔韩欲令秦无东伐，使水工郑国间秦凿泾引水，谓之郑渠。渠首上承泾水于中山西邸瓠口，所谓瓠中也，《尔雅》以为周焦穫矣。为渠并北山，东注洛三百余里，欲以溉田。中作而觉，秦欲杀郑国，郑国曰：始臣为间，然渠亦秦之利。卒使就渠，渠成而注填阏之水，溉泽卤之地四万顷，皆亩一钟，关中沃野，无复凶年，秦以富强，卒并诸侯，命曰郑渠。
>
> ——《水经注·江水》卷三十三

秦得以扫平诸侯，一统天下，都江堰和郑国渠立下了汗马功劳，郦道元传承了司马迁《史记·河渠书》的观点，用极为崇敬的心情记述了这两座伟大水利工程的经济、军事和政治价值，给我们留下了珍贵的文字资料。他对都江堰的记述，还使我们获得了有关该堰名称沿革的一些重要信息，即：至少在南北朝时期，都江堰还不叫都江堰，而是有"湔塴"、"都安大堰"、"金堤"等称谓。

陂湖是古代水利工程的主角之一，也是《水经注》重点记述的对象。据陈桥驿先生统计，《水经注》记载的各种陂湖达到五百六十处左右。芍陂是我国古代最早的大型蓄水灌溉工程，因水流过芍亭而得名，《水经注·肥水》卷三十二这样记述它：

> 肥水自荻秋北，迳成德县故城西……又北迳芍陂东，又北迳死虎塘东，芍陂渎上承井门，与芍陂更相通注……陂周百二十里许，在寿县南八十里，言楚相孙叔敖所造。魏太尉王陵，与吴将张休，战于芍陂，即此处也。陂有五门，吐纳川流，西北为香门陂，陂水北迳孙叔敖祠下，谓之芍陂渎。又北分为二水，一水东注黎浆水……东注肥水，谓之黎浆水口。

到北魏时，芍陂的面积仍达"周百二十里许"，共设五个水门"吐纳川流"，旱则引水灌溉，涝则排水于外。芍陂渎与肥水相通的两个口门，可以"更相通注"，起到调节水量的作用。由此可见，芍陂问世七八百年后，经过历代修治，蓄泄功能日趋完备，灌溉效益十分可观。由于芍陂一带经济发达，三国时成为魏与东吴争夺的对象，双方多次在芍陂附近刀兵相见。"魏太尉王陵，与吴将张休，战于芍陂"，就是一次争夺芍陂经济区的著名的战役，最终以魏将王陵打败吴将张休而结束。

郦道元是个爱憎分明的人，对于造福人民的水利工程和治水人物，他会送上深情的颂歌，由衷的赞语，对于那些破坏水利的行为，则以笔做刀枪，抨击之，诅咒之：

> 慎水又东流，积为爝陂，陂水又东南流，为上慎陂，又东为上慎陂，又东为中慎陂，又东为下慎陂，皆与鸿郤陂水散流。其陂首受淮川，左结鸿陂。汉成帝时，翟方进奏毁之。建武中，汝南太守邓晨欲修复之，知许伟君晓知水脉，召与议之，伟君曰：成帝用方进言毁之，寻而梦上天，天帝怒曰：何敢败我濯龙渊？是后民失其利。时有童谣曰：败我陂，翟子威，反乎覆，陂当朝，明府兴，复废业。童谣之言，将有征矣。遂署都水掾，起塘四百余里，百姓得其利。

在这段文字里，郦道元没有发表任何评论，因为他懂得，引用他人的话比自己喋喋不休的褒贬更有力量，更能打动读者。于是，他借"天帝"和童谣之言，对毁陂与复陂这两件事进行了评判，褒贬毁誉，尽在文中矣。

载舟覆舟，水之两性。对于洪水毁人家园、伤人性命的一面，郦道元同样有清醒的认识，《水经注》多处记载了水灾的情况。有学者统计，从周定王五年（公元前602年）到北魏太和四年（480年），共记载大的水灾19次。卷十五《伊水注》记载了三国魏黄初四年（223年）六月二十四日洪水："大水出，举高四丈五尺。"卷十六《榖水注》记载了五胡十六国前凉太始七年（361年）六月二十三日洪水："大水迅暴，山常流上三丈。"这些记述告诉我们，人类消除水患之路还相当漫长。另外，《水经注》中还记载了许多以水代兵造成生灵涂炭的惨痛事件。如卷二十八《沔水注》中记载了战国时秦将白起引西山长谷水攻楚之战："水溃城东北角，百姓随水流，死于城东者数十万，城东皆臭。"这些注文，令人触目惊心，从中也可以看出，郦道元对人与水的关系是辩证看待的，他在警示人们：水虽然"万物无所不润"，但掌控不好，也会走向反面，所谓"洪水猛兽"，并非危言耸听！

四

读《水经注》，我发现书中不但全面系统地记述河湖等地表水的情况，也记述了井泉等地下水的情况，特别是在地表水匮乏的地区，泉水、井水便成了记述的主要对象。据陈桥驿先生统计，全书记载的泉水（包括温泉）达240处左右，而对井水的记载，不但数量众多，而且往往涉及到井深等重要指标。

上古时先民依水而居，主要是依傍河湖聚居。随着生产力的发展，井被发明出来，井的问世，对人类而言是具有划时代意义的伟大事件，从此人类开始摆脱对河湖等地表水的依赖，生存空间得到极大地拓展，依井而居逐渐成为人类生存的主要方式。长期以来，井在人类生活中的作用怎么说都不过分。对于这一点，郦道元充分注意到了，并把它作为人与水关系的重要组成部分。

卷二十五《泗水注》，记载了曲阜武子台附近的大井："台西百步有大井，广三丈，深十丈。"从这条记载可以看出，台西这口大井，当是周边百姓晨汲暮取的水源地。泗水流域降水较丰沛，即使如此，当地人仍然离不开井的滋养，长城以北的干旱地带，人们对井的依赖更甚。于是，我们看到卷十九《渭水注》中，对长城以北平原上的井，有如是记述："长城北有平原，广数百里，民井汲巢居，井深五十尺。"长城以北地处干旱带，年均降雨在400毫米以下，地上河湖常处于干涸状态，百姓生活用水只能依赖于地下水。如果井水枯竭，人们便要背井离乡了。

井作为重要的水源，不但百姓日常生活须臾不可离，战争时，水井也往往是事关战争胜败的关键。卷五《河水注》中，记述了一则北魏进攻虎牢城（位于今河南郑州西北黄河南岸）的故事。"虎牢之战"发生在北魏明元帝泰常八年（423年），当时的情况是：

> 魏攻北司州刺史毛祖德于虎牢，战经二百日，不克。城惟一井，井深四十丈，山势峻峭，不容防捍，潜作地道取井。余顷因公至彼，故往寻之，其穴犹存。

战争发生近百年后，郦道元亲自到当年的战场寻访，他关注的不是别的，而是城中的一口老井。综合各种史料记载可知，当年，北魏大举向南朝刘宋把守的虎牢关进攻，虎牢城守将毛祖德困守孤城，奋勇抵抗，多次打败北魏军队的疯狂进攻。战斗进行了二百多天，城仍坚如磐石。后来北魏军队探知，虎牢之所以历久难克，全赖城中一口老井为守军提供水源保障。于是，北魏军队在城外挖掘地道，直达井的底部，使井水泄干，断了城内唯一的水源。这一招果然致命，城内无水，守城人马"渴乏饥疫，体皆干燥"，北魏军队乘势猛攻，一举破城。

令人痛心的是，郦道元之死，也与水井有关。据《北史·郦道元传》载：北魏孝明帝孝昌三年（527年），雍州刺史萧宝夤蓄意谋反，朝廷任命郦道元为关右大史前往弹压。萧宝夤得知郦道元此行是为了擒拿自己，便来了个先下手为强，他命令部下郭子帙率军在半路截击郦道元。在寡不敌众的情况下，郦道元率领侍卫部队占据了一个叫阴盘驿亭的制高点。此亭坐落于山冈之上，冈上人吃水要到冈下的井中汲取。郦道元见被叛军团团围住，首先想到的是解决水源问题。可惜他军力薄弱，不能将冈下的水井固守在内，只好一边抵抗一边在冈上凿井。遗憾的是，此处地势太高，"穿井十余丈不得水"。无水无食，饥渴疲惫，让他们的战斗力大打折扣。敌人冲上山冈，"道元与其弟道峻、二子俱被害"。

五

大家知道，撰写地理著作，内容极易刻板化、千篇一律化，这也是包括《禹贡》、《太平寰宇记》在内的许多地理名著难以卒读的原因之一。但《水经注》却跳出了"地理八股"的窠臼，用散文化的语言，绘声绘色地描述着祖国的山川地理、风物人情。尤其是隐于注中的那些青山绿水，奇峰怪石，更是千姿百态，摇曳生辉，充满清丽迷人的神韵。

《水经注》中描写山水风物的佳篇佳句俯拾即是，传诵最广、名声最大的两篇，一是记述黄河孟门（壶口）瀑布的，一是描写长江三峡的，民国以来，这两篇杰作便成了中学语文课本中的常客。我们先欣赏一下"孟门瀑布"：

> 孟门，即龙门之上口也。实为河之巨阨，兼孟门津之名矣。此石经始禹凿，河中漱广，夹岸崇深，倾崖返捍，巨石临危，若坠复倚，古之人有言："水非石凿，而能入石。"信哉。其中水流交冲，素气云浮，往来遥观者，常若雾露沾人，窥深悸魄。其水尚崩浪万寻，悬流千丈，浑洪赑怒，鼓若山腾，浚波颓叠，迄于下口。方知慎子是下龙门，流浮竹，非驷马之追也。

孟门瀑布就是今天的壶口瀑布，位于黄河中游晋陕峡谷间，西为陕西宜川县，东为山西吉县。壶口峡谷段河床坡降大，河谷上宽下窄，上缓下陡，中、上部宽约200～300米，河床底部的凹槽宽仅约20～30米。滔滔河水进入此河段，数百米宽的黄河水骤然收成一束，从30米的高处倾泻而下，其状如同巨大的悬壶嘴注水，喷涌怒啸而出，"悬注漾旋，有若壶然"，壶口的名称便由此而来。郦道元的描述，简直就是壶口的一幅素描：河道中的水流互相激荡，升腾起一片白茫茫的水沫；过往行人远远眺望，便会感到水雾袭来，湿衣沾裳；俯视深渊，让人心惊胆战。巨浪滔天，千丈飞瀑凌空直下，汹涌的洪流狂冲怒突，像山一样腾跃而起，直冲下口而去。那天我去拜访壶口，将上述文字与眼前的壶口两相对照，发现郦道元真是把壶口写到家了。

顺便补充一点关于壶口瀑布的地理信息。我们现在看到的壶口，较郦注记载的"孟门悬流"，已北移了5000米，从北魏至今，壶口位置每年平均北移3.3米。原因在于，黄河水沙不断侵蚀切割下游的岩石，使瀑布缓缓上溯，形成现在的"十里龙槽"。这一结论是著名历史地理学家经过反复考察和精深研究得出的。

《水经注·江水》中有一段描写长江三峡的短文，不过一百五十字，却字字珠玉，美不胜收：

> 自三峡七百里中，两岸连山，略无阙处，重岩迭嶂，隐天蔽日，自非亭午夜分，不见曦月。至于夏水襄陵，沿溯阻绝，或王命急宣，有时朝发白帝，暮到江陵，其间千二百里，虽乘奔御风，不以疾也。春冬之时，则素湍绿潭，迴清倒影，绝巘多生怪柏，悬泉瀑布，飞漱其间，清荣峻茂，良多趣味。每至晴初霜旦，林寒涧肃，常有高猿长啸，属引凄异，空谷传响，哀转久绝。故渔者歌曰：巴东三峡巫峡长，猿鸣三声泪沾裳。

千百年来，三峡的壮美不知倾倒了多少文人墨客，他们中的一些人在享受过三峡美的大餐后,也禁不住文思涌动,写出了一篇篇再现三峡壮丽的文章,这些文章的字数一般要比郦氏的《三峡》多几倍甚至十几倍,而且其中不乏上乘之作。但恕我直言,直到今天,我还未看到一篇堪与郦氏《三峡》相比肩媲美的作品。郦道元这篇百余字的美文,历来为人所传诵,且对后人状写三峡产生了很大的影响。"朝辞白帝彩云间,千里江陵一日还。两岸猿声啼不住,轻舟已过万重山。"读一读李白的这首《早发白帝城》,再与《三峡》对比一下,你是否会有似曾相识的感觉,毋庸讳言,李白的这首诗也是脱胎于郦氏的《三峡》。

前文已提及,有人对《三峡》文字的版权归属问题提出了异议,这里,我们不妨把郦氏引用他人描写三峡的文字抄录下来,再与郦文做一比较。郦氏在《江水注》"又东过夷陵县南"注中记述道:

江水又东径西陵峡,《宜都记》曰:自黄牛滩入西陵界,至峡口百许里,山水纡曲,而两岸高山重障,非日中夜半,不见日月,绝壁或千许丈,其石彩色,形容多所像类。林木高茂,略尽冬春。猿鸣至清,山谷传响,泠泠不绝。所谓三峡,此其一也。山松言:常闻峡中水疾,书记及口传,悉以临惧相戒。曾无称有山水之美也。及余来践跻此境,既至欣然,始信耳闻之不如亲见。其迭崿秀峰,奇构异形,固难以辞叙,林木萧森,离离蔚蔚,乃在霞气之表,仰瞩俯映,弥习弥佳,流连信宿,不觉忘返,目所履历,未尝有也。既自欣得此奇观,山水有灵,亦当惊知千古矣。

不用说,郦氏的上述所"注",基本是引用袁山松《宜都记》的内容,而且明确地说出了来源,即"《宜都记》曰"或"山松言"。应该说,袁山松的这段描述,文笔流畅,记述生动,堪称美文,而且从中也可看出,郦氏的《三峡》无疑脱胎于袁山松的《宜都记》的。但如果把上述文字和郦氏的《三峡》放在一起仔细咀嚼一下,二者还是有差别的,两相比较,郦文更为高妙,正可谓青出于蓝而胜于蓝!

郦道元不但对芍陂、长湖等大的陂湖记载详细,对小的陂塘同样精心记录,不敢遗忘。卷十一《滱水注》对方圆只有几里的阳城淀,也留下了一段趣味盎然的文字:

(博水)又东迳阳城县,散为泽渚。渚水潴涨,方广数里,匪直蒲筍是丰,实亦偏饶菱藕,至若姕婉丱童,及弱年崽子,或单舟采菱,或迭舸折芰,长歌阳春,爱深绿水,掇拾者不言疲,谣咏者自浪响。

于是行旅过瞩，亦有慰于羁望矣，世谓之阳城淀也。

可以想见，郦道元风尘仆仆地来到这不大的小湖前，一定被这里秀美的湖光风物吸住了眼球。他看到，这湖中不但盛产香蒲和竹笋，而且遍布菱角和莲藕。那些扎着双丫角的可爱孩童们，有的独自划着小船采菱，有的几条船一起折芰。阳春三月，湖中碧波荡漾，他们一边荡舟采菱，一边放开喉咙唱着欢快的歌谣，歌声悠扬，飘荡于湖上。那些路过此处的行人，面对此情此景，心情也豁然开朗，满怀的羁旅乡愁，也被赶到了九霄云外。因为对这个小湖印象太深了，后来在写到它时，郦道元情不自禁地用生动的语言为我们绘出了一幅人水和谐的图画。千百年后，当我读到这段优美的文字时，也禁不住心向往之。

河流上源有许多泉溪，由于很少受人类扰动，清澈洁净，令人怜爱。郦道元看在眼里，记在文中——"绿水平潭，清洁澄深，俯视游鱼，类若乘空矣""俯视游鱼，类若空悬矣"，"水色清澈，漏石分沙"……语言清新灵动，令人耳目一新。写到此，我忽然感到"俯视游鱼，类若空悬"这八个字颇为眼熟。噢，想起来了，柳宗元在《永州八记》中有一篇《至小丘西小石潭记》中有类似的句子："潭中鱼可百许头，皆若空游无所依。"郦注在先，柳记在后，后者在写景技巧上吸取了前者之长，这当是自然的事。

郦道元作《水经注》千年后，遇到了一个叫张岱的知音，他说："古人记山水，太上郦道元，其次柳子厚，近时则袁中郎。"（《跋寓山注二则》）张岱是明末清初的文学家、学者，擅长山水游记，著有《陶庵梦记》、《西湖梦寻》等，在他的眼里，描写山水的顶尖高手，首推郦道元，然后才是柳宗元柳子厚、袁宏道袁中郎。需要说明的是，柳宗元和袁宏道都是中国历史上数一数二的大文豪，前者是唐宋"散文八大家"之一，其记述山水的名篇《永州八记》，行文短小精悍，文笔清丽，脍炙人口；后者为明后期"公安学派"的领袖，是个文学家兼"足迹半天下"的旅游家，著有《袁中郎游记》，文笔秀逸清新，名噪一时。而郦道元的身份与柳、袁二人不同，他是地理学家，他的《水经注》是地理著作而不是文学创作，但在张岱看来，郦氏是山水游记的巨擘，他在《水经注》中描写山水的锦绣文章不但不逊于柳袁的"山水游记"，而且为三位高手中的"太上"（第一），可见张岱对郦氏的推崇，也可见《水经注》的文学价值之高。

明代学者杨慎对《水经注》的文学价值也颇为看重，他曾说过这样的话："予尝欲抄出其山水佳胜为一帙，以洗宋人《卧游录》之陋，未暇也。"

(《丹铅杂录》卷七）杨慎的这个遗憾后来终于被著名历史学家范文澜先生弥补了——范氏把《水经注》中描写风景的佳作抄录成编，结集出版了《水经注写景文钞》一书。

　　孔老夫子有言："言而无文，行之不远。"《水经注》作为一部伟大的地理著作，之所以光耀环宇，历久不衰，固然与它自身巨大的科学价值有关，但也与其行文时采用优美生动的散文笔法，让人百读不厌紧密关联。由此也给我们这样一条重要的启示：学术著作可以在充满文采的氛围中展开论述，干瘪枯燥和寡淡无味并不是学术著作不可避免的特点。我们期待拥有"哲学家的思想，美术家的眼光，文学家的感受与抒写"的学术著作更多地摆在我们的面前！

飞流直下三千尺

——李白与水（上）

"绣口一吐就是半个盛唐"的李白，是一位让我们"高山仰止"的天才诗人。李白的一生，差不多和盛唐相始终；李白一生漂泊，几乎游遍中国的名山大河。祖国壮丽山河的滋养，大唐盛世雄风的熏陶，使他成为那个时代最富传奇魅力的人物。尽管在功业方面李白有"李广难封"的无奈，但在诗的王国里，李白无疑是其中的王者——他把屈原开创的浪漫主义的诗风推向了一个后世难以企及的高峰。他的诗激情澎湃，想象奇特，格调高绝，气象阔大，是生命本真的张扬，英雄主义的颂歌，浪漫情怀的涨溢，进取精神的宣泄。"一生好入名山游"的李白，生命历程中打着深深的山水文化烙印。有人说，李白"无诗不酒"。其实，如果通读李太白全集，你也许会再加一句，李白"无诗不水"——"啸起白云飞七泽，歌吟绿水动三湘"，江河湖海泉瀑处处留下他飘逸洒脱的身影，江河湖海泉瀑又时时滋养、启迪着他的文心，江河湖海泉瀑也无不在他的笔下熠熠生辉。

一

毫无疑问，李白是长江奶大的诗人，他的诗风继承于长江流域的另一位大诗人屈原，充满着浪漫主义的色彩，弥漫着汪洋恣肆的想象。追溯起来，李白的诗路历程，是从长江支流的支流——涪江之畔起步的。

李白，字太白，号青莲居士。祖居陇西成纪（今甘肃天水），先世于隋末流徙西域。李白出生于中亚碎叶（今吉尔吉斯斯坦境内，唐时属安西都护府管辖）。5岁时，随父母迁蜀定居。滋养李白长大的地方，叫青莲乡（今属四川江油），是个山环水抱的地方。清清的涪江像一条美丽的翡翠项链，从远处高耸的岷山雪峰而来，由北而南，从东边抱着青莲；涪江的支流盘江，曲曲折折，从西边抱着青莲。山环水绕间，是一片土质肥沃的平坝。李白就在这山清水秀、灵气氤氲的环境下长大。他从小学文习武，"五岁诵六甲，十岁观百家"，"十五观奇书，作赋凌相如"；他还颇好剑术，"金羁络骏马，锦带横龙泉"（《留别广陵诸公》）。年龄稍长，李白便走出家门，游历蜀中的峨嵋、江油、剑阁等地，广泛结交豪侠、隐士和道士。"峨眉山月半轮秋，影入平羌江水流。夜发清溪向三峡，思君不见下渝州。"（《峨眉山月歌》）在巴山蜀水这片神奇的土地上，李白汲取着营养，积累着才情、诗情和豪情，积蓄着"大鹏一日同风起，扶摇直上九万里"的力量。

本来，望子成龙的父母想让李白循着科考之路获取功名，但他厌恶寻章摘句、墨守成规的科举考试。当时，国家铨选人才，并非只有科举一途，还有"荐举"、"制举"、"自举"等方式。开元天子玄宗皇帝就曾颁布诏书：为了搜罗天下隽才，凡五品以上的官员均可为国家荐才。自命怀经天纬地之才的李白想通过"遍干诸侯"的方式，得到举荐，从而直取卿相，一飞冲天，一鸣惊人！

外面的世界很精彩，李白这只大鹏也要振翼高飞了。开元十二年（724年）秋，二十四岁的李白"仗剑去国，辞亲远游"，他携带着"济苍生"、"安黎元"的理想和万古诗情，离开巴蜀，买舟东行。船出三峡，荆门就在眼前。"荆门"，山名，雄踞于今湖北宜都县西北的长江南岸，隔江与虎牙山对峙，战国时为楚国西部门户。船过荆门，就意味着告别了巴山蜀水，满怀着对锦绣前程的热烈追求，青年李白雄心勃发，意气高涨：

霜落荆门江树空，布帆无恙挂秋风。
此行不为鲈鱼脍，自爱名山入剡中。

——《秋下荆门》

秋到荆门，草木零落，但年轻诗人的心中并无萧瑟秋意，反而觉得山明水净，寥廓高朗，尤其是眼前的大江更显开阔。诗中借用东晋"布帆无恙"的典故，折射出此次出川一帆风顺、天遂人愿的乐观心情；反用西晋"张翰江东去"的典故，表达出以期一举而至卿相、建功立业的宏大抱负。

过了荆门，天地豁然开阔，崇山峻岭仿佛全都藏匿不见了。李白站在船头,回望蜀中,不见连绵的巴山,只见变幻多姿的楚云,还有眼前烟水茫茫的大江;翘首东望,江水遥接天外,那天水相接的地方当是大海吧?那海云升腾的地方,自然少不了海市蜃楼……触景生情,神思飞扬,一首《渡荆门送别》随之脱口而出:

  渡远荆门外,来从楚国游。
  山随平野尽,江入大荒流。
  月下飞天镜,云生结海楼。
  仍怜故乡水,万里送行舟。

  诗情一开,展现的便是长江广阔无边的远景和浩荡奔涌的雄浑,也洋溢出这位青年后生对华夏大好河山的热爱和对美好未来的憧憬。但此时的李白毕竟刚刚告别故乡远行,对故乡的依恋之情也随着离家的渐行渐远滋长起来,而多情的故乡之水,仿佛也不远万里,一直陪伴着自己的行程。

  民谚说,川人出夔门便是龙,不出夔门便是虫。"一出夔门天地宽",对于川人而言,出夔门象征着脱颖而出,象征着飞黄腾达。李白出三峡,顿觉天地宽阔,不禁升起凌云之志,于是浮想联翩,想起了庄子《逍遥游》中的伟岸大鹏形象:

  北溟有巨鱼,身长数千里。
  仰喷三山雪,横吞百川水。
  凭陵随海运,焜赫因风起。
  吾观摩天飞,九万方未已。

——《古风·三十三》

  在李白的意识中,他就是那只"背若太(泰)山,翼若垂天之云"的大鹏,鼓动翅膀,便能让大海为之波翻浪涌,五岳为之震荡风雷。在豪情澎湃的状态下,李白笔下生风,又一挥而就草成《大鹏赋》,酣畅淋漓地表达出自己非凡的志向。后来,初出茅庐的李白从扬州西去安州时,特地绕道陈州拜见陈州刺史李邕。李邕是《文选》注家李善之子,不但学识渊博,而且仗义疏财,喜交天下文士。李邕最擅长碑版文字,辞赋也称当行,独对诗的兴趣不大。李白不知李邕是这种胃口,偏巧把他认为得意的新作《巴女词》、《荆州歌》、《长干行》等放在了卷首。李邕翻开他的"行卷",看到这些"下里巴人"的东西,不禁皱起了眉头,开口便带着火药味,把李白训诫了一顿。血气方刚的李白哪受过这等委屈,竟扬长而去,回到住处,仍觉得怨气难消,便挥笔写了一首"气不忿"的诗以牙还牙,回敬李邕:

> 大鹏一日同风起，扶摇直上九万里。
> 假令风歇时下来，犹能簸却沧溟水。
> 时人见我恒殊调，见我大言皆冷笑。
> 宣父犹能畏后生，丈夫未可轻少年。

好一个狂傲的青年！但就是这种狂傲的性格，让李白后来的仕途之旅充满了坎坷。

开元十五年（727年），李白来到湖北安陆，与前宰相许圉师（唐玄宗时的宰相）的孙女结成秦晋之好，开始了他"酒隐安陆，蹉跎十年"的生活。李许的这桩婚姻，有一定的政治婚姻色彩。为什么这样说呢？大家知道，入赘在中国传统社会中无甚光彩可言。而李白为什么甘心入赘许门呢？原因大概有二：第一，许氏才貌全双，颇称李白的心。第二，李白虽然生性浪漫，但他功名心极强。而他的家庭出身是商人，在当时社会地位不高。许氏出身名门，在那个讲究门第的时代，李白成为前宰相的孙女婿，他的社会地位自然会"水涨船高"。此间，李白以安陆为中心，北游中原，南游吴越，或游山玩水，或求仙访道，或纵酒狂歌，信马由缰，逍遥快活。在游历过程中，他多次以长江为孔道，在与长江的亲密接触中，他深深地爱上了这条雄浑壮美的大江，并一次又一次把赞美的诗章奉献给她，《望天门山》是其中的代表作：

> 天门中断楚江开，碧水东流至此回。
> 两岸青山相对出，孤帆一片日边来。

天门山，是安徽当涂县的东梁山（古时又称博望山）与对岸和县的西梁山的合称。两山夹江对峙，如同一座天然的门户，形势十分险要。纵目远眺，但见浩荡东流的楚江（长江流经故楚地的一段）冲破天门奔腾而去，由于两山夹峙，浩阔的长江流经两山间的狭窄通道时，激起回旋，形成波涛汹涌的奇观。我猜，那天李白是乘船顺江而下望天门的。何以见得？后两句诗便是注脚——如果站在岸上某个固定的地方"望天门山"，大概只会产生"两岸青山相对立"的静态感；反之，孤舟行江，顺流而下，天门山闯入眼帘时，仿佛夹江而立的天门山迎面向自己走来，于是"两岸青山相对出"的动态感便油然而生。正如一位注者所说：青山既然对远客如此有情，则远客更加兴会淋漓。"孤帆一片日边来"，正传神地描绘出一叶扁舟乘风破浪，越来越靠近天门山的情景，也表达出诗人目睹江山形胜的喜悦心情。

长江下游南岸的金陵，人文荟萃，商贾云集，诗酒风流，是李白乐于光顾的地方。有人统计,李白一生游金陵有 7 次之多,并写下《金陵酒肆送别》、《长干行》、《金陵城西楼月下吟》、《金陵望汉江》、《月夜金陵怀古》等多首诗作。天宝六年(747 年),李白在长安宫廷度过三年的"供奉翰林"的侍臣生活后,还是被唐玄宗"赐金还山",赶出了长安。失望之中,他又辗转来到金陵。一天,他独自登上了城西南的凤凰台(花露冈),想登高驱散满腔的忧愁。他眺望滚滚东流的长江,看见白鹭洲将长江一分为二,又看到长江西南岸边,三峰相连,若隐若现,不禁心潮澎湃,想到凤凰已去,永不复还,吴宫花草、晋代衣冠,均成旧梦。而自己呢?虽然身怀报国之志,偏又奸佞当道,皇帝昏庸,浮云蔽日,长安难见,真是愁煞人也!不平则鸣,于是他欲写诗抒怀。写什么呢?他想到当年在武昌,登上了长江边上的黄鹤楼,本想登高作赋,却看到墙上崔颢的题咏:"昔人已乘黄鹤去,此地空馀黄鹤楼。黄鹤一去不复返,白云千载空悠悠。晴川历历汉阳树,芳草萋萋鹦鹉洲。日暮相关何处是,烟波江上使人愁。"于是感叹一声:"眼前有景道不得,崔颢题诗在上头",掷笔而去。这次登凤凰台,他实在有话想说,于是便步崔颢《题武昌黄鹤楼》的诗韵,在凤凰台上写下了《登金陵凤凰台》:

凤凰台上凤凰游,凤去台空江自流。

吴宫花草埋幽径,晋代衣冠成古丘。

三山半落青天外,二水中分白鹭洲。

总为浮云能蔽日,长安不见使人愁。

李白真不愧为大诗人,他的这首《登金陵凤凰台》,可匹崔颢的《题武昌黄鹤楼》,甚至有过之无不及。无怪乎曹雪芹在他的不朽之作《红楼梦》中会发出这样的感叹:"李太白'凤凰台'之作,全套'黄鹤楼',只是套得妙。"

毋庸讳言,在中国的大江大河中,李白留给长江的歌咏最多。如果把长江分段,李白则把更多的诗情倾洒给了长江三峡。他出蜀时,风华正茂,沿长江顺流而下,一路潇潇洒洒。没想到,变化莫测的人生跟李白开了一个天大的玩笑,58 岁时,李白却以罪犯的身份,自浔阳(今江西九江)溯长江而上,一路都是"苦难的历程"。

原来,天宝十四年(755 年)十一月,"渔阳鼙鼓动地来",安禄山以 15 万(号称 20 万)之众反于范阳(治于今北京大兴),引兵南下,狼烟千里,所向披靡。眼见形势危急,玄宗弃长安不顾,仓皇逃向西蜀,途中采纳新任宰相房琯等人的建议,颁下"制置"诏,命四个儿子分置四方,各统兵马,抗击叛军。但诏书尚未到达,太子李亨已于灵武(今宁夏灵武县)

自行登基即位，改元至德，遥尊玄宗为太上皇（此时玄宗已失去控制力，只得认可）。至德元年（756年）九月，永王李璘在江夏一带招兵买马，积极准备出师平叛。此时，李白正隐居于庐山。永王派人再三礼请李白出山，素怀治国安邦宏志的他，以为当此国难之秋，正是大丈夫报效国家之时，他在《永王东巡歌十一首》（其二）中以东晋名臣谢安自居，踌躇满志地写道："三川北虏乱如麻，四海南奔似永嘉。但用东山谢安石，为君谈笑静胡沙。"便投到了永王的帐下。没想到这次出山，李白却犯下了极为严重的"路线性错误"——书生意气的他，满以为"圣主"和"贤王"会戮力同心平定叛乱，却在不知不觉中卷入了玄宗与肃宗父子之间、李亨与李璘兄弟之间争权夺利的漩涡。李亨毕竟是当今天子，他诏命李璘交出兵权，李璘不从，李亨便派兵讨伐，内战在金陵（今南京）附近展开。李璘很快兵败被杀。李白也以"附逆作乱"之罪被投到浔阳监狱。李白作为"叛乱分子"，犯了"十恶不赦"的首恶"谋反罪"，本应"杀无赦"，幸有朋友搭救，才使朝廷法外开恩，改砍头为流放。乾元元年（758年）春，度过了一载牢狱生活的李白，从浔阳出发，取道长江直向流放之地夜郎。

此去夜郎几千里，路漫漫，水迢迢。逆水行舟，舟行缓慢，特别是船到三峡，两山夹峙，江流湍急，船行愈加艰难和迟缓，李白有感而发，在舟中吟出《上三峡》，道尽了他行程的困苦和内心的痛苦：

巫山夹青山，巴水流若兹。
巴水忽可尽，青天无到时。
三朝上黄牛，三暮行太迟。
三朝又三暮，不觉鬓成丝。

千里峡江居然走了两个月，直到第二年春天，船才出峡口到达夔州（今四川奉节白帝城）。李白弃舟登岸，准备在这里小住几日再南下黔中的夜郎。我猜，当李白站在白帝城头时，一定会百感交集。他会想，青年时代从这里告别西蜀出夔门，沿江而下，东游金陵与扬州，那时大唐正处于隆盛时期，到处欣欣向荣，花团锦簇，气象恢宏；自己也风华正茂，意气高扬，诗酒风流。他会想，开元盛世竟如昙花一现，后来国事日非，江河日下，再后来战乱不已，社稷处于风雨飘摇中，苍生处于水深火热中，自己也陷于九死一生中，特别是自己一生的命运竟与大唐王朝的国运一样，如影随形。他会想，此去夜郎，分明是不毛之地，瘴疠之所，难道会埋骨异乡？……

正当李白在无限惆怅中准备离开奉节南下夜郎时，突然喜从天降：朝廷因关中大旱而大赦天下,"流罪以下,一律赦免"。李白闻讯,老泪横流,欣喜若狂。这一次,他拒绝了夔州太守的盛情挽留,决定马上东返,前往浔阳与家人团聚。一个满天朝霞的黎明,绝处逢生的李白踏上了东去的小舟,伴着一江春水顺流而下,船行如飞。李白伫立船头,身披红霞,心里更是装满了明媚的阳光,忽然,他激情澎湃,灵感泉涌,那首意气飞扬的《早发白帝城》诞生了:

朝辞白帝彩云间,千里江陵一日还。

两岸猿声啼不住,轻舟已过万重山。

船到浔阳,李白怀着喜悦的心情登上了庐山,放眼纵观,只见长江浩荡,直泻东海,一去不还;万里黄云飘浮,天色瞬息万变;茫茫九派,白波汹涌,浪高如雪山。这雄浑的风光又让诗人心潮高涨,他用如椽大笔,挥洒出长江的浩荡气势:

登高壮观天地间,大江茫茫去不还。

黄云万里动风色,白波九道流雪山。

——《庐山谣寄卢侍御虚舟》

这首诗堪称李白描写长江诗群中最豪壮的一篇,其中短短四句,便把长江的壮美表现得淋漓尽致,给人以雄奇的美感享受。诗人虽然已是迟暮之年,贫病交加,但豪放不羁的精神、横空飘逸的才情仍然不减当年。

当然,李白笔下的长江,并不都是"波涛美",也不乏"风波恶"。比如李白的《横江词》六首,展现的就是"另类长江"。

天宝十二载暮秋时节,著名的横江渡口迎来了一位不寻常的渡客——诗仙李白。"滚滚长江东逝水",这是长江的常态;但到了安徽和县西梁山段,竟变成了自南而北,横亘在吴头楚尾一带。横江(即横江浦)就在这段横着的长江西北岸(地属今安徽和县),与东南岸牛渚矶(亦称采石矶,地属今当安徽当涂县)相对,形势险要。这一带既是江山形胜之地,又是南北往来的要冲,横江渡可谓阅尽人世沧桑,朝代兴亡,逆旅惆怅。李白伴着秋风黄叶来到江北渡口,本打算立马就渡江回到宣城家中,但此时的横江,正值海潮汹涌的季节,云愁雾惨,阴风怒号,浊浪排空,好不险恶。太白先生触景伤情,一口气写下《横江词六首》:

其一

人道横江好,侬道横江恶。

猛风吹倒天门山,白浪高于瓦官阁。

其二

海潮南去过浔阳，牛渚由来险马当。
横江欲渡风波恶，一水牵愁万里长。

其三

横江西望阻西秦，汉水东连扬子津。
白浪如山那可渡？狂风愁杀峭帆人。

其四

海神来过恶风回，浪打天门石壁开。
浙江八月何如此，涛似连山喷雪来！

其五

横江馆前津吏迎，向余东指海云生。
"郎今欲渡缘何事，如此风波不可行！"

其六

月晕天风雾不开，海鲸东蹙百川回。
惊波一起三山动，公无渡河归去来！

这六首《横江词》，把横江一带的恶风险浪渲染到了极致。写景乎？抒情乎？我以为二者兼而有之，而且以借题发挥、抒胸中幽愤不平之气为主。李白写《横江词》时，距安史之乱的爆发还有两年的时间。其时，盛极一时的大唐王朝已露出衰败的征兆。首先是朝廷上一片昏暗，玄宗皇帝耽于享乐，朝政被李林甫、杨国忠等奸佞把持，政治日益腐败；其次是包藏祸心的安禄山、史思明等人磨刀霍霍，正紧锣密鼓地进行着叛乱的各项准备工作，随处都可以闻到山雨欲来风满楼的气味。而我们的主人公李白，同样经历了无数人生的风浪——青年时豪气干云，干谒王侯，到处碰壁；中年时奉诏入朝，二载待诏，不肯摧眉折腰，遭嫉受谗，被赐金还山；老将至矣，命运难测，尚不知前面有多少险恶等着自己。时年53岁的李白，携带着大半生的飘零之苦和对社稷苍生的殷忧，一路风尘地来到横江渡。看到这里汹涌的狂波恶浪，他心中的风浪便和江上的风浪产生了强烈共鸣，于是便迸发出一组充满激愤的诗章。

诗人借用海潮、海云、海神，把横江"白浪高于瓦官阁"的险恶写得惊心动魄。诗中还突出一个"愁"字——"一水牵愁万里长"。诗人愁什么？一愁恶势力比横江恶浪猖狂；二愁奸佞横行，国势日衰，国家处于风雨飘摇之中；三愁自己报国无门，"横江西望阻西秦"。

二

　　李白一生都在壮游天下，遍访名山大川，尤其是对长江和黄河这两条中华巨川更是情有独钟。长江、黄河皆源于西部的青藏高原，上接云天，下注沧海，不但源远流长，一泻千里，而且波翻浪涌，气势雄浑，引得李白情不自禁地描写它们，歌颂它们，与此同时，长江、黄河也以其独特而雄伟的形貌、气势和精神对李白的灵魂乃至诗风都产生了潜移默化的影响。于是，我们看到，他在抒情的时候，他就是长江黄河，浩浩荡荡，激扬澎湃。

　　相对长江而言，李白与黄河谋面的时间要迟了许多。直到而立之年，他的脚步才到了中原黄河流域。当时，中国的政治、经济和文化中心都在中原一带，李白要实现自己一鸣惊人、一飞冲天的抱负，必须北上中原，直抵天子门下。巍然屹立于中原大地上的泰山、嵩山、华山、太行山等雄伟壮丽的高山，特别是那咆哮奔腾、浊浪滔天的黄河，呈现出与长江流域山水迥然不同的气象，让诗人兴奋不已，激动不已。"登山则情满于山，观海则意溢于海"，于是，豪情万丈的李白纵情歌唱，写下了一大批讴歌北方风物的诗篇，其中尤以状写黄河的最为精彩。细读李白讴歌黄河的诗，不但饱含对母亲河的敬畏之情，而且多以极度夸张和非凡想象来表现黄河的壮美。

　　在李白诗中，最能体现黄河雄壮的诗篇当属《西岳云台歌送丹丘子》，这是李白登华山远眺近观黄河的感受：

　　　　西岳峥嵘何壮哉，黄河如丝天际来。
　　　　黄河万里触山动，盘涡毂转秦地雷。
　　　　荣光休气纷五彩，千年一清圣人在。
　　　　巨灵咆哮擘两山，洪波喷流射东海。
　　　　……

　　诗中采用大胆的夸张和奇诡的想象，将壮美的山河和瑰丽的神话传说巧妙地糅合在一起，把黄河、华山描写得气象万千，雄奇无比。诗的开篇，便是"西岳峥嵘何壮哉"的高唱，气势如虹。本以为下一句要展现"黄河之水天上来"的雄姿，却出人意料地用了飘忽的轻笔："黄河如丝天际来"。原来，这是诗人登上华山绝顶远眺千里之外的黄河，那水从天边流来，宛若轻丝，好似飘带。然而，黄河毕竟是雄浑的，于是诗人看到奔腾"万里"涌到华山脚下的黄河之水力挟千钧，其波涛狂澜使山岳为之震撼，雷鸣般

的巨响回荡在三秦大地——"黄河万里触山动,盘涡毂转秦地雷",这景象是何等的惊心动魄!"荣光(华光)休气(瑞气)"两句,写黄河在阳光的照耀下五彩缤纷,这样的祥瑞色彩让诗人想起了"黄河清,圣人出"的典故,表达了作者期待政治清明、国泰民安的美好心愿。后面的句子是诗人运用河神巨灵为黄河开道的神话传说,进一步渲染了黄河的传奇色彩。相传远古时代,华山与对岸的首阳山连为一体,挡住了滔滔河水的去路。有河神巨灵挺身而出,手劈足蹬,将大山一分为二,终于为黄河开辟出前进的道路,于是便有了滚滚洪波喷涌而出、水流飞射向东海的磅礴气象。

读完了这首气势恢弘的诗章,我的眼前便交替出现了两个"光辉形象",一个是伟大黄河的形象,一个是伟大中华民族的形象。如果给李白这首诗"上纲上线",可否这样说:这首诗歌颂了黄河劈山开道、永往直前的伟大气魄,喻示了我们中华民族百折不挠、勇往直前的坚强意志和奋斗精神。

李白写黄河的另一首著名诗篇是《公无渡河》。《公无渡河》本系古乐府名,又称《箜篌引》,李白套用古诗形式,"旧瓶装新酒":

黄河西来决昆仑,咆哮万里触龙门。波滔天,尧咨嗟。大禹理百川,儿啼不窥家。杀湍湮洪水,九州始蚕麻。其害乃去,茫然风沙。披发之叟狂而痴,清晨临流欲奚为。旁人不惜妻止之,公无渡河苦渡之。虎可搏,河难凭。公果溺死流海湄。有长鲸百齿若雪山,公乎公乎挂罥于其间,箜篌所悲竟不还。

诗的开篇,李白便用如椽的巨笔让黄河闪亮登场:"黄河西来决昆仑,咆哮万里触龙门。"黄河自横亘天地的昆仑山而来,挟带着汹涌的波涛和雷鸣般的"咆哮",直撞"万里"之外的"龙门"(今山西河津县西北龙门山)。短短两句诗,便充分表现出黄河冲天撼地的气势和声威,也道出了黄河桀骜狂暴之性。接下来便写大禹治水"理百川"的事迹,只用"儿啼不窥家"寥寥五字,便让一位公而忘私、"三过家门而不入"的治水英雄形象跃然纸上。黄河洪水泛滥的危害虽然平治了,但却在两岸留下了"茫然风沙",成为中华民族生存的隐患。接着诗人又以夸张的笔墨,写出了狂叟溺死黄河波浪、被雪山般长鲸吞吃的惨状,令人毛骨悚然。结尾处"公乎!公乎!"的呼叫异常悲凉,让人不忍卒听。安旗先生结合李白写此诗的时代背景,并比照《北上行》等诗表现的内容,认为"此诗必有所指":从诗中所描述的黄河狂暴肆虐、滔天害民之形,似乎颇有象征意味;至于"白齿若雪山"的"长鲸",则是对安禄山乱军的隐喻;而"临流"渡河的"披发之叟"正是李白自己。

按照安旗先生的思路，我不揣冒昧，斗胆复原李白写此诗时的情境：天宝十年（751年），李白渡过了黄河，来到幽燕大地，南到范阳，北到边塞，东到渔阳，西到易水，周游了一番。此前，李白已听到了安禄山将要造反的种种传闻。其实，貌似忠厚、内藏奸诈的安禄山，反象早已露出马脚，连杨国忠之流都看出了端倪，只有唐玄宗蒙在鼓里。也有人上告安氏将反，唐玄宗不信，反将告发者缚送范阳任由安禄山处置，所以后来再无人敢说真话。这一次李白来到幽燕，亲眼看到了安禄山招兵买马、磨刀霍霍的种种迹象，不禁回想起北渡黄河时的场景：黄河渡头，风高浪急，浊流滚滚，凶险横生。这又使李白联想到古乐府《箜篌引》中讲述的悲壮故事：一位"白首狂叟"，在一个早上"披发提壶"而奔，想徒步横渡滔滔黄河。他的妻子在后面一边追赶，一边呼唤，却未能阻止，他终于跳入黄河，随即便被无情的浊浪吞没。悲痛欲绝的妻子因此"援箜篌（古代的一种拨弦乐器）而歌"："公无（毋）渡河，公竟渡河！堕河而死，将奈公何？"声音极为悲怆凄凉。歌毕，亦投黄河急流而死。李白又想起北行之前宗氏夫人（许氏夫人死后，李白续娶宗氏夫人，这位夫人不但是才女，而且也是相门之后，为武则天时宰相宗楚客的孙女）对自己的苦苦劝谏，此时，宗氏夫人的千言万语化为了一个凄厉的声音："公无渡河！公无渡河！……"他好像看见安禄山变成了一条齿若雪山的长鲸，在无情地吞噬着成千上万生灵，而自己也成了《箜篌引》中的白首狂夫，即将面临灭顶之灾。在忧心如焚的折磨中，李白挥毫疾书，为我们留下了充满悲剧色调的诗行。

我倒觉得，即使李白作此诗的本意与上述推测不相吻合，只是就事论事的"悲吟"，但通过"披发之叟"一往无前"苦渡之"的行动，我们分明能够强烈地感受到诗人自己理想破灭、壮志难酬，但又不忍放弃追求的悲壮心境。

除了上述几首外，李白写黄河的诗还很多，有名的句子有："君不见黄河之水天上来，奔流到海不复还"（《将进酒》），"黄河落天走东海，万里写入胸怀间"（《赠十四》），"黄河走东溟，白日落西海"（《古风》其十一），"黄河从西来，窈窕入远山"（《登泰山》），"欲渡黄河冰塞川，将登太行雪满山"（《行路难》其一），"我浮黄河去京阙，挂席欲进波连山"（《梁园吟》），"奔鲸夹黄河，凿齿屯洛阳"（《北上行》），等等。这些诗句，从不同的角度描绘了黄河的雄壮气象。

当然，在李白的笔下，不仅留下了长江黄河这些大江大河的雄姿壮貌，

智者乐水

许多中小河流也在李白的笔下熠熠生辉。如写汉江："遥看汉水鸭头绿，恰似葡萄初酦醅。"(《襄阳歌》其三) 写淇河："淇水流碧玉，舟车日奔冲"，写泾河："幽谷稍稍振庭柯，泾水浩浩扬湍波。"(《幽歌行上新平长史兄粲》)。

三

"洞庭天下水，岳阳天下楼。"李白一生，泛游过许多名湖，但他流连最多的还是八百里洞庭。自从李白洞庭踏波之后，洞庭波涛中便永远留下一层属于诗仙的诗浪。

李白初识洞庭，是他隐居湖北安陆漫游潇湘的那一回。那次他与诗坛的另一位顶尖高手王昌龄在巴陵（今岳阳）相遇，时在开元二十七年（739年）。他们执手同登岳阳楼、共游洞庭湖，诗酒唱和，建立了深厚的友谊。但天下没有不散的宴席，在度过一段美好时光后，二人在洞庭湖边洒泪相别，王昌龄有《巴陵别李十二》一诗相赠："摇曳巴陵洲渚分，清波传语便风闻。山长不见秋城色，日暮蒹葭空水云。"我想，李白与王昌龄携手游洞庭，一定会诗兴盎然，只可惜没能留存下来一首，让我们无福享受了。李白最后一次故地重游，是他从流放夜郎中遇赦归来。时已入秋，他在巴陵与曾任刑部侍郎被贬为岭南尉的族叔李晔、曾任中书舍人被贬为岳州司马的贾至不期而遇，三人同为迁客，不免同病相怜，于是洞庭成了他们放飞心绪、倾吐衷肠的对象。李白更是借景遣怀，一口气写了《陪族叔刑部侍郎晔及中书贾舍人至游洞庭五首》：

其一
洞庭西望楚江分，水尽南天不见云。
日落长沙秋色远，不知何处吊湘君。

其二
南湖秋水夜无烟，耐可乘流直上天？
且就洞庭赊月色，将船买酒白云边。

其三
洛阳才子谪湘川，元礼同舟月下仙。
记得长安还欲笑，不知何处是西天。

其四
洞庭湖西秋月辉，潇湘江北早鸿飞。
醉客满船歌白纻，不知霜露入秋衣。

其五

帝子潇湘去不还，空余秋草洞庭间。

淡扫明湖开玉境，丹青画出是君山。

这五首组诗，言虽浅而意实远，就像女人怀胎十月，自然分娩，瓜熟蒂落，不期而然。五首中，我最欣赏的是第二首和第五首。先说其二。且不说洞庭湖衔远山吞长江的壮阔，单就静处一隅的南湖而言，就有极为独特的韵味。这韵味让独具慧眼的诗仙看到了——南湖秋水一泓，湖面清风荡漾，明月徘徊，由眼前的南湖想到它西连的烟波浩渺的洞庭湖，俨然一个慷慨的大富豪，不断将湖光山景月色清风给与人间，不收分文。本来，"清风朗月不用一钱买"（李白《襄阳歌》），但作者偏著一"赊"（只言"赊月色"，却不妨举一反三）字，人与自然有了娓娓对话，更显二者和谐，亲密无间。景佳心畅，如有美酒来助兴岂不锦上添花，于是便有了"将船买酒白云边"的渴望。作者虽身无长物，却与洞庭一样有着慷慨豪放——摇船直上，到白云边买醉去也！

再说其五。前两句缅怀舜的两个妃子娥皇、女英。舜南巡，死于苍梧之野，二妃追至，溺于湘江，化为水神，游于洞庭之渊，出于潇湘之浦，使潇湘洞庭一带几千年来一直笼罩着悲剧的云雾。帝子不还，潇湘月冷，洞庭草衰，似乎充满了凄凉。但诗人心胸开阔，情绪乐观，不愿意让悲秋之情弥漫开来，于是笔锋一转，就描绘出一幅千里明湖，君山如黛的美丽图画，展现出开阔、壮美的气象。君山系洞庭湖中小岛，位于岳阳市区西南，水程12公里。我曾在岳阳楼上俯瞰洞庭，遥望君山，将李白诗中的洞庭与君山与眼前所见两相对读。遗憾的是，如今的洞庭比之于李白诗中的洞庭似乎小了许多，君山虽依然如画，但因洞庭湖日益萎缩，每当大旱时，它便孤独地立于洞庭之外，不再有"白银盘里一青螺"（刘禹锡《望洞庭》）的诗情画意。我那次乘车上君山，就有大煞风景之叹。

最后一次游湖，只有李白与族叔李晔二人。叔侄俩在舟中置酒话别，此后便要各奔东西。李白喝得酩酊大醉，在酒精的刺激下，他"醉后发清狂"，一口气写了三首五绝（《陪侍郎叔醉后三首》），其中第三首竟发出了要铲平君山的呐喊：

划却君山好，平铺湘水流。

巴陵无限酒，醉杀洞庭秋。

酒入愁肠，一生坎坷涌心头。抬望眼，君山兀立中流，竟挡住了湘水的去路，此时的君山，不但全无"丹青画出"般的美好，而且成了李白的眼中钉肉中刺，于是不管三七二十一，便将一腔怒火发在了它头上。其实，李白何曾想要把如画的君山划掉，只是想指桑骂槐，发泄心中的不满而已。那"巴陵无限酒，醉杀洞庭秋"两句，不也是借以挥斥"人生在世不称意"的幽愤吗？

四

李白生花妙笔下神采飞扬的"水"，还有绝壁瀑布，灵动，飘逸，令人怜爱不已。

我最早对瀑布的认知是通过李白的《望庐山瀑布》诗，至今对这四句诗还情有独钟：

> 日照香炉生紫烟，遥看瀑布挂前川。
> 飞流直下三千尺，疑是银河落九天。

这是一首色彩浪漫、豪放恢宏的写景诗，展现出的是一幅壮丽的"庐山瀑布图"：巍巍的香炉峰冉冉升起了团团紫烟，缥缈于青山蓝天之间；远远望去，瀑布飞下，宛如巨大的白练挂在峡谷前方的悬崖峭壁上。尽管当时"难解其中意"，但"庐山瀑布"却在心中扎下了根。后来才知道，此诗写的是庐山的秀峰瀑布，仅用短短的二十八个字，便将庐山瀑布写活了，写绝了，成为千古不朽的佳作。有论家称，"挂"、"飞"二字用得极妙，着一"挂"字，化动为静，惟妙惟肖地表现出流泻的瀑布在"遥看"中的形象；着一"飞"字，把瀑布倾泻而下的景象描绘得极为生动传神。我极欣赏最后两句，你看，把直泻而下的瀑布，说成是浩瀚银河从九天跌落下来，真是想象奇绝，简直就是异想天开，非盛唐之世和李白这样的诗人写不出来！

江西庐山，素享"匡庐奇秀甲天下"之誉，而庐山之美，瀑布居首，为庐山一绝。庐山山势突兀，断崖绝壁间多瀑布。"一生好入名山游"的李白，曾经五上庐山，甚至一度隐居于此，留下描绘庐山的诗章有14篇之多。让人记忆深刻的，除了《望庐山瀑布》两首外，还有《庐山谣寄卢侍御虚舟》和《望庐山五老峰》等。

另一首《望庐山瀑布》，是一篇较长的五言：

> 西登香炉峰，南见瀑布水。
> 挂流三百丈，喷壑数十里。
> 欻如飞电来，隐若白虹起。

> 初惊河汉落，半洒云天里。
> 仰观势转雄，壮哉造化功。
> 海风吹不断，江月照还空。
> 空中乱潈射，左右洗青壁。
> 飞珠散轻霞，流沫沸穹石。
> 而我乐名山，对之心益闲。
> 无论漱琼液，还得洗尘颜。
> 且谐宿所好，永愿辞人间。

这首五言诗，其内容与七绝《望庐山瀑布》内容相去不远，只是在细节上刻画得更加细腻、具体。

唐肃宗上元元年（760年），李白流放夜郎遇赦归来后，重登庐山。面对庐山的好山好水，他忍不住又放声高歌起来，于是便有了《庐山谣寄卢侍御虚舟》一诗，表达了政治理想破灭后想要寄情山水的心境。其中有四句是摹写庐山瀑布的：

> 金阙前开二峰长，银河倒挂三石梁。
> 香炉瀑布遥相望，回崖沓嶂凌苍苍。

庐山金阙岩（又名石门）前矗立两座山峰，山势高险仿佛要刺破青天。两峰均是壁立千仞，瀑布飞流。九叠云屏左面有三叠泉瀑布，水势三折而下，如银河倒挂于石梁，与香炉峰瀑布遥遥相对，十分壮观。

读完了李白的上述诗作，我们会产生这样的感觉，就是李白把庐山瀑布写绝了，难怪后世诗人再来庐山观瀑，往往有"眼前有景道不得"的感叹！但也有"胆大妄为"者，如中唐诗人徐凝，就写了一首《庐山瀑布》："虚空落泉千仞直，雷奔入江不暂息。千古长如白练飞，一条界破青山色。"诗写得不算坏，但比起李白诗中那种空灵奔放的意境，还是有不小的差距。唐代人倒没说什么，到了北宋，另一位诗界天才苏轼忍不住了，他赋诗一首，以戏谑的口气说："帝遣银河一派垂，古来唯有谪仙词。飞流溅沫知多少，不与徐凝洗恶诗。"（《戏徐凝瀑布诗》）理是这个理，但话说得有些偏激和刻薄。

五

读遍李白的山水诗，我发现他的诗作中描写泉溪潭之类的"小水""细流"以体现"山水清辉"、"泉石清音"之温婉意境者不多。个中原因，大概与李白的性格和审美情趣有关。大家知道，李白的人格中充溢着一种豪放不羁的气概，因此他特别喜欢奇伟壮阔的山水，诗作亦多取材于名山大川，雄山奇水，以体现自己人格品质中的大模样、大气魄、大境界，因此常常对泉溪潭等"小水"不以为然。与此同时，李白干一番旋转乾坤伟业的雄心一直未死，即使政治失意，不得不隐居泉林之中，也不免"俱怀逸兴壮思飞"，难以真正地"闲"下来。不过，这不等于说李白没有恬淡雅静的审美追求，有时，诗人也会来到秀水细流之中，陶醉于"桃花流水窅然去，别有天地非人间"（《山中答问》）的妙境中。对于"清水出芙蓉，天然去雕饰"的婉约题材，他"非不能也，是不为也"。不信，请看《访戴天山道士不遇》：

犬吠水声中，桃花带露浓。

树深时见鹿，溪午不闻钟。

野竹分青霭，飞泉挂碧峰。

无人知所去，愁倚两三松。

李白出川之前，曾在家乡戴天山（又名大唐山或大匡山）大明寺读书学习，与山中道士交往甚密。这天，年轻的诗人清晨出访，沿溪而行，耳听泉水淙淙、犬吠隐隐，眼见桃花带露，浓艳耀目。再往前行，林深树密，有麋鹿出入，幽静异常；正午时分，道观的钟声杳然，惟有淙淙溪流的歌唱清晰可闻。又往前行，但见山间的翠竹与山上飞泉瀑布相映成趣。诗人访友不遇，心中不免怅然若失，游目四顾，眼前清幽恬静的美景，又让诗人倍感宽慰和温馨。

早年，李白第一次到江南时，曾到今浙东一带漫游，他在《别储邕之剡中》中写道：

借问剡中道，东南指越乡。

舟从广陵去，水入会稽长。

竹色溪下绿，荷花镜里香。

辞君向天姥，拂石卧秋霜。

李白自广陵（今扬州）到会稽（今浙江绍兴）一带寻仙问道，见到这里绿水环绕，风景如画，美不胜收。尤其是青竹滴翠，绿映剡溪；红荷吐芳，香溢鉴湖，这秀色可餐的景致让豪放的李白也心生柔情，诗也充满了清新脱俗的意境。

天宝十二年（753年）秋，李白与流淌于池州秋浦（今安徽省贵池县）

的清溪相逢。阅水无数的诗人，发现独有清溪水清色碧，异于常水，仿佛给他从头到脚，甚至连灵魂都洗了个澡，让他倍感清爽：

清溪清我心，水色异诸水。

借问新安江，见底何如此？

人行明镜中，鸟度屏风里。

向晚猩猩啼，悲空远游子。

——《清溪行》

在李白的眼里，清溪之清，让以清澈闻名的新安江都逊色不少：水清如镜，人在岸边行走，鸟在天上飞行，倒影皆会在水中游走。有论家说，该诗"着意描写清溪水色清澈，寄托诗人喜清厌浊的情怀"。清溪之清，固然能净化人的心灵，使人清心寡欲，忘却尘世的纷扰烦忧，但汲汲于入世的诗人，哪能永远清闲下去。当傍晚猩猩的清啼传来，悲凉孤寂之情便涌上心头，这声声入耳的猩啼，难道不是游子远离家乡的叹息声？看来，"泉石清音"也是不能熨平李白那颗失意的心的。

开元二十八年（740 年）春，李白漫游来到南阳，禁不住对南阳清泠泉投去多情的一瞥，并留下一串美丽的诗行：

惜彼落日暮，爱此寒泉清。

西辉逐流水，荡漾游子情。

空歌望云月，曲尽千松声。

——《游南阳清泠泉》

诗中对南阳清泠泉酿出的一溪清流表现出无限的爱怜之情：天都快黑了，还在泉溪边恋恋不舍。面对夕阳下潺潺的流水，游子自怜之情油然而生，索性放开歌喉，对月而歌，寄托思乡怀人之情，直到尽兴才踏着阵阵松涛声离去。

我曾多次造访过太原晋祠，知李白当年曾流连于此，便想寻找他的足迹。当地人告诉我，李白游晋祠的时间是唐开元二十二年（735 年）。当时，35 岁的李白陪同挚友元演从东都洛阳启程，翻越太行，来到北都太原，居留于此，约一年左右。元演之父时任太原府尹，见儿子偕诗仙来此，款待极为热情。初夏时节，元李二人出太原城西南行，相偕来到三晋名胜晋祠游览。晋祠是一处自然与人文景观交融荟萃的风景名胜区，悬瓮山上松柏青翠，山前清泉环绕，古木参天，殿宇巍峨，亭榭棋布。先人最初在此为晋国开国诸侯唐叔虞建祠，想必是看重了悬瓮山下这片碧水长流、林木葱笼的风水宝地。晋祠的泉由三股大泉组成，难老、鱼沼和善利，尤以难老出水量为大，是晋水的主源。看到地处北国的晋祠还有这样美的景致，李白大喜过望，连日来与友人"浮舟弄水"，箫鼓作歌，好不浪漫。过后，他忆起晋祠的美景，催动诗情，写下了《忆旧游寄谯郡元参军》一诗，寄给元演。诗中有"时时出向城西曲，晋祠流水如碧玉。浮舟弄水箫鼓鸣，微波龙鳞莎草绿。……百尺清潭写翠娥"等描摹晋祠泉水的锦句，一直传诵至今。

上世纪末的一个秋日，我慕名来到晋祠寻芳览胜，却乘兴而来，悻悻而归，因为我要拜访的难老等名泉已然枯竭，自然也不见"晋祠流水如碧玉"的旖旎风光了。原来，由于晋祠周边的地下水超采，祠中泉流水脉逐渐衰减，直至完全枯竭。没有水的晋祠，灵气、生机全无，再无多少诗情画意。我想，倘若李白活到现在，再次到晋祠一游，肯定比我还失望。但愿晋祠的一泓碧水不会永远只能在李白有诗集中才会找到！

六

那天，我又一次捧读李白全集，在一页页地寻觅着描写大海的诗行，我设想李白的"海诗"定会如大海一般气势磅礴。但让我失望的是，能够找到的咏海诗篇少之又少，甚至没有一篇真正以大海为题、具有完整意义的咏海诗章。

毋庸置疑，李白的双脚一直踩在中华辽阔的大地之上，这片神奇的大陆，有广袤的平原，巍峨的高山，还有奔腾的江河，浩阔的湖泊，飘洒的飞瀑，潺潺的溪泉，它们不断走进李白的眼里、心里和梦里，愉悦着他的耳目，滋养着他的心灵，启迪着他的心智，他也把无限的感情和诗情献给了它们。唯有大海的波涛，似乎与诗仙敬而远之。但我相信，"南穷苍梧，东涉溟海"的李白一定与大海如胶似漆过，而且，李白面对浩瀚的大海时，一定会激情澎湃，用诗的形式留下过观海的"读后感"。但为什么李白诗集中没有留下很多的"海诗"呢？原因也许很简单：一是写得少；二是安史之乱，惨遭乱离，平生诗文，十丧八九，今天我们看到的李白诗不过是"泰山一毫芒"（韩愈语），歌咏大海的诗章或许散失不少。不过，我们偶尔还是能在李白的诗集中看到大海掀起的狂涛猛浪：

我思仙人乃在碧海之东隅。

海寒多天风，白波连山倒蓬壶。

长鲸喷涌不可涉，抚心茫茫泪如珠。

西来青鸟东飞去，愿借一书谢麻姑。

——《古有所思》

　　这算是我们今天能见到的李白状写大海字数最多也最动人的诗篇了。诗中说，作者所崇拜的仙人，在碧海的东方，海水的寒冷、风波的汹涌、长鲸的游弋，构成了重重的阻碍，让人可望不可及。由此，我不由地想起李白《横江词》六首中描绘的景象，在那些诗中，作者借用海潮、海云、海神、海神的威力，把横江"白浪高于瓦官阁"的险恶同样写得惊心动魄，与这首诗所表现的内容有惊人相似之处。但这些艰难险阻只能挡住诗人的形，却挡不住诗人的心。在泪洒如珠中，诗人仿佛看到了殷勤的青鸟从西方飘然飞来，它带上自己的书信和拳拳之心，直飞佳人居住的仙境。透过诗的表层，进入诗的内核，我们可以看出，作者写大海之意不在海，出发点却是为了描绘"仙人"居所"白波连山"般的恐怖和难以接近，进而表达出诗人不屈服于"自然力"的壮心。再"透过现象看本质"，这首诗分明表达了诗人心中这样的思想：虽然我在政治上屡受挫折和打击，但建功立业的心潮仍如大海波涛，一浪更比一浪高。

　　"一鹤东飞过沧海，放心散漫知何在？……巨鳌莫载三山去，我欲蓬莱顶上行。"（《怀仙歌》）"海客乘天风，将船远行役。譬如云中鸟，一去无踪迹。"（《估客行》）"海色动远山，天鸡已先鸣。银台出倒景，白浪翻长鲸。安得不死药，高飞向蓬瀛。"（《游泰山六首》其四）"海客谈瀛洲，烟涛微茫信难求。"（《梦游天姥吟留别》）"我昔东海上，劳山餐紫霞。"（《寄王屋山人孟大融》）"长风吹月渡海来，遥劝仙人一杯酒。"（《鲁郡尧祠送吴五之琅琊》）"历天又入海，六龙所舍安在哉。"（《日出入行》）诸如此类涉海的诗句还真不少，但仔细品味，几乎是把大海看成了神仙居住之所，透露出他向慕道家的隐逸热忱。

　　我们知道，唐朝是一个高度发达开放的社会，日本、高丽等周边许多国家经常派人来唐朝学习取经，这些外国使者大多与朝中的权贵和精英们交往密切。有个日本人晁衡就与李白及当时许多诗人是好朋友。一天，李白听说晁衡在回国途中遇到狂风巨浪，以为他被大海吞噬了生命，便写下《哭晁卿衡》来悼念他：

日本晁卿辞帝都，征帆一片绕蓬壶。

明月不归沉碧海，白云愁色满苍梧。

大概是那时航海经常出现船翻人亡的海难事件，故在李白看来，大海还是个充满凶险恐怖的地方，于是便有了"明月不归沉碧海，白云愁色满苍梧"和"海水直下万里深，谁人不言此离苦"（《远离别》）之类的句子，分明是把大海看成了恐怖和苦难的深渊。

当然，李白的海诗中，也有"海水落眼前，天光遥空碧"（《游泰山》其五）、"长风破浪会有时，直持云帆济沧海"（《行路难》其一）的豪壮句子，但从严格上说尚不是纯粹的咏海诗，只不过是借风长海阔来显示自己心雄万夫的气概而已。

读着李白这些散发着神仙气味、恐怖信息的诗章，我不禁心生感慨。其实，我们中华民族是个古老的大河—农耕民族，对于与我们朝夕相处的陆地及其滋养我们的江河湖泉等水体充满了感情，并诉诸诗文，歌之咏之，描之摹之。独独对浩森于天边的大海，既怕它又无求于它，或敬而远之，或以海为田，向它取些鱼盐之利。在我们祖先的眼中，大海是与苦难、凶险和荒蛮为伍的，如把沉重的灾难称之为苦海，把北方荒蛮寒冷的西伯利亚称之为北海，把茫茫沙漠称之为瀚海，诸如此类，不一而足。难怪李白诗中要么把大海视为神仙出没、虚无缥缈的地方，要么把大海当成晦暗恐怖之所在了。

从李白诗中表现出的中国古代海洋观念，折射出的中华文化主旋律是大河—农耕文化，而不是海洋文化。

透过李白的上述诗作，我还看到了在李白的精神气质中，既有强烈的隐居求仙成份——由于家庭和社会的原因，他从小就在山林隐居的环境中遍观诸子百家的"奇正"思想，尤其是对道家神仙思想心向往之，并逐渐养成了一种实质为神仙世界的太平社会的理想和狂想，形成了一种不受儒家思想束缚的傲岸性格和反抗精神；他又有强烈的功名之心——希望能以自己的盖世才华济苍生、安社稷，"使寰区大定，海县清一"，但却不屑于走科举之路，而是反其道而行之，想趟出一条隐士兼侠士而成志士的独特道路，从而"直上青云"，出将入相。

人生苦短，生命有限，通过各种方式获得永恒，是自古以来人类追求的无限动力和终极目标。立德、立功、立言"三不朽"，是中国文人追求永恒的理想形式。在这"三不朽"中，李白追求的是"立功"，即在现实社会中实现经国之大业。因为，"立德"对一个人的言行要求太高，它需要极强的自律性，以李白狂放不羁的性格，这一点实难做到；"立言"呢？在中国古代，虽然写诗作赋之类也被称为"不朽之盛事"，但却是许多大丈夫所不为的"雕虫小技"，李白对文学创作之类的"立言"行为，大抵也持这种看法，成为"诗人"，并不是他人生的目标。于是"立功"——出将入相，便成为李白最渴望的鸿业。当然，阅读李白的诗文就可以知道，李白从事政治，根本目的不是为了自己的荣华富贵，而是为了给自己当前的生命赋予意义——赢得不朽的身后之名。一旦建立起一番轰轰烈烈的功业后，他就会步范蠡、张良等人的后尘，飘然而去，"功成谢人间，从此一投钓"，过神仙般的日子。也许是李白生不逢时，正当李白雄心勃勃准备施展平生抱负时，开元盛世已成昨日黄花，朝廷腐败糜烂，社会危机四伏。不可避免地，李白这种理想化的人生设计，付诸实践后便被撞得头破血流。理想破灭后，如果换了别人，说不定会高唱一曲《归去来兮辞》，真的会学陶渊明的样子，"守拙归田园"，过担风袖月、闲云野鹤的生活。但李白却做不到！离开长安后，尽管"处江湖之远"，他依然不肯放弃"居庙堂之高"的忧思，为了打发烦恼的时光，只好用隐居求仙、狂饮颓放的方式来解脱自己的精神痛苦。

"仰天大笑出门去，吾辈岂是蓬蒿人。"可是，大才如李白始终不能为玄宗所重用，我以为这不能全怪玄宗。尽管玄宗晚年昏头涨脑，沉湎酒色，重用奸臣，但对李白的使用，应该说还是有知人之明的。如他说李白"终非廊庙器"——廊庙就是皇帝的宗庙，代指国家，就是说你李白毕竟不是栋梁之才，可谓一语中的。李白有满身的仙气、才气、傲气和酒气，因而很难与官场和世俗相融。的确，李白有"兴酣落笔摇五岳，诗成笑傲凌沧海"的诗才，但他不是政治家，不是个当官的料。比如，他晚年投到永王李璘的帐下，就是在政治方面的幼稚。再如，他不识时务，恃才傲物，不懂得官场上的游戏规则——"戏万乘若僚友，视俦列如草介"（苏轼《李太白碑阴记》）。相传他曾借酒发飙，竟让玄宗皇帝为之"御手调羹"，让权势熏天的大太监高力士为之脱靴，让集三千宠爱于一身的杨贵妃为之磨墨捧砚，虽逞一时之快，但却犯了官场大忌——这岂不是不顾场合和身份的任性而为吗？又如，李白纵酒无度，常常喝得酩酊大醉，"天子呼来不上船，自言臣是酒中仙"，好几次不能奉诏不说，更有酒后无状，甚至醉卧长安街头的种种"劣迹"，为官场上的人所垢病，更为小人攻击诽谤他找到了"言之凿凿"的借口。李白这种玩世不恭的做派，终于让原本对他"高看一眼"（其实骨子里还是把李白当作点缀太平和宫廷生活御用文人看待）的玄宗皇帝失去了耐心，加之不断有人进谗言，玄宗终于将李白"赐金还山"了。假使李白夹着尾巴做人，以他的才干，弄个二品三品的"高干"当当一点都没问题。话又说回来，这样的李白还是李白吗？

由此，我又想起了屈原，他和李白差不多是同类型的人，他们都对政治对做官有一种近乎狂热的向往；但从自身的素质而言，他们又不适合做官，用现代的标准来衡量，他们都有当官的致命弱点，即个性太强，太过理想化，遇事易偏激，往往把复杂的政治关系和人际关系简单化，不知道政治中有无数的暗流旋涡、波诡云谲，人际中有无数的勾心斗角、尔虞我诈，因此，客观地说，他们只能做一个诗人，当不了政治家。

由此，我又想到李白与酒这个话题。诗与酒，可以说是中华民族特有的、最具民族特色的一对孪生子。盛唐时的中国，更是诗酒如胶似漆的狂热世界，那口感热辣、味道醇厚、令人迷狂的乙醇，唤醒了多少诗人的豪情，更催生出无数脍炙人口的诗章。嗜酒如命的李白，"斗酒诗百篇"的李白，更是把诗酒之间的关系演绎到无以复加的地步，可以说，李白的每一首诗，都有酒精的含量，要么是喝酒写成的，要么是写酒的。难怪有人说，李白的诗是用酒泡出来的，其诗风也因酒的参与而更加飘逸、潇洒。当然，李白嗜酒，并非秉性使然，更多的时候则是一种"浇愁"之举。壮志难酬、郁郁不得志的李白，只好高唱着"五花马，千金裘，呼儿将出换美酒，与尔同销万古愁"的狂歌，沉醉在酒的怀抱中。但"会须一饮三百杯"真的能解开他的千古愁怀吗？他在《宣州谢朓楼饯别校书叔云》诗中给出了答案："弃我去者，昨日之日不可留；乱我心者，今日之日多烦忧。……抽刀断水水更流，举杯销愁愁更愁。人生在世不称意，明朝散发弄扁舟。"那悲愤的文字分明在说：我李白不是为了饮酒而饮酒，我李白的醉翁之意也不在扁舟游哉的山水之间！

表面上看，李白的诗文中表现出了向往神仙的出世思想，但往往其言愈冷，其心愈热。纵观李白的一生，虽然历尽坎坷，屡遭打击，功业难成，但他的"直挂云帆济沧海"的雄心壮志一刻也没有泯灭。就是在这种追求与奋斗中，李白虽然没有成为伟大的政治家，但却最终以"诗仙"光耀千古，对其本人而言，大概是无心插柳柳成荫吧！

七

李白在一生的最后几年中，贫病交加，穷困潦倒。晚年，凄凉的李白把生命的最后时光留给了长江岸边的当涂。当时，本来已平定的安史之乱复起，太尉李光弼出镇临淮（今江苏泗洪），准备出兵收复宋州（今河南商丘），61岁的李白不顾年老多病，骑一匹老马从金陵出发投奔李光弼的大营。谁知"天夺壮士心"，走到半路，李白便病倒了。无奈，只好返回当涂养病，准备康复后再北上从军。但命运无情，上帝还是在李白62岁时把这位"谪仙人"唤回了天国。逝世前，作《临终歌》：

  大鹏飞兮振八裔，中天摧兮力不济。

  馀风激兮万世，游扶桑兮挂石袂。

  后人得之传此，仲尼亡兮谁为出涕？

  李白一向以大鹏自比，把它看作自己精神的化身。如今展翅高举的大鹏已翅膀摧折，无力飞翔，但遗风仍会激荡千秋万世。这首《临终歌》是李白对自己一生的总结，也是李白写给自己墓志铭，流露出的是对人生的无比眷恋和未能一展雄才抱负的深深遗憾。

  关于李白的死，历来众说纷纭，除了病死说外，还有两种富有传奇色彩的死法，一是醉酒而死。"夜郎归未才，醉死此江边"（项斯《经李白墓》），称李白被放逐夜郎，遇赦回归后，因狂饮过度，醉死于长江边上。酒是李白一生钟爱之物，李白既是诗仙，也是酒仙，醉死的传说突出了李白狂傲不羁的性格。二是赴水捉月而死。这个传说极富浪漫色彩，而且颇符合李白的性格、人品。我倒宁可相信第二种死法——"抱明月而长终"（苏轼语）。传说李白是这样辞别人世的：

  这天傍晚，李白跟跟跄跄地独自来到长江岸边，雇船到江上赏月。老船夫把船顺江划去，快到采石矶时，一轮圆月爬上天空。这天，天公作美，月明星稀，江上风平浪静，月亮也格外地大和圆。影子映到江里，仿佛白玉盘一般。李白兴致很高，一边喝酒，一边赏月，不觉已有醉意。夜深了，老船工在船舱中打起盹来。李白兴致很高，一会抬头望月，一会又到水中捞月，那月怎么也捞不起来，诗仙急了，便扑下身子去抱……

  酒、水、月亮，都是诗仙一生最珍爱之物，在中华传统文化中，水具有清洁的象征意义；在李白诗中，月亮代表着高洁——它表明，李白一生都在孜孜追求着一种高洁的理想；水中捞月，又寄寓着诗人追求美好理想的难以实现。酒、水、月亮，它们伴着诗人走完了人生最后的路程，从这个意义讲，诗人死时并不寂寞！

桃花潭水深千尺

——李白与水（下）

在诗仙的眼里，水是有情的。诗人笔下的水，大多融入了诗人自己的心境和情感，具有明显的象征意味，有借水讴歌理想抱负的，如"长风破浪会有时，直挂云帆济沧海"；有借水抒发忧愤的，如"欲渡黄河冰塞川，将登太行雪满山"；有借水宣泄悲愁的，如"抽刀断水水更流，举杯消愁愁更愁"；有借水藐视功名利禄的，如"功名富贵若长在，汉水亦应西北流"；有借水表达闲适心境的，如"桃花流水窅然去，别有天地非人间"；有借水透露退隐之心的，如"终当游五湖，濯足沧浪泉"；有借水传递离情别意的，如"请君试问东流水，别意与之谁短长"。

读李白的诗，我发现诗人借水表达"离别"的意象最为常见。

"东流若未尽，应见别离情。"（李白《口号》）古代交通落后，道阻难行，"别时容易见时难"，加之通讯手段落后，信息不易传达，因而古人比今人更看重离别。文人雅士相别，大多摆酒设宴饯行，把酒临风，咏诗作赋，以表依依惜别之情。另外，古代陆路交通不发达，古人远行，多走水路，因而水边送行常常成为一道多情的风景线。

当年，李白出蜀，遍访长江沿岸名城。这天，李白在离开金陵前往扬州时，朋友们在江边酒肆为他送行，时值暮春，春光骀荡，柳絮飞扬，春酒新熟，更有吴姬压糟取汁，大家频频举杯，纷纷赋诗，抒不完的离情，道不完的别意。李白为了答谢大家的盛情，挥笔写下了《金陵酒肆留别》：

　　风吹柳花满店香，吴姬压酒劝客尝。
　　金陵子弟来相送，欲行不行各尽觞。
　　请君试问东流水，别意与之谁短长？

作者以设问方式，用眼前景物，把与朋友离别的感情融入流水这个意象，把抽象揉进具体，把无情升华为有情，期望朋友珍重，友谊像滚滚东流的长江一样绵长。

开元十六年春，入赘安陆许家不久的李白决定去江夏（今武昌）一游，并捎信给当时著名的田园诗人孟浩然，约他在江夏相会。就在前一年冬天，李白曾到孟浩然隐居的襄阳鹿门山拜访，二人会面后大有相见恨晚之意，连日里抵掌谈诗，促膝论文，结下了深厚情谊。孟浩然如约而来，李白如见亲人。二人与当地朋友共游江夏，诗酒唱和，好不惬意。李白与孟浩然在江夏盘桓了将近一个月，孟浩然要到广陵（今扬州）一游，李白只好与之依依惜别。正值春光明媚的三月天，李白与孟浩然执手下了黄鹤楼，来到江边码头。孟浩然登上去江东的船，与李白拱手而别。李白站在江岸边，一直目送小舟渐行渐远，直到船儿隐没在水天相接之处，他的心也追随那片孤帆远去。此时此刻，此情此景，李白的心中掀起了强烈的感情波澜：

　　故人西辞黄鹤楼，烟花三月下扬州。
　　孤帆远影碧空尽，惟见长江天际流。

　　　　　　　　——《黄鹤楼送孟浩然之广陵》

诗中的最后两句寓景于情，以滚滚不息的长江流水为喻，表达对朋友的深笃情意。

天宝三载（744年），李白、杜甫两位伟大的诗人会面了，地点在今河南洛阳。那一年，李白44岁，杜甫33岁。此时，李白已是名满天下的大诗人，而杜甫还没有多大的名声。但两人一见如故，惺惺相惜，很快成了"醉眠秋共被，携手日同行"（杜甫《与李十二白寻范十隐居》）的知心朋友。但是好景不长，到了第二年（745年）秋，杜甫决定到长安去谋发展。于是两人在山东洒泪分别，杜甫乘船沿着汶水（汶河）而去（先到洛阳，再到长安）。杜甫走后，李白倍感孤独，忆及与杜甫相处的美好时光，挥笔写了《沙丘城下寄杜甫》一诗，表达对杜甫的思念之情：

　　我来竟何事？高卧沙丘城。
　　城边有古树，日夕连秋声。

鲁酒不可醉，齐歌空复情。

思君若汶水，浩荡寄南征。

诗人说，我为什么孤独地高卧沙丘城（今山东新泰西南天宝镇一带）呢？你已经沿着汶水向西南远去了，我对你的思念就好像浩浩荡荡的汶水一样，滔滔绝地向南流去。这首诗与《金陵酒肆留别》有异曲同工之处，都是以流水为意象，表达朋友间难舍难分的感情。

李白在诗坛上大名鼎鼎，当时的人们都以能一睹诗仙风采为荣。宣城泾县（今安徽泾县）汪家庄有个叫汪伦的人，是当地的一位乡绅豪士，既慷慨仗义，又粗通文墨（说不定也是个民间诗人——唐时，妇孺渔樵中有不少诗人），他崇拜李白就像当今的发烧友崇拜歌星影星一样，堪称李白"骨灰级粉丝"。相传为了能邀请诗仙到自己的家乡一游，汪伦费尽了心机，他知道李白有两大爱好，一是好饮，二是好游，于是便投其所好，发出了这样一封邀请信："先生好游乎？此地有十里桃花。先生好饮乎？此地有万家好酒。"果然，李白见信不久便兴致勃勃地赶来。一见汪伦，便要去观"十里桃花"、饮"万家酒店"。汪伦笑着告诉他，十里桃花是指十里处有桃花渡，万家酒店是说潭边有姓万的酒肆。李白听后，先是一愣，很快便回过味来，大笑不止。

这里虽然没有汪伦所说的"十里桃花"，但这里却有青山绿水——桃花潭（为青弋江流经翟村至万村间的一段水面）一带"层岩衍曲，回湍清深"，如同仙境一般；这里虽然没有汪伦所说的"万家酒店"，但同样有美酒佳肴，更有汪伦和乡亲们的热情纯朴。一连十几天，李白做客农家，天天饮美酒，品佳肴，听民歌，游山水，过着神仙般的日子。临走时，李白登上了停在桃花潭的小船，正要离岸待发之时，忽然听到一阵歌声，李白回头一看，只见汪伦和许多村民一起在岸上踏步唱歌为自己送行。

我猜，汪伦这样做，是精心策划的一个"阴谋"——很可能昨晚在为李白饯行的酒宴上，汪伦就已表达了送别之意，并声称自己有事在身，不便出送。他是想给李白一个惊喜，借此表达自己对李白的殷殷之情。主人的盛情，古朴真挚的送客形式，让李白十分感动。感动中，李白发现桃花潭水是那样的深，但水深哪有乡亲们的情深？于是他在船上摆开纸笔墨砚，一挥而就，写下了著名的《赠汪伦》：

李白乘舟将欲行，忽闻岸上踏歌声。

桃花潭水深千尺，不及汪伦送我情。

这首诗非常质朴平实,尤其是后两句,以潭水之深,象征汪伦及村民对李白的情谊深,堪称千古绝唱。清代沈德潜评价说:"若说汪伦之情比于潭水千尺,便是凡语。妙境只在一转换间。"(《唐诗别裁》)的确,这两句妙就妙在"不及"二字将两个不相干的事物联系在一起,有了"深千尺"的桃花潭水作参照物,就把抽象无形的友谊化为有形和具体,形象生动,耐人寻味。有意思的是,李白的这首诗不但使普通村民汪伦的名字流传后世,也使桃花潭一带成为游览胜地。明代以后,当地人为了纪念李白在桃花潭的东岸建起了"踏歌岸阁"。

　　李白还有一首著名的《远别离》诗,充满极为悲伤的政治情调,是他离别诗中的另类:

　　　　远别离,古有皇英之二女,乃在洞庭之南,潇湘之浦。
　　　　海水直下万里深,谁人不言此离苦。
　　　　日惨惨兮云冥冥,猩猩啼烟兮鬼啸雨。
　　　　我纵言之将何补?
　　　　皇穹窃恐不照余之忠诚,
　　　　雷凭凭兮欲吼怒。
　　　　尧舜当之亦禅禹。
　　　　君失臣兮龙为鱼,权归臣兮鼠变虎。
　　　　或云尧幽囚,舜野死,九疑联绵皆相似,重瞳孤坟竟何是?
　　　　帝子泣兮绿云间,随风波兮去无还。
　　　　恸哭兮远望,见苍梧之深山。
　　　　苍梧山崩湘水绝,竹上之泪乃可灭。

　　上古帝尧时代,尧把两个爱女(长曰娥皇、次曰女英)嫁给了他的接班人舜。舜晚年南巡,死于苍梧之野。二妃千里寻夫,溺于湘江,成为湘水之神,经常出没潇湘洞庭之间。李白把这个悲剧性的传说写入诗中,并极力渲染潇湘一带"日惨惨"、"云冥冥"的晦暗凄凉,分明不是简单的写景,而是在影射朝廷的昏暗和政局的动荡。由于忧念国事,诗人观察历史也别具眼光、分外犀利,李白认为尧舜的禅让是不得已而为之,尧被舜囚禁,舜被禹放逐,是因为去位失权的结果。而唐天宝后期的政治现实是,老迈的玄宗沉湎享乐,荒于朝政,把政事交给李林甫、杨国忠等奸臣,边防交给安禄山等野心家,"太白熟观时事,欲言则惧祸及己,不得已而形之诗,聊以致其爱君忧国之志。所谓皇英之事,借指耳"。李白借舜囚尧禹放舜之事警告唐玄宗,大权旁落会由龙虎变成鱼鼠,甚至难保社稷妻子。后来安史之乱爆发,马嵬事变中,玄宗与杨贵妃演出了一场生死离别的悲剧,不幸被李白言中了。这首诗表面上写二妃与舜的生离死别,实则是唱给行将大乱的唐王朝的一首挽歌。诗以二妃别离之苦开始,以二妃恸哭远望终结,那潇湘洞庭上的凄风苦雨,那深不见底的幽冥大海,那经常在潇湘云水间悲泣的帝子(娥皇、女英),以及她们眼泪染成的斑竹,都成了渲染"谁人不言此离苦"的悲剧意象。

不尽长江滚滚来

——杜甫与水（上）

"李杜文章在，光焰万丈长"（韩愈《调张籍》）。李白与杜甫并称"李杜"，写完了诗仙李白，便不能落下诗圣杜甫。我原是不打算写杜甫与水的，因为在我的印象里，诗圣好像没有诗仙那么浪漫，那么爱游山玩水，他的诗是"诗史"，充满了悲天悯人的情怀，沉郁顿挫，似乎与灵动的水关系不大。但读完《杜甫全集》，我发现自己犯了主观主义的错误。杜甫半生飘泊，虽然常有"白头搔更短，浑欲不胜簪"的悲伤咏叹，但也有"远水非无浪，他山自有春"这种自然界无处不美的深刻体会。杜甫虽然忧患意识很强，但他有广阔的胸襟，"吴楚东南坼，乾坤日月浮"，他把洞庭湖写得多么浩大；"无边落木萧萧下，不尽长江滚滚来"，他把长江写得多么雄浑。杜诗的风格虽然浪漫特色少，写实内容多，但同样不乏清新秀丽佳篇佳句，"随风潜入夜，润物细无声"，他把春雨写得多么生动细腻；"澄江平少岸，幽树晚多花"，他把春江两岸的景致写得多么清丽迷人。还有，诗圣似乎对天水——雨，情有独钟，他留给我们50多首湿漉漉的"雨诗"。不过，他的"咏雨"诗不热衷于描摹雨的形神声色，多是以雨寄情，发端起兴，表达出风雨声入耳、家国事忧心的浓重情愫。

杜甫的诗是"诗史"，同时也是"图经"，让我们以时间为经，以重大历史事件为纬，以水为媒，追寻诗圣的心路历程和人生足迹。

一

唐代的山水诗非常发达，一个显著的标志是出现了专门的"山水诗派"。可是仔细考量，山水诗派的代表人物是王维、孟浩然，没有李白、杜甫。我请教在大学教中文的一位朋友，他说：这有什么奇怪，像李白杜甫那样伟大的诗人，诗的造诣登峰造极，而且什么内容都写，没有什么诗派可以限制他们。就山水诗而言，李、杜的山水诗意境开阔，笔力雄健，是王维和孟浩然所不及的。找来李杜诗集一读，才知朋友言之不谬。不过，李杜的诗风大不一样，李白喜欢虚写，常用惊人的想象为读者展示出一幅幅烟云明灭、变幻莫测的奇山异水（如《梦游天姥吟留别》、《蜀道难》），给人以迷离恍惚的感受；杜甫则喜欢写实，他用敏锐的观察和雄健的笔力，具体而细致地刻画出各地山川的千姿百态（虽然杜甫在具体描写山水时也不排除夸张和想象，但这些手法多是一些辅助性的艺术手段），使人觉得"分明如画"。杜甫的山水诗还有一个显著特色，就是将其胸襟情志附丽于山水景象，将"地负海涵、包罗万象"的社会现象与思想感情熔铸于精深严整、意境深闳的诗句中。

其实，杜甫并非天生就不浪漫，他的诗也不全是现实主义的格调。杜甫出生在河南巩县，他的远祖杜预，为西晋名将、硕儒，著有《春秋左氏传集解》；祖父杜审言，为武则天时的大诗人，尤其是在律诗的创建上有筚路蓝缕之功。杜甫的青少时代，正值开元盛世，国家昌盛，经济繁荣，加之殷实的家境，优裕的生活，"奉儒守官"的家风，使杜甫从小受到了良好的教育和熏陶。杜甫尝言："诗是吾家事。"（《宗武生日》）——写诗是我们家的传统。他勤奋好学，"读书破万卷"；他天赋极高，诗才早熟，"七龄思即壮，开口咏凤凰"（《壮游》），该算是个神童了。他称自己"赋料扬雄敌，诗看子建亲"（《奉赠韦左丞丈二十二韵》），即是说，我的赋写得好，只有西汉大辞赋家扬雄可与我媲美；我的诗写得好，只有才高八斗的曹子建可与我比肩。言下之意，其他人都不在话下。可以想见，年轻时的杜甫是何等的自信和骄傲。

大家知道，古代的许多读书人，不但"读万卷书"，而且"行万里路"——他们的"行路"，主旨不是为了游山玩水，而是着眼于开阔视野，增长知识，结交名流，为日后跻身仕途做准备、铺台阶。开元十八年（730年），19岁的诗人第一走出家门，拉开了漫游四方的序幕。初出茅庐，他的游程未出今山西猗氏（今山西新绛）一带，不久即返回洛阳（算是实习）。第二年，杜甫开始了历时四年的吴越之游，他在晚年写的《壮游》这样记述这次漫游的经历：

> 东下姑苏台，已具浮海航。
> 到今有遗恨，不得穷扶桑。
> 王谢风流远，阖闾丘墓荒。
> 剑池石壁仄，长洲荷芰香。
> 嵯峨阊门北，清庙映回塘。
> ……
> 枕戈忆勾践，渡浙想秦皇。
> 越女天下白，鉴湖五月凉。
> 剡溪蕴秀异，欲罢不能忘。
> 归帆拂天姥，中岁贡旧乡。

这次远游从洛阳出发，沿着隋代开凿的大运河扬帆南下，足迹遍布江南秀丽的山水。在姑苏（今江苏苏州），他凭吊吴王夫差的坟墓，游览虎丘的剑池，观赏荷花盛开的长洲，拜谒池塘环绕的太伯庙。他甚至打算顺着长江扬帆出海，东渡扶桑（想看看东瀛日本的模样），因故未能成行，直到晚年仍引以为憾事。浮海不成，他便渡过钱塘江，登西陵（今浙江萧山县西）古驿台，在会稽（今浙江绍兴一带）寻觅越王勾践、秦皇嬴政的行踪。他泛舟澄清如镜的鉴湖，看到湖畔的少女洁白如花；他乘船一直游至曹娥江上游的剡溪，被那里的秀美山水风光所吸引和陶醉，流连忘返，欲罢不能……后来，杜甫再也没能重回江南，但他时常想念着吴越的"胜事"，甚至有过举家迁居江淮一带的想法。晚年，寄居夔州的杜甫把对江南的倾慕化为这样的诗句：

> 胡商离别下扬州，忆上西陵故驿楼。
> 为问淮南水贵贱，老夫乘兴欲东游。

——《解闷》十二首之二

开元二十三年（735年），杜甫结束吴越之游，北返长安参加科举考试。虽名落孙山，但他并不很介意，因为他生活在大唐盛世，不愁没有施展才干、报效国家的机会；因为他青春年少、风华正茂，有的是等待的本钱。于是，转过年（736年）来，杜甫又踏上了历时五年的齐赵（今河南、河北、山东等地）漫游之路，"放荡齐赵间，裘马颇清狂。春歌丛台上，冬猎

青丘旁"(《壮游》),春天在邯郸的丛台上放声歌唱,冬天在青州城外的青丘一带纵马游猎,何等的浪漫潇洒!

天宝三载(744年)四月,杜甫与李白在洛阳相识,二人"醉眠秋共被,携手日同行"(《与李十二同寻范十隐居》),纵情游历,求仙访道,对酒当歌。天宝四载(745年)秋,杜甫在东鲁与李白再重逢,作《赠李白》,中有"痛饮狂歌空度日,飞扬跋扈为谁雄"的豪迈之句。这首诗虽是赠李白,但其中含有浓重的自我抒怀色彩,与其说这是杜甫为李白画的一幅肖像,不如说这是二人的"合影":"痛饮狂歌"是二人共同的举止,"飞扬跋扈"是二人共同的神态。

还有一首大家十分熟悉的《望岳》(为现存杜诗中年代最早的一篇),是杜甫在开元二十四年(736年)24岁时北游齐赵时写就的。天才诗人与奇妙山水相遇合,青山绿水便成为激发诗人创作灵感的绝好素材。这天,杜甫遥望泰山,瞻仰到它纵贯齐鲁的雄壮,分割日夜的巍峨,云气层出不穷的气象,他的雄心,他的豪气便喷涌而出:"会当凌绝顶,一览众山小!"直到现在,我每次读到这两句诗,都会热血沸腾,豪情万丈。

尽管杜甫在天宝五载(746年)之前的诗作流传下来的只有20多首(据他自己的叙述,写诗可能已有数百篇,可惜大多亡佚),但这些诗已足以让我们管窥到诗人早期人生旅程的豪放雄姿。可以肯定的是,35岁之前的杜甫与其他盛唐时期的诗人一样,以建功立业为己任,身上洋溢的是豪气干云的浪漫情怀,唱出的是雄壮进取的理想主义乐章,这与整个昂扬雄健的盛唐精神是一致的。如果杜甫一生都在开元盛世,那么他的诗很可能像李白那样,永远地豪放下去。

但历史没有让我们的这个假设成为现实,随着安史之乱这场大灾难的爆发,大唐帝国的繁盛戛然而止,以浪漫情调为主要特征的盛唐诗风也随之烟消云散。腐败的政治、动荡的社会和个人颠沛流离的生活,使诗人们再也唱不出高昂的充满理想主义的壮歌了,忧国忧民的杜甫更是如此。

二

天宝五载(746年),在"秋波落泗水"(李白《鲁郡东石门送杜二甫》)的时节,杜甫与李白在东鲁告别,西入长安。第二年,唐玄宗诏征天下在文学艺术方面有一技之长者到京城就选,杜甫参加了这次"制举"考试。但他运交华盖,遇到了灾星——时值口蜜腹剑的奸相李林甫把持朝政,他略施诡计，竟以"野无遗贤"为由，使得应试者无一人及第。此后，杜甫流寓长安，过了近十年"朝扣富儿门，暮随肥马尘，残杯与冷炙，到处潜悲辛"（《奉赠韦左丞丈二十二韵》）的生活。正是这种不幸，使他对统治者的骄奢腐败和民生的艰难困苦有了刻骨铭心的体验，他的诗风也随之大变，写出了《兵车行》、《丽人行》、《前出塞》、《后出塞》等现实主义的不朽之作。

唐代长安城的东南隅，有一处壮丽的风景名胜——曲江（又称曲江池）。早在秦代，曲江作为天然池沼便被辟为皇家御苑（宜春苑）。汉武帝时，拓展池面，形成泱泱之势，因池水曲折"形似广陵之江"而得名曲江。隋代修建大兴城，将曲江纳入城廓之中，整治沼池，广植芙蓉，将其改造成皇家园林，并起了一个雅名——芙蓉池。唐玄宗时，在曲江上大兴土木，并凿黄渠引来浐灞之水，使其水深池阔，"花卉环绕，烟水明媚"；同时在芙蓉园内兴建了鳞次栉比的亭台殿阁，并修建了大明宫至兴庆宫再达芙蓉园的夹城（长7960米，宽50米），形成规模空前、名冠京华的游览胜地。曲江虽为皇家园林，但除了皇家禁苑芙蓉园外，其他区域则定期向市民开放，每到中和（二月初一）、上巳（三月初三）、中元（七月十五）、重阳（九月九）等节日，士女如织，热闹非凡。随着大唐的沉沦和长安城的毁灭，壮丽的曲江园林也化为一片废墟，春游踏青的脚步不见了，曲水流觞的诗酒绝迹了，插柳斗花的喧闹无闻了，曲江的流水也渐渐干涸了……。近年来，西安人为了传承和弘扬盛唐文化，斥巨资兴建了规模宏伟的曲江遗址公园，恢复再造了曲江南湖、曲江流饮、汉武泉、黄渠桥等历史文化景观，重现了曲江"青林重复，绿水弥漫"的风采。

我之所以费了不少笔墨来介绍曲江，是因为曲江是诗圣长安诗作的一个重要题材。安史之乱前，他以曲江游宴为题，揭露杨氏一门的荒淫豪奢，代表作为《丽人行》；安史叛军占领长安后，他潜行于曲江，触景伤怀，抒发深重的盛衰兴亡之痛，代表作为《哀江头》；平乱收复两京后，虽然"国破山河在"，但国势已今非昔比，加之自己空有一腔热血，却始终报国无门，只好在物是人非的曲江池畔，愁对阴雨，醉酒度日了，代表作为《曲江对酒》。

可以肯定地说，在渔阳鼙鼓没有擂响的日子，寓居在长安的杜甫，经常流连于曲江的花树清波之间。但进入诗人眼帘的，并非都是"穿花蛱蝶深深见，点水蜻蜓款款飞"（《曲江二首》之二）的美好景象，更有上层贵族骄奢淫逸的丑态：

> 三月三日天气新，长安水边多丽人。
> 态浓意远淑且真，肌理细腻骨肉匀。
> 绣罗衣裳照暮春，蹙金孔雀银麒麟。
> ……
> 黄门飞鞚不动尘，御厨络绎送八珍。
> 箫鼓哀吟感鬼神，宾从杂沓实要津。
> ……
> 炙手可热势绝伦，慎莫近前丞相嗔。

天宝十二载（753年）上巳节那天，曲江池边出现了几位浓妆艳抹的贵妇人（杨氏姐妹），她们体态丰腴，衣着华丽，满身珠光宝气；她们旁若无人，得意洋洋；她们宴饮豪奢，享用着山珍海味；她们出行排场，前呼后拥……这一切，让杜甫看了个满眼，他不禁怨从心头起、怒由胆中生，做《丽人行》讽之刺之。全诗通过杨氏兄妹曲江春游的情景，以写实的手法，尽情揭露事实，笔调细腻，语气铺张，虽"无一刺讥语"，但讽意自见。

天宝十四载（755年）冬，"渔阳鼙鼓动地来"，敲碎了盛唐的安乐梦。叛军势如破竹，很快逼近长安。次年六月，京师东大门潼关失陷，玄宗仓皇逃蜀，太子李亨继位于灵武（今宁夏灵武），改元至德，是为唐肃宗。杜甫把家小安置于鄜州，只身到灵武投奔肃宗，途中被安史叛军俘获，押回长安。

至德二载（757年）春的一天，一个面目瘦削憔悴的中年人孤独地徘徊于曲江的一角，一会呜咽，一会叹息，泪眼迷离，悲悲切切，戚戚惨惨，他就是不久前刚刚摆脱叛军监控的杜甫。面对物是人非、繁盛成梦的曲江，诗人不禁悲从中来：

> 少陵野老吞声哭，春日潜行曲江曲。
> 江头宫殿锁千门，细柳新蒲为谁绿？
> 忆昔霓旌下南苑，苑中万物生颜色。
> 昭阳殿里第一人，同辇随君侍君侧。
> ……
> 明眸皓齿今何在？血污游魂归不得。
> 清渭东流剑阁深，去住彼此无消息。
> 人生有情泪沾臆，江水江花岂终极！

黄昏胡骑尘满城，欲往城南望城北。

——《哀江头》

　　整个长安城还笼罩在叛军的白色恐怖之中，诗人只能潜行于曲江之畔，他不敢大摇大摆地行走，只能躲在冷僻无人的路边偷偷而行，想哭又不敢大放悲声。但见曲江边的宫殿千门紧锁，虽然岸上布满了依依袅袅的柳丝，水中生长着抽芽返青的新蒲，可它们为谁而绿呢？安史之乱前，唐明皇与杨贵妃等游宴曲江时是何等地豪奢风光，可就在不久以前，叛军打入长安，明皇西逃，贵妃缢死。如今的长安城，胡骑横冲，胡兵直撞，生灵涂炭，民不聊生。此情此景，让诗人哀痛欲绝。诗中通过描写曲江往日的繁荣和今日的萧索，以对比的方式讽刺了唐玄宗与杨贵妃往日耽于享乐而招致今日灾难的惨象，殷忧悲哀之情力透纸背。

　　至德二载（757年）四月，杜甫在历经逃亡、陷贼、逃脱等千难万险后，终于投奔到凤翔行在的唐肃宗李亨帐下，"麻鞋见天子，衣袖露两肘"。杜甫的忠诚终于感动了这位在动乱中登基的新皇帝，况且此时朝廷正是用人之际，就给杜甫封了一个"左拾遗"的官。顾名思义，这左拾遗即拾遗补阙，是个谏官，品级只为从八品上。尽管官级不高，但杜甫认为责任重大，工作很努力很认真。这年九月，唐军收复长安，杜甫也随驾重返长安。可惜，书生气十足的杜甫不懂得揣摩皇帝的心思，乾元元年（758年）春，他直言上疏，为宰相房琯兵败安史叛军一事大鸣不平，结果触怒肃宗，遭到疏远。国家的苦难，人民的痛苦，自身的不幸，让杜甫陷于深重的悲愁之中。这一时期，曲江屡屡进入他的诗中，先后写下了《曲江二首》、《曲江对酒》、《曲江对雨》等，但这时其笔下的曲江，完全失去了往昔京师第一胜地的气象，而是成为一种盛极而衰、虚空寥落的象征。一个春雨霏霏的日子，杜甫来到曲江边，对雨悲叹：

　　城上春云覆苑墙，江亭晚色静年芳。
　　林花著雨燕脂湿，水荇牵风翠带长。
　　龙武新军深驻辇，芙蓉别殿谩焚香。
　　何时诏此金钱会，暂醉佳人锦瑟旁。

——《曲江对雨》

　　前两联勾画的是一幅曲江春景：春云低垂，笼罩宫城；暮霭沉沉，江亭寂寂，芳草萋萋；在如酥的春雨滋润下，绿树掩映下的红花，更显得楚楚动人；风牵水荇，姿态飘逸。曲江胜景虽在，却了无人迹，只有枯坐江

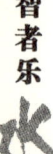

亭的诗人独自欣赏。后两联写"对雨"之思：忆昔当年，大唐隆盛时，玄宗皇帝曾率龙武禁军，通过夹城直趋芙蓉园，是时，箫鼓齐鸣，宫车滚动，旌旗蔽日，芙蓉殿中熏香弥漫。再看今天，盛唐气象渐行渐远，驰道尚在，空余废辇，殿门深锁，香炉冰冷，正可谓兴衰无常，物是人非，怎不让人生出万分惆怅与凄凉。尾联写诗人的愿景：君臣同欢，觞筹交错，丝竹管弦，不绝于耳，好一派歌舞升平的景象。抚今追昔，明知大厦已倾，覆水难收，却企盼恩泽重沐，风云际会，这不过是精神麻醉罢了。

在长安，杜甫空有左拾遗的头衔，却备受冷遇，无所作为，不免心灰意冷，"朝回日日典春衣，每日江头尽醉归"（《曲江二首》之二）。乾元元年（758年）春，做《曲江对酒》，成为他留住长安的最后一篇诗作：

苑外江头坐不归，水精宫殿转霏微。
桃花细逐杨花落，黄鸟时兼白鸟飞。
纵饮久判人共弃，懒朝真与世相违。
吏情更觉沧州远，老大徒伤未拂衣。

起首两句写诗人在曲江的心境：他已在曲江头坐观多时，却不想回去；久坐未归，时已渐晚，但见水中宫殿愈显虚空寥落，充满时过境迁的意味。三四句写曲江春色，落花轻盈，飞鸟欢鸣，短短一联，形神声色俱备。风景虽称好，但毕竟是暮春落花时节，落花无意，观者有情，于是四五句对酒抒怀，转写心中的牢骚和愁怨：我整日纵酒，早就甘愿被人嫌弃；我懒于朝参，的确有违人情，但真实的意思却是——既然人家嫌弃我，不如借酒自遣；既然我不被朝廷重用，何苦辛勤朝参？正话反说，更显牢骚之盛。最后两句抒发愁绪：自己微官在身，不能解脱，故而虽老大伤悲，却也无可奈何，终不能拂袖而去。欲进不能，欲退不得，真是苦啊！纵观杜甫一生，虽仕途失意，生活坎坷，但"致君尧舜上，再使风俗淳"的理想终未泯灭，只是因为际遇坎坷，报国无门，他才把失望和忧愤之情寄于水波与花鸟虫鱼以及浊酒之中。

人家曲江欢心浓，惟我曲江意趣悲！但这能嗔怪我们的诗圣吗？

乾元元年六月，杜甫被贬出长安，外任华州（今陕西华县）司功参军，从此，他再也没能返回魂牵梦绕的京师。乾元二年（759年）春，杜甫回河南老家探亲，一路上阅尽战乱给人民带来苦难，他用如椽的现实主义巨笔，写下了名垂千古的"三吏"、"三别"。杜甫回到华州，已是初夏，时逢关辅大饥，加之他对朝廷政治和军事失望至极，立秋后便索性弃官不做，携家逃难，经秦州（今甘肃天水）、同谷（今甘肃成县）等地，奔西蜀而去。

年近半百的诗人带着弱妻幼子在崎岖的蜀道上跋涉着，那真是一段充满艰辛的苦旅。路上，杜甫给我们留下了"发秦州"、"发同谷"两组纪行诗，诗中描绘陇蜀山川，并融入了自己的身世感受，成为古代纪行诗中空前的力作。严格地说，纪行诗与山水诗是两种不同的题材，但杜甫却以"巨笔屠龙手"（苏轼语）开创性地将二者有机地融为一体，不但"意新语工"，且"状难写之景，如在目前"，给我们打开了一幅壮丽的山水画长卷。"蜀道难，难于上青天"，诗仙李白是用惊人的想象和极度的夸张写蜀道的，而诗圣杜甫则用亲身的体验向我们真实地展示了蜀道的艰险与山川的伟丽。《龙门阁》这样写道：

　　清江下龙门，绝壁无尺土。
　　长风驾高浪，浩浩自太谷。
　　危途中萦盘，仰望垂线缕。
　　滑石欹谁凿，浮梁袅相拄。
　　目眩陨杂花，头风吹过雨。

龙门阁，系指利州绵谷县（今四川广元）龙门山上的栈道。此处石壁陡立，栈道就架在石壁凿出的石窍里，是蜀栈道中最险的一段。龙门阁栈道下临水流湍急的嘉陵江，风大浪高，险象环生。诗人在曲曲折折、晃晃悠悠的栈道上提心吊胆地行走，偶尔瞥见下面的深谷急流，便头晕目眩，似见杂花飞落。湍急的江水拍击石岸，溅起无数水雾，大风一吹，仿佛雨雾从天而降。

在"发秦州"、"发同谷"这两组纪行诗中，对"水"着墨最奇的诗章当为《万丈潭》，清人蒋金工说是诗"字句章法，一一神奇，发秦州后诗，此首尤见搏虎全力"（《杜诗镜铨》卷七引）：

　　青溪含冥寞，神物有显晦。
　　龙依积水蟠，窟压万丈内。
　　跼步凌垠堮，侧身下烟霭。
　　前临洪涛宽，却立苍石大。
　　山危一径尽，岸绝两壁对。
　　削成根虚无，倒影垂澹瀩。
　　黑知湾澴底，清见光炯碎。
　　孤云到来深，飞鸟不在外。

高萝成帷幄，寒木垒旌旆。
远川曲通流，嵌窦潜泄濑。

此诗写潭，笔墨并没有全部泼向潭光水色，而是通过着力刻画万丈潭周围的环境和气氛，烘托出潭之雄奇、险怪、幽僻、阴森等独特个性。诗的大意是：万丈潭坐落于绝壁深处，水深莫测，蛟龙等神灵蕴藏其中。（因与四周隔绝）蛟龙也被万丈深窟困住。诗人小心翼翼地翻过山巅，又战战兢兢从雾霭中走出，看到万丈潭洪涛汹涌，心生畏惧，只好退后几步背倚青苍色的巨石。峭立的石壁好像是鬼斧神工削刻出来的，临近潭面连石根都寻觅不见，唯见石壁倒影垂映潭中。潭深不见底，只见黑黝黝的一片，水面上波光闪烁。藤萝树木密密层层，好似重重帷幕和旗帜，罗列在潭的周围。万丈潭处在这种幽闭的环境中，连云朵和飞鸟都被锁在其中，更不用说深藏潭底的蛟龙了。

如此蜀道，怎能不让人发出"难于上青天"的感叹，并暗为诗人一家捏一把汗。

三

唐肃宗乾元二年（759年）岁末，经过几个月的挟风裹尘、艰苦跋涉，杜甫一家终于流徙到成都。唐代的成都，是全国首屈一指的大都市，有"扬一益二"（扬，指扬州；益，指成都）的盛名。安史之乱导致"万方多难"，中原更是水深火热，于是，富庶而又相对安定的川西平原成为上至皇帝贵族下至普通百姓争相逃奔的世外桃源。

成都终于让漂泊的诗人歇下了疲惫的脚步。杜甫一家先是在成都西郊的草堂寺寄居。第二年春，杜甫在时任彭州（今四川彭县）刺史高适和当地百姓的帮助下，于成都西郊（距城七里）浣花溪畔开辟出一块荒地，修筑了一座草屋（位于百花潭北、万里桥及浣花溪西，临近锦江），称之为草堂。杜甫先后在这里居住近4年，创作了大量诗歌（流传至今有240余首）。从此，这座朴素简陋的茅屋便成了中国文学史上的圣地，"草堂之名，与其山川草木，皆因公诗以为不朽之传"（宋·葛立方《韵语阳秋》卷六）。今天，如果我们走进成都杜甫草堂，会看到一座占地300亩的园林式建筑群，里面不仅有大廨、诗史堂、柴门、工部祠等建筑，还有花木扶疏、小桥流水和亭台水榭等充满诗情画意的景点。如此精美的园林，远非杜甫草堂当年的形貌，而是后世人民为杜甫落实"知识分子政策"的再造——人们出于对杜甫的热爱，不忍心让我们的诗圣住在冬天露风、夏天漏雨的茅舍中，而是让他住进一座幽静舒适的园林建筑中（好让他能够静心写诗）——经宋元明清各代添砖加瓦，种花植木，逐渐演变为一处集纪念祠堂格局和田园风貌为一体、古朴典雅园林清幽的著名文化景观。

离开了干戈扰攘、哀鸿遍野的中原，结束了"三年饥走荒山道"（《乾元中寓居同谷县作歌七首》之七）的逃难生涯，终于获得一个较为安定的栖身之所，杜甫兴奋异常，草堂落成后，欣然作《卜居》一诗纪之：

浣花溪水水西头，主人为卜林塘幽。
已知出郭少尘事，更有澄江销客愁。
无数蜻蜓齐上下，一双鸂鶒对沉浮。
东行万里堪称兴，须向山阴入小舟。

诗中告诉我们，他的草堂位于成都西郊，坐落于清澈美丽的浣花溪的西岸，临近锦江，周围遍布林木池塘，有蜻蜓飞舞，鸂鶒沉浮，更加之没有世俗的喧嚣，自然和人文环境都颇理想。

草堂的幽雅，生活的恬静，像一副副良药，渐渐治愈了杜甫受伤的心灵，诗人的心态日趋淡定从容，他以愉悦的心情流连于草堂周边"舍南舍北皆春水"（《客至》）、"新添水槛供垂钓"（《江上值水如海势聊短述》）的幽雅环境，写了许多歌咏自然、描写田园生活的优美诗篇。今天我们读之，如闻美妙的田园交响乐一般。《江村》写道：

清江一曲抱村流，长夏江村事事幽。
自去自来梁上燕，相亲相近水中鸥。
老妻画纸为棋局，稚子敲针作钓钩。
但有故人供禄米，微躯此外更何求。

这首诗写于上元元年（760年）初夏，草堂建成不久。在诗人的眼里，草堂周边的环境真是太优美了——江流清清，环抱村落，燕子绕梁，鸥翔水上，老妻画棋局，幼子作鱼钩，好一派恬静幽雅、宽松和谐的田园景象。

再如《水槛遣心》其一：

去郭轩楹敞，无村眺望赊。
澄江平少岸，幽树晚多花。
细雨鱼儿出，微风燕子斜。
城中十万户，此地两三家。

在这首诗中，人们最激赏的当属四五句。诗人极为生动细腻地描绘出

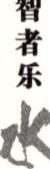

鱼和燕子在微风细雨中的动态——鱼儿是那样的欢欣，燕儿是那样的轻盈。其实诗人心中的喜悦程度不亚于水中鱼儿和天空燕子，否则他那双日渐昏花的老眼是捕捉不到这样美妙动人的景象的。

广德二年（764年）初春，诗人流寓阆中，正准备从阆水进入西汉水（嘉陵江）抵渝州（今重庆）东下。这时，杜甫的故交、颇具文文韬武略的严武再镇西川（任剑南节度使兼成都尹），并传书盛邀杜甫入幕。"殊方又喜故人来"，于是，杜甫放弃了既定的行程，重返成都草堂。诗人在浣花溪畔整修堂院，凿井开渠，让沉寂了一年零九个月的草堂重新热闹起来。

一天，风和日丽，天朗气清，诗人闲坐草堂中，悠闲地欣赏着外面的春景，体味着生活的情趣，并在畅快中写下《绝句四首》，其三写道：

两个黄鹂鸣翠柳，一行白鹭上青天。

窗含西岭千秋雪，门泊东吴万里船。

诗人先是看到了两只黄鹂在翠柳梢头恰恰娇啼，比歌唱还动听，又看到水边的沙滩上一行白鹭展翅高飞，直冲云天。目送着白鹭的高飞远去，诗人仿佛受到感染，思接千载，视通万里，于是"开窗见山"，望见了百里之外终年积雪的岷山（西岭）；"开门见水"，望见了停泊在门前的几艘商船正要扬帆万里，下岷江、转长江，直奔东吴而去。西岭与草堂相隔百里，却说它含在自家窗口；商船泊在门外，又说它将下东吴，远景移近，近景推远，在远和近的推移变化之间，千秋西岭和万里东吴，全都聚拢在诗人自家的草堂跟前。

重返成都后，杜甫并没能在草堂过上悠哉的田园生活。广德二年（764年）六月，在严武的推荐下，杜甫被任命为剑南节度使参谋、检校工部员外郎，尽管这个"工部员外郎"是个不折不扣的虚衔（事实上杜甫一天也没到工部大堂上过班），但却是杜甫一生中得到的最高官阶（从六品上），后人也因此称杜甫为"杜工部"。官身不由己，杜甫不得不离开草堂，迁入节度使衙署中办公。严武重掌西川后，整军经武，很快击破了吐番的精锐，收复了当狗、盐川二城。杜甫从严武身上看到了国家中兴的希望。那天，他登上成都的一座高楼，即景抒怀：

花尽高楼伤客心，万方多难此登临。

锦江春色来天地，玉垒浮云变古今。

北极朝廷终不改，西山寇盗莫相侵。

可怜后主还祠庙，日暮聊为梁甫吟。

作者登高远眺，望见锦江携带着蓬勃的春色，从天际滚滚而来；玉垒山风起云涌，变幻多端，仿佛古往今来和天地之间万物皆滚滚涌入胸怀。触景生情，由眼前的大好河山想到国家民族的多灾多难，不免伤心感喟。但作者的信心并没有因此而动摇，接着便说朝廷就如同北极星座一样，不可撼动，进而警告西方的吐番，不要前来入侵作乱，否则会自取灭亡。最后表达出自己要效法诸葛亮辅佐朝廷的宏大抱负，大有澄清天下的气概。

人说杜诗的主导风格是"沉郁顿挫"，这种概括如果从总体而言大体不错，但杜甫作为一位伟大诗人，其诗风并非只此一端，而是具有多姿多彩的特征。正如宋代文学家王安石所言："至于甫（杜甫），则悲欢穷泰，发敛抑扬，疾徐纵横，无施不可。故其诗有平淡简易者，有绮丽精确者，有严重威武若三军之帅者，有奋迅驰骤若泛驾之马者，有淡泊闲静若山谷隐士者，有风流酝藉若贵介公子者。"（《苕溪渔隐丛话》）诗人在成都期间写的诗，却多为清丽浅易之作，远山、近水、渔舟、细雨、草木、虫鱼，以及日常生活的种种细节，统统成为吟咏的对象，它们的审美价值也在诗人的亲切关照中实现了艺术升华。清人黄生对杜甫的《江村》评价道："杜律不难于老健，而难于轻松。此诗见潇洒流逸之致。"（《杜诗详注》卷九引）物质决定意识，其实，这种风格倾向正与杜甫在成都草堂生活境况相关联，是诗人热爱自然、热爱生活、热爱世间一切美好事物的人生情怀的体现。

期间，为避成都地方军阀的叛乱，杜甫曾一度到梓州（今四川三台）、阆州（今四川阆中）避难。阆州城三面临江（嘉陵江在阆州城流成了一个曲尺形态，故曰称"州城三面临水"），杜甫有一首《阆水歌》，状写城南嘉陵江一带的景色：

嘉陵山水何所似？石黛碧玉相因依。
正怜日破浪花出，更复春从沙际归。
巴童荡桨欹侧过，水鸡衔鱼来去飞。
阆中胜事可肠断，阆州城南天下稀。

嘉陵江流到阆州城，景色美极了，石黛——岸边的山是深青色，水碧——一江春水如碧玉，山依着水，水靠着山，互相依托，奏响了山水美的和谐乐章。

四

杜诗是"史"，即是社会史，又是他自己的"心灵史"，读杜甫晚年的诗，这种感觉尤为强烈。

　　杜甫晚年流亡于长江流域的三峡荆湘之间，由于国家不幸，仕途蹭蹬，生活艰辛，病魔侵扰，他的山水诗也一改在成都草堂时的明丽基调，往往是寓景于情，表达出对国家对民众对时局的深重忧患，呈现出顿挫悲壮、凄凉苍劲、雄浑壮阔的风格。

　　唐代宗广德元年（763年）正月，长达8年之久的安史之乱结束。此时，杜甫因避成都军阀的叛乱，流寓在东川梓州。饱尝背井离乡之苦的诗人听说官军收复河南河北，一时欣喜若狂，诗情汹涌，挥毫写下了千古名篇兼"平生第一快诗"的《闻官军收河南河北》，唱出了"白日放歌须纵酒，青春作伴好还乡"的强烈心愿，并规划出了具体的返乡路线——"即从巴峡穿巫峡，便下襄阳向洛阳"，归心似箭之情溢于言表。杜甫生于河南巩县，长于洛阳，洛阳算是他的第二故乡。"从巴峡""穿巫峡""下襄阳""向洛阳"，似乎风帆一张即可抵达。可是，由于国家的动荡并没随着安史之乱的平定而澄静（如吐蕃等少数民族侵犯唐境，地方割据势力纷纷叛乱等），加之其他原因，杜甫的宿愿至死都未了却。尽管成都的生活较为安定，他对辛苦经营起来的草堂也怀有深厚的感情，尽管时局动荡，山水阻隔，杜甫北归的计划一拖再拖，但他内心深处依然不愿终老于斯，期待着"应须理舟楫，长啸下荆门"（《春日梓州登楼二首》之二）那一天的早日到来。

　　唐代宗永泰元年（765年）四月，杜甫的朋友和靠山严武病故。严武虽系武将，亦善诗文（全唐诗中录其诗六首）。当年在长安，杜甫任肃宗朝左拾遗时，便与小他十四岁、时任京兆少尹兼御史中丞的严武过从甚密，诗酒唱和；严武出镇西川后，更是对流寓成都的杜甫一家关爱有加，做了不少雪中送炭的事。在杜甫的心目中，严武俨然是一座高山，既是国家依赖的擎天柱，又是杜甫一家的依靠。如今这座大山轰然崩塌，诗人对成都再无多少眷恋，便于当年五月结束"五载客蜀郡"（《去蜀》）的生活。因长安难返，只好"转作潇湘游"。于是，诗人带领全家乘舟沿岷江、长江东下，经嘉州（今四川乐山）、戎州（今四川宜宾），下渝州（今重庆）、忠州（今重庆忠县），滞云安（今重庆云阳）、寓夔州（今重庆奉节）……我们看到，在此后数年漂泊长江水系的岁月里，诗人与长江尤其是三峡结下了深缘，他以深情的目光注视着长江，用生花妙笔精雕细刻着长江。江流、孤舟、急峡、险滩……长江的山水风物纷纷进入诗人的秀眼，并不时化作"情与景会"的伟大诗章。让我们按照时间的顺序渐次感受诗圣的长江情愫吧！

诗人舟行于渝州至忠州的水路上，看到了宏阔的长江，并由自己漂泊的身世发出了深沉的感慨：

细雨微风岸，危樯独夜舟。
星垂平野阔，月涌大江流。
名岂文章著，官应老病休。
飘飘何所似，天地一沙鸥。
——《旅夜书怀》

诗的前四句描写大江景色。近景是：微风吹拂着江岸上的细草，竖着高高桅杆的小船在月夜中孤独地停泊着。远景是：星宿低垂，平野广阔，月随波涌，大江东流。单看字面意思，前四句写景细腻，宏阔非凡。但通过景致寓含着诗人什么样的情呢？实际上，诗人写江岸细草、水中孤舟，是为了说自己像江岸细草一样渺小，像江中孤舟一样寂寞；诗人写辽阔的平野，浩荡的大江，灿烂的星月，是为了反衬他的孤苦伶仃和命运凄凉。于是，便有了后四句的深沉感喟：我的远大政治抱负难以实现，声名反而因文章而显著；官还没做上多长，却因老迈和多病而退休（实际是被排挤才不得不"病休"），这不是怀才不遇是什么？置身于人生的江湖上，深感自己漂泊无依，仿佛是天地间的一只无家可归的沙鸥，不知飞往何方。此时诗人心中的白鸥已不再如早年诗句"白鸥没浩荡，万里谁能驯"那样具有豪情逸兴，而变成孤独、飘零的象征了。

舟行云安，诗人被瞿塘峡雄浑的气势所感染，作有五律《长江二首》：

众水会涪万，瞿塘争一门。
朝宗人共挹，盗贼尔谁尊。
孤石隐如马，高萝垂饮猿。
归心异波浪，何事即飞翻。

浩浩终不息，乃知东极临。
众流归海意，万国奉君心。
色借潇湘阔，声驱滟滪沉。
未辞添雾雨，接上过衣襟。

这两首诗极力描写长江瞿塘峡之险和波浪翻卷的雄险场面。特别是"众水会涪万，瞿塘争一门"两句，用一个"争"字，突出了三峡水势的急湍和惊险。诗人写长江，目的是借景抒情，于是诗中便不可遏止地流露出盼望国家统一的强烈情感。

杜甫本想直达夔州，却因病魔缠身，不得不滞留云安休养了一段时间。唐代宗大历元年（766年）春，杜甫来到了夔州，没想到在这里一住就是近二年（21个月）。当时，唐朝虽然平定了安史之乱，但国家中兴的局面迟迟没有到来，朝政黑暗，藩镇割据，吐蕃入侵，回纥骚扰，国家仍处于风雨飘摇之中。国势如此，诗人个人的生活更是雪上加霜：故旧凋零、生死茫茫、自身漂泊、淹留异乡、寄人篱下、贫病交加（杜甫在夔州，身体一直不是很好，牙齿脱落，眼花耳聋，几成废人）。即使如此，他依然笔耕不辍，"他乡阅迟暮，不敢废诗篇"，在不到两年的时间内写了430多首诗，占我们今天所见全部杜诗的近三分之一。

虽然杜甫在夔州颇不如意，但夔州的山水形胜还是给他留下了深刻的印象，写下了不少描绘三峡壮美的诗章：

中巴之东巴东山，江水开辟流其间。
白帝高为三峡镇，瞿塘险过百牢关。

——《夔州十绝句》其一

三峡传何处，双崖壮此门。
入天犹石色，穿水忽云根。

——《瞿塘两崖》

西南万壑注，勍敌两崖开。
地与山根裂，江从月窟来。

——《瞿塘怀古》

夔州（今四川奉节）古为巴东郡，在"中巴之东"。长江流到夔州，便进入了举世闻名的长江三峡第一峡——瞿唐峡。瞿塘峡入口处的夔门，其"门框"由南北对峙两座大山（赤甲山、白盐山）的峭壁构成。上面几首诗，紧扣峡江"高""险""急"等特征，笔力千钧，把长江瞿塘"高江急峡"写得极有气势。

类似的诗句还有："高江急峡雷霆斗，古木苍藤日月昏。"（《白帝》）"五更鼓角声悲壮，三峡星河影动摇。"（《阁夜》）"草阁柴扉星散居，浪翻江黑雨初飞。"（《解闷》）等等。将三峡一带的景物描绘得如此生动细致，在唐代诗人中是绝无仅有的。

在夔州的日日夜夜，杜甫是在痛苦、孤独和回忆、创作中度过的，他写了《壮游》和《昔游》两首长诗，回忆和感慨他的生平；写了《忆昔行》、《诸将五首》、《咏怀古迹五首》等，回忆和反思国家的历史；写了《八哀诗》，追忆和悼念他一生所崇敬的八位杰出人物。当诗人在萧瑟的秋风中登上夔州孤城，眺望茫茫秋色，感物伤情，忧思沉重，"因秋而感兴"，写下了以想望京都长安（"故国之思"）为主题的一组七言律诗——《秋兴八首》。这一组诗为作者惨淡经营之作，历来被公认为杜甫抒情诗中艺术性的巅峰，因为篇幅关系，下面仅录第一首与大家共赏之：

> 玉露凋伤枫树林，巫山巫峡气萧森。
> 江间波浪兼天涌，塞上风云接地阴。
> 丛菊两开他日泪，孤舟一系故园心。
> 寒衣处处催刀尺，白帝城高急暮砧。

　　这一首是"八首"中的纲领篇章，诗人用一派铺天盖地的秋色将渭原秦川与巴山蜀水联结起来，寄托自己的故国之思；用滔滔不尽的长江把今昔异代联系起来，寄寓自己抚今追昔之感。第一句写江边的秋色，玉白色的露珠，鲜红如火的枫树林，美艳的色彩与内心的感伤构成强烈的反衬，更让人触目惊心。第二句写巫峡雄浑阴森的气象，但见天气阴暗，两岸峭壁对峙，江水在狭窄的绝壁之间奔腾而过，一派萧瑟森然。三四句写进一步渲染"气萧森"的气氛，波浪汹涌，仿佛天也翻动；风云匝地，似与地下阴气相通，整个天地间到处弥漫着阴晦之气，分明是社会动荡不安、自身没有出路的象征。五六句写诗人已在夔州度过两个秋天，两次都因看到菊花而伤心留泪，为何伤心流泪呢？因为诗人一直想念着故园——我的孤舟就系在江边，但什么时候能够解绳东下，直抵魂梦所系的故园（京都长安）呢？最后两句写暮秋时节，人们都动刀动尺赶制寒衣，傍晚时分白帝城头传来的捣衣声一阵紧似一阵，让诗人不禁生出岁月催人、有家难回的感慨。这首诗从江边的枫树写起，一直写到暮色中的捣衣声，这满眼的秋色，满耳的秋声，"兴"出的是对国家、对人民的忧患情怀，"兴"出的是对自身的漂泊之感和故国之思。

　　《登高》是诗人在夔州的另一首著名诗篇，这是唐代宗大历二年（767年）重阳节诗人的登高抒怀之作。那天，56岁的老诗人迈着蹒跚的脚步独自登上夔州白帝城外的高台，登高远眺，望见萧瑟的秋江景色，引发了自身老病孤独的感慨，唱出了一曲"拔山扛鼎"式的悲歌：

> 风急天高猿啸哀，渚清沙白鸟飞回。

无边落木萧萧下,不尽长江滚滚来。

万里悲秋常作客,百年多病独登台。

艰难苦恨繁霜鬓,潦倒新停浊酒杯。

秋天和大江是杜诗中常见的意象。人说,读杜诗,首先要读懂他的秋天和大江。这首《登高》与《秋兴八首》"脉络相承",也是借长江萧条秋色表达自己悲怆心境的代表作之一。诗的前四句,描写登高所见之景。首联借风、天、猿、渚、沙、鸟六种景物,并以急、高、哀、清、白、飞等六字修饰,表明了节序和环境,读罢浓浓的悲凉的秋意便扑面而来。颔联更是状景逼真,为千古名句。"落木"而说"萧萧",并以"无边"修饰,如闻秋风萧瑟,如见败叶纷纷;"长江"而说"滚滚",并用"无尽"领起,如闻雷鸣涛声,如见浩荡水势。诗人真是大手笔,仅四句两联,便把萧瑟的秋天写得苍凉阔大,生动形象。其实,诗人不仅在写自然之秋,更是在写自己的人生之秋——后四句中的"万里悲秋",从距离和时令上烘托出悲哀之重;"百年多病",言迟暮之年百病缠身,痛苦之情可想而知。末联倾诉国事衰颓,身世坎坷,须发斑白,贫困潦倒,加之病魔附体,只好戒酒停杯,故虽有万般愁绪,也无从排遣。

五

"亲朋无一字,老病有孤舟",我原以为这两句诗是诗圣自己不幸人生遭遇的控诉,并非实写。但读了杜甫的诗文和后人为他写的传记之后,我发现这并非诗人的夸张之语,而是严酷现实的真实反映。令人伤心的是,诗圣的晚年,确实过着流浪的"舟行"生活,境况相当凄凉。

杜甫流寓夔州两年,因此地气候恶劣,自己又"多病故人稀",便于唐代宗大历三年(768年)正月离开夔州,出峡东下,辗转于江陵(今湖北江陵)、公安(今湖北公安)岳州(今湖南岳阳)一带。

在一个天气晴好的冬日,老病的诗人登上岳阳楼,远眺年轻时就心仪的八百里洞庭,心潮澎湃,诗兴难遏,为后世留下了著名的《登岳阳楼》:

昔闻洞庭水,今上岳阳楼。

吴楚东南坼,乾坤日月浮。

亲朋无一字,老病有孤舟。

戎马关山北,凭轩涕泗流。

这首诗向以"阔大沉雄"为人称道。尤其是诗的颔联"吴楚"两句,仅用十字，便把洞庭湖水势浩瀚形象逼真地表现出来。洞庭湖在长江北岸，因其浩阔广大，向有"八百里洞庭"之说。唐时，洞庭湖是我国第一大淡水湖。岳阳楼矗立于洞庭湖东岸，登楼可将洞庭全貌尽收眼底。在诗人的眼里，横无际涯的洞庭湖，仿佛划分开吴国和楚国的疆界（春秋时，吴国据湖东，楚国据湖西），日月星辰都像飘浮在湖水中一样。眼前的大好河山，并没让杜甫感到多少喜悦，自身的"老病"、飘泊，亲友的杳无音信，国家的动荡不安，这一切都让诗人心头沉重，难以自拔，无怪他凭栏远眺，不禁涕泪纵横了。

大历四年至五年，是杜甫生命中的最后两年，他居无定所，"以舟为家"，漂泊于岳阳、潭州（今湖南长沙）、衡州（今湖南衡阳）、耒阳（今湖南耒阳）等地。这时的诗圣，不但贫无立锥之地，而且重病缠身，肺病、疟疾、风痹、糖尿病等疾病如幽灵一般不离左右。

舟行洞庭，他看到洞庭湖畔的人民和他一样，挣扎在死亡线上，不禁悲从中来，写出了他晚年最重要的杰作《岁晏行》：

　　岁云暮矣多北风，潇湘洞庭白雪中。
　　渔父天寒网罟冻，莫徭射雁鸣桑弓。
　　……
　　楚人重鱼不重鸟，汝休枉杀南飞鸿！
　　况闻处处鬻男女，割慈忍爱还租庸。

船入湘江，在通往衡州的水路上，他看到了"开帆驾洪涛"的船工的辛劳："舟子废寝食，飘风争所操。"（《遣遇》）也看到了湘江两岸穷苦百姓的悲惨生活："石间采蕨女，鬻菜输官曹。丈夫死百役，暮返空村号。"

在风雨飘摇中，杜甫一家在沅湘一带又流浪了一年多。漂泊途中，他把无限的悲苦倾注在一首名为《逃难》的五言诗中：

　　五十白头翁，南北逃世难。
　　疏布缠枯骨，奔走苦不暖。
　　已衰病方入，四海一涂炭。
　　乾坤万里内，莫见容身畔。
　　妻孥复随我，回首共悲叹。
　　故国莽丘墟，邻里各分散。
　　归路从此迷，涕尽湘江岸。

垂暮之年，仍然贫病交加，居无定所，他感到人生已进入了穷途末路。

全诗字字血,声声泪,令人不忍卒读。

大历五年(770年)冬,百病缠身的杜甫倒卧船中,他知道自己来日不多,便拼尽全身力气,用颤抖的手写出《风疾舟中伏枕书怀三十六韵呈湖南亲友》这首绝笔长诗。诗中说,他本是满怀信心北归的,但长期颠沛流离的生活让他病势加剧,逼得他只好"转蓬""行药"(辗转求药)。自己病势沉重,行将不起,虽不能像许靖(汉末三国时名士,为了保全自己,转徙各地,先后投靠多人,刘备入蜀后投降刘备,蜀汉建国后受封为司徒)那样安顿好自己的家属,一身莫保,家事难安,但仍不能忘怀战乱不已、满目疮痍的国家。最后,他伤垂死而事无成,只能以涕泪作霖雨:

> 公孙仍恃险,侯景未生擒。
> 书信中原阔,干戈北斗深。……
> 战血流依旧,军声动至今。
> 葛洪尸定解,许靖力难任。
> 家事丹砂决,无成涕作霖。

这是杜甫的绝命诗,也是他为自己唱出的一首悲凉挽歌。此诗写完不久,诗人便在湘江的舟中死去,时年59岁。"青春作伴好还乡"对于诗人来说,成了一个永远也无法实现的梦。杜甫死后,家人把他葬于岳阳洞庭湖畔;40年后,他的孙子杜嗣业又把他的尸骨迎回他的老家,归葬于偃师首阳山下。岳阳现有一座为纪念杜甫而建的"怀甫亭",正面亭柱上还有这样一幅楹联,正记此事:"舟系洞庭,世上疮痍空有泪;魂归洛水,人间改换已无诗。""千秋万岁名,寂寞身后事!"(《梦李白二首》)这本是杜甫对李白命运不公的悲鸣,却不幸成了自身命运的预言。

好雨知时节

——杜甫与水（下）

雨本是一种自然现象，无情无意，到了文人笔下，却被刻意营造成中国古典文学中传统的抒情意象，融注了诗人的特有感受和情怀，具有了丰富的人生意蕴和审美价值。打开唐诗宋词集，雨声便会接二连三地"滴"在耳畔。

杜甫和李商隐都是唐代诗人中咏雨的高手，也是咏雨的多产作家。据统计，在杜甫留给我们的1400多首诗中，有50多首写到了雨，雨的意象出现了240多次。杜、李"咏雨"的共同特点是，都不以雨本身作为描写的主体，而是借雨发端起兴，表达自己的思想感情。不同之处在于，二者所寓之情大相径庭——"楚雨含情皆有托"，李商隐的"咏雨"诗所寓之情，多为一己的私情，"从我到雨，从雨到我"（王蒙语），与江山社稷无关，与民族百姓无涉。杜甫则不然，他的"咏雨"诗所寓之情，多为国家情、民族情、百姓情，与他的"三吏"、"三别"等史诗的思想是一以贯之的。

杜甫说："片云头上黑，应是雨催诗。"他笔下的雨，从自然特征而言，除了细雨、冷雨、暮雨和夜雨外，还有大雨、豪雨和暴雨（这三种雨在李商隐雨诗中是没有的）；从表达的感情角度来说，雨中有喜，雨中有雅，雨中有苦，雨中有愁，可归分为喜雨和愁雨两大类。

先看他笔下的"喜雨"。

雨，作为一种自然天象，它的来去多寡虽然不以人的意志为转移，但却与农业生产和百姓的生活息息相关。中国是个古老的农业国度，在生产力不发达的古代，靠天吃饭是主旋律，而这个所谓的"天"，其实主要是就降雨（也包括雪）的状况而言，风调雨顺，才会五谷丰登。正因如此，古人往往把滋润万物、唤起大地勃勃生机的雨，称作"甘露"、"甘霖"、"甘雨"、"醴泉"。但过犹不及，"久雨谓之淫"，淫，就是雨多成灾，同样严重危害庄稼的生长，故最可心的雨是应时而降，依时发生，适可而止。但风调雨顺只不过是人们的美好愿望，更多的时候是旱魃为虐，"大旱山岳焦，密云复无雨"（杜甫《雷》）。遇到天大旱，不但"故老仰面啼，疮痍向谁数"，诗人也忧心如焚，"罹此农事苦"（同上）：

  夏日出东门，陵天经中街。
  朱光彻厚地，郁蒸何由开。
  上苍久无雷，无乃号令乖。
  雨降不濡物，良田起黄埃。
  飞鸟苦热死，池鱼涸其泥。
  万人尚流冗，举目唯蒿莱。
  …………
  对食不能餐，我心殊未谐。

——《夏日叹》

这首诗写于杜甫被贬出京，就任华州（今陕西华县）司功参军之时。当时，关中一带赤日炎炎，久旱无雨，田地干得黄尘滚滚，鸟儿忍受不了苦热的煎熬，纷纷死去，周边的池塘干涸，鱼儿在泥浆中苟延残喘。严重的旱灾让诗人看在眼里，忧在心间，竟然吃不下饭、睡不好觉，悲天悯人之情尽显无遗。

每当盼来天降甘霖的时候，杜甫也像农民一样喜形于色，歌之咏之，于是我们看到了他数首以"喜雨"为题的雨诗。如《白水明府舅宅喜雨》：

  吾舅政如此，故人谁复过。
  碧山晴又湿，白水雨偏多。
  精祷既不昧，欢娱将谓何？
  汤年旱颇甚，今日醉弦歌。

天宝十四载（755年）夏，杜甫来到白水（今陕西白水），拜谒在那里作县尉的舅父崔顼。适逢这里久旱逢甘霖，作者欣喜万分，赋诗一首，为这里风调雨顺感到高兴,并用大碗喝酒大声唱歌的狂放方式表达自己喜悦的心情。

再如《喜雨》:

> 春旱天地昏,日色赤如血。
> 农事都已休,兵戈况骚屑。
> 巴人困军须,恸哭厚土热。
> 沧江夜来雨,真宰罪一雪。
> 谷根小苏息,沴气终不灭。
> 何由见宁岁,解我忧思结。
> 峥嵘群山云,交会未断绝。
> 安得鞭雷公,滂沱洗吴越。

赤日炎炎的旱情终于被一场迟来的夜雨浇得缓解了许多,农民有了希望,也减轻了官吏们的罪过,对此诗人颇感安慰。但雨量有限,不足以完全解除旱象,诗人那颗稍稍放松的心又紧了起来。他急切地期盼着高山源源不断地飘出乌云来(古人认为云"触石而生",故以山为云根),再给懒惰的雷公身上重重地抽上几鞭,让他鸣起惊雷,好让滂沱大雨把干渴的吴越大地浇透。这就是心忧天下,情系苍生的杜甫。

品读杜甫的"喜雨"诗,最经典的莫过于《春夜喜雨》:

> 好雨知时节,当春乃发生。
> 随风潜入夜,润物细无声。
> 野径云俱黑,江船火独明。
> 晓看红湿处,花重锦官城。

春雨贵如油。虽然雨不都是春雨,但却以春雨最为得时。这天夜里,春雨终于在人们酣睡的时候中淅淅沥沥地降了下来,诗人的喜悦之情也充满了心房,于是便脱口吟出了"好雨知时节,当春乃发生"两句,虽然朴实自然,却是对春雨就时而降的高度艺术概括。令作者喜上加喜的是,这种喜雨不是疾风骤雨,而是无声的、柔柔的细雨,在不知不觉间融入泥土、浸入庄稼的根须,化作生命的光与色。喜雨总会带给人生机与希望,作者绚烂的想象也飞出了窗外,经春雨的滋润,成都城内的花儿将会争相怒放。这种洋溢着浪漫色彩的联想,即是诗人即时心境生动而形象的吐露,同时也折射出诗人热爱生活、热爱自然的心境。题目中那个"喜"字在诗中没有露面,但"喜"意却溢满了全篇,这也是这首诗千百年来一直脍炙人口、魅力无穷的原因所在。

王蒙先生在《雨在义山》一文中评价《春夜喜雨》一诗时称赞杜甫"其心甚仁",真是说到了根处。春雨含情,润物无声,庄稼蓬勃,丰收可待。正是诗人心系民生,才以喜雨莅临为喜,以干旱无雨为愁。

在"穷年忧黎元,叹息肠内热"的诗圣眼里,不仅有喜雨好雨,更有愁雨、苦雨。凄风苦雨入诗,承载的多是他对国事政事的忧心和焦虑。"江上日多雨,萧萧荆楚秋"(《江上》),"雨声传入夜,寒事飒高秋"(《村雨》),"阑风伏雨秋纷纷,四海八荒同一云"(《秋雨叹三首》其二)……细细品味杜甫的"苦雨"诗,大多饱含"苦雨悲秋"的况味。有人统计,在杜甫写雨的50多首诗中,有半数以上是写秋雨的,而且这些诗大部分都笼罩着悲秋的氛围。悲秋,是中国文学史上永恒的主题之一,自宋玉唱响"悲哉秋之为气也,草木摇落而变衰"的悲秋之音起,千百年来悲秋的吟唱便不绝于耳。的确,每当秋天降临,人们的眼里便会呈现出万物凋零、处处萧瑟的景象,淅沥的秋雨,哀鸣的秋蝉,枯黄的秋草,飘落的秋叶,都会使人们尤其是生性敏感的文人墨客们触景生情,酝酿出悲秋的情绪来。我以为,"摇落深知宋玉悲"的杜甫,"万里悲秋常作客"的杜甫,之所以有相当的篇什的"咏雨"诗带着强烈的悲秋意识,这固然与他自身失意漂泊的境遇不无关系,更主要的是与他"风雨声入耳,家国事忧心"的仁爱情怀密不可分。

国家的破败,人民的苦难,个人的潦倒,使杜甫经常沉浸在无穷的惆怅和煎熬中,而自然界中的凄风苦雨常常"乘虚而入",把诗人引入愁肠百转、感物伤怀的氛围中,于是悲秋的情绪便在秋风萧瑟、秋雨绵绵中被"制造"出来。

史载,"天宝十三载,霖雨害稼,六旬不止。帝忧之,杨国忠取禾之善者以献,曰:'雨虽多,不害稼'。"玄宗竟相信了杨国忠的鬼话("以为然"),没有下令减免受灾地区的赋租,也没有采取任何救灾措施。杜甫为淫雨不住而忧心忡忡,他甚至发出了这样的呐喊:"吁嗟乎苍生,稼穑不可救。安得诛云师,畴能补天漏"(《九月寄岑参》),恨不能将云神打翻在地,将漏天补上。他还作《秋雨叹三首》,其中第三首揭露了杨国忠的谎言,对遭受水灾之苦的人民寄予深切地同情:

阑风伏雨秋纷纷,四海八荒同一云。

去马来牛不复辨,浊泾清渭何当分。

> 禾头生耳黍穗黑,农夫田父无消息。
> 城中斗米换衾裯,相许宁论两相直?
> ……
> 雨声飕飕催早寒,胡雁翅湿高飞难。
> 秋来未曾见白日,泥污后土何时干?
>
> ——《秋雨叹三首》其二

久旱伤农,久雨同样伤农。天宝十三载(754年)秋,长安一带淫雨绵绵,六十余日不止,四野八荒被无边无际的雨云蒙盖着。雨水泛滥,到处是水,连关中的两条大河"渭浊泾清"都分辨不清了。田野里的庄稼无法收割,稻穗和谷穗因长期浸泡在水里,或是发芽或是霉烂了。诗人关心农民的生计,却得不到他们一点消息。因为粮食收不上来(关中地区基本上颗粒无收),长安城中米价飞涨,一斗米可以换来一床被子(这两者本不等价,米贱被贵,相差悬殊),为了解除眼前的饥饿,城里的平民顾不得寒冬将临,纷纷抱被换米。已到了深秋季节,依然阴云蔽空,凄风苦雨没停歇的迹象。在暗影昏昏的苦雨世界里,想着主昏臣佞的政治、饥寒交迫的人民,诗人的心情格外沉重。

安史之乱爆发后,杜甫一家在成都草堂过上了一段相对安静的田园生活,但田园里不仅有"细雨鱼儿出,微风燕子斜"的惬意,也有狂风暴雨的发作,每当这时,杜甫都会触景生情,想到风雨飘摇的国家和流离失所的人民。这年八月,秋风怒号,把草堂顶上的三重茅草都给卷走,茅草或挂在林梢,或沉入塘坳。黄昏时风停下来了,但黑墨般的乌云又布满了天空,雨哗哗拉拉地下了一夜,屋里到处漏雨,没有一块干地,他在无眠的长夜唱出了悲凉的《茅屋为秋风所破歌》:

> 床头屋漏无干处,雨脚如麻未断绝。
> 自经丧乱少睡眠,长夜沾湿何由彻?
> ……
> 安得广厦千万间,大庇天下寒士俱欢颜,风雨不动安如山!
> 呜呼,何时眼前突兀见此屋,吾庐独破受冻死亦足。

茅屋被秋风吹破,在床头屋漏、雨脚如麻的凄风苦雨之夜,面对如此不堪的生活,诗人仍然胸怀天下,想着流离失所的苍生,期望着"安得广厦千万间,大庇天下寒士俱欢颜,风雨不动安如山"!这是一种石破天惊的呼喊,这是一种无比崇高的呼喊,有了这种呼喊,杜诗才升华为"诗史",杜甫才升格为"诗圣"。

写到这,我忍不住感慨起来:如果杜甫只有"采菊东篱下,悠然见南山"的情怀,他就与东晋的陶渊明一样,只能成为一个田园诗人而与"诗圣"这个称号无缘了;如果杜甫也像那些见月伤怀、听雨落泪的小文人那样,只顾哀叹个人命运的不幸,毫不理会民间的啼饥号寒,他充其量只能是个诗人而与"伟大"这个词汇无缘了。但诗圣就是诗圣,即使自己赖以生存的茅屋被大风刮破,他首先考虑的不是自己,而是天下那些连茅屋都住不上的"寒士"。由此,我不禁想起了冯至先生在《杜甫传》中说过的一段意味深长的话:"人们提到杜甫时,尽可以忽略他的生地和死地,却总忘不了成都的草堂。"后人把对杜甫的爱寄托在草堂身上,经过精心的呵护,这座简陋的茅屋经过了千余年的风雨,至今仍岿然独存。每次置身其中,我都会心生感动,肃然起敬,仿佛还能感受到诗人那颗充满仁爱的伟大心灵的律动。

唐代宗广德元年(763年)春,历时八载的"安史之乱"终于平定,正当人们欢欣鼓舞的时候,没想到这年七月,西部烽火再起,吐番猖狂进犯(一度攻占京师长安),病弱的大唐又面临着新的危机。此时,杜甫因避成都之乱寓居东川梓州。一天,杜甫独自江边徘徊,面对兵连祸接、生灵涂灰的现实,望着淅淅沥沥连绵不休的秋雨,心中的惆怅越来越浓:

莽莽天涯雨,江边独立时。
不愁巴道路,恐湿汉旌旗。
雪岭防秋急,绳桥战胜迟。
西戎甥舅礼,未敢背私恩。

——《对雨》

秋雨连绵使人愁,但诗人想到的不是个人行旅的不便,而是冒雨行军、赶往前线抵御吐番的大唐将士们,他担心秋雨中的蜀道更加泥泞难行,他忧虑恶劣的环境下取胜的艰难,他期盼着早日平息战乱民,尽快看到河清海晏、天下太平。

大历初年,杜甫困居夔州,在不到两年的时间里,共写了10首"咏雨"诗,其中《雨二首》借雨抒情,表达出对侵略者的憎恨以及对抵御外辱的战士的同情。当然,诗人的忧虑的目光不仅盯着征途、战场,还延伸到战乱之后萧条的村庄、人民的痛苦,《白帝》就是表达这样思想的一首:

白帝城中云出门,白帝城下雨翻盆。

高江急峡雷霆斗，古木苍藤日月昏。

戎马不如归马逸，千家今有百家存。

哀哀寡妇诛求尽，恸哭秋原何处村。

乌云浓结，大雨倾盆，三峡之水猛涨，水势益急，声如雷霆。如此风狂雨猛、江峡水湍，实际上是为了衬托现实社会血雨腥风的形势。战乱频仍，原野萧条，只有几匹无主的"逸马"在荒原上闲逛；十室九空的荒村，满目凋敝，只看见几位孤苦无依的寡妇，凄惨哀伤，恸哭之声传遍秋园荒村。

"处江湖之远则忧其君"。尽管杜甫对皇帝的昏庸、朝廷的腐败非常不满，但在他的骨子里的忠君思想仍然根深蒂固——杜甫的忧国之心有时也表现在他的忧君的心理上——在封建社会，尤其是抗御外敌入侵的非常时期，忠君与爱国常常是分不开的。他的《江上》就表达了这种思想：

江上日多雨，萧萧荆楚秋。

高风下木叶，永夜揽貂裘。

勋业频看镜，行藏独倚楼。

时危思报主，衰谢不能休。

江上多雨，荆楚悲秋。诗人凭栏远眺，但见秋风秋雨伴着纷纷秋叶，洒满江天。在这萧瑟、凄寂的境况中，诗人寒夜枯坐，揽视旧时貂裘，早已破烂不堪，但自己却功业无成、济时无望，不禁悲从中来。但诗人并没有因此丧失斗志，犹然壮心不已：在安史之乱和西戎（吐番、回纥）入侵、国家多难的关头，诗人坚定地站在国家的代表——皇帝一边，即使自己老迈衰朽也难移其志。

大江东去

——苏轼与水（上）

一

品赏苏轼的作品（包括诗文和书画），品读苏轼其人，我发现，苏轼真是个千年难遇的天才人物。他的学问、胸襟、识见处处过人，诗、文、词、书、画等方面在才俊辈出的北宋时代，均达到了登峰造极的境界，用现在流行的话说，他真是太有才了！他是一流的文学家，为北宋继欧阳修之后的文坛领袖，"其文涣然如水之质，漫衍浩荡，则其波亦自然成文"（释德洪《跋东坡池录》），为唐宋古文"八大家"中的翘楚；其诗笔力雄健，穷极变幻，为宋诗的发展开辟了新道路；其词冲破了"诗庄词媚"的界限，开豪放词的先河。他是一流的书画家，他的书法造诣极高，自创一家，与黄庭坚、米芾、蔡襄并称"宋四家"；善画竹木怪石，为独树一帜的画家。他是一流的官员，在杭州、密州、徐州、颍州等地任地方官，政绩显赫，深得人心。

苏轼，字子瞻，号"东坡居士"，公元 1037 年出生于今四川省眉山县境内；66 年后，即公元 1101 年，苏轼走完了他富有创造和传奇的一生。本来，一个人的生死是件很平常的事，但在民间，苏轼这位天才人物的生死却与这样一则神秘的传说相联系：苏轼出生以后，他的家乡那座草木繁盛、风光秀丽的彭老山忽然变成了荒山秃岭，鸟兽也随之绝迹。1101 年，当苏轼走完人生的旅途与世长辞后，彭老山又变得郁郁葱葱起来。人们开始不解其意，后来便恍然大悟，这样评说这种奇特的现象：原来，一代文豪苏轼诞生后，便把彭老山的灵秀之气全都钟毓在他身上，因而地力尽倾，生机全无；而当苏轼撒手人寰后，风水英气又回到彭老山上，溪涧弹琴，百花争艳，草木繁茂，云蒸霞蔚。传说当然不足信，但在笃信天人感应的古老中国，这则传说却又意味深长：天才人物的生与死都不同凡响。

"吾家蜀江上，江水绿如蓝"（苏轼《东湖》），"蜿蜒回顾山有情，平铺十里江无声。孕奇蓄秀当此地，郁然千载诗书城。"（陆游《眉州披风榭拜东坡先生遗像》）。在山清水秀的大自然的养育下，在浓郁文化氛围的浸润下，在严父慈母的言传身教下，聪慧异常的少年苏轼发奋向学，刻苦攻读，与时俱进地成长着进步着。

古人说："学而优则仕。"经过十载寒窗苦读，苏轼在21岁时出川赴京（今开封）参加科考，一举中的，成为大宋朝的一名进士。几年以后，苏轼参加制科考试。"制科"不同于三年一次的进士、明经一类的常规考试，而是由皇帝下诏亲自主持、为选拔非常人才而特设的一种考试。制科考试极严，应试者寥寥，及第者极少。终两宋三百余年，开制科22次，入等者不过区区41人。嘉祐六年（1061年），八月，苏轼以"贤良方正直言极谏科"考入第三等（宋代制科惯例，一、二等皆虚设，实际最高等级为第三等），为"百年第一"。

一举成名天下知。抱着"致君尧舜"的火红理想，春风得意的苏轼走上服官济世的征程。作为一名封建士大夫，一旦踏上仕途，他的生命就注定一多半不属于自己。历史写满了更迭演变，政治翻卷着波谲云诡，才高八斗的苏轼能够在充满微妙与暧昧的封建官场上走得顺风顺水吗？后来的事实给出的答案是：不能！他因才太高、性太直，特别是"性不忍事"、疾恶如仇、专唱反调，难以见容于朝廷，几度被贬官流放，甚至差点因"乌台诗案"丢了性命。但他毕竟是个智者，在希望与失望、亢奋与凄凉、荣耀与孤独中，他更加深刻地领悟到宇宙与人生的真相，更给我们留下了"郁郁乎文哉"的诗文书画，名篇佳作，和做人豪放旷达的风骨。

人杰地灵，英才出焉。苏轼曾称自己"我性喜临水"，水对这位智者这位天才人物的锻造和文学艺术乃至道德修养等等有什么影响呢？带着这个问题，我怀着极大的兴趣走进了东坡先生的人生世界，试图在与他的神交中寻找出我所要的答案。

二

苏轼时代，黄冈叫黄州，是一座偏僻萧条的江边小镇。苏轼与黄州结缘是厄运使然，充满辛酸与悲凉。

自熙宁五年（1072年）通判杭州起，苏轼一直在京外任地方官，由于远离京师这个政治风云的旋涡，苏轼大逞才干，把杭州、密州、徐州等地治理得井井有条。元丰二年（1079年）三月，正当落花满地、飞絮撩人的暮春时节，苏轼又来到了湖州知州的任上，正当他精心筹划着为湖州百姓多办一些实事、好事的时候，万没想到的是，一场人生灾难在悄然间逼近了他——这年七月，经李定等一帮屑小的罗织，他以"诗文中讽喻朝政"的罪名，下了"乌台"的大狱。多亏大宋朝有不杀士大夫的惯例，加之神宗皇帝惜才，在囚禁了130天后，苏轼终于从幽暗的监牢中走了出来，并于元丰三年（1080年）二月以罪臣的身份投荒来到黄州贬所，其正式官衔是：检校尚书水部员外郎、充黄州团练副使（相当于民间保安队的副队长），本州安置、不得签署公事。这表明，苏轼的职务不但低微，而且还是个挂名而已，不但无权参与公事，而且是当地州郡的看管犯官，性质近于流放。以45岁的盛壮之年而身处放逐之中，苏轼是怎样度过人生危机的呢？

苦难是人生中的不幸，但苦难同时也往往是人生的宝贵财富。面对苦难，凡夫俗子们给予的多是怨愤，怨世道不公，怨自己命运多舛，更有甚者，还有人还在怨中沉沦，变得猥琐、颓废。但智者如苏轼，虽然也曾悲叹过："万事如花不可期，余年似酒哪禁泻"（《次韵前篇》），也曾忧恐过："长江滚滚空自流，白发纷纷宁少借。"（同上），也想退隐过："小舟从此逝，江海寄余生"（《临江仙·夜归临皋》），但他没有被这种阴郁的情绪长期主宰，而是很快便从痛苦的深潭中挣脱出来，"他变得更加光明、温暖、亲切、宽容人，更加平和恬适、自然真率，充满了闪耀着智慧光彩的成熟的幽默感，也充满了宁静隽永、淡泊清空的审美情趣"（王水照、崔铭《苏轼传》）。如果说诗案之前，苏轼的诗文是以致君尧舜的政治豪情为主旋律的话，那么诗案以后，他的作品则越来越转向大自然，转向人生体悟。

黄州虽属"陋邦"，但临江带山，"长江绕廓知鱼美，好竹连山觉笋香"（《初到黄州》），水中的鲜鱼，山间的新笋，江城的一切风物都给政治失意的苏轼带来莫大的慰藉；与此同时，他还常常"扁舟草履，放浪山水间"（《与王庆源》），在自然的怀抱中疗治受伤的心灵。黄州"陋室"中虽无高朋列座，但没有机关巧算的纯朴乡邻却让他感到人情的温暖。诗案以前，苏轼尚儒，有着强烈的进取精神和社会责任感；诗案以后，严酷的现实让他投向了佛老的怀抱，以期在宗教的世界中使自己得到"超度"。在黄州，他每每沉浸在"物我相忘，身心皆空"的禅定状态中。不过，他并没有颓废，为了不辜负谪居赋闲的时光，他经常躲进书斋中，或著书立说，或研习书法、绘画，不断在精神文化的海洋中畅游着。在黄州住了一年多以后，经济日见拮据，为了生计，苏轼带领全家人在位于郡城东门小山坡上一块废弃的营地上开荒种地，过起了"晨兴理荒秽，带月荷锄归"的田园生活。因新垦的这块荒地恰在黄州东门之外，苏轼援引白居易在忠州东坡垦地种花的故事（白居易在任忠州刺史时，曾在忠州东坡垦地种花，他在《东坡诗》中写道："朝上东坡步，夕上东坡步。东坡何所爱，爱此新成树。"）给这块地取名东坡，他也自号"东坡居士"。苏轼的"东坡"之号便由此而来。他还在东坡上辟出一地盖了一间农舍，取名"雪堂"，作为与朋友们诗酒唱和之所。

我们看到，在苏学士充满诗意、爱意和禅意的眼光中，平常的黄州山水一天天变得美丽动人起来，他这样赞美他住宅周边的环境："寓居去江干无十步，风涛烟雨，晓夕百变，江南诸山，在几席上，此幸未始也。"（《与司马温公》）他这样表现那条通往东坡、雪堂的黄泥路的美质："大江汹以左缭兮，渺云涛之舒卷；草木层累而右附兮，蔚柯丘之葱蒨。"（《黄泥阪词》）他这样描摹月夜旷野溪边的迷人春色："照野弥弥浅浪，横空隐隐层霄。障泥未解玉骢骄，我欲醉眠芳草。可惜一溪风月，莫教踏碎琼瑶。解鞍欹枕绿杨桥，杜宇一声春晓。"（《西江月》）后来，他离开黄州，有时还忍不住怀想着那里一年四季的如画风景：

君不见武昌樊口幽绝处，东坡先生留五年。

春风摇江天漠漠，暮云卷雨山娟娟。

丹枫翻鸦伴水宿，长松落雪惊昼眠。

桃花流水在人间，武陵岂必皆神仙？

——《书王定国所藏烟江叠嶂图》

尽管此时苏轼崇道尚佛，常常进入"庄周化蝶、物我皆忘"的化境，但他骨子里的"儒家精神"并没有完全泯灭，有时一不留神便强烈地表现出来：

山下兰芽短浸溪，松间山路净无泥，

萧萧暮雨子规啼。

谁道人生无再少，门前流水尚能西，

休将白发唱黄鸡。

——《浣溪沙》

  这首词作于元丰五年（1082年）春，是苏轼来到黄州（今黄岗）的第三个年头。那天，苏轼与友人同游于蕲水（今湖北浠水县）城外约二里处的清泉寺。见到寺的周边一派幽雅景致：山下溪水潺潺，溪边的兰草抽出嫩芽，已由岸边蔓延至溪中。松柏夹道的沙石小路，经过春雨的清洗，洁净无泥。时值日暮，松林间的杜鹃鸟在潇潇细雨中啼叫着。作者漫步溪边，愉快地欣赏着周边的佳景，即使是杜鹃啼声凄婉，也没能让他见景伤情。回眸间，他发现了"溪水西流"的奇特景象。中国的地理大势是西高东低，河流通常是由西向东滚滚奔流，但此处的兰溪却由东向西流淌，这触动了诗人那根敏感的神经，他忽然产生了这样奇妙的遐想：既然溪水可以西流，人为什么不可以返老还童呢？白乐天的"黄鸡催晓""白日催年"的诗句，岂不太消沉了。言下之意是：我苏轼虽陷人生的苦境，但绝不会自暴自弃，也不会因人生易老而自伤朱颜凋失。透过这首词，我们看到了作者热爱生命，热爱生活，乐观旷达的人生态度。

  由这首词，我又想起作者于熙宁六年（1073年）写的另一首诗："江边身世两悠悠，久与沧波共白头。造物亦知人易老，故教江水向西流。"（《八月十五日看潮五绝》其三）熙宁四年（1071年），苏轼自请外任，通判杭州，并没有多少失意之感。即使如此，当他看到钱塘江潮逆流而上的景象时，仍不免发出了"造物亦知人易老，故教江水向西流"的感慨。而此时的苏轼则以待罪之官的身份被贬到偏僻的黄州，面对"命压人头无奈何"的逆境，居然能有如此充满青春活力的呐喊，真是难得的很！

三

  巨大的挫折促进了他思想的成熟，深刻的思考使他对人生看得更透彻，从而使他在人生的低谷中迎来了思想艺术的成熟，"穷而后工"，于是苏轼的文学之路攀上了一个风光无限的峰巅。

  在黄州，苏轼三咏赤壁，成为流芳千古的绝唱。

  黄州城西北长江之滨，耸立着一座红褐色石崖，形状似鼻，故又称赤鼻山或赤鼻矶；又因岩石屹立如壁，也称赤壁。晋代以来，赤壁之上相继建起了横江馆、涵晕楼、栖霞楼、月波楼和竹楼等著名建筑,成为观景览胜的佳所。赤壁之下,江面开阔,波翻浪涌,蔚为壮观。

早在来黄州第一年(元丰三年)八月,苏轼就带着长子苏迈驾一叶小舟夜游赤壁,尽兴而归。事后,他曾乘兴写过一篇短小优美的游记记下这次游览的情况。自此以后,赤壁一带便成为苏轼经常光顾的地方。

元丰五年(1082年)暮春四月的一天,苏轼又一次来到黄州赤壁,站在矶头,凝望滚滚东去的长江,聆听着惊涛拍案的轰响,不禁思绪飘渺,浮想联翩,仿佛来到了那场改变历史的著名战役——赤壁之战的战场。那场战争发生在东汉建安十三年(208年),当时"挟天子以令诸侯"的曹操在基本平定了北方后,便把兵锋指向了盘踞江南的东吴。东吴孙权与蜀汉刘备联合,以五万兵力抗击曹操20万大军,大江鏖战,巧用火攻,大败曹军,争得魏、蜀、吴三足鼎立局面。而这场战役的主角、吴蜀联军的主帅周瑜,年仅34岁,他雄姿英发,潇洒从容,一派儒将风度。由周瑜,他又想到了曹操、孙权、周瑜、刘备、诸葛亮以及历史上许多叱咤风云的英雄豪杰。想完古人,苏轼又想到自己,对比起周瑜破曹时只有区区三十四岁,而自己快五十岁的人了,功业未成,华发早生,而现在能做的,仍只在赤壁矶头发思古之幽情。但他很快又从悲哀中超脱了,长江后浪推前浪,是非成败转头空,即使得志又如何?随着时光的流逝,那些煊赫一时的英雄人物连同他们的辉煌业绩,犹如被长江大浪淘洗一般,逐步褪色,不也变成了历史的陈迹了吗?自己汲汲于一时的功名富贵,岂不迂腐可笑?!在俯仰古今、感慨万千中,那首著名的《念奴娇·赤壁怀古》横空出世了:

> 大江东去,浪淘尽、千古风流人物。
> 故垒西边,人道是、三国周郎赤壁。
> 乱石穿空,惊涛拍岸,卷起千堆雪。
> 江山如画,一时多少豪杰。
> 遥想公瑾当年,小乔初嫁了,雄姿英发。
> 羽扇纶巾,谈笑间、樯橹灰飞烟灭。
> 故国神游,多情应笑我,早生华发。
> 人生如梦,一樽还酹江月。

苏轼用"以诗为词"的手段革新词风,创立了豪放词派,冲破了晚唐五代以来"诗庄词媚"的界限,扩大了词的题材,丰富了词的意境,给词坛带来一种清新超拔的气象,"词至东坡,倾荡磊落,如诗,如文,如天地

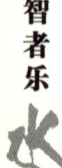
智者乐水

奇观"（刘辰翁《辛稼轩词序》）。这首词堪称豪放词的代表作。词中饱含着苏轼壮心消磨殆尽的悲凉，但这悲凉并不等于消沉，作者将这悲凉融入到壮阔的江山与久远的历史中，激荡着史诗般磅礴的壮气，这是强者的悲啸，而不是弱者的悲泣。从起句的"大江东去"，到"乱石"以下几句，写万里长江及惊涛拍岸的壮观景象；从起句的"千古风流人物"到"一时多少豪杰"再到"遥想公瑾当年"，将浩荡江流与千古人事并收笔下，是这首词的鲜明特征。而滚滚东流的万里长江，在词中具有了历史长河般的恢宏意象：历史的长河滚滚向前，即使是千古风流人物也经不住它的冲刷，人事沧桑，逝者如斯，谁都无能为力！但"大江东去"的意象同时也告诉我们这样的人生感悟：与浊世不惧同尘，露锋芒以求光照。因为人生如梦，生命更值得珍惜，消极悲观不是人生的真谛，超越飞扬才是生命的壮歌！

　　值得注意的是，这首词还给我们透露出的另一条重要信息，即苏轼对于黄州赤壁是否就是三国时赤壁之战的故地是持审慎态度的，其中"人道是"三个字就表明黄州赤壁具有传说的味道。但有如此雄丽至极、横绝古今的《大江东去》一出，黄州赤壁是否"三国周朗赤壁"还重要吗？

　　这年初秋，苏轼又二次舟游赤壁，写下了著名的《前赤壁赋》和《后赤壁赋》。

　　七月十六日晚，苏轼与朋友架一叶小舟，来到黄冈赤壁之下的长江中游玩。蜚声古今的《前赤壁赋》就在这次纵情漫游中诞生了：

　　　　壬戌之秋，七月既望，苏子与客泛舟游于赤壁之下。清风徐来，水波不兴。举酒属客，诵《明月》之诗，歌《窈窕》之章。少焉，月出于东山之上，徘徊于斗、牛之间。白露横江，水光接天。纵一苇之所如，凌万顷之茫然。浩浩乎如凭虚御风，而不知其所止；飘飘乎如遗世独立，羽化而登仙。
　　　　……

　　一轮明月映于波平浪静的江面，送爽的清风也遂人意地徐徐吹来，茫茫白露弥漫大江，水光天色浑然一体。有此良辰美景，主客对酌于舟中，好不惬意。苏子一面举杯向客人敬酒，一面轻声吟唱起《诗经·陈风》中那首优美的《月出》："月出皎兮，佼人僚兮。舒窈纠兮，劳心悄兮。"似乎受这歌声的感召，不一会，月儿从东山顶端缓缓地露出，徘徊在斗宿星座与牛宿星座之间。一时间，白蒙蒙的雾气笼罩江面，水光一片，与天相连。苏子与朋友驾着这一叶小舟，飘浮在辽阔苍茫的江面上，就仿佛腾云驾雾一般，而不知自己要飞向何处；飘飘然，又像脱离尘世，无牵无挂，变成飞升仙界的神仙。为了不辜负这良辰美景，苏子"扣舷而歌之"："桂棹兮兰桨，击空明兮溯流光。渺渺兮予怀，望美人兮天一方。"道士朋友忍不住和着歌声吹起了洞箫。歌声停了，箫声依旧呜咽，好像有一种深切的哀怨，又好像是一种难言的思慕，像是哭泣，又像是倾诉……。

本来，月夜美景和大江泛舟给他们带来了飘飘欲仙的感觉，但凄凉的箫声、悲哀的旋律令原本快乐的气氛陡然沉重起来。于是便有了道士朋友一番惆怅的感慨：当年"酾酒临江，横槊赋诗"的大英雄曹操，何等的英武豪迈，可是，他现在又在哪里？不也在历史的波涛中消失得无影无踪吗？人在天地之间，不过"寄蜉蝣于天地，渺沧海之一粟"。我哪能不"哀吾生之须臾，羡长江之无穷"呢？

听完朋友一番从凡人"小我"之见出发的议论，苏东坡并没有"随波逐流"，却从"真人""大我"之见出发，从眼前的水月立论，阐发了变与不变的哲理："逝者如斯，而未尝往也；虚盈者如彼，而卒莫消长也。"水在流逝，月有盈亏，是变；前浪虽去，后浪又来，月落而又升，盈虚往复，这又是不变。这里，长流不已的长江之水和永远高挂天穹的一轮明月，又成了作者心中不朽之精神生命的象征，正所谓"则物与我皆无尽也"！

纵观《前赤壁赋》，全篇从乐到悲，又以乐作结，运用了主客对答体这一赋的传统形式，但已不是简单的借设问以说理，实际上是作者的心灵独白，展示了他"乐—悲—乐"的心路历程。我们既看到了世俗的苏东坡，他有怀才不遇、壮志难酬的深深苦闷，也有人生易老、生命不永的深深悲哀，甚至想"渔樵于江渚之上，侣鱼虾而友麋鹿"，"驾一叶扁舟，举匏樽以相属"，逍遥度日，虽有些消极，却也属人之常情。同时，我们更看到了超然旷达的苏东坡，他在俯察人与自然的关系后，发现非常契合庄子《齐物论》的思想：其实，人与自然之间是一种"合一"的关系，只要在与自然相处中努力追寻自己生命的价值，每个生命都会与长江、明月一样获得永生长存、无穷！

另外，这篇文章对赤壁段的大江景致描绘得颇为精妙传神。你看，月夜下的秋江，银光闪闪，"清风徐来，水波不兴"，"白露横江，水光接天"；一苇小舟浮在茫茫的江面，江流船动，御风乘浪，舟上主客把酒临风……随着作者的纵笔挥洒，读者只感到眼前一片充满诗情画意的风景，与泛舟夜游的主客一同陶醉于美的意境之中。我们不能不说：在这篇犹如弦歌洞箫般哀怨，又如行云流水、清风明月般的美文中，我们既尝到了"文"的美味，又获得了"哲"的启发。

苏轼没有专门的文论著作，但在他的部分散文与诗歌特别是他与后辈往来的书札中，提出了一些可贵的文艺见解。苏轼早年随父亲苏洵出三峡，下长江，受自然景物的影响，认为诗文创作要象山川的云兴雾起，草木的花开结果，是由内容充实郁勃而自然的表现出来，而不要过于拘泥文章本身的工拙问题（《江行唱和集叙》）。有趣的是，苏轼也爱用水的来比喻、阐发观点。他认为最好的文章，"大略如行云流水，初无定质。但常行于所当行，止常于所不可不止。文理自然，姿态横生"（《答谢民师书》）。意思是说，作文要如行云流水一样，原本无一定的形式，飘荡流动，当行则行，当止则止，文理毫不做作。千姿百态，舒卷自如。我们读苏轼的《前赤壁赋》，正如他所论的那样，风格平易流畅，清丽俊逸，飘忽如行云，奔放若流水。

如果说《前赤壁赋》以说理为主，表达了作者对于天人关系的透彻了悟，那么《后赤壁赋》则是承续上文，以写景叙事为主，从现实的情境中践行着这番了悟。那是个"木叶尽脱"的深秋之夜，苏轼会同二位好友"携酒与鱼，复游于赤壁之下"。读这篇赋，我们可以鲜明地感到那种随缘任性的心态，旷达开朗的胸怀。一如江山景色，四季更迭，发乎自然，毫无刻意造作之痕迹。文中有一段初冬江中景色的描写，笔墨洗练，声形并茂：

　　江流有声，断岸千尺。山高月小，水落石出。曾日月之几何，而江山不可复识矣。

作者泛舟赤壁之下，先见到的是一派惊涛拍岸、猛浪若奔，怪石嶙峋，犬牙交错的雄险景象；转过头来，又看到了一幅高山吐月、流光空明，江水低浅、暗礁探头的奇秀图画。

苏轼在赤壁的创作活动，让赤壁平添了文化的光彩。于是，清人干脆把黄州赤壁命名为东坡赤壁。那次，我去武汉出差，办完公事，正赶上双休日，朋友盛情挽留，我便"顺坡下驴"，真的留了下来。朋友问我，想到哪里一游？我说，如果方便，我想到苏东坡"大江东去"中的赤壁一游。我知道赤壁有真假（或"文赤壁""武赤壁"）之说，我也知道历史上真正的赤壁之战发生在黄冈以西的嘉鱼（尚有蒲圻、武昌等不同说法）一带的大江上，故特别强调要到"文赤壁"一游。朋友说，那可是个假赤壁。我说，冲苏学士的"一词二赋"，我也得去一趟，真假无所谓。于是周六一大早,朋友开车,直奔黄冈而去。

东坡赤壁坐落于黄州古城之外的长江北岸。一来到这里,我便瞪大双眼寻找"惊涛拍岸"的赤壁,但根本找不到东坡文本中的感觉。原来,经过千百年的沧桑,长江之水已退出五里之外,让出一片开阔的江滩。现实的情况是,东坡赤壁早已被聪明的黄州人辟成公园。公园内游人如织,我知道,他们和我一样,也是冲着苏东坡和他的"一词二赋"来的。虽然彼时的赤壁已成为历史的记忆,但大家仍然兴致盎然。我忽然悟出这样一个道理:东坡赤壁早已长在了我们每个人的心里,纵然现在的东坡赤壁与想象中的相距甚远,因为它的仙气、灵气早已扎根于东坡的词赋中,现实的真伪反而不那么重要了。进入公园大门向前走不远,便可见红岩壁立,树木参天。拾级而上,再经过一座古门,便是著名的东坡赤壁了。矶上遍布亭台楼阁,为典型的江南园林样式。赤壁最重要的景点当属二赋堂,堂内正中木壁高约两丈,木壁前后分刻前、后《赤壁赋》,前为楷书,豪迈俊逸,为清人程之祯所书,后为魏书,古朴遒劲,为近代书法家李开先所书。临风向壁吟咏这些通达高迈的文字,胸中的超拔旷达之情油然而生。登上位于赤壁矶最高处的栖霞阁,凭栏远眺,如画江山尽入眼底。在赤壁广场,我特意在那尊高6米的东坡雕像前驻足拜谒,高大的大理石基座上,一代文豪手握书卷昂首远眺大江,似乎在构思新的"大江东去"。见到我,他似乎在问:"赤壁之游乐乎?"

四

黄州有个"东坡赤壁",杭州还有个"东坡西湖"——这个称谓古人今人都没说过,算是我的一个"发明"吧。有趣的是,苏轼一生曾与三个西湖结缘,除了杭州西湖外,还有颍州(治今安徽阜阳)西湖和惠州(治今广东惠阳东)西湖,故人言"东坡到处有西湖"。

先说被我冠名"东坡西湖"的杭州西湖。在三西湖中,苏轼与杭州西湖认识最早,相处时间最长,感情也最深。两度出任杭州地方官的苏轼,前后在杭州度过了5年相对稳定而惬意的时光,而杭州的西湖则成了他朝夕相处的伙伴。直到今天,"苏公堤"、"三潭印月"、"东坡肉"等,还在娓娓诉说着苏轼与杭州尤其是与西湖的故事。

苏轼与杭州西湖第一次结缘,是在熙宁四年(1071年)十一月,当时他任杭州通判(相当于州的副长官)。首次临杭,他便情不自禁地陶醉于杭

州一带的湖光山色之中，感受着前所未有的清新、宁静和愉悦。杭州最负盛名的是西湖，苏轼与西湖一见钟情，西湖的妩媚将他的诗心和灵感重新激发起来，他一次又一次地把多情的诗章送给她。

他喜欢新月初升的西湖：

新月如佳人，出海初弄色。

娟娟到湖上，潋潋摇空碧。

——《宿望湖楼再和》

在深碧莹洁的夜幕上，一轮新月像一位多情的二八佳人，跃出海面，迈着款款的莲步，优雅地徘徊在西湖之上，微风徐来，柔波轻动。他惊喜于西湖风雨中的情韵：

黑云翻墨未遮山，白雨跳珠乱入船。

卷地风来忽吹散，望楼湖下水如天。

——《六月二十七日望湖楼醉书五绝》之一

夏天的西湖，阴晴不定，忽风忽雨，千姿百态。这天，作者在望湖楼饮酒时就见到了西湖狂风骤雨和雨后天晴的景象：风起云涌，乌云翻滚如同泼墨，还没有遮住天空，狂风便挟带着白花花的雨点似珍珠一般乱蹦乱跳地窜上了船。一会的功夫，忽然卷地而来的一阵大风吹得云开雨散，风雨之后的西湖波光粼粼，水天一色，格外清新。

他对西湖的四时景色有着深刻的记忆：

夏潦涨湖深更幽，西湖落木芙蓉秋。

飞雪暗天云拂地，新蒲出水柳映洲。

湖上四时看不足，惟有人生若飘浮。

解颜一笑岂易得，主人有酒君应留。

——《和蔡准郎中见邀游西湖三首》之一

春天西湖明媚，新蒲出水，垂柳映湖；夏天西湖水涨湖深，幽蓝醉人；秋天西湖沉静，粉红、洁白的芙蓉花次第开放；冬天西湖云雪茫茫，水天相结……真可谓"湖上四时看不足"！用寥寥数语，交错描写了西湖的四时景色。

他深情地眷恋着西湖，每次游湖，总是流连忘返，常常深夜方归：

我饮不尽器，半酣味尤长。

篮舆湖上归，春风洒面凉。

行到孤山西，夜色已苍苍。

苏东坡好酒，但酒量有限，"饮少辄醉"，而且往往醉翁之意不在酒，在乎西湖之间也。这不，还没饮上几杯，人就处于半酣的状态——酒不醉人人自醉，这醺醺的醉意，多半是因为西湖的美。

不过，细品苏轼咏西湖的诗，我以为最脍炙人口者，还是大家公认的《饮湖上初晴后雨》：

水光潋滟晴方好，山色空蒙雨亦奇。

欲把西湖比西子，淡妆浓抹总相宜。

看那西湖，就像绝代佳人西施，浓妆淡抹，丽质天成，无论是晴天雨日，总是妩媚动人，令人赏心悦目、心旷神怡。浅显的文字，贴切的比喻，只四句便把西湖的美充分而又传神地勾勒出来。此诗一出，便传诵一时，历久不衰。而西湖从此便有了"西子湖"的别名。

如果说第一次以杭州通判的身份到杭州，他更多的是沉醉于西湖的湖光山色的话，那么，15年后，他第二次以杭州知州的身份到杭州，他做得更多的是为西湖山水增色，为民造福。苏轼于元祐四年（1089年）七月初抵达杭州任上。在主政杭州期间，他殚精竭虑、克服困难，为杭州百姓做了许多实事、好事，其中最可称道的是对西湖的综合治理工程。自唐以来，西湖不仅是当地的湖山胜境，更是杭州居民饮水和农田灌溉以及保证运河畅通的重要水源地。而呈现在苏轼面前的西湖，年久失修，"堙塞几半，水面日减，葑菱日滋"（《申三省起请开湖六条状》）。经过多方筹措资金和精心组织筹划，终于促成了西湖整治工程的上马。先后用了20万个工日，花了整整四个月的时间，才使几近淤废的西湖获得了新生，重现碧波荡漾的景象。特别值得称道的是，用浚湖时无处安置的水草和淤泥筑起的那道长堤，南起南屏山，北至栖霞岭，上架跨虹、东浦、压堤、望山、锁澜、映波六桥，沟通里湖和外湖，同时在两岸遍植芙蓉、杨柳，修筑九座亭阁，这样，不但方便了人们的南北往来，而且给西湖增添了一道靓丽的风景线（自此以后，"苏堤春晓"一直列西湖十大景观之首）。这道长堤被人们称为"苏公堤"，简称"苏堤"，后来成了苏轼"为官一任，造福一方"的文化符号，并与他歌咏西湖的诗文一样，成为他留给后世的不朽之作。

几年后，忆起当年浚湖成功，杭州百姓欢呼雀跃，湖畔堤上，游人如织的情景，苏轼心中还激动不已，他在《轼在颍州与赵德麟同治西湖，未成，改扬州，三月十六日湖成，德麟有诗见怀，次其韵》诗中说：

我在钱塘拓湖渌，大堤士女争昌丰。

六桥横绝天汉上,北山始与南屏通。

忽惊二十五万丈,老葑席卷苍云空。

苏轼留给西湖的另一景观是"三潭印月"。为了保持西湖大部分水域的开阔清澈,他命人在湖中建造小石塔三五处,禁止在石塔以内的水域种植菱荷茭白之类。三塔建成后,逐渐演变为"三潭印月"景观。

传说中的"东坡肉",也是在整治西湖中创造出的一道菜肴。原来,苏轼心系西湖整治,差不多每天都要到开湖筑堤工地巡视一遍,肚子饿了,有时就在工地与民工一同用餐。端午节那天,杭州百姓抬着猪担着酒送到知州衙门,表达他们对太守苏大人的感激和爱戴。盛情难却,苏轼只好收下这些礼物,命人将猪肉切成方块,按照他在黄州时摸索出的"慢著火,少著水,火候足时它自美"的烹制法做成红烧肉,分发给浚湖的民工。从此,杭州又多了一道千古流传的名菜——"东坡肉"。

说完了杭州西湖,再简说一下颍州西湖和惠州西湖与苏轼的不解之缘。

颍州西湖位于颍州城西,为一方名胜。元祐六年秋,苏轼任颍州知州。上任不久,他发现颍州旱情严重,便下决心进行农田水利建设,以充分利用颍水与西湖来灌溉农田。而颍州西湖因黄河泛滥,泥沙淤积,水域狭小,调剂水资源能力有限。于是奏请朝廷同意,组织民工开展了大规模修渠浚湖工程,但工程未竣,他便改任扬州(只在颍州为官七个月),只好把工程交给通判赵德麟督办。工程完成后,西湖重见天日。在颍州期间,苏轼曾多次在西湖泛舟游览,留下了"大千起灭一尘里,未觉杭颍谁雌雄"的诗句。有苏学士的推崇,颍州西湖一度与杭州西湖齐名,并称"杭颍"。

惠州西湖,坐落于今广东惠州市区内,以幽深曲折、淡雅秀邃和"五湖六桥八景"闻名于世。惠州西湖原名丰湖,西湖之名,为苏轼所赐(苏轼在《赠昙秀》诗中,第一次将丰湖称作西湖,后逐渐为人们所接受)。绍圣元年(1094年),苏轼以"讥讪先朝"的罪名远贬惠州(住了二年又七个月)。原以为处于粤东的惠州是荒蛮瘴疠之地,谁知万里跋涉来到这里后,一睹山川风物,美不胜收,不禁发出了"海山葱茏佳气哉"(《寓居合江楼》)和"不辞长作岭南人"(《食荔枝二首》之一)的感叹。虽为"不得签书公事"的罪人,但"东坡居惠,勇于为义",一直关心着民生疾苦,奔走呼号,为百姓办了许多好事,深受惠州人民爱戴。他见西湖两岸无桥,便倡议在西村与西山之间筑堤建桥,并带头"助施犀带",还动员远在外地的弟媳史夫人捐出"黄金钱数千助施"。工程建设由栖禅寺僧希固主持,先"筑进两岸"为堤，再用"坚若铁石"的石盐木在堤上建桥，取名西新桥，不但解决了两岸交通问题，还为西湖增添了胜景。后人为了纪念苏东坡，将堤称为"苏堤"，于是又有了惠州西湖八景之一的"苏堤玩月"。苏轼到惠州不久，便被幽深曲折秀丽的西湖所倾倒，常常流连于西湖的山水之间，并写下了不少赞美西湖风光的诗文，其中"一更山吞月，玉塔卧微澜"（《江月》），为传颂至今的名句。

惠州西湖让苏轼魂牵梦绕的还有一位奇女子，她就是苏轼的爱妾王朝云。朝云因家境贫寒，自幼沦为歌妓，却独有一种清新高雅的气质。当年苏轼作杭州通判时，一个偶然的机会看上了年轻貌美的朝云，娶她为妾。据说，苏轼赞美西湖的名句"欲把西湖比西子，淡妆浓抹总相宜"，实际上包含着苏轼初遇朝云时为之心动的感受。之后，朝云追随苏轼过着颠沛流离的生活，成为他艰难困苦生活中的一大精神安慰。苏轼性情豪放，了无城府，常常因褒贬时政而不受朝廷待见。一次，苏轼忽然拍着自己的腹部向身边的婢女问道："你们说，我这里装的是什么？"一个答："都是文章。"一个答："满腹都是见识。"苏轼频频摇头，不以为然。这时朝云笑答："学士一肚皮不合时宜。"苏轼闻言捧腹大笑，道："知我者，朝云也。"这次万里投荒来到惠州，朝云一直精心照料着苏轼的起居生活，这让老迈的苏轼倍感慰藉。没想到红颜薄命，造化弄人，这位善解人意的年轻女人并没有能够陪伴苏轼走完人生的最后旅程，而是一缕香魂先他而逝。按照朝云生前的心愿，苏轼把她安葬在惠州西湖之畔的孤山南麓栖禅寺大圣塔（今泗州塔）下的松林中，并在墓旁修了一座纪念亭，名"六如亭"，亭柱上有苏轼亲撰的楹联："不合时宜，惟有朝云能识我；独弹古调，每逢暮雨倍思卿。"透射出苏轼对自己一生坎坷际遇的感叹，更表达出他对红颜知己的无限深情。

南宋诗人杨万里在游惠州西湖时，有感于苏轼与三处"西湖"结缘，写诗道：

三处西湖一色秋，钱塘颍水与罗浮。（罗浮，指惠州）
东坡原是西湖长，不到罗浮便得休？

——《游丰湖》

千百年来，杭州、颍州、惠州三地人民一直都在感念苏轼，感激他给家乡的西湖山水赋予了许多的灵性，让西湖糅进了魅力无穷的"东坡文化"的清波；感激他把家乡的西湖"捧红"，让她们名播海内外。我以为，天下西湖三十六，唯此三湖留其名，除了它们自身的魅力外，在很大程度上是因为苏轼在她们身上烙下了深深的文化印迹。

<h2 style="text-align:center">五</h2>

苏轼对祖国的壮丽山河充满了深厚的感情，在《苏轼全集》中，他的吟咏山川的诗文俯拾即是。除了长江以外，与苏轼亲密接触的江河还有钱塘江、潍河、颍河以及淮河、泗河等。

钱塘江自西向东流入杭州湾。每当杭州湾海潮上涌时，江潮便自杭州城东北30多公里处的海门出发，倒卷江流西涌。钱塘江潮自古以来就是大自然赐与人类的壮观景象，特别是八月十五的观潮，自古以来便是钱塘江上的盛事。性格豪放的苏轼，对雄奇阔大的事物格外垂青，他在杭州共生活了四年零八个月，多次以观潮赏澜为乐事。

熙宁五年（1072年）八月，苏轼受命主持州试，选拔进京应试的举人，提前一月入闱，与外界隔离。杭州府学中和堂设在凤凰山上，与望海楼南北相接，闲来无事，苏轼便坐在望海楼上仔细观察潮起潮落的全过程，他看到了涨潮时的迅猛和壮观：

海上潮头一线来，楼前指顾雪成堆。

从今潮上君须上，更看银山二十回。

——《望海楼晚景五绝》之一

刚才还只是看到潮从海门涌来，指点顾盼之间，潮已堆雪般涌到眼前，速度之快，大有迅雷不及掩耳之势。

熙宁六年（1073年）苏轼来杭州为官的第二个中秋，在饱览了钱塘大潮的雄浑威猛之后，一口气写了《八月十五日看潮五绝》，并题写在安济亭上；又做一首《瑞鹧鸪·观潮》词，算是锦上添花。

这一天，杭州城万人空巷，人们争先恐后到钱塘江边，找好观湖的位置。锣鼓喧天，笑语喧哗。数百名年轻健壮的弄潮儿，手持彩旗，在堤岸上跃跃欲试，等着大潮到来后一显身手。忽然，江面上出现了一线银白，说话间，潮水像雪山般汹涌而来。涛声震天，仿佛当年东晋大将王浚率领战船直取吴都建康，数万士兵齐怒吼……惊涛拍岸，直上云天，潮头浪花把整个越山都淹没了。正当观潮者被大自然的威力惊得目瞪口呆时，忽见深谙水性且以冒险为乐事的"踏浪儿"们举着小红旗，拍打着波浪，出没于波峰浪谷之间。他们矫健从容，还齐声唱起诙谐的"浪婆词"，好像故意戏耍江神潮仙。此情此景，引得苏轼心潮澎湃，诗性大发：

> 万人鼓噪慑吴侬，犹是浮江老阿童。（阿童：王浚的小名）
> 欲识潮头高几许，越山浑在浪花中。
> ——《八月十五日看潮五绝》之一

写完五首绝句后还意犹未尽，又填词一首：

> 碧山影里小红旗，侬是江南踏浪儿。
> 拍手欲嘲山简醉，齐声争唱浪婆词。（山简：晋朝征南将军，好酒易醉）
>
> 西兴渡口帆初落，渔浦山头日未欹。
> 侬欲送潮歌底曲，樽前还唱使君诗。（使君：指知州陈襄）
> ——《瑞鹧鸪·观潮》

熙宁七年（1074年），苏轼由杭州通判升任密州（治今山东诸城）知州。密州城边有一条大河叫潍水（今潍河），相传上古时圣君虞舜的出生地——诸冯，就坐落在密州城北十几里外的潍河之滨。秦末楚汉相争，淮阴侯韩信曾夹潍水布阵，大败20万楚军，并斩杀楚将龙且。苏轼在密州期间，曾建"快哉亭"于潍水之畔，闲暇时常到亭上观赏潍水风光。他还将坐落于北城上的一座"颓败不堪"的旧台加以修葺，复筑阁楼于其上。台成，特意请"适在济南"的胞弟苏辙为台命名，苏辙取老子《道德经》中"虽有荣观，燕然处之"之义，为其冠名"超然台"，并作《超然台赋》赠之。从此以后，超然亭遂为苏轼与朋友登临聚会、"乐哉游乎"的佳所。苏轼也常常独登此台，俯瞰滔滔北流的潍水，或"放意肆志"，或发思古之幽情，他在《超然台记》中写道："北俯潍水，慨然太息，思淮阴之功，而吊其不终。"

一个细雨蒙蒙的暮春之晨，苏太守又一次登上超然亭，居高临下，眺望四方，但见潍水临城，鲜花遍地，密州城内外千家万户都被笼罩在朦胧的烟雨之中。时值清明之际，这空蒙的景色，触动了他的思乡之情，于是便咏出了那首格调超拔的《望江南·超然台上作》：

> 春未老，风细柳斜斜。试上超然台上看，半壕春水一城花。烟雨暗千家。　　寒食后，酒醒却咨嗟。休对故人思故国，且将新火试新茶。诗酒趁年华。

这是一首豪迈与婉约相兼的词，上片写景，下片言情，情景交融，浑然一体。斜柳、楼台、春水、城花、烟雨等暮春景象，织成了一幅秀美而又空蒙的春光图。寒食过后是清明，清明节应当归乡扫墓，但自己却欲归不能，触景生情，炽烈的思乡之意涌上心头。清明时节雨纷纷，但他并没有因此而肠断魂销，而是点新火（寒食过后另起"新火"）煮新茶，"诗酒趁年华"，表现出超然旷达的境界。

苏轼与颍水亲近，同样是因他曾在颍州（治在今安徽阜阳）作过数月知州的缘故。

元祐六年（1091年）八月，苏轼以龙图阁学士的身份知颍州。颍州地处平原，清澈的颍水穿城而过，城西的颍州西湖更是一方名胜。苏轼抵达颍州任所时，正是金秋送爽的季节。颍州是个小州郡，官闲事少，政务清简，让这位新太守有闲暇与颍水的波光水色相亲相和：

我性喜临水，得颍意甚奇。
到官十日来，九日河之湄。
吏民笑相语，使君老且痴。
使君实不痴，流水令有姿。
绕郡十余里，不驶亦不迟。
上流直而清，下流曲而漪。
画船俯明镜，笑问汝为谁。
忽然生鳞甲，乱我须与眉。
散为百东坡，顷刻复在兹。
…………

作者坦言自己生性喜欢和水亲近，尤其是对"绕郡十余里"的美丽颍水更是一见钟情，痴迷不已。刚刚来到颍州任上，他差不多每天都要与颍水亲近一番，难怪吏民都笑他"老而痴"了。在吏民的笑语中，东坡依然故我，体会着"上流直而清，下流曲而漪"的水质水态，甚至不顾官身威严，俯下身对着自己水中的影子"笑问汝为谁"。这颗如孩童一般的赤子之心正是诗人真性情的流露，是诗人纯朴人格的真实写照。

值得大书一笔的是，苏轼还创作了大量的题画诗。他的题画诗侧重于对画面生动形象的描写，缘物寄情，抒发感慨。其中最脍炙人口的是《惠崇春江晓景二首》其一，构成了春水涣涣、生机盎然的意境：

竹外桃花三两枝，春江水暖鸭先知。
蒌蒿满地芦芽短，正是河豚欲上时。

这是苏轼为僧人惠崇的画所题的诗。诗中所题原画已经失传，似应是一幅春江鸭戏图。苏坡先生十分推崇唐代大诗人大画家王维，说他"诗中有画，画中有诗"。其实，东坡先生许多山水诗何尝不是如此。如果你不把这首诗当作题画诗看待，细细品味之，一幅动静和谐的"春江鸭戏图"宛然就在眼前：翠竹青青，桃花初绽，春水初暖，群鸭嬉戏于碧波荡漾的江面，满地蒌蒿芽破土而出，发狠地长着。值此春江水发、蒌蒿满地之际，正是河豚由海入河，逆流上水之时。其实，与其说是诗人为画题诗，倒不如说是诗人对早春二月春江气息所嗅到的心得，尤其是鸭戏春江的欢快场景，生动地传达出诗人对于春意的敏锐感受和喜悦心情，"春江水暖鸭先知"因此成为千古传诵的名句也就顺理成章了。

水给苏轼以无穷的欢乐，在水滨泽畔，在水的怀抱中，他忘记了官场的险恶，忘记了功名利禄，也忘记了衰颓的年华；同时，水也启迪着他那颗多情善感的诗心，赐给他无限的灵感和丰富的想象。

六

"从来名士能评水，自古高僧爱斗茶"，烹茶鉴水，是中国茶道的一大特色。苏轼对水的情深意笃，还与他嗜茶如命，素有"品茗鉴水"的雅好有关。

水为茶之母，水为茶之魂。欲得一杯好茶，茶好固然重要，水的品质也不容忽视。好水配好茶，如才子配佳人，珠宝镶于璧玉，这是水茶一体、茶水交融的集中体现。好茶难得，好水也不容易得，因此，中国历史上那些有名的茶人，都是"知水"的高手。宋代，品茗鉴水之风吹遍天下，从皇帝到一般士子差不多都有此好，苏轼更是其中的高手。他在《元翰少卿宠惠谷帘水一器，龙团（茶）二枚，仍以新诗为祝，叹味不已，次韵俸和》一诗中满怀深情地说："岩垂匹练千丝落，雷起双龙万物春。此水此茶俱第一，共成三绝鉴中人。"诗中赞名山名泉配名茶，并称自己是三绝的"鉴中人"，看来苏学士深得品茗三昧。后人视庐山所产云雾茶配谷帘灵水为珠璧之美，似乎与此不无关联。

为了得到煎茶的好水，苏轼常常跋山涉水，寻访名泉：

踏遍江南南岸山，逢山未免更流连。
独携天上小团月，来试人间第二泉。
石路萦回九龙脊，水光浮动五湖天。
孙登无语空归去，半岭松声万壑传。

——惠山谒钱道人,烹小龙团,登绝顶,望太湖》

当苏东坡得到了当时极为珍贵的贡茶——"小龙团"之后，他竟不畏艰辛，去寻求天下第二泉——无锡惠山泉水。在曲径萦回中攀上九龙脊，观太湖水光浮动、水天一色的美景，听松涛在千山万壑间的回响，在清风明月中品味着由惠山泉水煮就的香茗……

在一个幽静的月夜里，他还亲自跑到江边汲水煮茶：

活水还需活火烹，自临钓石汲深清。
大瓢贮月归春瓮，小勺分江入夜瓶。
雪乳已翻煎处脚，松风忽作泻时声。
枯肠未易禁三碗，卧听荒城长短更。

——《汲江煎茶》

天上人间、明月清江、雪乳翻腾、松风作响，构成了一幅美丽的图画，而画中的主人如同仙翁，时而大瓢贮月，小勺分江，憨态可掬；时而卧听更声，神思缥缈，意境高远。

苏东坡也爱雪水烹茶，他曾写了两首回文诗，表达了用雪水烹茶的感受：

酡颜玉碗捧纤纤，乱点余花唾碧衫。
歌咽水云凝静院，梦惊松雪落空岩。
空花落尽酒倾缸，日上山融雪涨江。
红焙浅瓯新火活，龙团小碾斗晴窗。

这两首诗倒着读仍不失为描写烹茶品茗情景的好诗。回文诗正读、倒念都得顺畅，写来却相当不易，非才华横溢且醉心于茶事的大家，是写不出此等奇篇佳作的。

还有一则苏轼与蔡襄"二泉斗茶"的故事，一直为后世津津乐道。古人斗茶，又称"茗战"，"茶滋于水，水藉于器"，因此斗茶胜负的关键有三：茶、水、器。惠山二泉，有"天下第二泉"的美名，向为茶人所重。这天，春满惠山，北宋两位著名茶人——大文豪苏轼、大书法家蔡襄，在惠山二泉畔不期而遇，并萌生了斗茶的雅兴。二人一同来到惠山寺，向寺中主持清月高僧说明"斗茶"的来意，并请他充当斗茶的裁判。这清月本是世外高人，斗茶行家，非常乐意为苏蔡二位名士作斗茶的中人，他命手下沙弥准备了二副斗茶器具，并为苏蔡二个各配了一名助手。二人生火煮水，煎茶，火候、水泡、茶色，各个方面均不相上下。但清月在闻香味时，嗅到东坡所煮之茶蕴涵着淡淡的竹香，便做出了"东坡赢"的判决，并在纸上写下四句诗充当判词："二泉浸竹沥，胜味一筹，短理一段，佳话千秋。"蔡襄问其中的奥秘，苏轼解释道：唐人李坤有"微动竹风涵淅沥，细浮松月透轻明"，王维也有"竹叶滴清馨"之句，于是我便想，用竹沥水，水含竹香，茶味可能更胜一筹，并非有意作弊，只是一种尝试。蔡襄听罢，心服口服，由衷地佩服苏轼在茶艺、茶道等方面勇于探索求新的精神。蔡襄"参斗"的茶品质好，加之本人茶艺高超，用的水又是驰名天下的惠山泉水，本来胜券在握，却没料到苏轼别出心裁，用竹沥水参赛，后来者居上，取得胜利。

雨雪菲菲总关情

——苏轼与水（下）

一

苏轼的诗文，有不少是写雨的，且大多与民生疾苦有关。

中国是个古老的农业国，而水又是农业的命脉。北宋时，虽然农业灌溉技术有了一定的进步，但大多数地区依然主要是靠天吃饭。对于天旱无雨，古人除了尽人事之力——如修渠引水，凿井灌溉之外，还有一招就是求助于天，使用的方法就是祈雨，即向天帝龙王雨师等神灵祈祷祭祀，以期感动它们大发慈悲，行云布雨，降下甘霖。

嘉祐六年（1061年），苏轼任凤翔府签书判官（知府的助理官），初出茅庐的他，下车伊始便勤谨踏实地履行着职责。苏轼在凤翔任职期间，几度遇到严重的旱情。无奈之下，官民只得行祈雨之法。为了充分表达人们盼雨的急迫心情，一般还要写一篇充满感情的"祈雨文"献给神灵。苏轼是文章高手，起草祈雨文的重任责无旁贷地落在了他身上。好在苏轼才思敏捷，稍加构思，一篇《凤翔太白山祈雨文》便出笼了：

> 乃者自冬徂春，雨雪不至，民之所恃以为生者，麦禾而已。今旬不雨，即为凶岁，民食不继，盗贼且起。岂唯守土之臣所任为忧，亦非神之所当安坐而熟视也。……

民以食为天，百姓赖以生存的不过就是田中的麦禾而已，可是去冬今春以来，滴水未下，如果继续下去，今年就会颗粒无收，民无果腹之食，问题将很严重（比如会滋生盗贼）。我们这些官吏都忧心如焚，一方神灵岂能心安理得，无动于衷。祭文写得情真意切，急民之所急、忧民之所忧的殷殷之情彰显无疑。

而当久旱逢雨，苏轼的快慰之情便溢于言表。著名的《喜雨亭记》就是在一场及时雨降临凤翔后写成的。苏轼到凤翔任职的第二年春天，旱魔肆虐多日后，老天爷终于开恩降下一场大雨，龟裂的土地饱吸甘霖，枯萎的庄稼重获生机。这时，恰逢他在居所北面修造的一座亭子建成，便命名为"喜雨亭"以"志喜也"，并欣然命笔，作文记下此事：

……既而弥月不雨，民方以为忧。越三月，乙卯乃雨，甲子又雨，民以为未足。丁卯大雨，三日乃止。官吏相与庆于庭，商贾相与歌于市，农夫相与忭于野，忧者以喜，病者以愈。……

文章写得轻松活泼，风趣幽默，传达出一种情不自禁的喜悦之情，也体现出苏轼关心民生疾苦、与民同忧、与民同乐的仁爱情怀。

无独有偶，苏轼在任密州知州时，同样被这里的苦旱搅得寝食难安。为此，他一方面上书朝廷，请求减免当地税赋，一方面入乡随俗，亲率州县官员到城南二十里处的常山祈雨。常山上有一眼古泉，"此泉之水，清凉滑甘，冬夏若一"，是当地百姓赖以生活的水源，也是干旱时官民祈雨的场所。为了感动山神，苏轼亲撰祈雨祭文，字词谦卑，虔诚有加，留下"祭常山文"达6篇之多。一次，苏轼和众人祈雨归来，突然感到天气有变，商羊起舞（商羊，鸟名，民间有"天降大雨，商羊舞动"的歌谣），心中不由一动，莫非天就要降下甘霖来？果然，这天夜晚窗外松竹骚动，老天真的淅淅沥沥地下起雨来。苏轼按捺不住内心的激动，披衣而起，挥毫泼墨：

山中归时风色变，中路已觉商羊舞。
夜窗骚骚闹松竹，朝畦汯汯流膏乳。

——《次韵章传道喜雨》

为了纪念这次祈雨得验，遂将此泉冠名为"雩泉"（古代祈雨曰"雩"）。苏轼为了保护这眼"灵泉"，"乃斫石为井"，在其上建"雩泉亭"，并作《密州雩泉亭记》和诗六首。后来苏轼调离密州，临行前特意来到常山，驻足雩泉，并写了一首《留别雩泉》诗，抒发了对此泉的感恩和眷恋之情：

举酒属雩泉，白发日夜新。
何日泉中天，复照泉上人。

二年饮泉水,鱼鸟亦相亲。
还将弄泉手,遮日向西秦。

除了上述以外,苏轼在另一些诗文中也表达了企盼甘霖的愿望:
安得梦随霹雳驾,马上倾倒天瓢翻。
——《二十六日五更起行,至磻溪,天未明》
中间雁旱旰,欲学唤雨鸠。
——《和子由闻子瞻将如终南太平宫溪堂读书》

前诗幻想着能像传说中的李靖那样,巧遇龙王,得以跨上天马,行云布雨(神话传说天神行雨的器具是瓢),解人间之旱渴;后诗希望自己能学会斑鸠的鸟语,用一声声的啼叫换来久违的甘雨(民间有斑鸠唤雨的说法)。

二

雨,作为一种自然现象,不时以它独特的音容声色,摇动着苏学士那颗敏感而又多情的诗心。

杭州有美堂,位于凤凰山(吴山)顶上,是个登高览胜的好去处。苏轼在杭州任地方官时,经常与朋友在这里诗酒唱和。一个初秋的中午,苏东坡呼朋唤友在有美堂雅集。正当推杯换盏、觥筹交错之际,忽听得一声巨雷炸响,霎时间,浓云密布,狂风呼啸,钱塘江水在风的裹胁下飞溅直立;紧接着,仿佛银河决堤,大雨倾盆而下。江水汹涌,如同斟满的美酒溢出了金杯;雨声急骤,好似羯鼓被千锤敲击。面对眼前风雨的任性疯狂,一个奇妙的想象浮上心头:当年唐玄宗谱成新曲,诏诗仙李白填词。李白酒醉沉睡,只得命人清水泼面,将其唤醒。今天的暴雨骤临,莫不是老天如法炮制,降雨洒脸,好让醉中的谪仙快快醒来,让他写出翻江倒海般的诗篇。雨催诗,诗情涌,不能再等,苏轼命人拿来纸笔砚,一挥而就:

游人脚底一声雷,满座顽云拨不开。
天外黑风吹海立,浙东飞雨过江来。
十分潋滟金樽凸,千杖敲铿羯鼓催。
唤起谪仙泉洒面,倒倾鲛室泻琼瑰。
——《有美堂暴雨》

此诗一出,满座叫绝,也把这次聚会推向了高潮。清人查慎行说此诗"通篇多是摹写暴雨,章法亦奇";纪昀则认为"此首为诗话所盛推,然犷气太重"。我以为,诗随人性,诗如其人,东坡本人豪迈、豁达、犷气充盈,才造就了这首诗的雄奇威猛,咄咄逼人,如无"犷气",哪来此等好诗!

中国古代，"凄风苦雨"常常成为一种传达离愁别绪的意象，进入诗文之中。但我读苏轼的《定风波》词，却从中体味出豁达的境界来：

莫听穿林打叶声，何妨吟啸且徐行。

竹杖芒鞋轻胜马，谁怕？一蓑烟雨任平生。

料峭春风吹酒醒，微冷，山头斜照却相迎。

回首向来萧瑟处，归去，也无风雨也无晴。

这首《定风波》作于元丰五年（1082年）春，此时，苏轼贬谪黄州已是第三年个年头。作者在序文中说："三月七日沙湖道中遇雨。雨具先去，同行皆狼狈，余独不觉。已而遂晴，故作此。"原来，苏轼打算在黄州买田置产，听说黄州东南三十处的沙湖土地肥沃，但耳听为虚，眼见为实，三月七日这天，苏轼邀几位朋友走上了相田之路。开始的时候天气尚好，可走着走着，几片乌云来，接着雨点便"噼噼啪啪"地打了下来。朋友们被大雨浇得满身狼狈，唯有苏轼毫不介意。他想，反正雨已经来了，躲也躲不掉，还不如坦然面对。于是，他脚履草鞋，手持竹杖，和着雨打疏林的沙沙声，吟诗长啸，安步徐行。过了一会儿，云开雨霁，斜阳露出笑脸……。这场来去匆匆的大雨，勾起了苏轼的感慨，回来后，便写下了这首蕴含深刻人生哲理的词章。篇中既是眼前景物情状的实写，又不乏比兴象征意味，即景抒情，表达了作者的人生哲学和面对挫折的态度：一方面，自然界的风雨也好，政治上的风雨（如贬谪、罢官乃至坐牢）也罢，都算不了什么，正可谓"一蓑烟雨任平生"！另一方面，当斜照相迎、雨过天晴的时候，也没有什么好得意忘形的，因为人生和自然界一样，有晴有阴，有顺境也有逆境，阴晴晦明，进退得失，皆不足道，"也无风雨也无晴"最好！

我以为，如果说"一蓑烟雨任平生"，洒脱中尚带着些许抗争之心的话，那么，"也无风雨也无晴"，才是忘我和无我，臻于逍遥的境界。有人说，旷达—顿悟—感伤，是苏轼文学作品中一种特有的感情模式。他一生屡遭磨难，却总能泰然处之。不过，内心深处的感伤却一直形影不离。这种感伤时浓时淡，并常常隐藏在他笑容的背后。从这首《定风波》中，我们可以看出这种评价是何等的深刻和到位，相信东坡先生地下有知也不会反对。

三

苏轼是大自然的情人，他对大自然充满了爱，爱天爱地，爱山爱水，爱雨也爱雪。

熙宁七年（1074年）十一月，一场大雪让时任密州太守（知州）的苏轼心中大喜，诗情难遏：

黄昏犹作雨纤纤，夜静无风势转严。
但觉衾裯如泼水，不知庭院已堆盐。
五更晓色来书幌，半夜寒声落画檐。
试扫北台看马耳，未随埋没有双尖。
城头初日始翻鸦，陌上晴泥已没车。
冻合玉楼寒起粟，光摇银海眩生花。
遗蝗入地应千尺，宿麦连云有几家。
老病自嗟诗力退，空吟《冰柱》忆刘叉。

瑞雪兆丰年。就内容而言，这两首咏雪诗表达了苏轼的悯农之情。原来，苏轼知密州后，蝗旱之灾如同幽灵，一直游荡在密州这块贫瘠的土地上。这年冬天，密州大雪纷飞，苏轼非常兴奋，他油然地想到"遗蝗入地应千尺，宿麦连云有几家"：冬雪盖地，伏于地下的蝗卵全会冻死，明年开春，则会有麦浪如云的丰收景象，岂不可喜可贺！

语不惊人死不休。就艺术成就而言，在苏轼的数千首诗词中，上述两首咏雪诗算不上极品，但却属于另类——"禁体诗"。所谓"禁体诗"，即在诗中禁用某些常用的字眼，目的是为了增加写诗的难度，显示作者的才华，以奇争胜。这种文体始于欧阳修而圆熟于苏轼。当年，欧阳修作颍州知州时，曾与诗友约定，咏雪禁用玉、月、梨、梅、练、絮、白、舞、鹅、鹤、银等字眼。大才如苏轼，看在眼里，记在心上，欲把这种险怪的诗体发扬光大，于是便有了《雪后书北台壁二首》的问世。

有评家说，上述二首诗，除犯用了玉、银二字外，其余皆不落俗套。前一首韵押"十四盐"，属窄韵；后一首押"六麻"韵，用了"叉"这样的险字。后人佩服苏轼能在险韵中"闲庭信步"，群起效之，在咏雪的七律中也用"尖"、"叉"的韵脚，形成了别具一格的"尖叉诗"。

这两首诗问世后，还引发了一段苏轼与另一个大文豪王安石之间的有趣故事。作为北宋时期杰出的政治家、思想家、文学家，一生也和苏轼一样，大起大落，起伏宕荡。王安石任宰相时，锐意改革，推行变法，却屡遭反对派的攻击，两次拜相又两次罢相。熙宁九年（1076年），王安石辞去相位归隐江宁（今江苏南京），住在钟山附近的半山园，从此不问政事。元丰九年

（1084年），苏轼在黄州度过了四年零二个月后，即将前往汝州就任团练副使。在上任路上，苏轼专门绕道江宁拜访了赋闲在家的王安石。在过去的岁月，两人虽然政见不合，但彼此并无私怨。这次见面，更是相逢一笑泯恩仇，十多年的隔阂顷刻间烟消云散。此后，在逗留江宁的一个月中，苏轼成了王安石家的常客，两人谈佛论道，评诗论史，每次都有说不完的话，留下一段文坛佳话。这天，他们谈论起苏轼在密州时的旧作《雪后书北台壁二首》，王安石对"冻合玉楼寒起粟，光摇银海眩生花"两句特别欣赏，认为这用典故非常精妙。恰好王安石的女婿蔡卞在场，便不解地问："这两句诗不就是描写雪后的景色吗？屋宇覆盖着深雪，恍如玉楼；四野弥漫着白雪，仿佛银海，并不见何处用典。"王安石一笑，解释道："这里的典故出自道家典籍，道家以两肩为玉楼，以双目为银海。子瞻，是这样吗？"苏轼连连称是，打心眼里佩服王安石的博学。因为自从这首诗写出来以后，还没有人看出这里的用典呢。后来，他和朋友谈及此事，仍充满钦佩地说："非荆公（王安石致仕后被封为荆国公）者，岂有如此博学哉！"其实，抛开政治分歧不说，王安石对苏轼的文学才华一直颇为看重。苏轼的这两首诗写出后，很快传到王安石那里，王安石读后激赏不已，"王荆公读《眉山集·雪诗》，爱其善用韵，而公继和者六首"，居然步韵唱和六首之多。

元祐六年十一月一日，外面雪花飘飘，苏轼在颍州聚星堂与僚友围炉夜话，诗酒相娱。他忽然想起40多年前欧阳修"雪中约客赋诗，禁体物语，于艰难中特出奇丽"（《聚星堂雪诗序》）的一段文坛雅事，便与在座的宾客约定，按照当年六一先生的规定，不用"玉月梨梅"等字，各赋诗一首。他率先垂范，作《聚星堂雪》：

窗前暗响鸣枯叶，龙公试手初行雪。
映空先集疑有无，作态斜飞正愁绝。
众宾起舞风竹乱，老守先醉霜松折。
恨无翠袖点横斜，只有微灯照明灭。
…………
汝南先贤有故事，醉翁《诗话》谁续说。
当时号令君听取：白战不许持寸铁。

诗的最后提出，用徒手作战不用武器比喻诗文的白描手法，可作为欧阳修《六一诗话》的补充。

花自飘零水自流

——李清照与水

在俸行"女子无才便是德"的旧时代,身经两宋的巾帼词人李清照的横空出世,绝对是中国文学史上一个精彩的意外。在"智者乐水"这个系列里,被我选中的智者先贤,压倒多数的是须眉丈夫。我之所以要给李清照留下一席之地,绝不是想找一个女性来充数,以给这本书增加些"阴阳和谐"的柔性,而是因为她才高八斗,"奇气横溢",让无数须眉丈夫仰望而不可企及。在李清照现存的作品中,词作不过五十余首,诗作不过十余首,文赋仅为八篇,与李白杜甫苏轼辛弃疾等大家的诗文数量相比,显然居于下风。但就是凭着这不足百首(篇)的作品,李清照依然在群星丽天的中国古代文学天空中,成为"有异彩的一等明星"。现代著名作家、学者郑振铎先生十分推崇李清照,说她"是宋代最伟大的一位女诗人,也是中国文学史上最伟大的一位女诗人"!其实,李清照的名字不仅在中国在地球上光芒万丈,而且璀璨在太阳系的九大行星之一的水星上——1987年,国际天文学会为水星上第一批环形山命名,其中一座的名字就叫李清照。

我之所以起"花自飘零水自流"这个题目来写这位伟大的女性,是因为在她传奇的一生中,不光有二八年华纵情山水的欢悦,夫妻鸾凤和鸣的幸福,也有受政治风雨牵连引出的离愁别恨,特别是靖康之变后,国破家亡,她漂泊江南,辗转流离,凄凄惨惨,像流水中的花儿一样,"飘零"成为其后半生的主旋律。

一

李清照,宋神宗元丰七年(1084年)生于齐州明水(今山东济南章丘明水镇)。明水山清水秀,因泉水清澈明净而得名,是自然风光秀甲齐鲁的一块风水宝地。百泉俱出,汩汩喷涌,汇成碧波荡漾的明水湖,与发源于明水诸泉的绣江河一起,共同滋润着这里的风物,滋养着这里的人民。众泉之中,百脉独占鳌头,为济南七十二名泉之一,与趵突泉齐名并列——"西则趵突为魁,东则百脉为冠"。李清照的故居,就坐落在百脉泉畔的义仓一带。

李清照出身于书香门第,早慧的血脉里流淌着家族浓厚的文化基因。李家为诗书世家,家学深厚。清照的父亲李格非,为北宋文章名流,苏门"后四学士"之一;母王氏,出身名门,"亦善文"。尤其是李格非,不但人品学问一流,而且是个极其开明的好父亲——他不但对女儿言传身教,还延请名师教之,加之清照本人的聪颖灵秀、勤奋好学,终于玉成了这位中国文学史上超一流的女性大文学家。试想,如果清照的父亲不允许女儿迈进书房,而是把她锁进摆满女红的闺房,让她整天与针头线脑打交道,那么即使我们的李清照再聪慧,也不会成为后来的"一代词宗"。令人悲叹的是,中国历史上有多少像蔡文姬、李清照那样智识超群的才女,只因被禁锢于闺房的女红之中,徘徊于磨房灶台周围,蹉跎时光,终生碌碌无为(最多落个贤妻良母的虚名)。因此,我要说,有了李格非那样的好父亲,李清照幸甚,中国文学幸甚!

在这泉清水秀的幽美自然环境和书香四溢的良好人文环境中,清照度过了自己的少女时代,也造就了她率真自然的性格和心灵,奠定了其独立自由的文学创作风格。

少女时期的清照,不但注重从书本上汲取知识的营养,也注重从山水自然中汲取智慧,启迪文心,家乡一带美丽的百脉泉、绣江河,常常留下她天真浪漫的倩影,有她十五六岁时便咏出的《如梦令》(常记)为证:

常记溪亭日暮,沉醉不知归路。兴尽晚回舟,误入藕花深处。争渡!争渡!惊起一滩鸥鹭。

这首小令似乎信手拈来,行文浅淡自然,朴实无华,寥寥数语便勾画出一幅绝妙的荡舟晚游图。

那么，李清照所游的"溪亭"又在哪呢？词中没说，文献未载。一些学者认为，它在今济南（北宋时称齐州）的大明湖畔。大明湖是一处由"众泉汇流"而成的天然湖泊，因湖内多生莲荷，又名"莲子湖"，还因位于历山之下，又名"历水陂"。大名湖水质澄碧，堤柳夹岸，荷花满塘，有"四面荷花三面柳，一城山色半城湖"的盛誉。大明湖距李清照的家乡明水百余里，少年清照到此一游，可能性不能说没有。但在古代交通十分落后的情况下，一群女孩子怎么可能经常跑到离家百里之外的大明湖作"逍遥游"呢？更何况当时齐州城内也没有李家的亲朋好友。再者，词中还有"兴尽晚回舟"一句，如果在离家较远的陌生地方玩耍，她们敢嬉游到天黑还不回家吗？据此，我推断，清照和小伙伴们常去的"溪亭"，应坐落在她家乡附近的河湖之畔。

我是个好奇心强、凡事爱刨根问底的人，为了解开"溪亭"到底位于何处等谜团，在一个秋高气爽的周末，我来到李清照的故里明水，寻访她的遗迹。在当地文史专家、章丘市博物馆原馆长宁荫棠先生的陪同下，重点对李清照故乡的河湖水系进行了考察，并就一些疑惑问题与宁先生进行了探讨。综合各方面信息（包括词本身透露的信息），我做出这样的判断：李清照《如梦令》词中提到的溪亭，很可能就在她家乡的母亲河——绣江河的源头一带。

绣江，因水中芹藻浮动、水纹如绣而得名；发源于明水诸泉，北流至金盘村与西巴漏河汇流，蜿蜒曲折30多公里注入小清河，为章丘人的母亲河。据地方志记载，"绣江春涨水流声"，旧时为章丘八景之一。说的是春日渐暖，积雪融化，河水上涨，拍岸起浪，响声如雷，在万籁俱静的春夜，声闻数里。由此可知，古时绣江水量之大，河面之宽，远非当下萎缩成渠的小河能比。金代大诗人元好问曾有诗道："长白山前绣江水，展放荷花三十里。看山水底山更佳，一堆苍烟收不起。"宋室南渡后，章丘一带成为金人的地盘。元好问笔下的"荷满绣江"的景致，清照当耳濡目染过——想必词人小时候对家乡这条春水清碧、夏满荷香的母亲河眷恋有加，经常泛舟其上，一游再游，并获得了最初的词作素材和创作灵感。

按照《如梦令》（常记）提供的情境，加上我们的些许想象，似可复原这样一幕有趣的场景：夏末初秋的季节，清照和小伙伴们在绣江河源头一带泛舟游玩，直到夜幕降临，才兴尽"回舟"。因天黑昏暗，加之大家"心不在船"，小舟偏离航路，误入荷花丛中；惊觉之后，便急急忙忙掉转船头，挥桨抢渡,"扑棱棱",惊飞了栖居河滩上的一群鸥鹭。刹那间的惊悸之后,便是意外的欣喜,银铃般的笑声也随之洒满河面荷塘。

顺便说一下对词中"沉醉"二字的理解。不少学者在解读这首词时,认为清照和小伙伴们在船中置酒食大块朵颐,豪饮以致沉醉,因醉眼朦胧,致使小舟误入"藕花深处"。依我个人的看法,李清照和小伙伴们在当时即使属于"另类",但毕竟都是十四五岁的女孩子,她们再"疯",也不可能出大格,吃酒的可能性不大,更遑论狂饮致醉了。这里的"沉醉",作"沉迷其中,如痴如醉"之解,似乎更合生活的逻辑。

据说此词是清照被乃父李格非接到京师汴梁(今河南开封)居住不久,与"酒朋诗友"唱和时的即兴之作。是词一出,京师震动。开始,几乎所有人都未敢想这首词出自一个十六岁的少女之手。有人说,这当是大文豪苏轼所作;有人说,此词脱拔脱俗,带有仙气,当出自吕洞宾之手。此后,一鸣惊人的李清照便在词坛上纵横捭阖,大显身手,直至成为"一代词宗"。值得一提的是,李清照的词风总体上属于婉约派,但这首词却充满着豪迈之气,所谓"易安倜傥,有丈夫气,乃闺中之苏、辛,非秦、柳"(沈曾植《菌阁琐谈》)的议论,便由之引出。

清照酷爱自然,不时与山光水色相近相亲,她在《怨王孙》(湖上)中以喜悦的心情、拟人化的手法,匠心独运地传达出别样的"秋湖美":

湖上风来波浩渺,秋已暮、红稀香少。水光山色与人亲,说不尽、无穷好。 莲子已成荷叶老,清露洗、苹花汀草。眠沙鸥鹭不回头,似也恨、人归早。

这是一首记写秋天郊游的词作,作者以亲切清新的笔触,写出了暮秋时节湖上优美迷人的风光。从词中流露出的欢快情致可以看出,此词当为李清照年轻时的作品。至于"湖"为何湖,坐落于何处,又是个难解之谜,笔者虽推测可能是位于今章丘西北、距明水20公里处的白云湖,但因证据不足,不敢妄下定论。还是先放下这些"细枝末节",尽情地享受一下词中的"秋湖美"吧。词的上片以"湖上风来"起句,颇有气势:金风劲吹,湖上波澜涌起,水面更显广阔无际。接着写晚秋景象,花谢红稀,余香淡然。自从宋玉《楚辞·九辩》中"悲哉秋之为气"的名句问世后,悲秋便成为文人墨客们吟咏不衰的主题。但我们的小作者此时却无半点悲秋之意,她非但不为"秋已暮"、"荷叶老"而伤感,而是为"水光山色"的秋景而欢呼叫好:湖水澄澈,秋山明媚,与人格外亲昵。这里,作者不说自己如何爱怜湖山美景,而说"水光山色"主动"与人亲",这就将大自然人格化、感情化了。正是由于天人合一,人与自然和谐相亲,才会有"说不尽、无穷好"的美妙感受。下片继续状写秋景,但已从宏观的视角转向对秋色具体细节的关注:莲实叶老,果实熟透;秋露晶莹,洗润花草。秋色如此诱人,而湖畔沙滩上鸥鹭们却赌气般地扭过头去,对游人不理不睬。噢,原来它们是恨词人和她的伙伴归去太早。明明是作者贪恋那里"说不尽、无穷好"的景致,不忍归去,却偏说那眠沙鸥鹭"似也恨,人归早",足见词人对秋湖美色是何等地依恋。这里,作者同样把鸥鹭拟人化了,不同的是,上片的山水是"与人亲",而下片的鸥鹭则是"似也恨",这"亲恨"之间,带给人们的是可亲、可爱、可喜的妙趣,隽永深长的欢情。

品读这两首"用浅俗之语,发清新之思"的风景词,我们看到,青春年华的李清照,天真率性,情趣高雅,对大自然充满了无限的热爱和好奇,对美好事物有着敏锐的感受、深刻的体察和由衷赞美;我们看到,她那双善于发现美、表现表的大眼睛里放射出的是澄澈、睿智和喜悦的光芒,她那枝生花妙笔流淌出的是清新自然、妙趣天成的优美乐章。

二

和历史上许多多愁善感的文人一样,李清照也有不绝如缕、挥之不去的各种愁绪,如云如雾,如雨如风,缠绕在她的身上心头。意味深长的是,李清照也爱把自己的离愁别绪寄托在水波之上,于是"流水寄愁"便成了易安词中的一个独特意象。

如果说"少年不识愁滋味",女主人公度过了快乐、活泼、健康的童年和少年,十八九岁,李清照与赵明诚佳偶天成、两情相悦的话,那么,不久以后,随着政治风云的变幻,家国逐渐进入多事之秋,李清照的"愁"也随之接踵而来,而且越来越浓,越来越重。

宋徽宗崇宁初年,以蔡京为首的新党势力一上台,便开始打击反对新法的旧党人物,特别是宋哲宗元祐年间得势的旧党人物及其门人弟子。李格非为苏门弟子,自然被视为旧党一派遭到清洗。受此牵连,李清照同父母一起被遣离京,回归原籍。崇宁五年(1106年),政局又变,朝廷下令解除对元祐党人的禁令,李格非等获得赦免。宋徽宗大观元年(1107年),赵明诚的父亲赵挺之在朝廷斗争中败给了善于结党营私的蔡京,被罢相还家,不日猝亡。赵挺之死后,遭蔡京诬陷,殃及家属亲戚。是年,赵明诚母郭氏率全家人移居青州。明诚与清照屏居青州，一呆就是十年。清照命其室曰"归来堂"，自号"易安居士"。期间，"虽处忧患困穷，而志不屈"——二人伉俪情深，读书、斗茶、琴书自娱，特别是他们有共同的收藏、鉴赏金石碑刻书画等文物的雅好，"擅朋友之胜"，故心情舒畅，"甘心终老是乡"。正可谓"祸兮福所倚"，青州十年成全了李清照夫妇，让他们度过了一段举案齐眉的美满时光。

在这十年中，云谲波诡的政治风云又有新的变化，蔡京等人陆续退出历史舞台，赵明诚兄弟也开始重返仕途。这本来是好事，但"福兮祸所伏"，随着明诚的官场得意，他与清照的感情却出现了变故。

宣和三年（1121年），赵明诚俸诏到莱州作知州，但他赴任时并未携妻同往（非不能也，是不为也）。夫妻分居，这对于长年亲密厮守在夫君身边而又多情善感的李清照而言，无疑是一种残酷的折磨。她在青州独守"秦楼"，感伤之情化作了一首首缠绵悱恻的词章，《凤凰台上忆吹箫》最具代表性：

香冷金猊，被翻红浪，起来慵自梳头。任宝奁尘满，日上帘钩。生怕离怀别苦，多少事、欲说还休。新来瘦，非干病酒，不是悲秋。

休休！这回去也，千万遍阳关，也则难留。念武陵人远，烟锁秦楼。惟有楼前流水，应念我、终日凝眸。凝眸处，从今又添，一段新愁。

这天早晨，慵懒的词人"日上帘钩"才起床。此时，香炉中的熏香早已熄灭，红锦被凌乱地摊在床上，如同红浪翻卷。懒得梳妆打扮，一任蓬头垢面。岂止是今日如此，那精美的梳妆匣上落满厚厚的尘土，已经好久没有开启了。女为悦己者容，夫君不在，妆扮又给谁看？看看镜子中的自己，比往日又憔悴了许多。为何如此这般，不是因饮酒过量，也不是因悲秋伤心，而是另有缘由。几次话到嘴边，欲说还休。纵然把送别的《阳关曲》唱上千遍万遍，也无法把他留在身边。眼看着丈夫渐行渐远，只剩下自己独守空闺，每天凝望着那楼前的流水发呆。而离愁别恨又如东流之水，日夜不舍地流啊流，见证着自己的慵懒之态、相思之情、哀怨之意。

值得注意的是，在这首词中，作者含含糊糊地说："多少事，欲说还休。"究竟是什么事情，让她欲说不能，说也说不清楚呢？在词的结尾处，她又说："惟有楼前流水，应念我、终日凝眸。凝眸处，从今又添，一段新愁。"在凝望流水的一瞬间，又有新愁涌上心头，这究竟又是为哪般呢？其实答案就在词中。词中有"念武陵人远，烟锁秦楼"的句子，包含着两个耐人寻味的典故。武陵人远,取自南朝刘义庆所著的《幽明录》中的一则神话传说:东汉明帝时,剡县刘晨、阮肇二人入天台山采药迷路,遇到两位仙女,乐而忘返,与她们共同生活了大半年。烟锁秦楼,取自《列仙传拾遗》上的一则神话故事:秦穆公时有个叫萧史的书生,擅长吹箫。穆公将女儿弄玉许配给她,二人在秦楼中度过了十年美好时光。一天,他们作凤凰之鸣,真的召来了凤凰,便追随其羽化成仙去也。心比天高的李清照用这两则典故,实为借题发挥,倾诉自己的哀怨:传说故事中,弄玉与萧史这对有情人双飞双宿;现实生活中,自己却不能和丈夫比翼齐飞。传说故事中,那两个离家迷路的"武陵人",竟交了桃花运——与仙女生活在一起;现实生活中,在外做官的丈夫难道不会与刘、阮之徒为伍,投入所遇"仙女"的怀抱?事实上,李清照的担心并非多余,赵明诚确有"天台之遇",李清照的《感怀》诗并序便清清楚楚地记载了他在莱州官舍被打入"冷宫"的遭遇,诗中饱含着无限酸楚和无奈。好在赵明诚转任淄州知州后便"浪子回头",夫妻关系又回到了以往相得相爱的状态。

　　李清照欲说还休的"多少事",除了担心赵明诚有了"天台之遇",让深爱他的妻子很吃醋、很受伤之外,还有一个更深层次的原因,即"赵君无嗣",就是说李清照与赵明诚结婚多年,一直没能生儿育女,这在推崇"不孝有三,无后为大"的封建社会,问题的确相当严重。后来,赵明诚一度移情别恋、冷落发妻,或许不完全是与李清照的感情走到了尽头,而是为了和其他女人(侍妾)完成"造人留嗣"的计划。这里需要多说几句的是,宋代,士大夫阶层有纳妾和蓄养歌妓的风俗,"天台之遇"和青楼冶游是一种普遍现象。官居太守的赵明诚身边有个把歌妓侍妾陪伴,不值得大惊小怪。问题是,赵明诚与别的女人在一起,同样没生下一男半女,因此这"赵君无嗣"的祸根恐怕应在"赵君"本人身上。但在古代社会,没有子女的黑锅大多要由女人来背的。李清照既要忍受丈夫的冷遇和独守空房之苦,更要承受无嗣的压力,悲愁该有多大,却又不能明说,只有向楼前的流水如泣如诉了。

　　写到此,我忽然想起唐人王昌龄"忽见陌头杨柳色,悔教夫婿觅封侯"(《闺怨》)的诗句,这绝不是矫情作态的戏语,而是悔恨交加的真情表露。抛开古代帝王有三宫六院七十二偏妃不说,那些达官显贵乃至大户人家的男子,哪个不是三妻四妾。以易安那样品貌兼优、才力华赡的奇女子,尚有空闺独守之苦,其他"封侯"者平凡妻室们的境遇就可想而知了。

李清照的愁，更来自她与丈夫阴阳两界的生死离别之愁。她与丈夫赵明诚两心相印，伉俪情深，熟料造化弄人，建炎三年（1129年），年仅四十六岁的李清照便遭丧夫大难。失去了相濡以沫的夫君，李清照深感人间的孤独和人生的乏味。一个清冷的秋日，词人把悲苦的相思之情化作一首凄婉的《一剪梅》（红藕）：

  红藕香残玉簟秋，轻解罗裳，独上兰舟。云中谁寄锦书来，雁字回时，月满西楼。 花自飘零水自流，一种相思，两处闲愁。此情无计可消除，才下眉头，又上心头。

荷花凋残，竹席生凉，在萧瑟的冷秋中，寡居的人儿独处家中，寂寞忧伤笼罩心头。为了排遣无限的愁苦，作者轻轻脱下薄纱罗裙，换上便装，独自划着小船飘荡在水上。过去是双双泛舟，如今是独自击楫，更激起了她对逝去丈夫的怀念之情。遥望云空，多么希望有雁阵南翔，带来丈夫的温情与慰藉。雁有回影，锦书何在？想象中，丈夫终于回到了她的身边，在一个圆月高照、光满西楼的晚上，夫妻双双倚楼望月，共话相思之情。但词人思绪很快又回到冰冷的现实中来，眼前的景象是落花飘零，流水自去。在中国传统文化中，东逝的流水和飘零的落花很容易引起人们对青春易老、韶华易逝的感叹，这流水落花的意象在敏感细腻的李清照眼里，更强烈地牵动了她的哀伤情怀："花自飘零"，不正是意味着自己花样青春已然凋残；"水自流"，不正是意味着丈夫离她远去，自己如悠悠逝水空自流。由期盼"锦书来"，到"月满西楼"的幻想，再到眼前的流水落花，词人既为自己红颜已老而感伤，更为丈夫离开自己而悲伤。那思念之情驱之不去，刚刚离开紧蹙的眉间，又不可遏制地涌上了心头。

丈夫亡故后，李清照又经历了文物历劫、再嫁匪人等人生波折，加上兵燹战乱、国家多难，晚年的李清照一度陷入了更加悲苦凄凉的境地，人生命运的剧变，也引起了心境和词境的变化，她在《武陵春》中这样抒发心中之块垒：

  风住尘香花已尽，日晚倦梳头。物是人非事事休，欲语泪先流。
  闻说双溪春尚好，也拟泛轻舟。只恐双溪舴艋舟，载不动许多愁。

这首词作于绍兴五年（1135年），时李清照因避乱流寓金华。李清照本是最爱游山玩水的。青春年少时经常流连于"溪亭"、"湖上"不说，即使人到中年，她在江宁（今南京）时，"每值大雪，即顶笠、披蓑，循城远以寻诗"，冬天尚且如此，春满人间时岂能对生机勃勃的大自然无动于衷？而金华的双溪水清流碧,风景绝佳,是当地著名的游览胜地。李清照在极为愁苦的时候,确实蒙生了双溪泛舟散心的念头。但这种"也拟"的想法只是一闪念,转瞬便冒出了"只恐":自己的满怀愁绪、满心的哀伤实在过于沉重,那小小的"舴艋舟"又如何能载动自己无限愁绪呢?读着这首词,我不由地想到少女时词人畅游"溪亭"的场景,那时她是多么天真活泼,无忧快乐,是"兴尽晚回舟,误入藕花深处"。可是现在呢?时过境迁,物是人非,不但"日晚倦梳头"、"欲语泪双流",而且连双溪这样的好风景都懒得去流连,更担心那里的小舟"载不动许多愁"!

以往评家多认为李清照这首词主要表达的是一己之愁,我以为这时词人的愁已然不是"一种相思,两处闲愁"的家愁、情愁,而是国破家亡背景下的国家愁、民族愁。国家支离破碎,人民流离失所,这齐天之愁压在心头,岂是一条"舴艋"小船所能载动的?!

三

读易安词,我们还会强烈地感受到,在她的笔下,"雨"这个意象出现的频率是颇高的,其传达的感情则是复杂微妙的。自然界的风雨常常飘入她的词中,与日常生活乃至家国中的"风雨"相碰撞,相沟通,成为其表情达意的一个重要载体。

易安词中的"雨",大体可分为三类,一类是娇嗔优雅的闺情词,借"雨"抒发爱春惜春之情,如《浣溪纱》(淡荡)、《如梦令》(昨夜)等;一类是专写心曲的身世词,借"雨"渲染离愁别恨,如《声声慢》、《孤雁儿》;一类是格调凄凉的晚境词,借"雨"表达深挚的去国怀乡之思,如《永遇乐》(落日)、《添字采桑子》等。

第一类"雨"词,多写于生活优裕、天真烂漫的少女时代。

李格非把十五六岁的女儿清照从明水原籍接到京师,主要目的是想给她找个如意郎君。清照本人却不以为意,而是把全部心思用在了诗词创作上。在十六岁的花季,她写出了一首绝妙好词——《如梦令》(昨夜):

昨夜雨疏风骤,浓睡不消残酒。试问卷帘人,却道海棠依旧。知否?知否?应是绿肥红瘦。

在中国古典诗词中,大凡惜花的词都会言及风雨,因花在风雨中容易凋谢,所谓"夜来风雨声,花落之多少"是也。当此万紫千红的时节,海棠花开得正艳,偏那恼人的风雨来势汹汹,看来花儿难逃一劫了。海棠虽好，风雨无情，词人惜花心切，又无可奈何，只好借酒浇愁。酒吃多了，直到翌日天亮醉意尚未尽消。一夜浓睡，清醒后所关心的第一件事仍是院中海棠。心知海棠不堪一夜风雨，院中定是落红满地，却又不忍亲见，于是试着向正在卷帘的侍女问个究竟。侍女却漫不经心地回答：海棠还是老样子。这样的回答词人当然不满意，便反诘侍女（又似是自言自语）：知道不知道，院中的海棠应是绿叶繁茂，红花稀少才是！短短六句三十二字，写得委婉曲折，极有情致。尤其是"绿肥红瘦"四字，妙不可言，流露出少女惜花而不伤春的闺情。

此词一出，"当时文士莫不击节称赏"。有趣的是，这首词还充当了红娘的角色，牵出了李清照与赵明诚的一段美好姻缘。原来，是词传到太学生赵明诚那里，顿生对作者的倾慕之心。这位赵明诚可非一般人可比，不但出身高官显宦之家，而且学业优秀，具有深厚的文化底蕴和高雅的文化品位，又长得俊朗倜傥，堪称无数大家闺秀心中的白马王子。或许是日有所思，夜有所想，他竟做起了将作"词女之夫"的美梦。后来有情人终成眷属，为我们留下了一段佳话。

《如梦令》（昨夜）等词作受到好评后，愈加激发了李清照的创作热情，她把"理琴"、"斗草"等闺中乐事也作为素材摄入词中，于是，我们又看到了《浣溪沙》（淡荡）这样怀春的词章：

淡荡春光寒食天，玉炉沉水袅残烟，梦回山枕隐花钿。　　海燕未来人斗草，江梅已过柳生绵。黄昏疏雨湿秋千。

暮春时节，春光融融，室内沉香烟气袅袅，一个少女正倚枕凝思。早春的寒意未消，海燕尚未从南方飞来。她和女伴们尽情地玩着斗草（"斗草"，古代一种用花草赌赛胜负的游戏）游戏。江梅花期已过，杨柳正在飞花。大好春光容易消逝，"待字"之人不免生出几分惆怅。最后一句"黄昏疏雨湿秋千"则是词眼，别开境界：本来，荡秋千是少女喜欢玩的游戏之一，尤其是有春风的陪伴，"游戏"更是欢快无比。黄昏时分，疏雨不期而至，把秋千打湿，游戏玩不成了，只好站在秋千旁若有所思，所思何事？大概不过是"幽居之女，非无怀春之情"（陆机《演连珠》）罢了。

李清照嫁给赵明诚后，又创作出《点绛唇》（寂寞）和《浣溪沙》（小院）等词作，通过描写"风雨摧花"的意象，表达闺中之人的春怨之情。《点绛唇》："寂寞深闺，柔肠一寸愁千缕。惜春春去，几点催花雨。"淅淅沥沥的雨声催逼着花儿快谢，也催逼着春天的脚步，让寂寞的闺人更加愁肠百结。与其说是惜春、惜花,倒不如说是闺中少妇惜青春、惜年华,担心自己红颜易老,青春早逝。《浣溪沙》:"远岫出山催薄暮,细风吹雨弄轻阴,梨花欲谢恐难禁。"云出云归,时光亦随之荏苒,晚来轻云暗淡,细风吹雨,这沉沉清夜,让独处的闺人顿生惆怅:春色已深,梨花欲谢,更兼风雨相催,恐又是"无可奈何花落去"。逝者如斯,青春亦然。

从上述词作中可以看出,少女、少妇时期的李清照,虽不乏感时伤春之情,但从总体基调而言,词人的心情还是开朗、明媚的,虽曰伤春,实则闲愁,换句话说,这些淡淡的哀愁,正是词人春风得意、生活闲适的写照,闲愁中透出几分无奈,几分渴望,几分妩媚,让人怜来让人疼。

第二类"雨",多写于屏居青、莱时期。

李清照与赵明诚喜结秦晋之好后,过上了一段鸾凤和鸣的好日子,美中不足的只是伉俪小别(因赵明诚在太学就读,每个月只有初一、十五方能请假回家)。《蝶恋花》(暖雨),就是一首典型的闺阁词:"暖雨晴风初破冻。柳眼梅腮,已觉春心动。"自己虽置身于"暖雨晴风"、柳萌梅绽的大好春光里,却因无人陪伴,只得了无情趣地斜靠在枕头上,任"泪融残粉花钿重"。这一番娇嗔的言语,真切地流露出闺中少妇思春怀人的情愫。

但好景不长。先是李清照的父亲李格非在朝廷"新旧党争"中遭到罢官回家的厄运,几年后赵明诚之父赵挺之在朝廷争斗中败下阵来,并殃及家人。愁肠满腹的词人只好随着夫婿回到青州老家居住。政治的风云变幻让词人深感命运的多舛和前程的难测。在李清照的《漱玉词》中,涉菊(又称黄花)作品有《醉花阴》(重阳)、《多丽》(咏白菊)、《声声慢》、《鹧鸪天》(寒日)等四首,其中,"莫道不销魂,卷帘西风,人比黄花瘦"(《醉花阴》)是大家耳熟能详的名句。以咏菊为名发身世之叹,是易安咏菊词的一个特征。但真正称得上咏菊的当为《多丽》(咏白菊):

小楼寒,夜长帘幕低垂。恨潇潇、无情风雨,夜来揉损琼肌。也不似、贵妃醉脸,也不似、孙寿愁眉。韩令偷香,徐娘傅粉,莫将比拟未新奇。细看取、屈平陶令,风韵正相宜。微风起,清芬酝藉,不减酴醿。　　渐秋阑,雪清玉瘦,向人无限依依。似愁凝、汉皋解佩,似泪洒、纨扇题诗。朗月清风,浓烟暗雨,天教憔悴瘦芳姿。纵爱惜,不知从此,留得几多时。人情好,何须更忆,泽畔东篱。

此词用多情的笔调赞颂了白菊的容颜、风韵、香味、气质、精神等。但这只是表层意思,实则以白菊为喻,深有寄托,隐然是词人理想品格和身世沧桑的写照。有学者考证，这首词的写作稍晚于《醉花阴》，大致在崇宁四五年间，其时朝廷内部的斗争时紧时松，时而蔡京得势，时而赵挺之抬头。李清照受制于时局的变化，境遇时好时坏。"恨潇潇、无情风雨，夜来揉损琼肌"三句，则由自然界的风雨对菊花无情摧残，折射出因朝廷政治斗争，给主人公带来严重的身心折磨和损伤。"朗月清风，浓烟暗雨，天教憔悴瘦芳姿"三句，表面的意思是，时晴时雨的天气加速了白菊的枯萎，就是对它备加爱惜，过了不长时间它也会憔悴不堪；深层的蕴意则是，现实的政治气候变化无常，深受其害的词人也深深地陷入对不可测之命运的忧惧之中。

后来，李清照夫妇终于在青州安定下来，过起了"泽畔东篱"式的世外桃源生活。正当他们准备"甘心老是乡"的时候，赵家的命运峰回路转，赋闲在家的赵氏三兄弟相继重返仕途，这无异于打翻了一个五味瓶，一时间，苦辣酸甜各种滋味一起涌向词人的心头："甚霎儿晴，霎而雨，霎儿风。"(《行香子》)更另人想不到的是，赵明诚重返官场后，竟有了"天台"、"崔护"之遇，身为人妻的李清照一度陷入了"长门"的孤寂痛苦之中。《声声慢》和《蝶恋花·昌乐馆寄姊妹》这两首词，就道出了"念武陵人远"的幽怨难诉之意：

寻寻觅觅，冷冷清清，凄凄惨惨戚戚。乍暖还寒时候，最难将息。三杯两盏淡酒，怎敌他，晚来风急。雁过也，正伤心，却是旧时相识。

满地黄花堆积。憔悴损，如今有谁堪摘。守着窗儿独自，怎生得黑！梧桐更兼细雨，到黄昏、点点滴滴。这次第，怎一个、愁字了得！

——《声声慢》

泪湿罗衣脂粉满，四叠阳关，唱到千千遍。人道山长水又断，潇潇微雨闻孤馆。　　惜别伤离方寸乱，忘了临行，酒盏深和浅。好把音书凭过雁，东莱不似蓬莱远。

——《蝶恋花·昌乐馆寄姊妹》

我们看到，在纳妾被视为天经地义、青楼冶游如同家常便饭的宋代，即使是"夫妇擅朋友之胜"的赵明诚与李清照之间，夫妻性爱方面也存在着巨大的危机。在青州最后两三年的时间，赵明诚到外地做官，李清照就遭遇了被打入"冷宫"的不幸。这时自然界的雨便"乘虚而入"，敲打在作者多情善感的心房。

第一首词，以往几乎公认为作者晚年所作，表达了国破家亡的悲苦之情。不过,《李清照评传》的作者陈祖美先生却断定,它是易安青、莱时期的作品,"虽基调之悲苦远过于他作,而其中绝无嫠纬之忧和悼亡之意"。笔者经过一番知人论世的研读考量后,觉得陈先生言之有理,故从之。

作者清早起来百无聊赖,若有所失,想找什么,又不知该找什么。冷冷清清,凄凄惨惨。自家院子里,菊花凋谢,满地堆黄,憔悴的菊花,让人不忍采摘。从前见到菊花,虽有"人比黄花瘦"的感叹,但不失孤芳自赏的意味;如今见到菊花憔悴凋零,则隐含着爱情被摧残的悲哀。在这孤独、冷清、凄惨的环境中,作者独守窗前,不知怎样捱到天黑。更让人不堪的是,黄昏时又下起了细密的雨,噼里啪啦地打在梧桐叶上,这雨点打在梧桐叶上却又像打在自己的心上,一滴滴、一声声敲击、震撼着作者的心房,这种滋味,简直让人不能自抑,又岂是一个"愁"字所能概括。在中国传统诗文中,梧桐秋雨常被作为凄清景象的象征,并以此"兴"出离情之苦;作者在这里又加上了一个"黄昏"意象,使得愁情更浓郁,伤感更深长,个中滋味,只有自己慢慢咀嚼了。

第二首词,据考写于宣和三年(1121年)秋,时赵明诚任莱州知州,李清照从青州赴莱州寻夫,途宿昌乐驿馆,有感而发。作者独居异乡,夜深人静,孤馆闻雨,更使愁绪不可遏制地滋长起来,泪水也止不住潸然而下。一方面想念对她恩义厚重的姊妹们,一方面又为吉凶难测的莱州之行忧心忡忡,不知那个"武陵人"、"蓬莱客"会对自己怎样,难怪女伴们为她把酒饯行时她的"方寸乱"了。

李清照的《孤雁儿》,明为咏梅,实为悼亡,寄托了对亡夫赵明诚深挚的感情和凄楚的哀思。

　　藤床纸帐朝眠起,说不尽、无佳思。沉香断续玉炉寒,伴我情怀如水。笛声三弄,梅心惊破,多少春情意。　　小风疏雨萧萧地,又催下、千行泪。吹箫人去玉楼空,肠断与谁倚?一枝折得,人间天上,没个人堪寄。

丈夫死后,孀居的词人万念俱灰,心如止水。早上起来,了无生趣。忽然,窗外传来一阵笛声,吹的是古曲《梅花三弄》。这笛声仿佛催绽了园中的万树梅花,带来春天的消息。闻笛怀人,见梅思春,刹那间,她的心灵深处掀起了波澜。这时,屋外的小雨淅淅沥沥地下了起来,思念之情在"疏雨"的催促下更加浓烈,眼泪止不住"哗哗"流淌下来。当年与为我吹箫伴奏、共诉衷肠的心上人何在?丈夫已逝,人去楼空,纵有梅花好景,又有谁与她凭栏共赏呢?我折下一枝梅花,想寄给我思念的人,但找遍天上人间,四处茫茫,没有一人可供寄赠。其中,"伴我情怀如水"一句,把悲苦之情变成了可感的形象。"小风疏雨萧萧地,又催下、千行泪"两句,将外境与心境融为一体,营造出一种孤寂凄婉的意境:门外细雨潇潇,下个不停;门内伊人枯坐,泪下千行。以雨催情,以情催泪,写情感的变化,层层递进,步步开掘,愈加深刻。

在李清照的咏物词中,以咏梅为最多,除了这篇《孤雁儿》外,还有一首《满庭芳》(后人补题为"残梅")写得尤其意味深长。在这首词中,作者一改一般咏物之作敷衍故实的俗套,而是联系个人身世命运抒发了对"残梅"不堪境遇的深深同情:"从来知韵胜,难堪雨藉,不耐风揉。更谁家横笛,吹动浓愁。"说梅花"从来韵胜",是对梅花的总体赞语。在肯定了这一点后,笔锋一转,便写梅之不幸:梅虽凌霜斗雪,不畏寒冷,但它毕竟还是花,具有花之娇弱的特性,因而也难以承受无情风雨的摧损踩踏,最难逃"零落成泥"的命运。由落梅而联想到古曲《梅花落》(曲调和词均哀怨悲伤),再联想到自己所经历的国破家亡、流离失所的痛苦,满腔的"浓愁"便从心底升起,殊难排解。

第三类雨词,作于晚年,抒发的多是去国怀乡之情。

金兵入侵、国土沦丧,李清照与千千万万中原百姓一样,过着流离失所、孤苦伶仃的生活。面对国破家亡的处境,李清照的心情格外沉重,强烈地向往着"中州盛日",期盼着恢复中原,回归故园。她在《永遇乐》中写道:"元宵佳节,融和天气,次第岂无风雨?来相召,香车宝马,谢他酒朋诗侣。"面对元宵佳节的好天气,作者不但高兴不起来,反而担心转眼间会风雨降临。如果联系全词所表达出深挚的国家之思,我们发现,作者之所以谢绝那些驾香车骑宝马的所谓朋友"来相召",并非是排斥欢快热闹的场面,也不是担心自然界的风雨交加,而是深深忧患风雨飘摇的国家,以及自己飘零孤苦的余生境遇,心情格外凄苦,当然没有陪伴朋友观灯赏景的雅兴了。

如果说《永遇乐》是易安"南渡以来,常怀京洛旧事"(张端义《贵耳集》卷上),通过强烈的对比手法,将国破家亡的哀痛、颠沛流离的辛酸,表现得委婉曲折、回肠荡气的话,下面这首《添字采桑子》(窗前),则鲜明地抒发了作者深重的去国怀乡之幽情:

窗前谁种芭蕉树?阴满中庭;阴满中庭,叶叶心心、舒卷有余情。

伤心枕上三更雨,点滴霖霪;点滴霖霪,愁损北人、不惯起来听。

上片状写芭蕉的"形"与"情"。芭蕉长在窗前,高大挺拔,枝繁叶茂,阴遮庭院。蕉心卷缩着,蕉叶舒展着,这一卷一舒,象是含情脉脉,相依相恋。与其说芭蕉有"余情",不如说作者有深情——词人将自己的情注入芭蕉之中,创造了情景相生的艺术境界,形象表达出对故国、故园的思念之情。下片描述雨打芭蕉引起的悲愁伤感。由于思念之情愈加强烈,越想越悲,越想越愁,都已三更天了,仍然无法成眠。这时,屋外忽然响起了雨声,雨点滴滴哒哒地敲打着芭蕉叶,如同滴落在词人心上,这满耳的凄厉声响,更刺痛了她酸楚的心肠,伤心的泪水夺眶而出,打湿了枕头。词人将"点滴霖霪"组成迭句,不但从音韵上造成绵长的效果,而且进一步烘托出悲凉的气氛。结句用"愁损北人,不惯起来听",貌似平淡,实则深刻。中国历史上,位于长城以北的游牧民族(被中原人称为胡人)一直非常强悍,对长城以南的中原农耕民族构成了极大地威胁。胡人经常越过长城南下牧马,故"北人"逃难就成了一种历史现象。这里的"北人",实际指的是中原"流离之人"、"亡国之民",因此"不惯"并非简单的水土不服,而是一种飘零无奈的异乡悲愁。

读易安的《添字采桑子》(窗前),耳边充满了国土沦丧的哀痛之音,仿佛听到了辛弃疾"可堪回首,佛狸祠下,一片神鸦社鼓"的无可奈何,又仿佛听到了陆游"遗民泪尽胡尘里,南望王师又一年"的悲愤叹息,更仿佛听到了"我的家在东北松花江上"的悲凉旋律。

四

南渡以后,李清照漂泊于杭州、金华一带,在落寞中度过了悲苦孤独的晚年。在经历了国破家亡、文物遭劫、再嫁匪人、诽谤四起等一系列苦难后,强烈的身世感使词人的创作发生了深刻地变化,写出了不少感时伤世的悲壮诗章。或许是李清照的词名太盛,人们对她的诗作较少提及。事实上,李清照的诗不但水平了得,而且恪守"诗言志,歌永言"的传统,表现出与词不同的题材和内容,铸就了悲壮沉郁的爱国主义基调。

李清照在金华避难期间,曾著《打马赋》一文。"打马"本是当时流行的一种赌博游戏,但作者却借题发挥,在文中大量引用历史上忠臣良将的典故,弘扬金戈铁马、勇御外侮的精神,谴责南宋朝廷的畏葸无能。文末直抒自己烈士暮年、壮心不已的情怀:"老矣谁能志千里,但愿将相过淮水!"我虽然老了,但仍有千里之志,更期待朝廷能组织力量打过淮河(当时淮河以南属南宋,淮河以北则被金人占领),收复失地,其潜台词与抗金名将宗泽临死时连呼"过河"是完全一致的。

李清照自谓"学诗谩有惊人句"。其实,她的诗之所以"惊人",除了艺术水平上乘以外,更主要的是这些诗一扫其词的"婉约"格调,发出的多是壮怀激烈的轰响。

建炎三年(1129年)二月,赵明诚罢江宁知府,调往芜湖任职,夫妇俩途经和县乌江,凭吊了当年楚霸王项羽兵败自刎处。有感于宋高宗赵构不顾靖康之耻,一味向南逃命,李清照写下了那首著名的绝句《乌江》,辛辣地讽刺了苟且偷安的朝廷,表达了一位弱女子坚决抗金的心声:

　　生当作人杰,死亦为鬼雄。
　　至今思项羽,不肯过江东。

除了《乌江》之外,尚有《上枢密韩公诗》二首、《题八咏楼》等金刀大马之作。

《上枢密韩公诗》是一首长达八十句的杂言古体诗,写于高宗绍兴三年(1133年)春夏间。其时,宋高宗赵构想派人出使金国,一来探望一下被金人掳去的徽、钦二帝,二来顺便打探一下金国的动向。听说要入虎狼之域,一时朝中无人敢应命。枢密院副长官韩肖胄置个人安危于度外,自告奋勇,毅然出使金国。"位卑未敢忘忧国"的李清照闻听此事,十分激动,虽为嫠妇之身,无权过问朝政国事,但她对国家前途命运的关注并不亚于朝中的士大夫们,于是便将满腔的愁绪化为希望与豪情,以老病之身作长诗二首相赠。她写道:"径持紫泥诏,直入黄龙城。""脱衣已被汉恩暖,离歌不道易水寒。皇天久阴后土湿,雨势未回风势急。车声辚辚马萧萧,壮士懦夫皆感泣。"在国家处于风雨飘摇的时刻,韩肖胄等使者不畏生死,肩负朝廷重大使命出使金朝,无论是壮士还是懦夫都为他们的壮举感动得流下眼泪。虽然临别"不道易水寒",但送别时仍充溢着"风萧萧兮易水寒,壮士一去兮不复还"的悲壮之气。最后,李清照又以沦丧遗民的身份大声疾呼:"子孙南渡今几年,飘零遂与流人伍。欲将血泪寄山河,去洒东山一抔土。"如果不言此诗出处,读罢上述句子,你也许更相信这首诗出自哪位抗金英雄之口,而不会认为它是手无缚鸡之力的弱女子李清照的手笔。作者身在杭州,心系被金人占领的故乡,渴望为收复故土抛洒一腔热血的豪迈悲壮之情溢于言表。

《题八咏楼》，写于宋高宗绍兴五年（1135年），表达出的是"河山之异"的感慨：

千古风流八咏楼，江山留与后人愁。

水通南国三千里，气压江城十四州。

八咏楼位于浙江金华城东南隅，坐北朝南，楼高数丈，巍然高耸，登楼远眺，南山绵亘，双溪蜿蜒，尽收眼底。此楼原名玄畅楼，南朝齐诗人沈约任东阳（今浙江金华）太守时，除写有表达"慕归"之心的《登玄畅楼》诗外，还写了总题为《八咏》的八首诗题于玄畅楼壁，轰动一时，后人遂将玄畅楼改为八咏楼。作为人文景观的八咏楼，具有深厚的文化积淀，也缭绕着浓重的愁绪。北国沦丧，逃亡到这里的李清照虽是孱弱的嫠妇，但与其他"过江人士"一样，满怀"风景不殊，举目有河山之异"的感慨。登斯楼也，眺望南国秀美山川，更涌起亟望金瓯一统的"江山之愁"。诗的首句"千古风流八咏楼"，仅七个字便写尽了斯楼的风流千古，虽无"危峰带北阜，高顶出南岑"（沈约《登玄畅楼》）的写实，但豪放飘逸，言简意深。接着写自己登楼远望的感受，明写婺州（即今金华，八咏楼所在地）重镇雄踞东南形势、地位的重要，实则表达出的是这样的弦外之音：南国虽然水量丰沛，水网贯通，有纵横三千里、十四州（宋朝两浙路计辖二府十二州，统称十四州）的大好河山，但这不过是华夏山河破碎后留下的残山剩水。更可忧的是，朝廷不思收复北方失地，而是一味地用土地、钱帛奴颜婢膝地侍俸金人，但性如虎狼的"夷虏"永远不会满足，不知哪天他们又将大举南下，眼前的"残山剩水"能否保全还要划上一个大大的问号。于是诗人心情沉重，发出了"江山留与后人愁"的喟叹，表达出深重的家国忧患情怀。

浙江桐庐富春江畔，有一座著名的钓台，相传为东汉名士严子陵隐居垂钓处。李清照为了逃避金人的追赶，"自临安溯流，涉严滩之险，抵金华"（《〈打马图经〉序》）。她敬仰严子陵勇于舍弃功名利禄的高风亮节，并"联系实际"，写了一首借题发挥、嘲讽意味十足的"钓台"诗：

巨舰只缘因利往，扁舟亦是为名来。

往来有愧先生德，特地通宵过钓台。

——《夜发严滩》

诗中的"先生"，指的是东汉人严光（字子陵）。严光，会稽余姚（今浙江余姚）人，少有高名，曾与东汉光武帝刘秀同窗多年。刘秀扫平天下即皇帝位后，严光即隐姓埋名于乡间。后被思贤若渴的刘秀寻到，召到京师洛阳，任为谏议大夫。但严坚辞不受，跑到富春山隐居起来。富春江畔有"严陵濑"，相传为严光垂钓的地方。严子陵视富贵如浮云的气节，千百年来一直受到后人的敬仰。北宋名臣范仲淹仰慕其高节，特意在他隐居处修了一座祠堂，并写了一篇著名的《严先生祠记》，称赞他"云山苍苍，江水泱泱，先生之风，山高水长"。

在这首诗中，作者首先把讽刺的矛头指向了自己，说自己此番过严滩，不是像严光那样为避开名利而来，而是为了保全自己才加入逃难的队伍。与严公的高风亮节相比，自己深感惭愧，因此没有勇气白昼过滩，特地在晚上夜黑时溜过钓台。李清照作为一个流离失所的婺妇，有勇气进行反思和自责，其勇气可嘉，精神可贵。但诗人写此诗意思不仅是嘲己责己，也是嘲人责人，那些畏敌如虎，见了金兵便望风而逃的达官"须眉"们——既有乘巨舰的皇帝达官，也有乘扁舟的平民百姓，难道不都是该被讥讽的对象吗？

南宋时，以杭州（时称临安）为都。对李清照而言，不但数次路过杭州，而且自绍兴二年（1132年）起，除了避难金华一年以外，她一直居于杭州，前后达二十多年。我想，美丽的杭州西湖，一定多次走入李清照的视野，以李清照这样对自然风光极为热爱的大作家，西湖应该成为她浓墨重笔描绘的对象才对。但遍读易安的词和（诗）文，却找不到一篇吟咏西湖的篇章，更遑论"有三秋桂子，十里荷花"和"淡妆浓抹总相宜"之类的名句了。难道是其时的西湖变丑了？显然不是。史载，南宋时，以临安（杭州）为都，西湖被浚治呵护得更加绮丽迷人，所谓"杭州天下景，朝昏晴雨，四序总宜，杭人亦无时不游……日糜金钱，靡有纪极，故杭谚有'销金锅儿'之号"（周密《武林旧事》）是也。既然西湖之美不减旧时，那么李清照为何对它无动于衷呢？后来读到夏承焘先生的《瞿髯论诗词绝句·李清照》一诗，方恍然有所悟："中原父老望旌旗，两戎山河哭子规。过眼西湖无一句，易安心事岳王知。"

岳王即岳飞，他遇害身亡三十多年后被宋宁宗追封为鄂王。岳飞是南宋时叱咤风云的抗金名将、民族英雄，他生前把全部的心力全用在了"壮志饥餐胡虏肉，笑谈渴饮匈奴血"的抗金斗争中了，自然无暇于西湖的美景，诗文中未提及西湖应在情理之中。而我们的女主人公既不是领兵打仗的将军，又不是朝廷的大臣，只是一个心高命薄、名微言轻的老妇而已，她为何与岳王一样"过眼西湖无一句"呢？原来，"李清照、岳飞诗集里都无西湖作品，大抵是他们对南宋小朝廷各怀隐忧和不满，不能言亦不愿言"（《瞿髯论诗词绝句·李清照》）。我们在前文分析李清照涉水作品时，曾对作者嫠不恤纬、忧国吊民的情怀有了一些了解和认识，也更加理解了她一度谢绝乘着"香车宝马""来相召"的"酒朋诗侣"，而躲在"帘儿底下，听人笑语"的良苦用心——这完全是一种基于国土沦丧之痛更深层次上爱国之心的外化。基于同样心理，面对那些将抗金报国、收复中原大事抛于脑后，只把西湖当成苟安享乐"销金锅儿"的帝王将相、才子佳人们，李清照只会向他们投去失望甚至鄙夷的目光，恨人及物，愤世嫉俗，在深沉爱国之情的驱遣下，她对南宋国都一大胜景兼享乐者一大乐园的西湖冷漠以对、哑口无言，也就不难理解了。

宋高宗绍兴二十一年（1156年），李清照在忧国忧民和孤独寂寞中走完了她的一生，享年七十三岁。她逝世后，尸骨留在了西子湖畔，陪伴她的除了西湖碧波外，还有孤山的野鹤与香梅。后人为了让她的孤魂在故乡安息，把她作为藕花之神，请回济南，供奉于大明湖畔的"藕神祠"，以慰藉其在天之灵："……生平烦恼，聊仗千佛为之忏除，无数谤诬，亦借明湖为之湔雪。而他日寻诗湖上，蓉裳蕙带，不又想见其姗姗来迟耶？"（《续历城县志》引《历下咏怀古迹诗抄》）。

踏遍山水情未了

——徐霞客与水

距今 400 年前，神州大地上出现了一位叫徐霞客的奇人，他以"中国人的自然之爱"，游遍了祖国的大好河山，并深情地拥抱着山水，感悟着山水，记录着山水。提起明末的徐霞客，人们不免会想到北魏的郦道元，这二人，堪称中国历史上的双子星座——出于对祖国大好河山的热爱，二人都有"游历癖"，郦氏"访渎搜渠"，足迹踏遍北中国的山山水水；徐氏"穷上下，高而为鸟，险而为猿，下而为鱼，不惮以生命殉"，北到盘山、五台，南至丽江、大理，足迹遍及大半个中国。二人都有皇皇地理学巨著传世——郦氏的《水经注》、徐氏的《徐霞客游记》，内容宏富，包罗万象，都堪称百科全书式的千古奇书。

一

徐霞客是以"四家二奇"的盛誉载入史册的。所谓"四家"，是说他饱览河山美，收尽天下奇，集"我国明代伟大的旅行家、地理学家、探险家、文学家"于一身；所谓"二奇"，是说他走遍大半个中国，用双脚丈量人生，乃"千古奇人"，还有他把对祖国壮丽河山的钟爱，凝聚笔端，用毕生心血写成的《游记》，乃"千古奇书"，是"世间真文字，大文字"，至今读来，仍能感受到其中的激情和张力。

许多评家爱用一个"奇"字来概括徐霞客的一生。那么，他何"奇"

之有呢？梧塍《徐氏宗谱》中的《高士霞客公传》为我们提供了答案："倜傥负奇，天下奇胜无不游，奇人无不交，奇事无不探，奇书无不瞩。"

这位极富传奇色彩的徐霞客，名弘祖，字振之，号霞客，明代直隶江阴（今江苏江阴县）人，生活于明朝末世的万历至崇祯年间。他出身于书香门第，自幼天资聪颖，智力过人，"矢口即成诵，搦管即成章"。本来，按照一般士子的生活轨迹，他应该走一条读书—科考—做官之路，但他却拒绝了功名利禄的诱惑，选择了一条迥异于前人、有别于时人的惊世骇俗之路——"许身山水"，旅游探险，科学考察，最终成为一个敢为天下先的伟大拓荒者。促成徐霞客这位千古奇人的因素，不外乎客观和主观两个方面。

就客观环境而言，徐霞客所处的时代，朝廷腐败，阉党横行，社会危机四伏，整个国家风雨飘摇，大厦将倾。士人挣扎在绝望和痛苦的漩涡之中。黑暗的现实让弘祖对仕途官场心怀畏惧与厌恶。另外，晚明泰州学派和东林党人崇尚实学，倡导经世致用的思想，对徐氏所选择的人生道路也产生了直接而深刻的影响。虽然碍于"学而优则仕"世风的影响，弘祖15岁时曾走进科场应过一回童子试，但满腹经纶的他却因做不来八股文而名落孙山。小小年纪，科考失败，本是再正常不过的事，在应举成风的社会潮流下，如果换作他人肯定不会善罢甘休，但弘祖"虚晃一枪"后，从此便与举业彻底决绝。

耐人寻味的是，弘祖对举业仕途的淡漠，与家庭环境的熏染亦有很大关系。对徐氏家族而言，淡泊功名隐而不仕的"高士之风"可谓源远流长。弘祖的父亲徐有勉是个"志行纯洁"之人，"不喜冠带交"，自己隐迹田园不说，也不希望儿子追求仕宦，他曾对朋友说："次子弘祖眉宇之间有烟霞之气，读书好客，看来可以继承我的志趣，我并不愿意他富贵。"有父如此，更助长了弘祖特立独行的个性。弘祖的母亲王夫人也是个"勤勉达观"、知书明理的人。当初，弘祖谨遵"父母在，不远游"的古训，准备在家侍奉母亲，承欢膝下。母亲却说："志在四方，男子事也"，不希望儿子像篱笆里圈着的小鸡、车辕下压着的小马一样，坐困家中，虚掷时光。弘祖19岁时，父亲病故。三年服孝期满后，他就在母亲的鼓励下，走出家门，踏上了第一次游历征程。行前，母亲为儿子缝制"远行冠"，以壮行色，以示鼓励。后来儿子长年在外"游山玩水"，母亲非但不阻拦不反对，反而代子支撑门户，把一切打理得井井有条，让他没有后顾之忧。

主观方面呢？主要是他独特的人格和志趣使然。常言道，非常之人，方能干非常之事。纵观徐霞客的人生历程，此君的确是个非常之人。他从小就有迥异于众人的志向："大丈夫当朝碧海而暮苍梧"。这个天才少年对"子曰诗云"之类的"正书"兴趣不大，"特好奇书，侈博览古今史籍及舆地志、山海图经以及一切冲举高蹈之迹，每私覆经书下潜玩，神栩栩动"。徐家是耕读世家，藏书甚丰，让小弘祖得以在书海中尽情遨游，逐渐成为"目空万卷"的博雅君子，也为培养他的"奇志"提供了源源不绝的精神食粮。弘祖长大后，毅然走出家门，在实践中探究学问，访求真知——他打破了中国古代大多数知识分子困守书斋、寻章摘句、皓首穷经，在书堆中做学问的传统，不但读万卷书，更行万里路，"餐霞御风"，"问奇于名山大川"，寄身于广阔天地，开创了凭实地考察求证问题的学术新风。

由此我想，假如徐霞客真的金榜题名，那么，中国封建史上不过多了一个普通的官僚；假如徐霞客的父母反对他立奇志、读奇书，禁锢他出门远游，徐氏家族不过多了一个乡人称道的孝子，但中国却少了一位文化巨匠，世间则少了六七十万字的"真文字、大文字、奇文字"，那将是多大的遗憾，多大的损失啊！

于是，霞客先生轻轻地挥挥手，告别了众人趋之若鹜的仕途，走上了"问奇于名山大川"的游历之路。他从22岁开始出游，直到54岁"两足俱废"，丧失旅行能力，前后30余年，一直与山川为伴，"驰骛数万里，踯躅三十年，足迹遍及大半个中国"。他出游的地方多是荒凉的穷乡僻壤，或是人迹罕至的崇山峻岭、江河源头，因而主要靠徒步跋涉。每次出游，少则数月，多则数年，"不避风雨，不惮虎狼，不计程期，不求伴侣，以性灵游，以躯命游"（潘耒《<徐霞客游记>序》），可谓"前不见古人，后不见来者"。

徐霞客最让我感动的是他坚忍不拔、百折不挠的求索精神。

"靡不有初，鲜克有终"。但徐霞客自立下"许身山水"的志向后，便一直矢志不渝，意志如铁，不畏艰难，不惧困苦，不惜躯命，毕生追求。他几十年如一日，既有始，更有终——他的旅行考察，既非官方差遣，又无商家赞助，完全是自掏腰包，无名无利，仅仅为了实现自己一个"傻傻痴痴"的梦想——"欲尽绘天下名山胜水为通志"。他有山就攀，有水就涉，有奇就探，有景就赏，乐此不疲，欲罢不能，其间经历无数的艰难困苦，无数的危绝险恶，几次与死神擦肩而过，没有百折不挠的意志是殊难做到的。与此同时，他日必有记——有时在途中走走停停，以石当桌，边走边记；更多的时候是不顾一天的旅途劳顿，晚上挑灯作记，即使露宿荒野、寄身于草莽之间，也要点起松明或燃起篝火，蛰伏在包裹上写他的日记，有时因旅途安排太紧或住所没有书写条件，也要在数天之内追忆补记。经过日积月累，终于集腋成裘，聚水为渊，为我们留下了《徐霞客游记》这部融旅游探险、科学考察与文学创作于一编奇书（据说他撰写的考察记录初稿达240万字，后来辗转散失大半，迄今只存20卷，60余万字）。

《游记》是地学的百科全书，举凡地质、地理、水文、气候、物产、植物等内容无所不包；《游记》是历史风貌的实录，它犹如一幅明末风俗画的长卷，展现了他所到之处的人文历史、风土人情以及其他千姿百态的社会生活景象；《游记》还是我国有史以来一部篇幅最长、具有科学考察性质的文学作品——作者穷其毕生精力致力于旅行、考察，并没有刻意追求要成为一个文学家，只是将经年累月的考察中所见、所闻、所感真实地记录下来，不经意间，便形成了一篇篇优美动人的山水游记散文，其内容之丰富，感情之真挚，气势之宏伟，为一般散文游记所望尘莫及。

《游记》记载的水体类型众多，举凡江、河、湖、海、溪、川、沟、涧、池、塘、泉、瀑、伏流等无所不包。据统计，《游记》中涉及江162个、河61个、湖57个、溪126个、水109个、川19个、泉83个、瀑布74个、伏流38个等等，总数约800多个。尤其是徐霞客为了探求水的奥秘及水与人类生存之间的关系，履险探奇，穷源究理，得出了许多科学的结论，反映出这位先哲对水的认知已臻于成熟与理性。

读《游记》，想见徐霞客的经历和为人，我仿佛追随着他的足迹，跋涉奇峰绝岩、急流险滩，置身于中华瑰丽山水之中，心中油然升起对祖国母亲无限依恋与热爱之情。由徐霞客，我想到人生。人生如梦，转眼就是百年，在这不到百年的短暂历程中，我们将怎样度过才更有意义？我想应该学习徐霞客，让生活每天都丰富充实，让光阴每天都充满价值。生命如歌，我们怎样唱下去才能让它永远燃烧激情？我想同样要学徐霞客，让身心经历磨难而彰显坚强，让双足攀上险峰而一览雄奇！

二

徐霞客笔下的山水草木，充满了灵性，充满了活力，充满了情趣，不仅洋溢着自然之美，更渗透着作者对祖国河山真挚的热爱之情。

霞客所游之山，皆为华夏名山。而名山之所以出名，除了山本身或险峻或雄壮或秀丽之外，几乎都少不了"胜水"的衬托，故名山上多飞瀑、多溪涧、多深潭、多幽泉。我们看到,徐氏每每登临名山,都会寄情于山水,饱览飞瀑流泉的风采,并用精确生动的文字将它们记述下来。瀑布是河流下蚀作用过程中碰到坚硬岩石而形成的明显跌水现象。对飞泻的瀑布,徐霞客青睐有加,如痴如醉,如他曾六访天台"石梁飞瀑"、三探雁荡"大龙湫",完成了对它全方位的生态探索与审美观照。据统计,《游记》中记载了大小瀑布74个,有"悬流"、"瀑布"、"潆"、"泄"、"龙湫"等名称。

万历四十一年(1613年)春,霞客来到浙江地界,先游洛伽山(普陀山),后循海南行,游天台山。他登临华顶,观石梁飞瀑,赏断桥三曲瀑布及珠帘水,"泉声山色,往复创变","攒峦夹翠,涉目成赏",如诗如画的美景让徐霞客为之倾倒,"几不欲卧","喜不成寐"。他在游记中对断桥三曲瀑布描写得尤为细致生动:

越一岭,沿涧八九里,水瀑从石门泻下,旋转三曲。上层为断桥,两石斜合,水碎迸石间,汇转入潭;中层两石对峙如门,水为门束,势甚怒;下层潭口颇阔,泻处如阙,水从坳中斜下。三级俱高数丈,各极神奇,但循级而下,宛转处为曲所遮,不能一望尽收。

——《游天台山日记》

天台山为浙江东部名山,山中多悬岩、峭壁,这就为瀑布的形成创造了得天独厚的条件。天台山以石梁瀑布最负盛名,但徐霞客却对断桥三曲瀑布情有独钟,在他看来,断桥(今称"铜壶滴漏")虽无石梁飞瀑气势恢宏,但同样奇景天成:瀑布从石门中飞泻而下,回旋流转,形成三级。上层,两侧有巨石斜伸溪上,如桥中断,溪水从两石间迸溅而下,直冲潭底;中层,两块巨石对峙如窄门,又好像一个倒置的茶壶嘴,水从壶嘴处轰然喷出,流势甚为急猛;最下层,潭的出口很宽阔,而溪水倾泻处有如受到门槛阻隔,只能从凹陷处斜涌而下。三级瀑布都高达数丈,极尽神奇。只可惜瀑流逐级跌下,宛转曲折处为山崖遮蔽,不能一览无余。读着徐氏绘声绘色的描述,我们仿佛身临其境,"断桥三曲"尽在眼前。

告别天台山,霞客又登临雁宕山(今作雁荡山),并于四月十三、十四日两访大龙湫:

龙湫之瀑,轰然下捣潭中,岩势开张峭削,水无所著,腾空飘荡,顿令心目眩怖。……复至龙湫,则积雨之后,怒涛倾注,变幻极势,轰鸣喷雪,大倍于昨。

——《游雁宕山日记》

雁荡山上有许多瀑布,以大龙湫为最胜。瀑流发源于百岗尖,流经龙湫背,巨大的水柱从连云峰上凌空泻下,落差达 190 多米。作者第一次见到大龙湫,便被它"腾空飘荡"、飞流直下的气势所倾倒。翌日暴雨之后,霞客再临大龙湫,见水势大增,怒涛汹涌,轰鸣如雷,飞流喷雪,煞是壮观。需要指出的是,徐氏三访大龙湫,不但留下了优美的游记文字,还探明了大龙湫的源头——"上湫之涧,却自东高峰发脉",从而纠正了"荡(雁湖)在山顶,龙湫之水,即自荡来"(《大明一统志》)说法的错误。

公元 1620 年春夏之交,霞客游至福建的江郎山、九鲤湖、石竹山,留下了脍炙人口的《游九鲤湖日记》。九鲤湖在福建仙游县东北约 13 公里的地方。湖在万山之巅,有九级瀑布飞泻而下,闽方言中称瀑布为"漈",故徐氏在日记中描述瀑布时,入乡随俗,采用"九漈"的说法。此篇名为游湖,实为记"漈"(为《游记》中记述瀑布最为集中的一篇);"九漈"之中,以前四漈景色最佳,故成为作者浓墨重彩摹写的对象:

> 平流至此,忽下堕湖中,如万马初发,诚有雷霆之势。则每台一漈之奇也。……瀑布为第二漈,在湖之南,与九仙祠相对。湖穷而水由此飞堕深峡,峡石如劈,两岸壁立万仞。水初出湖,为石所扼,势不得出,怒从空坠,飞喷冲激,水石各极雄观。再下为第三漈之珠帘泉,景与瀑布同。……峡壁上覆下宽,珠帘之水,从正面坠下;玉箸之水,从旁霭沸溢。两泉并悬,峡壁下削,铁障四周,上与天并,玉龙双舞,下极潭际。潭水深泓澄碧,虽小于鲤湖,而峻壁环锁,瀑流交映,集奇撮胜,惟此为最!所谓第四漈也。……水乘峡展,既得自恣,其旁崩崖颓石,斜插为岩,横架为室,层叠成楼,屈曲成洞。悬则瀑,环则流,潴则泉。

作者采取"移步换形"笔法描写九鲤湖的一至四漈,给我们带来飞瀑悬流独特的真实感和立体感。第一级(雷轰漈)在九鲤湖上,水坠湖中,奔涌呼啸,有"雷霆之势";第二级(瀑布漈)在九鲤湖南面,冲破石扼,夺湖而出,"怒从空坠,飞喷冲激",水石相击,各呈雄壮;第三级和第四级(珠帘、玉箸)漈,珠帘从正面坠下,玉箸从旁边腾出,两流并悬,如"玉龙双舞",奔向幽潭……从第一级到第九级,"水乘峡展,既得自恣",潇潇洒洒,各显神奇,令人目不暇接。

《游九鲤湖日记》虽是集中描写瀑布的名篇,但在徐氏所有描述瀑布的文字中,世所公认的极品是他对黄果树瀑布的传神描绘。黄果树瀑布位于贵州镇宁县的白水河上,又称白水河瀑布。白水河自东北倾泻而下,水势浩荡,流经黄果树地段时,因河床断落,形成九级瀑布,以黄果树为最壮观。崇祯十一年(1638年)三四月间,风尘仆仆的徐霞客踏入了贵州盘江以东地区。这次旅行充满了坎坷,经常风餐露宿、忍饥挨饿不说,还有灾祸接连光顾:一次被几个持镖负弩的强人挟持,一次被傲慢的担夫砸伤了脚,一次被担夫盗走路费盘缠……尽管险象环生,但霞客仍然义无反顾地走向前方的目标,沿途游览了杨宝山、古佛洞、白云山、双明洞、白水河等胜景。苦心人,天不负,这次旅行最大的收获之一是他见到了"从无此阔而大者"的黄果树瀑布,并按捺不住内心的激动和喜悦之情,写下了一串如珠玑般的文字:

度桥北,又随溪行半里,忽陇菁亏蔽,复闻声如雷,余意又奇景至矣。透陇隙南顾,则路左一溪悬捣,万练飞空,溪上石如莲叶下覆,中剜三门,水由叶上漫顶而下,如鲛绡万幅,横罩门外,直下者不可以丈数计,捣珠崩玉,飞沫反涌,如烟雾腾空,势甚雄厉,所谓"珠帘钩不卷,匹练挂遥峰",俱不足以拟其壮也。盖余所见瀑布,高峻数倍者有之,而无此阔而大者,但从其上侧身下瞰,不免神悚。

——《黔游日记一》

霞客远远听到水声如雷,知道又遇到了奇景,不禁怦然心动。果然,一条大河悬空冲捣而来,如万条白色的丝绢飞舞在空中,河上的岩石如荷叶一般覆盖着。中部似刀剜出三个门洞,水从荷叶上漫过顶部泄下,如千万匹薄纱,横罩在洞外,一泻而下,似冲捣珍珠,如碎玉崩散,水沫飞溅,波涛回涌,如烟雾腾空,气势雄壮迅猛,所谓"珠帘钩不卷,匹练持遥峰"的诗句,都不足以用来比拟它的壮观。观赏了黄果树的壮美后,曾经沧海的徐霞客也不禁发出这样的慨叹:大体上我所见过的瀑布,比它高峻几倍的有之,却从来未见过如此又宽又大的,只从瀑布上方侧身往下俯瞰,就不免神魄悚然。

我曾于几年前的一个春光融融的日子亲近过黄果树。将要离去的时候,我在观瀑亭旁的徐霞客塑像前久久驻足,心中油然升腾起无限的钦敬。于是,我又向不远处的黄果树投去了深情的凝望,并将眼前真实的黄果树与徐霞客这段千古美文一一"对号入座",恍惚间,真实的黄果树与文字中的黄果树韵律契合,交相辉映,构成一幅图文并茂、气韵生动的山水画卷。

从文学的角度看《游记》,我以为徐氏记录瀑布的文字最具"文学性",

其特点正如评家所说："真实自然，不事雕琢"，"未尝刻画为文而天趣旁流"。为了让读者更能体会《游记》真实质朴的风格，有人曾信手拈来徐霞客好友陈仁锡所描绘的大龙湫与"霞客的大龙湫"作比。我们不妨先欣赏一下陈氏笔下的大龙湫：

> 若夫大龙湫之瀑，自雁湖分支，源白云庵顶，经龙湫尾闾。其来也短，悬空飘舞，因风为力。初下也，倾银河于厄口；将半也，洒灌沫于喷壶。前之，左之，右之，睨而视之，若理千丝于机轴；下之，后之，逆之，仰而观之，如撒斛珠于虚空。有时映日，化作虹霓；有时乘风，变为云雾；此有起伏顿挫之瀑势也。……
> ——陈仁锡《听僧说福胜石梁溪大龙湫五泄瀑记》

陈仁锡没有亲眼见过大龙湫，只是从一位僧人嘴里听说大龙湫"飞流直下"的情境后，便妙笔生花，采取铺张扬厉的赋体形式，极尽渲染夸张之能事，把大龙湫描摹得神奇浪漫，亦真亦幻。再看"霞客的大龙湫"，只有"龙湫之瀑，轰然下捣潭中，岩势开张峭削，水无所著，腾空飘荡，顿令心目眩怖"等29个字，没有想象、虚构和夸张，只有白描手法的简洁勾勒。与陈氏"有意藻绘为文章"相比，霞客据景直书，不事雕琢，看似朴素，却在不经意间流露出天才的艺术表现力和感染力，用"天趣旁流"四个字概括最恰当不过。

三

徐霞客在跋山涉水的过程中，情系江河，对许多河流的流域范围、大小、流量、流速、水质、含沙量，以及分水岭、伏流、地形与水文的关系等，都有详实的考察记录。《游记》共记载了江、河、川、水、溪、沟、渎、涧、谷等大小河流551条，黄河、长江、岷江、闽江、富春江、钱塘江、潇江、湘江、郁江、盘江、金沙江、黔江等大江大河上，都留下了他探访的足迹。

表面上看，徐霞客和历代许多文人墨客一样喜欢游山玩水，实则二者有明显的差别。一般文人重在玩赏，借山水怡情养性，寄情抒怀；徐霞客则重在考察，旨在探真求实。人说："霞客之游，穷地复穷天。"所谓"穷地穷天"，就是对自然山川的奥秘刨根问底，不但要知其然，还要知其所以然，决不满足于一知半解。因此，徐霞客对江河的游历，绝不是单纯的探奇寻幽、朝觐访胜，更重要的是为了探求掌握江河的奥秘。那么，他到底破解了多少江河密码呢？

发现了"流速与河道纵剖面之坡度成正比"的关系。霞客对福建建溪（今闽江）和宁洋溪（今九龙江）进行一番考察后，发现这两条河流有较大的差异：黎岭和马岭分别为建溪和宁洋溪的发源地，两座山岭的高度大致相同，可是两条河入海的流程却相差很大，建溪长，而宁洋溪短。原因何在？经过一番探究分析，徐氏得出了"程愈迫则流愈急"（《闽江记前》）的科学结论。就是说，河道流程越短，河床坡度越陡，则水的流速越大。他还注意到河水流速与水量的大小有关。在云贵交界处，他看到江底河（黄泥河）"破崖急涌，势若万马奔驰"，经过考察研究，找出其中的原因："盖当暴涨时也。"（《滇游日记二》）即江底河水较平时汹涌湍急，是洪水暴涨造成的。

注意到河水含沙量的问题。在对江河的探访中，徐氏发现不同河流的水质（含沙量）有较大的差别。如云南鸡足山有一溪，"浑浊如浆"（《滇游日记十二》）；福建林田有一溪，"浑赤如血"（《闽游十三记前》）；贵州安南卫（今晴隆）的北盘江，"浑浊如黄河"（《黔游日记二》）。他还发现，甚至同一河流在不同季节的水质（含沙量）也有天壤之别。比如，广西柳州的都泥江（红水河），七月中旬"浑浊如黄河之流"，到了二月中旬则"渊碧深沉"，考其原因，是因为旱季"水涸时无复浊流淹漫上色也"（《粤西游日记四》）——枯水季节水少流缓，自然会澄澈深沉；丰水季节洪流滚滚，泥沙俱下，自然会"浑浊如黄河"了。

揭示出地形对地表径流形成的影响。当徐氏踏遍罗霄山脉北段的五功山时，发现相公岭"求滴水不得"，而高于相公岭的卢台却"乱流交通"，"遂成沃泽"。开始他还有些迷惑不解，后来经过查勘验证，才恍然明白，原来是地形"操纵"的结果："盖武功之东垂，其山乃一脊排支分派"，而"武功之西垂，其山乃众峰耸石攒崖"，"土石之势既殊，故燥润之分亦异也"（《江右游日记》）——光溜溜、"一脊排支分派"地形留不住地表径流，而高低错落、"众峰耸石攒崖"的地形则有利于地表水的汇集，故相公岭滴水难求，卢台能够积水成泽也就在情理之中了。

辨明了左江、右江、大盈江等许多水道的源流，纠正了《大明一统志》中有关这些河流记载的混乱和错谬。

如果说上述种种江河奥秘的破解大多是霞客游历途中"顺手牵羊"所得的话，那么，他揭开盖在中华两大巨川——黄河与长江身上神秘面纱之举则是刻意为之、倾力为之。比如，关于黄河与长江的孰大孰小，在徐霞客之前，没有人去刨根问底，细说端详，徐霞客通过研读文献和实地考察，对这两大河的宽窄、流域范围、水量及长度等进行了比较，证明长江大黄河小。如他看到"河流如带，其阔不及江三之一"；"中国入河之水，为省五，入江之水，为省十一。计其吐纳，江既倍于河，其大固宜也"；"龙远江亦远，脉长源亦长，此江之所以大于河也"（《溯江纪源》）。尽管按现代的科学方法计量，徐氏的"目测"还不够精确，但较之前人，还是前进了一大步。

徐霞客破解的最大密码当属长江之源的问题。他是中国历史上第一个说出"故推江源者，必当以金沙为首"的人。在精心撰写的《江源考》（又称《溯江纪源》），徐霞客郑重地宣称：岷江不是长江正源！

> 余按岷江经成都至叙，不及千里，而金沙经丽江、云南、乌蒙至叙，共二千余里，舍远而宗近，岂其源独与河异乎？非也，河源屡经寻讨，始得其远，江源从无问津，故仅崇其近。其实岷之入江与渭之入河，皆中国之支流，而岷江为舟楫所通，金沙盘折蛮僚溪峒间，水陆俱莫能溯。即不悉其孰远孰近，第见《禹贡》"岷山导江"之文，遂以江源归之。而不知禹之导，乃为害于中国之始，实非滥觞发脉之始也。导河自积石，而河源不始于积石；导江自岷山，而江源亦不出于岷山。岷流入江，而未始为江源，正如渭河入河，而未始为河源也。

在这段文字中，徐氏向我们传达出了这样几点有关长江之源的信息：第一，历代都重视对黄河之源的寻找探索，经过多次考察，才找到了它远处的源头；对长江之源的探究却从来无人问津，有厚此薄彼之嫌。第二，岷江只是长江的支流（这就如同渭河注入黄河，是黄河的支流一样），它的长度还不及它南面的大渡河，肯定不是长江的源头。第三，金沙江流源远流长，比岷江长一千多里，才是长江的源头；以岷江为源，是"舍远而宗近"，道理说不过去。第四，批驳人们看到《禹贡》中有"岷江导江"的字眼便把江源归属于岷江是天大的误解，指出：大禹疏导岷江，是因为它是为害中国的起点，不是长江源出岷山，正如同大禹疏导黄河起自积石山，黄河的源头不起于积石一样。

显然，这种认识放到现在根本算不了什么，但在当时，就如同当年哥白尼发布"日心说"一样，堪称石破天惊之举！

要知道，对于长江江源的认定，最早的权威著作是《禹贡》，是书说："岷山导江，东别为沱"，言之凿凿地把岷江作为长江的江源。因为《禹贡》

出于《尚书》，而尚书又是"四书"之一，在相当长的历史时期一直被奉为儒家的经典，倍受推崇和尊重。因此，《禹贡》（约成书于战国时期）以后的著作，凡涉及江源的，基本上都奉《禹贡》为圭臬，不敢越雷池一步。北魏郦道元为《水经》作注，虽然已对《禹贡》"岷山导江"之说产生了不小的怀疑，并把长江上游的干支流情况记载得相当清楚，但仍未能突破《禹贡》的框框。

尽管现代有些地理学家对徐霞客的这一"发现"不以为然，认为徐霞客所掌握的长江上游干支流的情况，并没有超过北魏郦道元许多。但我要说，抛开徐氏掌握的情况多少不说，仅就他敢于说出了前人不敢说的话这一点而言，其勇气胆识都是了不起的！

当然，真正的长江源头不是徐霞客找到的。直到公元1977年，即徐霞客逝世300多年后，国家派出的科考队才确认长江的源头是唐古拉山脉的主峰格拉丹东西南侧的冰川，正是它孕育出长江的正源——沱沱河。

四

在中华广袤的大地上，除了万千江河经纬纵横外，还有千万个大小不一的湖泊和沼泽星罗棋布，他们如一颗颗大小不一的珍珠一般点缀着大地，养育着万物。阅水无数的徐霞客当然会看在眼里，印在心上，写在"记"中。进入徐霞客《游记》的湖泊，有太湖、鄱阳湖、滇池、杭州西湖、茈碧湖、洱源西湖等等，至于那些称塘呼潭的小湖泊，更是不可胜数。

霞客走出家门出游的第一站，是烟波浩荡的太湖。万历三十五年（1607年）初春，年仅22岁的徐霞客背负行囊，手执油伞，告别家人，徒步南行，奔向距离家乡不远的太湖。我想，走在路上的徐弘祖，那颗年轻又好奇的心一定会比以往跳得剧烈，脑海里也一定会升腾着对外面山长水阔的无限憧憬与遐想。当碧波万顷、银光粼粼的太湖真的扑面而来时，惊喜、新奇、震撼，还有眼界大开、眼福大饱，这些美妙的感受一定会在霞客的胸中汹涌澎湃。外面的世界如此精彩，这就更坚定了霞客周游中国、考察山河的志向。遗憾的是，他游太湖并没有留下游记。

徐霞客的游踪主要在西南滇黔一带，故他笔下的湖泊，多为云贵高原的湖泊。让我们追随徐霞客旅行的脚步，并结合他生动形象的描述，一览"高原明珠"的风采。

滇池（又名滇海）位于昆明西山脚下，是云贵高原最大的淡水湖（湖面面积300多平方公里），山光水色冠绝于世，堪称一颗璀璨的高原明珠。酷爱名山秀水的徐霞客一生曾两游滇池。第一次是崇祯十一年（1638年）夏，他来到昆明，游滇池，登太华，留下了记述滇池的墨宝：

> 出省城，西行二里，下舟，两岸平畴夹水。十里田尽，萑（茭）苇满泽，舟行深绿间，不复知为滇池巨流，是为草海。草间舟道甚狭。……然此处所望犹止及草海，若瀁瀁浩荡观，当在罗汉寺南也。三里，下瞰海涯，舟出石缝中，有结茅南涯侧者，亟悬仄径下，得金线泉。泉自西山透腹出，外分三门，在仅如盘，中腔峒，悉巨石欹侧，不可入。水由盘门出，分注海。海中细鱼溯流入洞，是名金线鱼。鱼大不四寸，中腴脂，首尾金线一缕，为滇池珍珠。
> ——《滇游日记一·游太华山记》

滇池被海埂分为两部分，北部即草海，湖水较浅，湖面较小；南部即外海又称水海或昆阳海，是滇池的主体，湖水较深，湖面宽广。由徐霞客的记述可知，他所泛舟游览的是草海。草海因为水浅，水中长满芦苇，船行苇荡，道狭逼仄，当然感受不到滇池的浩荡。徐霞客舍舟登上滇池西岸的太华山，在濒临滇池的陡涯边寻到了金线泉，看到了金线鱼。这金钱鱼可是滇池中的极品，别看他大小不超过四寸，但肉质细嫩，味道鲜美，以"滇池珍珠"的称号享誉四方。

让人遗憾和揪心的是，上世纪八十年代以来，随着污水的大规模入侵，滇池身染沉疴，黯然失色，湖面变小，湖盆变浅，千比黑水翻波，无数鱼虾遁迹。自然，金钱鱼之类的滇池极品，也只能到《游记》中去找了。

崇祯十一年（1638年）十月初，徐霞客第二次光临昆明。他用数十天的时间周游滇池，先是从昆明城南郊的南坝鼓棹而行，横渡滇池，到安江上岸，再绕经晋宁、昆阳、安宁等州，取道草海湖堤，从昆明的西郊返回城中。《滇游日记四》全面记载了他这次旅行的情况沿途游览了许多地方。有意思的是，徐霞客在描写滇池时，却一反常态，没有直表其意，而是站在滇池周边的山上山下，从不同的角度状写了滇池及其沿岸的风光风情：

> 从西门三里，度四通桥。……又西下涉一涧，稍北，即滇池之涯。共五里，循南北山麓而西，有石耸起峰头，北向指滇池，有操戈介胄之状，是为石将军。……又西二里，海水中石突丛丛，是为牛恋石。涯上村与乡，俱以牛恋名。谓昔有众牛饮于海子，恋而不去，遂成石云。……南下半里，沿滇池南山陇半西行，二里余，有村在北涯之下，

> 滇池之水环其前，是曰赤峒里，亦池滨聚落之大者，而田则不能成壑焉。四里，稍上，逾一东突之坞。其山自西界横突而出，东悬滇海中。路逾其坞中北下，其北滇海复嵌坞西入。其突出之峰，远眺若中浮水面，而其实连缀于西界也。乃西转涉一坞，共四里，又北向循滇池西崖山麓行。五里，又有小峰傍麓东突，南北皆湖山环抱之，数十家倚峰而居，是为旧寨村。……岭北又有山一支，从水涯之北，亦自西而东，直瞰滇海中，与此岭南北遥对成峡，滇海驱纳其中，外若环窝，中骈束户，是为海口南岭。

上述记述是霞客十月二十四日的见闻。这天，他在滇池南岸晋宁州（今晋城县）至昆阳州（今晋宁县）一带跋山涉水，循滇池畅游直到海口（指滇池的出水口）。沿途所见，除了滇池风物，便是人们沿湖聚落民居的情景。关于滇池风物，有"石将军"，耸立于滇池南部山峰北麓的山顶上，它披甲戴盔，手持兵器，指点江山，真好像古代一位威风凛凛的大将军，正登高望远，察看地形；有"牛恋石"，它们生长在滇池中，相传从前有很多牛到滇池中饮水，因留恋滇池而不愿离去，于是变成这些石头；有"悬水崖"（为笔者命名），从西侧探出石身，悬空于滇池之上，远看就像悬空浮在水面上。徐氏虽然没有从正面写滇池，但关于滇池及其侧畔风物绘声绘色的描写，让滇池的形象不再是简单的平面，而呈现出立体、丰满和多姿多彩，也为后世滇池游开辟了新的路径和景观。关于沿湖的聚落和民居，有"赤峒里"，此村位于北面的山崖下，南面濒临滇池，山环水抱，是个理想的人类聚居场所，故成为滇池侧畔较大的村落；有"旧寨村"，在湖山环抱中居住着数十户人家。徐氏对这些村落的记述告诉我们，自古以来，滇池便是人类繁衍生息的摇篮。

崇祯十二年（1639年）二三月间，徐霞客丈量天下的铁鞋迈入了云南西部的苍山洱海之间，他不时停步凝望，用一双善于发现的明眸慧眼搜寻着大自然馈赠给人类的大美。二月十八日抵达浪穹县（今洱源县），泛舟茈碧湖（宁湖）：

> 其西则平湖浩然，北接海子，南映山光，而西浮雉堞，有堤界其中，直西而达于城。乃遵堤西行，极似圣明苏堤，虽无六桥花柳，而四山环翠，中阜弄株，又西子所不能及也。湖中鱼舫泛泛，茸茸新蒲，点琼飞翠，有不尽苍茫、无边潋滟之意，湖名"茈碧"，有以也。

——《滇游日记七》

茈碧湖位于洱源县城附近，东北靠山，西南连田，南北狭长，是高原断陷溶蚀洼地形成的天然湖泊，也是洱海上游的最大湖泊，面积7.86平方公里，有"滇西翠玉"的美称。徐霞客看到，此湖水面浩阔，北面与浪穹海子相连，南面映衬着山色，西边城墙耸立，湖中有堤为界，一直往西通到城中。此堤与西湖的苏堤极为相似，虽然没有六桥花柳，但是四周青山环绕，湖中小岛如珍珠成串，又是西湖所没有的。湖上渔舟点点，茸新蒲嫩，点琼飞翠，有不尽苍茫、无边潋滟的意境。湖名"茈碧"（茈碧，属睡莲科，叶呈心脏形，花为黄白色），可谓名副其实。

茈碧湖的美景还不止于此，更神奇的"水花树"（又称宁湖跃珠）还在湖心"喷花吐蕊"，等待着这位大旅行家的光临。第二天，徐氏在友人的陪同下，乘船驶入茈碧湖的深处：

> 海子中央，底深数丈，水色澄莹，有琉璃光，穴从水底喷起，如贯珠联璧，结为柱帏，上跃水面者尺许，从旁遥觑水中之影，千花万蕊，喷成珠树，粒粒分明，丝丝不乱，所谓"灵海耀珠"也。
> ——《滇游日记七》

"水花树"是由湖底的温泉气泡纷纷冒上来后，因泉热湖冷，气泡在接近水面时纷纷破灭，在阳光照耀下呈现出"灵海耀珠"的自然景色，堪称奇观。作者不愧为大手笔，只寥寥数语，便把茈碧湖的"水花树"的奇观描述得惟妙惟肖，令人叹为观止。

三月初十，霞客与友人从中所（位于邓川坝子北部、弥苴河西岸）出发，泛舟弥苴佉江（今称弥苴河，自北而南纵贯邓川坝子，流注洱海）。坝子的西部，便是洱源西湖（位于今大理白族自治州洱源县境内），为高原平坝淡水湖，湖面约3.3平方公里。西湖四周远山叠翠，村庄环绕，屋舍俨然。湖水澄澈，水草丰茂，秀丽如同江南水乡。霞客放眼湖中，很快被这里的水乡风貌所陶醉。于是他用诗一般瑰丽的语言，绘声绘色地写道：

> 湖中菱蒲泛泛，多有连芜为畦，植柳为岸，而结庐于中者。汀港相间，曲折成趣，深处则旷然展镜，夹处则窅然蜚画，翛翛有江南风景；而外有四山环翠，觉西子湖又反出其下者也。湖中渚田甚沃，种蒜大如拳而味异，罂粟花连畴接陇于黛柳镜波之间，景趣殊胜。
> ——《滇游日记八》

西湖中菱角香蒲飘浮，其中还点缀着许多农舍、稻田。绿洲港湾相间，曲曲折折，自成情趣，水深处则是空旷一片，澄澈如巨镜平铺；狭窄处则幽深杳渺，犹如一幅彩绘的风景画。还有湖中的小洲上，土地肥沃，翠柳依依，菜田畦畦，罂粟招摇。洱海西湖既有湖光山色，又有田园风光美，风致独标，难怪霞客会感叹：这里有江南的风味，甚至西子湖也不如它！由于徐霞客的渲染，洱海西湖名声鹊起，后来又有不少文人墨客来这里寻芳探幽，留下"宜把洱海比西湖"的赞誉。

值得称道的是，徐霞客通过对云南、贵州和广西三省地质地貌的考察，还找出了滇南地区多"海"（高山湖泊）的原因：

> 粤西之山，有纯石者，有间石者，各自分行独挺，不相混杂。滇南之山，皆土峰缭绕，间有缀石，亦十不一二，故环洼为多。黔南之山，则界于二者之间，独以逼耸见奇。滇山惟多土，故多壅流成海，而流多浑浊。惟抚仙湖最清。粤山惟石，故多穿穴之流，而水悉澄清。而黔流亦介于二者之间。

——《滇游日记二》

这段记述文字不多，但科技含量不可低估。首先，指出了云南高原多"海"的成因，即山上多土且"环洼为多"，容易"壅流成海"。而广西一带无"海"，缘于那里的山多裸实而无泥，且山峰挺拔耸立，水来即逝，难以挽留。其次，道出了同样是"壅水成海"，但水之清浊却大相径庭的缘由。云南高原红土多，容易造成水土流失，泥沙俱下，故"流多浑浊"（但也有例外，比如云南玉溪的抚仙湖，清澄明澈，原因是抚仙湖流域为石炭岩地貌，湖水来源除自然降雨聚集外，主要靠沿湖周边溶洞泉水补给）。广西石山少土，暗河发育，多"穿穴之流"，因而河流的含沙量远比黄河、长江少，故"水悉澄清"。贵州高原土山、石山参半，源于土山者流浊，源于石山者流清，故"介于二者之间"。

另外，在徐霞客的《游记》中，还记载了浙江雁荡山顶的"雁湖"，贵州坪坝野鸭塘的"沮洳"，云南保山大寨的"乾海子"等8处沼泽情况。尤其对保山大寨的"乾海子"，记述得最为详细：

> 海子大可千亩，中皆芜草青青。下乃草土浮结而成者，亦有溪流贯其间，第不可耕艺，以其土不贮水。行者以足撼之，数丈内俱动；牛马之就水草者，只可在涯涘间，当其中央，驻久辄陷不能起。故居庐亦俱濒其四围，只垦坡布麦，而竟无就水为稻畦者。……于是倚西崖南行。一里余，有澄池一圆，在西崖下芜海中，其大径丈余，而圆如镜，澄莹甚深，亦谓之龙潭。在平芜中而独不为芜翳，又何也？……

有水从石崖西下出,流为小溪东注,余初狎之,欲从芜间涉此水,近水而芜土交陷,四旁动摇,遂复迁涉西湾。

——《滇游日记十一》

这里,作者为我们留下了乾海子沼泽的大小、物理形状、土壤植被以及水文特征等珍贵信息,科学文献价值不容小视。笔者不才,试着用现代沼泽学的知识解析如下:一是海子有千亩大小,中间长满了喜湿性和喜水性植物("芜草青青"),可见乾海子是草本沼泽。二是海子"驻久辄陷不能起",牛马放牧只能在岸边,说明乾海子中分布着大面积的"泥炭地"。三是海子"草土浮结",撼之"数丈内俱动",是因为泥炭吸水性强,致使土壤严重缺氧,植物根部难以充分发育,形成了松软的"浮毡层"。四是海子带"竟无就水为稻畦者",是因为土壤缺氧,水稻难以生长。五是海子"有澄池一圆"、"小溪东注",这说明海子中分布着一些较深的水泡和溪流。

五

地下水的露头叫泉。在陆地上的诸水中,泉堪称造物主赐给人类的精灵,它以汩汩涌冒、叮咚流淌的形貌声色为大地平添了灵秀、鲜活和生动,于是自然成为徐霞客笔下的重要角色。据统计,《游记》记泉约83处,包括冷泉、温泉(地下热水)、盐泉等类型。

《游记》记冷泉35处,其中岩溶裂隙水27处,基岩裂隙水8处。"石穴中,有泉一池,自穴顶下注,清冷百倍溪中"(《楚游日记》)。这是徐氏所记湖南临武县车带岭的岩溶裂隙泉,这类泉水为岩溶裂隙水,大都具有"清冽"、"甘冷"的特点。"有泉一方,嵌崖倚壁,深四五尺,阔如之,潴水中涵,不盈不涸。万峰山上,汇此一脉,固奇。……观其水色,不甚澄澈"(《滇游日记六》)。这是徐氏所记鸡公山西来寺石壁下的基岩裂隙泉,这类泉水较岩溶裂隙水而言,一般水质要差一些,水量也较小。

《游记》记载温泉20处,除安徽黄山汤泉外,其余19处皆在云南境内,尤以腾冲地区的温泉入"记"最多。

《游记》记载盐泉28处。如徐氏在云南安宁城考察后,记下了一眼叫做"灵泉"的巨井:"其上累木横架为梁,栏上置辘轳以汲,乃盐井也。其水咸苦而浑浊殊甚,有监者,一日两汲而煎焉。"接着又记述了安宁城(明置安宁州,隶云南府,即今安宁县)盐井的数量、规模和产盐情况:"安宁一州,每日夜煎盐千五百斤。城内盐井四,城外盐井二十四。每井大者煮煎六十斤，小者煮煎四十斤，皆以桶担汲而煎于家。"(《滇游日记四》)盐是人们日常生活不可或缺的调味品，徐氏关于盐井及其产盐情况的记载，是非常珍贵的经济史料。

凡是有泉汩汩涌冒的地方，大都是风景秀美之所在。对此，徐霞客在考察中一面饱览泉流之胜，一面用生花的妙笔将其记录下来。许多泉流本来默默无闻，只因被徐氏写入《游记》而身价倍增，甚至成为蜚声海内外的名胜，比如大理的蝴蝶泉、保山的龙王塘、腾冲的硫磺塘沸泉等。

明崇祯十二年（1639年）三月十一日，徐霞客来到大理城北40公里的苍山云弄峰下探访蝴蝶泉：

半里，有流泉淙淙，溯之又西，半里，抵山麓。有树大合抱，倚崖而耸立，下有泉，东向漱根窍而出，清洌可鉴。稍东，其下又有一小树，仍有一小泉，亦漱根而出。二泉汇为方丈之沼，即所溯之上流也。泉上大树，当四月初即发花如蛱蝶，须翅栩然，与生蝶无异。又有真蝶千万，连须钩足，自树巅倒悬下，及于泉面，缤纷络绎，五色焕然。游人俱从此月，群而观之，过五月乃已。

——《滇游日记八》

其实，蝴蝶泉之所以名声远播，除了泉本身"清洌可鉴"外，更主要的是泉边"缤纷络绎，五色焕然"的蝴蝶会太抓人眼球了。每年三月到五月间，蝴蝶大的如巴掌，小的如铜钱，成串悬挂于泉边的一棵大合欢树上，犹如树上吊起的蜂房，蔚为奇观。对于泉，徐氏只是轻笔代过，记蝴蝶却不惜笔墨，正是这些形象生动的文字，让蝴蝶泉的奇妙从祖国的西南边陲"飞"到内地。百闻不如一见。于是，一拨又一拨天南海北来的观光客千里迢迢地来到蝴蝶泉畔，一睹奇观。吃水不忘挖井人。为了感谢徐霞客这位超级"红娘"，大理人在蝴蝶泉公园内为他竖起了一尊雕像，供游人瞻仰。

其实，何止是大理的蝴蝶泉公园如此。如今，徐霞客和他的《游记》已成了许多地方发展旅游业的一块金字招牌。当年徐氏流连最多的云南、贵州、广西三省（自治区）的许多山水胜迹，或竖起了徐霞客塑像或建起了纪念徐霞客的建筑，并镂刻了《游记》有关此处风光的记述，从而增添了景观的人文内涵，受到游客的普遍欢迎。"江山也要名人捧"，徐霞客确实为中华多处大好河山锦上添花，红遍神州。而《游记》所蕴藏的"富矿"，已成为今天发展旅游事业的宝贵财富。公元1994年，国家旅游局、文物局共同主办了"中国文物古迹游"活动，开辟有14条旅游专线，其中11条就是"350年前徐霞客旅游线",涉及21个省(自治区、直辖市)。可以肯定地说,《游记》已成为当今不少旅游者的"导游图",他们中不乏霞客的"粉丝",一心想"按图索骥",重走一回三百五六十年前徐霞客的走过的路。

云南保山城北15公里的郎义村,有一处龙王塘(潭),又叫龙王泉,是这一带重要的水源地。明崇祯十二年(1639年)六月十三日,徐霞客与此泉见面了——他沿着村子往西转,见有河水自北边堤坝中流来,知道这是龙王塘的下游,于是溯流沿山坡而上,直奔泉水而去:

> 半里,闻壑北水声甚沸,其中深水丛箐,亏蔽上下,而路乃缘壑北转。不半里,穿门北上,则龙王祠巍然东向列,其前与左,皆盘壑蒙茸,泉声沸响。乃由殿左投箐而下,不百步,而泓泉由穴中溢,东向坠坑。其北坑中,又有水泻树根而出,亦坠壑同去。其下悬坠甚深,而藤萝密蔓。
>
> ——《滇游日记十》

这段细致的描述告诉我们,370年前,这里林木茂盛,青藤飘拂,泉从石隙中涌出,竟能激起轰鸣,声闻百步之外,可见水量是何等的丰富。后来,我问家住保山的一位朋友龙王塘的情况,他感慨万端地告诉我:上世纪六七十年代,伐木的坚斧利锯疯狂而来,转眼间,植被茂密的青山坡变成了童山秃岭,泉水断流,祠庙倾圮,昔日美景化为废墟。正当我扼腕叹息的时候,朋友话锋一转,又把令人喜悦的消息传递给我:后来,人们终于觉醒了,当地群众集资兴建了龙王塘风景区,辟有"龙塘鱼跃"、"龟岛环视"、"玉泉幽静"等12景。园内泉水幽幽,翠竹青青,"林海浮楼台,玉泉凝天地"。我一听,不禁喜形于色,顿时升起"到此一游"之念。我想倘若徐霞客地下有知,也一定倍感欣慰。

在霞客的笔下,还有一处叫"漱玉泉"的冷泉,值得一提:

> 北山有漱玉泉,而《西事珥》与《百粤土记》俱谓其泉,暮闻钟鼓则沸溢而起,止则寂然,诧以为异。余谓泉之沸寂,自有常度,乃僧之候泉而鸣钟鼓,非泉之闻声而沸寂也。及抵白石,先询之三清观,再征之白石寺并漱玉之名,不知何指,而闻钟泉沸之说,山僧茫然。洵皆好事之言也。
>
> ——《粤西游记二》

漱玉泉之所以在我脑海里打下深深的烙印,不是泉本身有多么神奇,而是徐霞客对此泉所持的实事求是态度。原来,漱玉泉是个典型的间歇泉,每到傍晚,泉水总是伴随着寺庙的钟鼓声而沸腾,又随着钟鼓的息声而沸止。多少年来,当地人一直相信此泉的沸止与寺庙钟鼓的鸣息有关,甚至地方志也将它的"神异"记录在案。但霞客却没有轻信其真,经过实地考察和分析推理,他一语道破了"泉之沸寂"的玄机:泉水的沸腾与平静,自有它的规律,是寺庙的僧人掌握了这种规律,故意使钟鼓起息与泉水沸寂同步来制造神秘召引信众。徐氏的这种不迷信、不盲从,不唯书、只唯实的科学精神,着实令人肃然起敬。

俗话说,云南温泉甲天下,腾冲温泉甲云南。腾冲是我国三大地热区之一。据现代科学研究,由于火山对地热活动的巨大影响,造就了腾冲地区124处温热泉群,数以万计的泉眼,其中有14个泉眼的水温高达90度以上。硫磺塘温泉(又称热海)可算是腾冲的地热中心。崇祯十二年(1639年)五月初七,一个阴雨霏霏的日子,霞客顶风冒雨,艰难跋涉,终于来到硫磺塘泉畔:

> 又南一里,则西山南迤,有峡东注大溪,遥望峡中蒸腾之气,东西数处,郁然勃发,如浓烟卷雾,东濒大溪,西贯山峡。先趋其近溪烟势独大者,则一池大四五亩,中洼如釜,水贮于中,止及其半,其色浑白,从下沸腾,作滚涌之状,而势更厉,沸泡大如弹丸,百枚齐跃而有声,其中高且尺余,亦异观也。……溯小溪西上半里,坡间烟势更大,见石坡平突,东北开一穴,如仰口而张其上腭,其中下绾如喉,水与气从中喷出,如有炉橐鼓风煽焰于下,水一沸跃,一停状,作呼吸状。跃出之势,风水交迫,喷若发机,声如吼虎,其高数尺,坠涧下流,犹热若探汤。或跃时风从中卷,水辄旁射,搅人于数尺外,飞沫犹烁人面也。

这段声色并茂的描写,既精准地记述了硫磺温泉的性质特征,又形象地再现了硫磺温泉的雄厉之美,堪称科学的精确性与文学的形象性有机结合的典范。按照徐霞客形象逼真的描述,我们可以想见这处温泉的声威气势:远远望去,硫磺塘一带烟雾缭绕,热气蒸腾。近观其形,水色浑浊发白,仿佛一口巨大的沸锅,翻滚腾越,沸腾的水泡大如弹丸,成百枚一齐跃起。又闻其声,风水交迫,喷射时好似抛石机发射,声如猛虎吼叫。再试其温,沸水滚烫,飞溅的水沫灼人脸面。如今,这里已被辟为地热公园,成为游览胜地。据说,今天的硫磺塘温泉,基本还是340多年前徐霞客所描绘的样子,直径3米多、水深1.5米的盆形泉池,终年沸水喷涌,蒸汽冲天（挟带着浓浓的硫磺味），响声震耳，似有煮天烹地、炖日熬月之势。

"从地底流出的热泉，是大自然送给人类的最美礼物。"从腾冲回来的一位朋友在向我介绍完"大滚锅"的情况后，又意味深长地对我说了这样的话。我有些嫉妒地看了他一眼，暗下决心：为了热海大滚锅，下次再到云南，我得到腾冲走一遭了。

六

水是生命之源。自古以来，人类就逐水而居，在水的滋养哺育下繁衍生息。徐霞客在壮游山水的过程中，经常看到人与水相依相伴的和谐景象，他真实地将这一切记录下来，让350多年前人水关系的情境在我们的眼前生动宛然。

中国古代的城市，除了少数军事重镇外，几乎都是依水而立。可以说，临水建城是中国乃至世界城市选址的一大特点，其好处至少有以下几点：一是取用水方便，同时有利于排泄城中的涝水、污水；二是古代城池并重，即筑高高的城墙，又挖深深的沟堑，形成有机的防御体系。临河建城，可方便引水入濠，随时补给水源（有的干脆借河为濠）。三是古代陆路交通落后，水运是交通运输的主旋律，临近江河可享舟楫之利。有人统计，《游记》中记载了15个城市及其所处的地理位置，其中临水的有8座，他们是：顺昌县城、沙县县城、宜黄城、道州城、柳州城、壶关城、普安城、丽江郡城。我以为，这个统计实在过于粗略，实际数目肯定不止如此，至少是把衡州给落下了。徐氏是这样描述衡州城与水之关系的：

> 衡州城东面濒临湘，通四门，余北西三面鼎峙，而北为蒸水所夹。其城甚狭，盖南舒而北削云。北城外，则青草桥跨蒸水上。而石鼓山界其间焉。盖城之南，回雁当其上泻；城之北，石鼓砥其下流，而潇湘循其东面，自城南抵城北，于是一合蒸，始东转西南来，再合耒焉。
>
> ——《楚游日记》

衡州府城东面濒临湘江，北城外又有蒸水蜿蜒；湘水自回雁峰东面，从城南流城北，与蒸水相汇。显而易见，衡州是典型的临水城市。

其实何止是城镇，许多聚落村庄也往往依水设立。在唐锡仁、杨文衡所著的《徐霞客及其游记研究》一书中，作者选取了148个居民点，对它们与地形地貌的关系进行了分析研究，发现大部分村落皆坐落于临水的坡、冈或江岸、河曲。比如，徐氏在考察滇池的出口螳螂川时，发现出口处的峡谷比较开阔，两岸遍布村庄，特别是螳螂川南岸，"有聚落成衢，滨川之南，是曰茶埠墩，即所谓海口街也"（《滇游日记四》）。再如，徐氏在游览太华山时，看到在通往滇西的大道上，"有数百家倚临水"；从罗汉寺东行，转过八道弯，"下二里抵山麓，有村氓数十家，俱网罟为业。村南即龙王堂，前临水海（滇池）。由其后南循南崖麓，村尽连波"（《滇游日记一·游太华山记》）。这些记载说明，人们依水而居是一种生存方式的自觉选择。

水利是事关国计民生的大事。《游记》中有不少地方记述了水利工程的情况，显示出作者对人类改造自然、造福人类之举的肯定和认同，也为后人研究明末西南等地区的水利史留下了宝贵的资料。

崇祯十年（1637年）闰四月，徐霞客来到广西东北部，经全州、兴安县，游柳山和湘山寺，登金宝鼎，探湘江源，考察了著名的灵渠：

……又十里，至兴安万里桥。桥下水绕北城西去，两岸砻石，中流平而不广，即灵渠也，已为漓江，其分水处尚在东三里。……饭后，由桥北溯灵渠北岸东行，已折而稍北渡大溪，则湘水之本流也，上流已堰不通舟。既渡，又东有小溪，疏流若带，舟道从之。盖堰湘分水，既西注为漓，又东浚湘支以通舟楫，稍下复与江身合矣。

——《粤西游日记一》

灵渠是当年秦始皇为统一岭南，命史禄开凿的运河，工程主要包括铧嘴、大小天平石堤、南渠、北渠、陡门和秦堤。渠成之后，航运畅通，军需物资源源不断地被运往前线，岭南很快被纳入大秦的版图。灵渠的伟大之处在于它让湘、漓二水牵手，沟通了长江与珠江水系。秦汉以后，灵渠一直是联接中原与岭南的交通干道。灵渠活了近1800年后，霞客专程来拜访它。他在兴安县城的万里桥边溯灵渠北岸东行，来到灵渠的枢纽处，看到大小天平横卧湘江，铧嘴使湘水分流，一部分循南渠西注漓江；一部分循北渠再注湘江。由此徐氏记述可知，明朝晚期的灵渠仍运行完好，发挥着通航、灌溉的强大功能。

《游记》中记载另一个较著名的水利工程则是云南保山的诸葛堰。崇祯十二年（1639年）四月初十，徐霞客离开永昌府（今保山市），出南门，南行五六里，他的眼睛忽然一亮：

有堤如城垣，自西山环绕来。登其上，则堤内堰水成塘，西浸山麓，东筑堰高丈余。随东堰西南行，二里堰尽，山从堰西南环而下，有数家当曲中。

——《滇游日记九》

徐氏所见，即诸葛古堰，俗称大海子，位于保山城南4公里的诸葛营村南侧，是保山坝子南部重要的农业水利设施。据方志记载，此堰创建于三国蜀汉时期，明成化年间进行了扩建，经过历代修葺，直到今天当地人民仍充分享有灌溉之利。古堰依地势筑成半圆形，堤坝总长1.5公里，堤高3米多，厚4米，用砖石夹夯土筑成。可能是成化年间刚刚扩建的缘故，徐氏见到的诸葛堰，堤坝完好，"堰水成塘，西浸山麓"，灌溉效益十分显著。

《游记》中还记载了不少地方开发水力资源加工粮食的情状。如徐霞客在游五夷山（又作武彝山）时，"仰望突泉又在半壁之上，旁引水为碓，有梯架之，凿壁为沟以引泉"（《游武彝山日记》）——看见奔突的泉水流出石壁，旁边有山民引泉水冲动石碓舂米，同时将岩壁凿开一条沟，用来引导泉水。徐霞客第四次游历福建时，沿永安溪而上到达沙县，"城南临大溪，雉堞及肩，即溪崖也。溪中多置大舟，两旁为轮，关水以舂"（《闽游日记后》）——见到城南大溪中停放着许多大船，两旁是水轮，控制溪水以舂捣粮食。徐霞客为了考察澜沧江，在云南西部的崇山峻岭中踽踽而行，在一段通往迷渡、洱海卫的峡谷中，"望见峡口东达川中，峡中小室累累，各就水次，其瓦俱白，乃磨室也，以水运机，磨麦为面，甚洁白"（《滇游日记十二》）——看见峡中磨房小屋层层叠叠，各自靠近水边，用水运转机械，把麦子磨成洁白的面粉。水碓（汉代发明）、水磨（晋代发明）都是利用水力加工粮食的工具，前者可将粮食退壳脱皮，后者可将米、麦、豆之类的粮食加工成面粉。它们的使用，除了具有节约人力、畜力的优点外，还可以日夜运转，提高效率。无疑，这种水力工具在电机发明之前是先进的。俗话说：靠山吃山，靠水吃水。由徐氏的记述可知，我国南方边疆地区的劳动人民很早就已掌握了开发利用水力为自己服务的技术，这也算另一种形式的"靠水吃水"。

行文至此，我想起了温家宝总理在致"纪念徐霞客诞辰420周年大会"的贺信中的一段话："他对地理的认识，对资源的爱护，尤其对水利的精心勘察，作为中华文化滋养出的这位先哲，本能地意识到人类生存中水的要义，人与人之间鱼水和谐的要义，人的品性之上善若水的要义。三者圆融一体，潜移默化，沁入读者的心灵。"温家宝特别从人水关系的角度来评价徐霞客，可谓意味深长。

会当水击三千里

——毛泽东与水

被世人誉为"第一风流"的当代巨人毛泽东，是一位点燃旧中国农民运动之火的组织者，"横扫千军如卷席"的军事统帅，赋予马克思主义中国化新内涵的理论家，全世界人口最多国家和最庞大政党的领袖，情怀如火、大气磅礴的浪漫主义诗人。毛泽东是中华民族的杰出代表，他是大地的儿子，更是江河的赤子。生于湖南湘潭水乡泽国的他，一生都依恋着水，就连他的名字（名泽东，字润之）也离不开水。从 6 岁起，毛泽东便在故居门前的水塘中游泳，从此便在江河湖海和社会的大风大浪中游了一生——挑战、搏击——中流击水，浪遏飞舟。历史证明，毛泽东是个大风大浪的征服者，时代的弄潮儿。

一

毛泽东是大自然的情人，更是江河湖海的情人。毛泽东一生与江河湖海结下了不解之缘，尝称"我自欲为江海客"。从青少年起，他就抱定"埋骨何须桑梓地，人生无处不青山"的宏大抱负，告别了韶山冲那个封闭的山村，开始了四海为家的革命生涯。自称"江海客"的毛泽东，不但读遍了"万卷书"，更走了"万里路"。他的社会活动，常常伴随着"有意为之"的游历活动，他的游历足迹遍布祖国的山山水水。江海为家的经历，积厚了他的才干，磨砺了他的意志，启迪了他的智慧，也激发了他的无限诗情。

青年的毛泽东在长沙读书时,就立志"改造中国和世界"。当他的好友纵宇一郎(罗章龙)于1918年东行赴日本留学之际,毛泽东为他赋诗饯行,写下了《七古·送纵宇一郎》的豪迈诗章:

君行吾为发浩歌,鲲鹏击浪从兹始。
洞庭湘水涨连天,艟艨巨舰直东指。
....

诗中以洞庭湖和湘江的水势高涨、春潮滚滚流向天际的雄伟气势(似乎江河也为友人壮行),寄托了自己鲲鹏击浪的雄心壮志;而"直东指"三字,更有一股一往无前的气概和千钧之力。

1918年初夏,在湖南第一师范毕业前夕,毛泽东与蔡和森一道绕着洞庭湖滨湖地区进行社会调查,并把沿途的见闻、感想,用通俗生动、幽默风趣的文字写成一篇篇通讯寄给了《湖南通俗教育报》。1918年8月,毛泽东来到北京,在北京大学图书馆当了一名图书管理员。这年冬天,为了看看他心仪已久的大海景象,他邀萧三、罗章龙从北京来到天津的大沽口。极目所见,大海被冰雪覆盖,向遥远的天边伸去。毛泽东没有失望,他迈步在冰海上走着,感受着大海波澜壮阔的身躯。许久,毛泽东才从冰海的深处跑了回来,半开玩笑说:我去找蓬莱仙岛去了……

1925年,中国革命的伟大先行者孙中山先生病笃,国共两党第一次合作的前景蒙上了重重阴影。而共产党内在国共合作统战策略上存在着严重的分歧,肩负中共中央机关和国民党上海执行部工作双重任务的毛泽东心力交瘁,他病倒了,向党中央请假回到家乡韶山养病。在韶山,他一面休养,一面开展发动群众的革命活动。为了躲避军阀的追捕,他又冒着生命危险来到长沙。在长沙,毛泽东伫立在寒秋中的橘子洲头,凝望湘江北去,抚今思昔,感慨万分,写下气魄雄浑、意气飞扬的《沁园春·长沙》,将自己的远大抱负和青少年时期的峥嵘岁月浓缩其中:

独立寒秋,湘江北去,橘子洲头。看万山红遍,层林尽染;漫江碧透,百舸争流。鹰击长空,鱼翔浅底,万类霜天竞自由。怅寥廓,问苍茫大地,谁主沉浮。　携来百侣曾游。忆往昔峥嵘岁月稠。恰同学少年,风华正茂;书生意气,挥斥方遒。指点江山,激扬文字,粪土当年万户侯。曾记否,到中流击水,浪遏飞舟?

早在1914年,毛泽东进入湖南第一师范学习,结识了一大批胸怀改天换地志向的学友。他们正值青春年华,才华横溢,思维活跃,经常在湘江岸边、橘子洲头聚会，纵谈革命理想，探讨救国救民途径，指点江山，激情万丈，如汹涌的江潮奔腾无阻。毛泽东在为这首词所作的注释中曾提到："当时有一篇诗，都忘记了，只记得两句：'自信人生二百年，会当水击三千里。'"他们喜欢在湘江中游泳，感受那种"到中流击水，浪遏飞舟"的斗争情怀，同时也以"直至隆冬，犹在江中"的猛烈举动强身砺志，以向时代、向社会、向自己挑战。如果把中国革命比作一条波涛滚滚的大河，那么毛泽东和他的战友们无疑是中流击水的时代弄潮儿。

毛泽东酷爱游历，钟情山川，不只是"恰同学少年，风华正茂"这一年龄阶段特有的现象，几乎是他一生生活方式的重要内容，是其个性气质的自然挥洒。从一定意义上说，游历是他革命家意志和诗人个性情怀的一种独特展示方式。

1921年7月，十多位为拯救中华民族危亡的热血志士仁人，聚集上海，发起成立中国共产党，毛泽东是其中的一位。会议中途，为了躲避反动政府的袭击，他们又匆匆移至嘉兴南湖。在南湖的船上，中国共产党宣告正式成立，带着神圣的历史使命，中国革命的航船从这里启锚远航。沧海横流，方显英雄本色。从此，毛泽东作为中国共产党的优秀代表，驾驶着中国革命的航船"中流击水，浪遏飞舟"。1927年春，正值轰轰烈烈的大革命失败前夕，环境险恶，危机四伏，尽管他面对的是"茫茫九派流中国"、"龟蛇锁大江"的严峻形势，对国家、民族和中国共产党的命运忧思沉重，仍然"把酒酹滔滔，心潮逐浪高"（《菩萨蛮·黄鹤楼》），以强烈的使命感和责任感呼唤革命高潮的重新到来，并从此立誓重整山河，将革命进行到底。

在革命战争年代，毛泽东和他的战友们奔波纵横于江河之间，征战的岁月客观上为满足他游历江河湖海的愿望提供了条件，尽管这种所谓的"游历"充满了凶险和艰辛，但喜欢挑战的他却愈挫愈奋。先是组织发动了著名的秋收暴动，领导红军"匡庐一带不停留，要向潇湘直进"（《西江月·秋收起义》）；接着又指挥红军"红旗跃过汀江，直下龙岩上杭"（《清平乐·蒋桂战争》），穿过"赣江风雪迷漫处"（《减字木兰花·广昌路上》）的广昌，向江西中部重镇吉安进军。在取得第一次反"围剿"斗争胜利后，毛泽东又率红军转战在江西、福建之间，"赣水苍茫闽山碧，横扫千军如卷席"（《渔家傲·反第二次大"围剿"》），取得了第二次反"围剿"的胜利。由于王明"左"倾错误路线的严重影响，第五次反"围剿"遭到了失败，中央红军不得不退出革命根据地，于1934年10月开始大规模的战略转移

——长征。毛泽东指挥红军四渡赤水，突破乌江，巧渡金沙江，飞夺泸定桥……跨过了万水千山，战胜了无数艰难险阻。当中央红军到达陕北根据地的时候，毛泽东澎湃的诗情再也遏制不住了：

红军不怕远征难，万水千山只等闲。

五岭逶迤腾细浪，乌蒙磅礴走泥丸。

金沙水拍云崖暖，大渡桥横铁锁寒。

更喜岷山千里雪，三军过后尽开颜。

——《七律·长征》

长征途中，红军将士遭受了多少险恶和艰难是难以想象的，然而这一切在三军统帅和诗人毛泽东的眼里，不过是"只等闲"而已——巨龙一样的五岭不过是微波细浪，气势磅礴的乌蒙山不过像滚动的泥丸，金沙江、大渡河两道令人胆寒的天堑也只用"云崖暖"、"铁索寒"一笔带过，千里的雪山同样不在"不怕远征难"的红军英雄的话下，简直就是在兴致勃勃之中一跃而过。何等的浪漫！何等的潇洒！诗人用极其夸张的手法和千古少有的豪迈气概，为我们展现了一幅波澜壮阔的历史画卷，唱响了一曲极为雄壮的英雄主义颂歌。

"百万雄师过大江"（《七律·人民解放军占领南京》）后，苦难深重的中国人民终于迎来了"一唱雄鸡天下白"（《浣溪沙·和柳亚子先生》）的新世界。在社会主义建设时期，毛泽东在日理万机中仍然抽出一部分时间外出巡视、游历，他最钟情的去处无疑还是江河湖海。

1949年12月，毛泽东访问苏联。在列宁格勒，主人安排他到斯莫尔尼宫休息，面对雕梁画栋、金碧辉煌的宫殿，他不感兴趣，坚持直接去波罗的海。当汽车到达波罗的海的芬兰湾时，却发现眼前的大海和陆地已被厚厚的冰连在一起了。毛泽东下车在冰层上踱步，举目眺望，充满深情地说："这真是千里冰封啊！"又说："我的愿望是从海参崴——太平洋的西岸到波罗的海——大西洋的东岸；然后从黑海边到北极圈，把苏联的东西南北都走遍！"苏联方面的陪同人员瞪大了眼睛，被他那广阔的胸怀所感动。

毛泽东喜欢大海，是因为大海广阔无垠，吞吐日月，与毛泽东"海纳百川，有容乃大"的博大胸襟和恢宏气魄十分相像，而且大海的"洪波涌起"、"白浪滔天"更能激起毛泽东征服宇宙、改造自然的雄心壮志和浓烈昂扬的诗情。1954年夏，当新中国开足马力进行建设并出现如火如荼的大好形势时，毛泽东决定到北戴河去。临行前，他对卫士说："好吧，我们到海边去。中国社会主义建设高潮就要到了，我们到有潮水的地方去。"说话时，他两眼闪闪发光，带着一种孩子般天真烂漫的神情。来到北戴河，适逢"大雨落幽燕"，毛泽东在雨中观海，禁不住诗情勃发：

　　大雨落幽燕，白浪滔天，秦皇岛外打鱼船。一片汪洋都不见，知向谁边？　　往事越千年，魏武挥鞭，东临碣石有遗篇。萧瑟秋风今又是，换了人间。

——《浪淘沙·北戴河》

　　这首词开篇便从大处落笔，重笔浓墨地绘制了一幅雄奇壮阔、惊天动地的海天风雨图：在广阔的海面上，大雨如注，白浪翻腾，无数只渔船劈波斩浪，搏击于浪峰波谷之间。"群众是真正的英雄"，在毛泽东的眼中，这些冲击于惊涛骇浪中的渔民，不正是新中国劳动人民的光辉形象和英雄代表么！此时此地，神思飞扬、超越千古的毛泽东想起了历史上一代风流人物魏武帝曹操——这位卓越的政治家、军事家和开一代诗风的伟大诗人。为了统一天下，雄才大略的曹操曾挥戈北上，征服乌桓，在胜利凯旋途中，临渤海，登碣石，踌躇满志，观海赋诗："东临碣石，以观沧海，……秋风萧瑟，洪波涌起。日月之行，若出其中，星汉灿烂，若出其里。"魏武临大海抒胸怀，雄心魄力何其大。然而在新时代的巨人毛泽东看来，则不足道哉，因为封建帝王所谓的功业是个人英雄主义的行为，而共产党领导中国人民从事的社会主义宏伟事业，是亘古未有的，正所谓"萧瑟秋风今又是，换了人间"！

　　除了大海以外，毛泽东对哺育人类文明的大江大河更是钟爱有加。为了探寻人类文明的脚印，为了找到开发利用这些大江大河、使之更好地造福中华民族的办法，毛泽东多次巡视、考察江河。1952年10月，毛泽东第一次出京巡视的就是中华民族的母亲河——黄河。在黄河岸边的高地上，他久久地凝视黄河的伟大身躯，不禁肃然起敬，同时又为她的桀骜不驯、殊难治理而深深地担忧。以后他又多次视察黄河，但每次看到黄河，总是肃穆庄严，心情激动，甚至眼角湿润。他曾说过这样颇耐人寻味的话："你们可以藐视一切，但是不能藐视黄河。藐视黄河，就是藐视我们这个民族。"

　　对中国第一大河长江，他不但多次视察，而且多次投入长江的怀抱，在那里搏风击浪，尽显风流。1956年，在社会主义革命和建设高潮中，毛泽东巡视全国各地，5月他从长沙飞抵武汉，并于6月上旬连续三次畅游长江。面对浩荡奔涌的长江，看到群众热火朝天的劳动场面，他的激情和诗

情一并被点燃了,挥毫写下了《水调歌头·游泳》这首气壮山河的词篇:

> 才饮长沙水,又食武昌鱼。万里长江横渡,极目楚天舒。不管风吹浪打,胜似闲庭信步,今日得宽馀。子在川上曰:逝者如斯夫!
>
> 风樯动,龟蛇静,起宏图。一桥飞架南北,天堑变通途。更立西江石壁,截断巫山云雨,高峡出平湖。神女应无恙,当惊世界殊。

毛泽东置身于长江之中,"躺"在辽阔的江面上,极目云天,惬意潇洒。"不管风吹浪打,胜似闲庭信步",只有习惯于大风大浪的人,才会有如此气定神闲的风度。当诗人在畅游中看到规模宏伟的长江大桥时,他思绪飞扬,仿佛看到了几百公里以外的"西江"——三峡耸立起了一座小山般的大坝,巫山神女闻讯翩然而至,"参观"之后便发出了啧啧惊叹:人间真的发生了让我们这些神仙都难以置信的奇迹了!

可以告慰伟人在天之灵的是,经过几代人的艰苦奋斗,"高峡出平湖"的梦想已经变为现实——当今世界上最大的水利枢纽工程已全面竣工,防洪、发电、航运、供水等方面的效益十分显著。

1965年初夏,年愈古稀的毛泽东满怀凌云壮志,千里来寻故地,抵达阔别38年的江西老革命根据地,重上井冈山。在井冈山的日日夜夜,毛泽东心情一直十分激动,抚今追昔,感慨万端,写下了《水调歌头·重上井冈山》的不朽词章,其中有"到处莺歌燕舞,更有潺潺流水,高路入云端"的句子。他把"潺潺流水"作为"旧貌变新颜"的标志之一,可见其对水的厚爱;而"潺潺"二字,既写出了流水轻松自然的声音和形态,以生机勃勃的自然景象喻指井冈山地区欣欣向荣的社会风貌,同时也表达了诗人观景的快慰心情。

在平时的谈话中,毛泽东也毫不掩饰自己对山川物象尤其是大江大河的热爱之情,有时甚至让人感到他是有意向人们展示他这方面的情志。1959年4月,在中共中央的一次会议上,毛泽东在讲话中表达了这样一个志愿:如果有可能,我就游黄河、长江。从黄河口沿河而上,搞一班人,地质学家、生物学家、文学家,只准骑马,不准坐车。一直到昆仑山,然后到猪八戒呆过的通天河,翻过长江上游,然后再沿江而下,从金沙江到崇明岛。我有这个志向,现在开支票,但哪一年兑现不晓得。……我想学徐霞客。徐霞客是明末崇祯时江苏江阴人,他就是走路,一辈子差不多把中国走遍了。1961年,毛泽东对身边的工作人员说,要骑马到黄河、长江两岸进行实地考察,并请一位地质学家、一位历史学家和一位文学家同行。1964年,70

高龄的毛泽东还打算和有关人员徒步策马,从黄河源头一直走到入海口,全方位地访问一下黄河。为此,毛泽东还指示身边的工作人员练习骑马、查找资料,做好各方面的准备。尽管后来因种种原因毛泽东的以上计划没能实现,但我们从中可见老人家对祖国江河的一片殷殷之情。

自称"江海客"的毛泽东,还喜欢用"五湖四海"这个词形容革命队伍内部最大限度的团结。"五湖四海"泛指四面八方各个地域。唐人吕岩写过这样的诗:"斗笠为帆扇作舟,五湖四海任遨游。"毛泽东则说:"我们都是来自五湖四海,为了一个共同的革命目标走到一起来了。"又说:"我们都是从五湖四海汇集来的,我们不仅要善于团结和自己意见相同的同志,而且要善于团结和自己意见不同的人一道工作。"

二

雪是从云中降落具有六角形白色结晶的固体降水物。毛泽东爱雪是出了名的,简直达到了迷恋的程度。据他的卫士长李银桥回忆:

1951年冬,北京降下了这一年的第一场雪,早晨刚刚起床的毛泽东一推开门,便立即被眼前的银妆素裹迷住了。开门跨出门坎一步,他便猛地立住脚,仿佛无意间闯入了一个美妙的童话世界。纷纷扬扬的落雪使他震惊激动。他睁大双眼,仰天凝视,目光从漏筛一样的天空缓缓移向积雪的柏树、屋顶,最后又俯首凝视铺了白毯一样的庭院,久久一动不动,像是谛听那落雪是否有声,又似陶醉于檐头的雀叫。一名卫兵见毛泽东站在门口发愣,忙抓起扫帚匆匆去扫路。"不要扫!"毛泽东急切地喊,眉头皱起来。……"一次也不能扫,把扫帚扔了,她的伤口刚合上你就忍心又割一刀?"毛泽东吩咐卫兵不要扫雪,然后他走出廊檐,走下台阶,小心翼翼,步子迈得极慢极慢,像怕惊醒一个甜美的梦。走出两步,他又停下来,回头看自己留在雪地上的脚印,目光闪耀着孩子一般新奇惊喜的神色。他不忍心再向洁白无瑕的雪地落下脚去,把抬起的脚缩回来,重新落在原来留下的脚印里。……他仍然不忍心踏破雪,两脚始终保持一前一后姿势立着不动。抬起手,用手背和衣袖接着雪。他入神地观望着落在手背和衣袖上的雪花,欣赏着大自然的创造。……他松口气,开始在没有雪的廊檐下踱步,然后又出门沿中海走。他爱雪爱得"自私",舍不得踩自家的雪。他不走扫净的路,专走雪地,入迷地倾听着脚下咯吱咯吱的碾雪声。不时回身望自己的脚印,不时停在松柏旁欣赏枝丫上的积雪。(权延赤《走下神坛的

毛泽东》)

　　这段记述,把毛泽东爱雪的神情举止表现得细腻生动、感人至深。诗人的心是相通的。曾吟出过"大雪压青松,青松挺且直"佳句的陈毅元帅,最懂得毛泽东的爱雪之心。每逢雪天来拜访,总是绕道回廊而入,把洁白的雪留给毛泽东。

　　据说,除了下雪以外,很少有什么事情能中断毛泽东的工作和强烈地吸引他的注意力,只要一下雪,毛泽东就格外兴奋,精神焕发。

　　又一个冬天的傍晚,毛泽东在怀仁堂开完会匆匆往回赶,不知不觉间,天空中飘下了雪花。他站住了,吩咐卫士散散步。毛泽东喜欢散步。由于工作忙,常以十分钟为限,并叫卫士帮忙看表掌握时间。在纷纷扬扬的雪花里,毛泽东边走边摇晃着肩膀和腰,两手摆动着接雪花,那情神像个充满好奇心的孩子。十分钟过去了,毛泽东问卫士过了多长时间,卫士不忍心破坏他的兴致,撒谎说八分钟。毛泽东继续手舞足蹈地在雪中陶醉着。二十分钟过去了,平常对时间十分敏感、超过一分钟都会察觉的他,这次竟仿佛忘了时间的流逝。直到卫士提醒,他才叹了口粗气,恋恋不舍地走进了办公室。(陶勇《第一风流》)

　　毛泽东为什么对雪格外偏爱呢?我理解不外乎有以下几点原因:首先,按中华民族传统观念,雪是祥瑞的象征。中国有句老话:瑞雪兆丰年,意思是说,如果冬天飘瑞雪,就意味着来年的农业将会获得丰收。农民喜欢雪,农民出身且心系民生的毛泽东自然会对雪高看一眼,厚爱一层。其次,雪是春天到来的前兆。就季节而言,"飞雪迎春到",这是自然规律。其三,雪在中国传统文化中是与"梅兰竹菊"四君子相提并论的,是高洁品质的象征。其四,冰雪的世界虽然代表着寒冷,但与此同时,雪的出现,天地间一切害虫就无处藏身了,"梅花欢喜漫天雪,冻死苍蝇未足奇"。其五,雪是冬天里经常出现的一种自然现象,雪花玲珑剔透,雪野银装素裹,具有纯洁、飘逸、冷峻等美学特征,能给人以美的享受,能唤醒诗人的灵感和激情。

　　毛泽东对雪怀有着不同寻常的感情,雪呢?也常常善解人意地"飘入"毛泽东的诗词中。让人拍案叫绝的翘楚之作非《沁园春·雪》莫属:

　　　　北国风光,千里冰封,万里雪飘。望长城内外,惟余莽莽;大河上下,顿失滔滔。山舞银蛇,原驰蜡象,欲与天公试比高。须晴日,看红装素裹,分外妖娆。　　江山如此多娇,引无数英雄竞折腰。惜秦皇汉武，略输文采；唐宗宋祖，稍逊风骚。一代天骄，成吉思汗，只识弯弓射大雕。俱往矣，数风流人物，还看今朝。

这首词作于1936年2月，是时，毛泽东率领红军抗日先锋队东征，到达陕北清涧县袁家沟一带，时逢大雪，毛泽东诗情迸发，咏出了这篇堪称千古绝唱的词章。

起句高歌而入，放眼"北国风光"，视野何其开阔！"千里冰封"的大地，"万里雪飘"的天宇，浑莽无匹。接着摄入诗人巨眼的是"长城内外"、"大河上下"的雄奇景象。就生活经验而论，人的视力不过十里之遥，即使登高远望，视力范围也还是有限。但巨人的目光所及是无限的。毛泽东之所以能视通八极，"望"到南北东西，方圆千里万里，是因为他有巨人的胸襟。正是有第一等博大之胸襟，方有第一等博大之眼界，方有第一等博大之景象纵横笔下。群山莽原负雪，峥嵘浑重，但在诗人眼里，它们忽然变小了，有如银蛇飞舞、蜡象奔驰；至于雪霁天开，晴阳高照，千里雪原又变成了红装素裹的妖娆美人。上述巨大的形象落差，更突兀地反衬出诗人的高大形象。读其词，我们仿佛看到毛泽东这个巨人，正卓然独立于秦晋高原上，深情地眺望着"万里雪飘"的壮丽国土，发誓与她同呼吸、共命运，为她而生，为她而死。山是他的脊梁，地是他的胸腹，水是他的血液，风是他的呼吸，雪是他的思绪。下阕由写景转到了议论，作者以高屋建瓴之势，以雄视千古的目光，历数古代封建帝王的功过得失，得出了"数风流人物，还看今朝"的豪迈结论。词中所说的今朝风流人物，是指无产阶级的英雄群体。纵观全词，文势浩荡，气吞寰宇。作者视通万里，纵横古今，以他人无法企及的胸襟和气魄塑造了一个昂首天外、俯视百代的英雄形象。雪赋予了诗人无限的灵感，雪激起了诗人的万古豪情。

除了《沁园春·雪》以外，在毛泽东诗词中，还有不少写雪的诗句。1930年初，毛泽东率领红四军从闽西越过武夷山进入江西，于1月下旬到达广昌。毛泽东在《减字木兰花·广昌路上》写道："漫天皆白，雪里行军情更迫。……此行何去？赣江风雪迷漫处。"生动地表现出红军进军吉安时雪里行军的威武景象。词以"漫天皆白"发端，仅仅四个字就绘出大雪纷飞、铺天盖地的情状，折射出红军战士的英勇顽强。而"情更迫"三字则直接抒发了红军战士在古田会议精神的感召下，挟风雪之势，凝千钧之力，席卷江西，迎接革命高潮的迫切心情。

1935年10月，中国工农红军战胜千难万险，长驱二万五千里，终于到达陕北根据地。作为三军统帅的毛泽东情不自禁地为长征的胜利引吭高歌："更喜岷山千里雪，三军过后尽开颜。"征服了无数艰难险阻的红军将士，更感兴趣的是"岷山千里雪"，攀上那高大险峻且高寒多雪的岷山才能更显红军的英雄本色。多么乐观，多么豪迈！在红军的眼里，简直无困难可言。而岷山一越而过，岂不是"柳暗花明又一村"，怎能不使三军喜笑颜开呢！

同是1935年10月，尽管红军取得了长征的伟大胜利，但摆在中国共产党和中国人民面前的是日本帝国主义铁蹄的疯狂而来，中华民族面临着灭族灭种的危险。与此同时，整个东欧特别是苏联正面临着德、意法西斯的巨大威胁。在这种严峻的形势下，毛泽东以比兴的手法写出了著名的《念奴娇·昆仑》一词，借对昆仑山的改造图景，寄托了彻底埋葬帝国主义，实现"太平世界，环球同此凉热"的伟大抱负。昆仑山是我国的名山，西起帕米尔高原东部，横贯新疆、西藏，多雪峰、冰川，远远望去，群山飞舞，一片皆白。毛泽东借用前人"战罢玉龙三百万，败鳞残甲满天飞"的咏雪名句，说昆仑山"飞起玉龙三百万，搅得周天寒彻"（《念奴娇·昆仑》），这就把昆仑山拟人化了。

1958年以来，毛泽东的老朋友周世钊多次写信或寄诗词给他，反映他的家乡湖南人民建设社会主义的热情和工农业生产以及文化教育等方面的情况。1961年，毛泽东又一次收到了周世钊的来信后，热情洋溢地写下了《七律·答友人》一诗，其中有"洞庭波涌连天雪，长岛人歌动地诗"的句子。洞庭湖烟波浩渺，气象万千，洪波涌起，白浪翻滚，如雪簇花团，直达天际。"洞庭波涌连天雪"，这一派雄伟壮丽的景象，不正是湖南人民轰轰烈烈地大干社会主义的象征吗？毛泽东用他最喜爱的雪来状写洞庭湖的连天波涌，不正表达出他对家乡的热爱吗？

1961—1962年，正值我国连续三年遭受严重自然灾害的困难时期，国际上的一些反华势力蠢蠢欲动，掀起了一股反华浪潮。面对"雪压冬云白絮飞，万花纷谢一时稀"（《七律·冬云》）的严酷现实，从来不惧高压和充满大无畏精神的毛泽东和中国共产党人，高举马列主义的大旗，同他们展开了针锋相对的斗争。他先是高唱"风雨送春归，飞雪迎春到"（《卜算子·咏梅》，告诉人们，漫天飞雪的冬天到了，离"山花烂漫"的春天还会远吗？接着又以"梅花欢喜漫天雪"（《七律·冬云》）的歌咏——以傲雪怒放的梅花为象征，表现出马克思主义者和革命人民不怕压、不怕挤，敢于斗争、敢于胜利的伟大品格。毛泽东以梅花的精神爱雪，正是因为他有梅的品格，雪的情操。

政治家兼诗人的毛泽东，爱雪是那样的执着、那样的实心实意。其实，毛泽东本身就像雪一样，冷峻、豪迈、生动、多姿多彩！

毛泽东不但爱雪，而且对天空中的另一位经常光顾大地的使者——雨，同样青睐有加。他爱在狂风暴雨中接受"雨浴"的洗礼，以强壮自己的身体，锤炼自己的意志。他也爱把雨"请"进诗词中，以表达自己或雄壮或温柔的情愫：

——"骤雨东风过远湾，滂然遥接石龙关"（《七律·游学》）；

——"钟山风雨起苍黄，百万雄师过大江"（《七律·人民解放军占领南京》）；

——"大雨落幽燕，白浪滔天"（《浪淘沙·北戴河》）。

在巨人毛泽东的眼中，这些"骤雨"、"风雨"（革命的暴风骤雨）、"大雨"无疑是他所推崇的，因为它们所呈现出的扑天盖地的磅礴气势，与毛泽东喜欢挑战、包容天地的雄劲、豪迈的气概是相通的，而它们本身又给了毛泽东多少豪情、激情和诗情呢？！

毛泽东不光喜欢急风骤雨，也喜欢细雨、"红雨"，正可谓"偏于豪放，不废婉约"：

——"红雨随心翻作浪，青山着意化为桥"（《七律·送瘟神》其二）；

——"风起绿洲吹浪去，雨从青野上山来"（《七律·和周世钊同志》）。

这些进入毛泽东诗词中的"雨"，全都带有轻松浪漫的喜气。古人有"好雨知时节，当春乃发生"（杜甫），"天街小雨润如酥，草色遥看近却无"（韩愈）的名句，毛泽东则有"红雨随心翻作浪"的佳句。为害数千年的血吸虫病终于被共产党领导的中国人民根除了，瘟神终于被送走了，于是，春风化雨——化作"红雨"飘洒，随着人的心意"翻作浪"；青山动情，按照人的希望"化作桥"，大自然完全听从了人心人力的安排。透过这些轻快的诗句，我们也可以真切体会到伟人在那一刻欢快、昂扬的心情。

毛泽东爱雨，还因为雨不但能滋润万物，还能洗涤尘世间的污垢，使天地明净鲜艳。"雨后复斜阳，关山阵阵苍"（《菩萨蛮·大柏地》），写夏日雨后初晴，夕阳映照着苍翠的关山，色调鲜明，表现出明朗、乐观的积极进取精神。

三

　　毛泽东素有大志，十分重视身体素质的锻炼。而他锻炼身体的方式也与水密切相关，主要有冷水浴、雨浴、雪浴和游泳等，尤其是游泳，是毛泽东最为钟爱的运动项目。在毛泽东看来，这些锻炼可以练出一种勇猛无畏、敢作敢为的精神。他在日记中曾经写过这样的话："与天奋斗，其乐无穷，与地奋斗，其乐无穷，与人奋斗，其乐无穷！"

　　冷水浴是毛泽东的恩师杨昌济先生天天坚持的锻炼项目，得到长沙一师许多同学的效仿，毛泽东则是最坚决的仿行者。在一师求学期间，他几乎一年四季坚持不懈。他认为，冷水浴既可以锻炼意志，又可以锻炼猛烈与无畏。毛泽东的这一习惯一直保持了多年。新中国成立以后，他年事已高，虽然不能做正式的冷水浴了，但每天仍坚持不用热水洗澡，只用微温的水浴身。

　　许多资料都披露，雨浴、雪浴、风浴尤其是雨浴是毛泽东锻炼身体和磨砺意志的重要方式之一。在长沙第一师范求学期间，毛泽东常常在狂风暴雨时，一个人在操场脱去外衣，让倾盆大雨淋个痛快，还在风雨中大声呼喊。在一个雷鸣电闪狂风暴雨交加的夜晚，毛泽东和好友蔡和森顶风冒雨跑向岳麓山顶。风雨中，他们边跑边谈笑风生，高声吟诵着《诗经·蒹葭》中的诗句："蒹葭苍苍，白露为霜，所谓伊人，在水一方……"他们在山顶上伫立，一任疾风骤雨猛烈地击打着自己，还张开双臂，向着茫茫荒野高呼。当他们满身泥水地闯入山下的蔡和森家时，蔡母惊问怎么回事，毛泽东笑答：为了体会《尚书》上说的"纳于大麓，烈风雷雨弗迷"的境界。据《尚书·尧典》记载，远古的时候，尧打算把帝位传给舜，但放心不下。为了考验舜的意志和能力，当暴风雨袭来的时候，尧让舜进入原始森林，看他能否顺利返回自己的身边。舜靠着顽强的意志和超人的智慧，经受住了考验，取得了成功。对这个动人的历史故事，毛泽东不仅牢记于心，而且亲身体验了它。那不仅仅是一种形式的模仿，透过这种形式，我们可以看到从传说的尧舜时代以来，一直有一种坚忍不拔的精神在遗传，并且已成为中华民族的民族之魂，深深地影响了一代又一代优秀的中华儿女。而这种精神不正是毛泽东获得巨大成功并成为一代伟人重要的元素吗？

　　多年以后，毛泽东在陕北的窑洞里同斯诺谈起自己在一师期间进行的体格和意志磨砺，仍记忆犹新："我们也热心于体育锻炼。……遇见下雨，我们就脱掉衬衣让雨淋，说这是雨浴。烈日当空，我们也脱掉衬衣，说是日光浴。……甚至到了十一月份，我们还在寒冷的河水里游泳。"这种体格锻炼后来确实为毛泽东适应紧张激烈的战斗生活起到了莫大的作用。

事实上，毛泽东最喜欢、最擅长的体育运动是游泳。从童年时代起就喜欢游泳的毛泽东，把游泳视为锻炼体魄、磨砺意志的运动，而且一生都保持着爱好游泳的习惯。自励诗云："自信人生二百年，会当水击三千里。"每遇江河湖海，兴之所至时，常以游泳为乐事。在祖国的江河湖海中畅游的他似乎还不尽兴，甚至还想到国外的江河中一显身手。他曾对美国女作家安娜·路易斯·斯特朗说：我愿去横渡你们的密西西比河，大概另外三位先生——杜勒斯、艾森豪威尔和尼克松不会欢迎我去吧！不过，我是个乐天派。不管走到哪，只要有水他就游，而且总是带着挑战者的神情下水，带着征服者的骄傲上岸。"不管风吹浪打，胜似闲庭信步"，只有习惯于大风大浪的人，才有此从容不迫的气度。

四

毛泽东之所以爱水，爱在江河湖海中击水畅游，爱在大河上下游历，原因是多方面的：

第一，家乡水环境的熏陶。俗语云：一方水土养一方人，说明生存环境对人身心成长的巨大影响。毛泽东的家乡湖南湘潭，就省份而言，湖南有"三湘五泽"，河湖水网密布。就其所居之地湘潭韶山冲而言，"韶山，楚南一名山也。介三湘而远七泽，发岳麓而控东台。潆回地涌，水飞雪浪之花；九嶷天开，山横玉枕之案。绵亘百余里，蜿蜒来八面之龙……"真可谓山川资俊杰，时势造英雄。韶山，给了一代伟人以山的坚强、水的柔婉、土的质朴、火的热烈。冥冥之中似乎有谁在暗示，他父亲给他起名"泽东"，意思是润泽东方；他自己似乎还嫌不够，取字为"润之"，同样没有离开"三点水"。柔情似水，水的温柔，使他的心灵得到"婉约"的抚慰；浊浪排空，水的暴虐给他以刚猛的磨砺和挑战的激情。刚猛相济，方得至道。就其个性而言，毛泽东本身就像水一样，是一个充满矛盾的对立统一体。他既现代又传统，既精明务实又浪漫奔放，既有"虎气"又有"猴气"，既像学者一样通晓古今又像农民一样朴实平易，既幽默风趣、含蓄温和又严肃认真、猛烈逼人，既谦恭豁达又高傲敏感，既坦率外露又精明腼腆，既细致谨严、明察秋毫又粗犷洒脱、不修边幅，既好务虚又善务实……就连他的诗词，也是"偏于豪放，不废婉约"，刚柔并济，水火相容。

第二，中华传统文化中有关水观念的浸染。奠定中华文化基础的先秦时期，文化巨子们大多喜欢水，如儒家的创始人孔、孟，道家的开山鼻祖老、庄，他们的文化思想和行为都体现出强烈的水文化意识。孔子喜欢水，尝言："智者乐水"，"逝者如斯夫，不舍昼夜"；孟子称赞水："源泉混混，不舍昼夜，盈科而后进"；老子推崇水，说："上善若水。水善利万物而不争，处众人之所恶，故几于道"，"天下莫柔弱于水，而攻坚强者莫之能胜"；庄子喜爱水，说："君子之交淡若水"，"水之性，不杂则清，莫动则平"……凡此种种，不一而足。毛泽东是中华历史文化的伟大继承者，他时时沐浴在中国文化的长河之中，深谙中华文化精髓，上述这些传统的水文化观念必然会对其性格气质产生深刻的影响，尤其是水的激荡向前而又脚踏实地的进取精神，更是被毛泽东所激赏。比如《论语》中"子在川上曰：'逝者如斯夫，不舍昼夜'"的语录，就被他巧妙地化入了著名的《水调歌头·游泳》一词中。至于"自信人生二百年，会当水击三千里"，"不管风吹浪打，胜似闲庭信步"等散发着淋淋水气的诗句，无不折射出毛泽东征服历史风浪、参与历史创造的雄心壮志和豪迈情怀。

第三，中国古代"天人合一"思想的影响。中华民族哲学和智慧的精华——天人合一，体现的是一个将生命遁入大自然，将自然与生命融为一体的境界，它的核心是吸纳自然之精气，"呼太和之气，吸清海之波"，从而培养儒家所谓的"浩然之气"。中国古人很早就坚信，人是自然之子，人与自然融洽共存，人的生命情感向自然遁入、回归，人的修养和智慧在自然中陶冶。充塞天地间的浩然之气，是自然的灵魂和生命，人只有多多地获取它，才能成为气魄宏大的伟人。毛泽东是大地的儿子，是祖国山川物象的情人。水是生命之源，文明之基，水的自然形态和文化特质无时不滋润着毛泽东的心灵，陶冶着他的情志。每当他感到困惑和孤独的时候，他就会到大自然尤其是江河湖海等水体中去汲取养料，增益智慧、能力、信心和勇气。其一，毛泽东采用的几种独特的锻炼方式——游泳、雨浴、雪浴、冷水浴等，目的就在于让自己的身体与大自然保持最直接、最紧密的接触，吸取它的养份与精华；同时通过这些锻炼，还可以"野蛮其体魄，文明其精神"，以达到健身、壮气、强心、增智之目的。其二，水的各种自然形态常常给毛泽东以最直接、最强烈的陶冶和启发。如毛泽东喜观大海大湖，而他的胸襟也像大海大湖一样气魄宏大，气吞日月山河，他所从事的事业更如大海大湖一样波澜壮阔。又如毛泽东的性格极具挑战性,喜欢与白浪滔天的大海和浩荡的万里长江相搏击,其中很大程度是为了体现和展示他不畏惊涛骇浪的挑战性格。再如水的浩荡东流、不舍昼夜的意志品行,与毛泽东所具有的坚忍不拔的秉性惊人一致。其三,毛泽东喜欢游历,钟爱祖国的江河湖海,并注重在游历中涵养真气、积蓄潜能。在游历的过程中,不论是有意为之的游历,还是战斗工作需要的跋山涉水,毛泽东都能从山川大河中源源不断地吸纳大自然的精气。可以说,在毛泽东的体内,始终激荡充盈着凝聚中华民族之魂的浩然之气,凭借着它们,才使毛泽东成为内蕴丰厚、刚柔相济、气概冲天的一代天骄。

第四,水给毛泽东的诗词创作以极大的启发和灵感。毛泽东以革命家的胆识、诗人的如火情怀,为我们留下了一篇又一篇的千古绝唱,成为现代中国古典诗词一座里程碑。作为诗人的毛泽东,"江海客"的四处奔波生活,游历所养所益之气,特别是水的各种形态和功能,无疑使他获得了无限的诗情和灵感。有这样一个不容置疑的事实,即毛泽东诗词创作的高峰期,是1927年至1936年到达陕北之前,这段在跨越江河和崇山峻岭的游移征战岁月。更耐人寻味的是,在毛泽东公开发表的50首诗词中,有一多半写到了江河湖海。"模山范水,诗人常事"(刘勰《文心雕龙·物色》),但"登山则情满于山,观海则意溢于海"的毛泽东,却完全不同于我国古代诗人寄情于山水之间,他总是超乎于山水之外,借山水来抒发自己豪迈的战斗情怀、崇高的革命理想和深邃的历史意识。

可以说,毛泽东的许多诗词名篇都是受水(包括雨、雪等多种存在方式)的启示和感召而来的。比如,位于长沙一师前面的湘江,一条大江波浪宽,与此同时,将湘江水分为东西两流的橘子洲,洲上树木葱笼、风景秀美,洲的东面是长沙市,西面是郁郁青青的岳麓山,站在洲上,极目四顾,令人心旷神怡。青年毛泽东和他的好友们经常在橘子洲头游泳、畅谈、赋诗言志。正是在这里,毛泽东充分感受到了"到中流击水,浪遏飞舟"的壮志豪情,感受到了"漫江碧透,百舸争流。鹰击长空,鱼翔浅底,万类霜天竞自由"的诗情画意,遂有《沁园春·长沙》这样意气飞扬的非凡诗章。又如,1936年2月,刚刚走完长征不久、站在黄土高原上的毛泽东,看到了"千里冰封,万里雪飘"的"北国风光",禁不住引吭高歌,吟出了《沁园春·雪》这篇纵横千古、气贯斗牛的词章。再如《浪淘沙·北戴河》这篇超越千古的不朽诗章,则是毛泽东在大海与浪涛搏击酝酿而成的;《水调歌头·游泳》，则是在一连三次"万里长江横渡"之后，诗情飞溅、喷涌而出的。即使是对山的描绘，他也爱用水的形状来形容。如"山，倒海翻江卷巨澜"（《十六字令》其二），写起伏的群山如江海翻腾，卷起怒涛狂浪，其磅礴的气势跃然纸上。再如"苍山如海，残阳如雪"（《忆秦娥·娄山关》），同样写山峦起伏，如大海一般波澜壮阔。又如"五岭逶迤腾细浪"（《七律·长征》），写红军征服"千山"的情景，言五岭山脉连绵起伏，但在英勇的红军眼里就像水面翻起的一层微波细浪。状山是为了写人，上述诗句不仅造成了一种大山腾跃流走的动势，把山写活了，而且有力地反托出红军巨人般的形象。

水孕育的情思

——朱自清与水

或许是生长于江南水乡的缘故,现代文学巨匠、散文大家朱自清先生对水是那样的一往深情。朱自清爱游山玩水,倘佯其间,常常乐此不疲,流连忘返。他爱读古人描摹山水的佳篇名句,经常神游在古人构建的描摹山水之中,悉心体会,汲取快乐和营养——正如他自己在《山野掇拾》中所说:"柳子厚的山水诸记,常常引我入胜;又得见《水经注》所记奇山异水,或令我惊心动魄,或令我游目骋怀。"他更爱在自己的文学天地中打造属于他的独特的山水意境,尤其是那些形态各异的"婉约"水,与他内心深处的细腻感受汇合在一起,便营造出浓淡相宜、情景交融的诗情画意来。

一

朱自清自称"我是扬州人",但其实他的祖籍是浙江绍兴,他本人则于1898年生于江苏北部一座滨海小城——东海(古称海州)。朱自清两岁时,朱家从东海搬到高邮的邵伯,那里,出了家门便是滔滔的大运河还有水光潋滟的邵伯湖;6岁时,全家又搬到了古城扬州,朱自清在那里度过了13年的童年和少年时光。

扬州位于长江下游,南临大江,北踞蜀冈,是一座具有近2500年历史的文化名城。扬州虽处江北,但降水丰沛,气候温润,城内河渠纵横,更有大运河纵贯其中。"广陵富佳丽,隋季以为京","腰缠十万贯,骑鹤下扬州","春风十里扬州路",这些诗文无不炫耀着扬州昔日的辉煌。近代以来,扬州在无数次兵戈战火的劫难和岁月的剥蚀中沦落下去,虽然繁盛不再,但山水明媚、风物宜人、人文荟萃的底蕴犹在,特别是坐落于扬州西北郊的瘦西湖,更是以清瘦秀丽闻名遐迩。

扬州美丽的湖光山色,如春风化雨般滋润着少年朱自清的心田,哺育着他的感情世界,启迪着他的文思,丰富着他的想象力。后来,朱自清在北京定居,但扬州是他永远挥之不去的梦,他多次忆起扬州,忆起那里多情的山水风物:

> 北方和南方一个大不同,在我看来,就是北方无水而南方有。诚然,北方今年大雨,永定河大清河甚至决了堤防,但这并不能算是有水;北平的三海和颐和园虽然有点水,但太平衍了,一览而尽,船又那么笨头笨脑的。有水的仍然是南方。扬州的夏日,好处大半便在水上——有人称"瘦西湖",这个名字真是太"瘦"了,假西湖之名以行,"雅得这样俗",老实说,我是不喜欢的。下船的地方便是护城河,蔓衍开去,曲曲折折,直到平山堂……有七八里河道,还有许多杈杈桠桠的支流。这条河其实也没有顶大的好处,只是曲折而有些幽静,和别处不同。……从天宁门或北门下船,蜿蜒的城墙,在水里倒映着苍勍的影子,小船悠然地撑过去,岸上的喧扰像没有似的。
>
> ——《扬州的夏日》

抛开这段文字饱含着作者对家乡那种殷殷的感情不说,单看朱自清在文中对水的态度,就可以想见他的性格气质和为文风格。如果谁想就"一方水土养一方人"这个题目作一篇论文,朱自清就是最好的例子。他是个典型的南方人,是在南方温山柔水的浸润下长大的,深深地打着"柔"的烙印。他的体魄比较墩实,虽不完全是南方的,但个子不高,且一脸的书卷气——在人们的眼里,他永远是个手无缚鸡之力的文弱书生,骨子里还是南方味。他的性格是南方的,通常都是温婉柔顺——师友们说他是个性情温和、沉默寡言的谦谦君子,就连说话也慢条斯理;当然他也有刚强的一面,像水,柔中有刚,比如他生命的最后一段时光,"一身重病,宁可饿死,不领美国的'救济粮'……表现了我们民族的英雄气概"(毛泽东《别了,司徒雷登》)。他的名字也是南方的,浸着些许的水气,小的时候,父亲给他取名"自华",取苏东坡诗"腹有诗书气自华"之意;来到"水木清华"的清华园上大学后,他改名"自清",其义取自《楚辞·卜居》"宁廉洁正直以自清",表示不与各种腐败现象同流合污;又因自感性情迟缓,乃取《韩非子》中"董安于之性缓,故佩弦以自急"的语意,字"佩弦"以警策之。

这种性格气质,自然会影响他的审美情趣,于是,北方暴涨暴落、桀骜不驯的河,在他的眼里就不那么可爱了;而南方温柔舒缓、平静安详的水,则显得妩媚动人了。换言之,在阴柔和刚强、优美和壮美两种情调之间,朱自清偏爱的是前者。文如其人,这种审美情趣投射到他的为文造句上,便体现出小桥流水般的含蓄隽永、温馨可人的美(纵观朱自清的散文,鲜见铜琶铁板、大江东去的豪放气势)。有人说,朱自清的散文中颇多女性化的意象。的确,读他的散文,用女性化的意象来比喻景致的地方比比皆是。这种艺术手法,不但让他描写的景致形象可感,而且使他的文章弥漫着一种含蓄朦胧、甜美温馨的女性美(有时也与作者含蓄、犹豫、彷徨的心境合拍)。柔情似水,佳人如水,女性与水的天然联系又是不言而喻的。

朱自清一生足迹遍布大半个中国,我相信,包括长江、黄河、洞庭、太湖以及大海在内的浩荡大水,他肯定接触过、观赏过,但在他洋洋洒洒200余万字的文学作品中,却难觅烟波浩渺、白浪滔天之水的影子,反倒是西湖、白马湖、秦淮河、梅雨潭、荷塘这些玲珑的秀水,常常被他带入自己的文学天地,被他那支朴质纤细之笔,描绘出一幅幅温婉淡雅的水墨画卷来。

尽管我们心怀无法欣赏到朱自清状写北方"豪水"的遗憾,但却幸运地领略到了他对南方柔媚之水的含情脉脉——微风吹皱的绿水,轻盈挥洒的瀑布,平静幽寂的深潭,潺潺流淌的清溪,霏霏飘洒的春雨……就"仿佛远处高楼上渺茫的歌声似的",虽不奔放热烈,却细腻多情,妩媚动人,有"细雨湿衣看不见"的幽婉微妙。

二

近读朱自清的美文,我发现除了他家乡的瘦西湖外,杭州的西湖、上虞的白马湖,还有南京的玄武湖、莫愁湖等,都在他心中留下了柔媚动人的波光。

1920年夏,朱自清毕业于北京大学哲学系。在最初的几年里,为了养家糊口,他开始了奔波江浙一带的教书匠生涯,杭州、扬州、上海、台州、温州、上虞、宁波等地,先后留下了他或深或浅的脚印。

在杭州，西子湖是他流连最多的地方。他写道："杭州是历史名都，西湖更为古今中外所称道；画意诗情，差不多俯拾皆是。……西湖这地方，春夏秋冬，阴晴雨雪，风晨月夜，各有各的样子，各有各的味儿，取之不竭，受用无穷；加上绵延起伏的群山，错落隐现的胜迹，足够教你流连忘返。"（《燕知草·序》）他喜欢和友人夜泛西湖。有一年初夏，好友俞平伯到杭州出差，朱自清邀他夜游西湖，连续三天。山峦淡远，星斗满天，在清风徐徐、桨声吱呀的静谧氛围里，一叶扁舟优哉游哉。他们一边欣赏着西湖的夜景，一边促膝而谈，讨论人生的意义和对生活应持的态度。

上虞的春晖中学，坐落于水光潋滟的白马湖畔。20世纪20年代初期，著名教育家经亨颐先生用全新的教育理念创办了一所全新的春晖中学（在短短的几年时间里，这个从白马湖畔荒地上崛起的春晖中学，名声鹊起，一跃成为"北有南开，南有春晖"的名校）。在春晖中学国文教员夏丏尊的穿针引线下，这里以"同志集合"的方式聚集了一批文化界、教育界的精英，他们是刘薰宇、朱自清、朱光潜、丰子恺、匡互生……这是一群今天出了中学校门明天就可以站在大学讲台上当教授的人。朱自清是1924年3月初来这里任教的。这儿不但有绿水青山为伴，更有良师益友为邻，他们志趣相投，"朝夕相处，宛如一家"（朱光潜语），教学之余，精英们常在风景秀丽的白马湖上或把酒临风，或吟诗作画，或切磋学问，可谓其乐融融。在这里生活了一个多月以后，朱自清便写下了《春晖一月》，用生花妙笔刻画了白马湖的妩媚：

　　湖在山的趾边，山在湖的唇边；他俩这样亲密，湖将山全吞下去了。吞的是青的，吞的是绿的，那软软的绿呀，绿的是一片，绿的却不安于一片；它无端地皱起来了，如紫的微痕，界出无数片的绿，闪闪闪闪的，像好看的眼睛。

寥寥几笔，那山与湖便似有了生命一般，成了一对唇齿相依、如胶似漆的恋人。那个"吞"字更是绝妙，既写出了湖之大，又表明了山水相依相恋的关系。

1925年8月，朱自清离开这里到北京清华大学任教（1927年1月，他又把滞留在白马湖的眷属接到了北京），白马湖漾着柔美的清波陪伴他住进了清华校园。1929年夏，一个"下雨的日子"，可爱的白马湖又在他的脑海中荡漾起来。大概是雨催文思吧，这一刻，他文思泉涌，《白马湖》随之在他的笔下流溢而出——"白马湖并非圆圆的或方方的一个湖"，而是"曲曲折折、大大小小、许多湖的总名"；至于湖水的水质，则是"清极了"，"像镜子"。白马湖一年四季水波荡漾，"遇到干旱的时候，别处湖都长了草，这里还一清如故"。"春晖中学在湖的最胜处"，"湖光山色从门里、从墙头进来，到我们窗前、桌上"。

白马湖的黄昏、春日和夏夜同样楚楚动人：

> 白马湖最好的时候是黄昏。湖上的山笼着一层青色的薄雾，在水里映着参差模糊的影子。水光微微地暗淡，像一面古铜镜。轻风吹来，有一两缕波纹，但随即便平静了。天上偶见几只归鸟，我们看着它们越飞越远，直到看不见为止。白马湖的春日自然最好。山是青得要滴下来，水是满满的、软软的。……在春天，不论是晴是雨，是月夜是黑夜，白马湖都好。雨中田里菜花的颜色最鲜艳，黑夜虽什么不见，但可静静地受用春天的力量。夏夜也有好处，有月时可以在湖里划船，四周满是青霭，船上望别的村庄，像是蜃楼海市，浮在水上，迷离徜恍的。有时听见人声或犬吠，大有世外之感。

后来，朱自清还在《看花》、《"海阔天空"与"古今中外"》等文章中写到白马湖和春晖中学。此外，他还以百晖、百水为笔名发表文章，可见他对白马湖及春晖中学的感情。我以为，朱自清之所以对白马湖情意绵绵，还与白马湖波平浪静、环境祥和，与嘈杂的外界形成强烈的反差有关。朱自清是个好静的人，但他的一生，绝大部分时间在繁嚣的都市里度过。白马湖依山傍水的幽美静谧环境，使朱自清仿佛置身世外桃源，在天人合一的氛围中，极容易放松心灵，感悟人生，迸发出智慧的光芒。

南京是朱自清常去的地方，只不过每次都以旅人的身份，因而对南京的玄武湖、莫愁湖"只是一个旅人的印象罢了"。他在《南京》中这样描写玄武湖：

> 一出城，看见湖，就有烟水苍茫之意；船也大多了，有藤椅可以躺着。水中岸上都光光的；亏得湖里有五个洲子点缀着，不然便一览无余了。这里的水是白的，又有波澜，俨然长江大河的气势，与西湖的静绿不同。最宜于看月，一片空蒙，远边无界。若在微醺之后，迎着小风，似睡非睡地躺在藤椅上，听着船底汩汩的波响与不知何方来的箫声，真会教你忘却那里。五个洲子都局促无可看。但长堤宛转相通，却值得走走。湖上的樱桃最出名。据说樱桃熟时，游人在树下现买，现摘，现吃，谈着笑着，多热闹。

在朱自清的眼里，玄武湖是个"烟水苍茫"的大湖，即使"湖里有五个洲子点缀着"，"俨然长江大河的气势，与西湖的静绿不同"。他似乎对玄武的苍茫浩阔兴趣不大，倒是对湖上的轻风、明月、波响和箫声等风物颇为神往——因为这与他恬静舒缓的性格和审美情趣相契合。读着上述行云流水般的文字，你会感到一股淡雅隽永的意味扑面而来。

对莫愁湖，朱自清没有刻意地描写她的美颜靓色，只是轻描淡写地说"湖不大，又不能泛舟，夏天却有荷花荷叶"。然后，笔锋一转，便饶有兴致地写胜棋楼下的"莫愁小像"的秀逸，写明太祖朱元璋和开国大将徐达在这里奕棋斗智的趣事逸闻，写亭台中诗文联语折射出的历史云烟，让人感到：莫愁虽小，蕴藏其中的历史文化却十分丰厚。

三

朱自清笔下的瀑布，还有幽潭，又是个什么样子呢？

人们写瀑，多爱选择那些流量大、气势足、形态奇的瀑布，而朱自清却对一些小瀑甚至勉强算作瀑布的瀑布情有独钟。不信你看他描写白水漈的文字：

> 这也是个瀑布；但太薄了，又太细了。有时闪着些须的白光；等你定睛看去，却又没有——只剩下一片飞烟而已。从前所谓的"雾谷"，大概就是这样了。所以如此，全由岩石中间忽然空了一段；水到那里，无可凭依，凌虚飞下，便扯得又薄又细了。当那空处，最是奇迹。白光嬗为飞烟，已是影子；有时却连影子也不见。有时微风过来，用纤手挽住那是影子，它便袅袅地成了一个软弧；但她的手才松，它又像橡皮带似的，立刻伏伏贴贴地缩回来。我所以猜疑，或者另有双不可知的巧手，要将这些影子织成一个幻网——微风想夺了她的，她怎么肯呢？

这篇《白水漈》是朱自清早年在温州期间写的一组散文之一（综为《温州的足迹》，包括《月朦胧，鸟朦胧，帘卷海棠红》，《绿》、《白水漈》、《生命的价格——七毛钱》等4篇）。朱自清在游览了梅雨潭瀑布之后，游兴倍增，在几个朋友的陪伴下，又去看白水漈（"漈"是闽越方言，即指瀑布）。白水漈位于瓯江北岸罗浮山的中段，离温州城约五里，虽也有古人"飞岩白水在云间，云来雾去不改颜"的吟咏，但因水量太小，既薄又细，前来游赏者并不多，自然名气也不大。当同来的朋友为之扫兴的时候，朱自清却为那若有若无的薄流所吸引,流连其间,幻影叠生。他放飞想象,激发悟性,竟"捕捉"到了这"又薄又细"瀑布的神奇:看到了它身上闪烁的"白光",飘逸的"飞烟",虚幻的"影子","袅袅"的"软弧"以及迷离的"幻网"。本来是难写之水,但却被他描摹得有形有态,奇幻无比,可见他的笔下功力十分了得。

温州东南十多公里处,有仙岩山突兀,为瑞安胜迹,相传黄帝曾在此修炼,故有此名。仙岩山上有三条瀑布:龙须瀑、雷瀑、梅雨瀑。刚来温州时,朱自清曾去过一次梅雨瀑,留下了很深的印象。1923年10月的一天,朱自清携友人再到仙岩游梅雨瀑。先是在梅雨亭前坐观飞瀑:

那瀑布从上面冲下来,仿佛已被扯成大小的几绺;不复是一幅整齐而平滑的布。岩上有许多棱角,瀑流经过时,作急剧的撞击,便飞花似地乱溅着了。那溅着的水花,晶莹而多芒;远远望去,像一朵朵小小的白梅,微雨似地纷纷落着。

观完瀑布后,朱自清意犹未尽,俯身欲瞰潭水,被朋友阻止,说太危险。之后,几个人揪杂草、攀乱石,来到瀑下汪汪一碧的梅雨潭边。站在水边,投目过去,朱自清"不禁惊诧于梅雨潭的绿了":

那醉人的绿呀!仿佛一张极大的荷叶铺着,满是奇异的绿呀,我想张开双臂抱住她;但这是怎样一个妄想呀。……这平铺着,厚积着的绿,着实可爱。她松松的皱缬着,像少妇拖着的裙幅;她轻轻的摆弄着,像跳动的初恋的处女的心;她滑滑的明亮着,像涂了"明油"一般,有鸡蛋清那样软,那样嫩,令人想着所曾触过的最嫩的皮肤;她又不杂些儿尘滓,宛然一块温润的碧玉,只清清的一色——但你却看不透她!

——《绿》

看完了潭,朱自清对朋友感慨道:这潭水太好了!平时见了深潭,总未免有些心悸,偏这个潭越看越爱,掉进去也是痛快的事。他表示回去后一定要写一篇梅雨潭的文章。不久,脍炙人口的《绿》呈现在世人面前;而原本名不见经传的梅雨潭,也因《绿》而成为人们心向往之的胜景。

我没去过仙岩,自然也没见过梅雨潭,但提起梅雨潭,我眼前总会摇荡起一池绿得让人心醉的潭水,如梦似幻,如痴如醉,谁能说这不是《绿》的魔力!

《绿》之所以成为历久传诵的名篇,一个重要的原因是作者把梅雨潭写得气韵生动,神采飞扬。应该说,朱自清对梅雨潭瀑布的描写是相当生动的,但这仍停留在"形"的描绘上;而且,写瀑布飞流直泻、飞花碎玉般的美景,正是为了映衬梅雨潭的奇异、可爱、温润、柔和,为下文着意刻画梅雨潭的"绿"作铺垫。在作者的眼里和心里,这泓潭水已不再是无生命的景致,而是有生命、有情感、有神韵的精灵了。于是,作者放肆笔墨,泛滥感情,水乳交融般地体验她,极尽能事地赞美她,把她比作一张极大的荷叶,比作少妇的裙幅,比作初恋处女的心,比作柔嫩的皮肤,比作温润的碧玉,比作明亮的眼睛……但这样比喻还嫌不够贴切,这样描写似乎还差那么一点点,在抓耳挠腮中,终于,一个在心头徘徊已久的形象跃然而出——"女儿绿":"我舍不得你;我又怎舍得你呢?我用手拍着你,抚摩着你,如同一个十二三岁的小姑娘。我又掬你入口,便是吻着她了。我送你一个名字,我从此叫你'女儿绿'好吗?"若没有对潭水深深的情浓浓的爱,又怎会有这样的表白呢?

  柔情似水,女人如水。读朱自清的《绿》,我每每会有这样的感觉:一个刚出浴的美人就站在自己面前,身上似乎还挂着水珠,冒着热气。可如果仔细端详,美人身上又似乎蒙着一层薄纱、罩着一层雾,若隐若现,亦真亦幻。把"水"比作女人,并非朱自清的独创,但他却独具慧眼,通过一连串的联想和想象,把梅雨潭幻化为一个活泼可爱、温柔纯洁的少女。我在想,在精心构思和摹写《绿》时,朱自清是否有意将梅雨潭的"绿"当作圣洁的"艺术的女人"(朱自清《女人》)来观照和勾画的呢?你看,梅雨潭"闪闪的绿色招引着我们;我们开始追捉她离合的神光",梅雨潭"松松地皱缬着,像少妇拖着的裙幅",梅雨潭"轻轻地摆弄着,像跳动的初恋的处女的心",梅雨潭"滑滑地明亮着,像涂了'明油'一般,有鸡蛋清那样软,那样嫩,令人想着所接触过的最嫩的皮肤",梅雨潭"不杂些儿尘滓,宛然一块温润的碧玉"……这简直就是一道温柔秀美的女性风景线了。

四

  1923 年的暑假,朱自清和好友俞平伯相约来到南京。由于时局动荡,国家多难,两个人的思想都比较苦闷。为了排遣郁结于胸中的块垒,在一个晚上,他们在桨声灯影中夜泛秦淮。

  秦淮河是南京的母亲河,分为内河与外河。内河由东向西蜿蜒于南京城中,从西水关流出,注入长江。自东吴以来,秦淮河两岸逐渐成为商贾云集、人文荟萃的繁华之地。明清时期,"桨声灯影连十里,歌女花船戏浊波"的秦淮更是盛极一时,歌台舞榭,鳞次栉比,画舫箫鼓,昼夜不绝。凝着"六朝金粉"的秦淮河,不但风光旖旎,浓妆艳丽,而且惯看历史风云、朝代兴衰,长期以来,一直是文人墨客凭吊流连的场所。唐代著名诗人杜牧曾在夜泊秦淮时发出了这样深重的感慨:"烟笼寒水月笼沙,夜泊秦淮近酒家。商女不知亡国恨,隔江犹唱后庭花。"(《泊秦淮》)

在夕阳方下、皎月东升的时候,朱、俞二人雇了一条"七板子"船,在桨声吱呀中,"开始领略那晃荡着蔷薇色的历史的秦淮河的滋味了"。

夜幕低垂,薄霭微漪,两人在悠然的桨声里坠入了历史的梦幻中。他们谈论着明末清初的秦淮艳迹,回忆着《桃花扇》的场景,神往着六朝的风华。……再后来,便陶醉于秦淮之夜的绰约风姿之中了:

秦淮河的水是碧阴阴的;看来厚而不腻,或者是六朝金粉所凝么?我们初上船的时候,天色还未断黑,那漾漾的柔波是这样的恬静、委婉,使我们有水阔天空之想,一面又憧憬着纸醉金迷之境了。等到灯火明时,阴阴的变为沉沉了:黯淡的水光,像梦一般;那偶然闪烁着的光芒,就是梦的眼睛了。……

在朱自清的笔下,由于天时、灯光、月色的不同,秦淮河水面呈现出不同的色彩和情调——天未全黑时,"水是碧阴阴的,看起来厚而不腻",柔波是"恬静委婉"的;"灯火明"时,"黯淡的水光,像梦一般";灯月交映时,则是"绿如茵陈酒的秦淮水了"。作者一路写来,有情有景有感悟,又仿佛为秦淮河作画,船、水、灯、月、歌,浑然一体,和谐有趣。你看,温柔多情的秦淮绿水,仿佛六朝金粉所凝;飘渺的歌声,似是微风与河水的密语;还有"河中眩晕着的灯光,纵横着的画舫,悠扬着的笛韵,夹着那吱吱的胡琴声"……这一切,构成了华灯映水,画舫凌波,歌声飘渺,笛声悠扬的秦淮意境,如诗如画如梦,既秀丽安逸、甜腻淡雅,又虚虚实实、朦朦胧胧,让人陶醉,令人遐想。

当朱自清和俞伯平沉醉于秦淮美景的时候,却遇到了"难解的纠纷"——秦淮歌妓的出现。朱自清想听歌,却碍于道德律的束缚;一心想超越现实,但又不能忘怀现实。于是心中充满了莫名的惆怅和对歌妓深深的同情——"他们既被逼得以歌为业,他们的歌必无艺术味的;况她们的身世,我们究竟该同情的"。而最后,则表现出作者"心里充满了幻灭的情思"——本想放浪形骸,纵揽风月,在大自然的怀抱中潇洒一把,没想到却被歌妓船的出现扰乱了恬静的心情。看来，朱自清这时还是个"俗人"，他的心灵困缚在知识分子狭小的天地里，还难以摆脱世俗的羁绊和纠缠。

不久，朱自清便以这次秦淮夜泛为题，写了一篇散文——用细腻深沉的笔调，记叙了夏夜游览秦淮河的见闻感受，将秦淮河的自然景色、历史影象与自己的真情实感熔为一炉，这就是中学课本中的常客——《桨声灯影里的秦淮河》。俞平伯也在同时写了同名散文。两篇作品题材相同，所思所感却不一样，各成自己的风格特色，成为现代散文史上的一段佳话。

五

到北平执教清华大学后，朱自清离开了与他朝夕相伴、赋予他温婉情怀的江南山水。和南方比，北方是干渴的，而北方那些涨落无常的大河又催动不了他的文思，于是，他的笔下，水似乎渐行渐远了。不过，如果你的鼻子灵，还会嗅到他的一些作品中渗透出的淡淡水气，只不过这时的水已不再是他的直接审美对象，而是从台前悄然隐向幕后，成为一种衬托的东西，比如《荷塘月色》。

1927年春夏之交，随着"四·一二"大屠杀的枪声在黄浦江畔响起，白色恐怖的浓雾裹着血雨腥风弥漫全国。曾参加过"五·四"爱国运动的朱自清，面对黑暗的现实，心中有一种说不出的苦涩。盛夏的一个晚上，朱自清在自家小院内乘凉，暑热难挨，加之心绪不宁，使他久久不愿回屋就寝。为了排遣自己的苦闷，他沿着一条曲折的煤屑路来到日日经过的荷塘边。此时，明月当空，月下的荷塘是那样的美、那样的静，比之白天，果然别有一番风致：

> 曲曲折折的荷塘上面，弥望的是田田的叶子。叶子出水很高，像亭亭的舞女的裙。层层的叶子中间，零星地点缀着些白花，有袅娜地开着的，有羞涩地打着朵的；正如一粒粒的明珠，又如碧天里的星星，又如刚出浴的美人。微风过处，送来缕缕清香，仿佛远处高楼上渺茫的歌声似的。这时叶子和花也有一丝的颤动，像闪电般，霎时传过荷塘那边去了。叶子本是肩并肩密密地挨着，这时便宛然有了一道凝碧的波痕。叶子底下是脉脉的流水，遮住了，不能见一些颜色；而叶子却更见风致了。月光如流水一般，静静地泻在这一片叶子和花上。薄薄的青雾浮起在荷塘里。叶子和花仿佛在牛乳中洗过一样；又像笼着轻纱的梦。……塘中的月色并不均匀；但光与影有着和谐的旋律，如

梵婀玲上奏着的名曲。

月下的荷塘，荷叶亭亭，如舞女的裙，可以想见荷叶随风起舞时婆娑婀娜的美妙身姿；点缀其间的白色荷花，则在不经意间表现出"出淤泥而不染"的特质。荷花的形态又是各异的，"有袅娜地开着的，有羞涩地打着朵的"，嫣然如仙子一般了。接着又有一阵微风吹来，让这幅静态的荷花图动了起来，霎时，花叶颤动，流光溢彩；荷香散落，似有若无，叶花形色味融为一体，荷塘边的人儿怎能不为之沉醉？这似乎还不是美的极致，再看看塘上的月色，月光如水，泻在叶子和花上，叶和花在薄雾笼罩下，朦朦胧胧，如梦似幻；月色轻淡，黑白相间的光与影犹如和谐的旋律，这月下的荷塘真是恍如仙境了。

这篇"工笔画"式的美文，将月下的荷塘和塘上的月色"剥开来看，拆穿来看"，可谓精雕细刻、细针密线了。但通篇没有关于荷塘之水的描绘，即使提到水，也只是淡淡地说，"叶子底下是脉脉的流水，遮住了，不能见一些颜色；而叶子却更见风致了"。其实，荷塘中真正的主角还是水——那亭亭如舞女的裙的荷叶，正是在水的滋润下才亭亭玉立的；荷花微颤激起的层层波纹，让人感受到了荷叶下面水的律动；静静的月光和热闹的蛙声，让人想起了水的韵味；江南采莲旧俗的遥想，更把人带入了小桥流水、荷香水色构成的南国世界中。不过从总体而言，朱自清《荷塘月色》中的水，一直没有以主角的面目出现，倒如同一位谦谦君子，甘居幕后，乐意给荷叶荷花当陪衬当配角。由此，我想起了老子"上善若水"的话，荷塘中的水，正体现了水的上善品格——善利万物而不争！

六

在朱自清的心中，疾风骤雨就如同波涛汹涌的大江大河一样，是他所不喜欢的，而那些柔柔细细的春风春雨，却时常飘入他的心中，滋润着他的心田，撩拨着他的文思。

大学毕业不久，朱自清便来到上海中国公学教书。一天晚上，他享受了"中西丝竹和唱"的清歌盛宴，恍惚中，美妙的音符仿佛插上了翅膀，翩翩地飘舞着，把他带到了一个"暮春微雨润花园"的奇妙的境界：

霏霏的毛雨默然洒在我脸上，引起润泽、轻松的感觉。新鲜的微风吹动我的衣袂，像爱人的鼻息吹着我的手一样。我立的一条白矾石的甬道上，经了那细雨，正如涂了一层薄薄的乳油；踏着只觉得越发

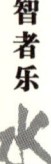

滑腻可爱了。

　　这是在花园里。群花都还做她们的清梦。那微雨偷偷洗去她们的尘垢，她们的甜软的光泽便自焕发了。……

　　大约也因那蒙蒙的雨，园里没了秾郁的香气。涓涓的东风只吹来一缕缕饿了似的花香；夹带着些潮湿的草丛的气息和泥土的滋味。园外的田亩和沼泽里，又时时送过新插的秧，少壮的麦，和成阴的柳树的清新的蒸气。

——《歌声》

　　乍看此文，好像是在描摹飘洒于花园的细雨，其实不然，它是作者把轻柔的歌声给人的享受比拟成春雨、春风的轻拂，把低沉的歌声比拟成黯淡的花色、芳香的"消歇"，把心灵为之一振的歌声比拟成沁人心脾的花香、土香。写这篇作品时，朱自清正值朝气蓬勃的青春年华，作者用文字描绘对音乐的感受，以丰富的想象力、细腻的感受力，运用"移觉"这一艺术手法，把歌声"朦胧"的听觉，与触觉、视觉、嗅觉等交织在一起，构成了一幅美不胜收、韵味十足的江南微雨图，可谓美不胜收。

　　朱自清在温州教书的时候，有妻儿的陪伴，日子过得比较惬意，有时天空中洒下一阵毛毛细雨，也能让他心头浮起愉快的情绪：

东风里，
　掠过我脸边，
　星呀星的细雨，
是春天的绒毛呢。

——《细雨》

　　东风拂荡，细雨蒙蒙，作者置身于春风细雨中，不免情动于衷。以"绒毛"比喻春天的细雨，把春雨的柔和、纤纤、飘忽等特征，贴切而又生动地表达了出来，仿佛一幅迷人的抒情小画，三笔两笔便勾勒出东风化雨、生意盎然的图景。小诗写得细腻、朦胧、精准，语言清新流丽，凸显出朱自清一贯的风格。

　　1932年8月，朱自清漫游欧洲回国不久，便与陈竹隐女士结为秦晋之好（4年前，他的结发妻子武钟谦病逝），并于同年9月出任清华大学中国文学系主任；翌年4月，他又喜得贵子。原本灰蒙蒙的心境，经过欧洲旅行的洗刷（朱自清自言：旅行是刷新自己的一幅清凉剂），经过新婚柔情蜜意的滋润，显得生机盎然，意气风发。于是，我们看到，在热烈而饱满的状态中，朱自清又一篇令人拍案叫绝的力作——《春》问世了。在这篇"贮满诗意"的"春的颂歌"中，他先写对春的期盼，继而勾勒春天的轮廓，然后又推出草、花、春风、春雨四幅"特写"，从各个侧面工笔细描春的"形象"。在《春》中，作者是这样用慧心巧手描绘春雨的：

　　雨是最寻常的，一下就是三两天。可别恼，看，像牛毛，像花针，像细丝，密密地织着，人家屋顶上全笼着一层薄烟。树叶却绿得发亮，小草也青得逼你的眼。傍晚时候，上灯了，一点点黄晕的光，烘托出一片安静而又平和的夜。乡下，小路上，石桥边，撑起伞慢慢走的人；还有地里的农夫，披着蓑，戴着笠的。他们的草屋，稀稀疏疏地在雨里静默着。

　　牛毛般的春雨斜织着，四周的绿树、青草被润得发亮，家家户户的屋顶上都笼罩在浅蓝色的淡烟薄雾之中，傍晚亮起的灯火，更给雨夜揉进了一层朦胧迷人的色彩。还有乡间路上、桥边，撑伞慢步的行人，披蓑戴笠的农夫……这分明是一幅淡彩水墨的"春雨图"。有人说朱自清是散文领域的一名卓越的风景画家，悉心品味上述浸满色彩的文字，你就会由衷地赞同：所言极是！

七

　　能够拨动朱自清文思的，不只是具有浓郁中国味的秀水，也有浸染着欧风美雨味的"洋水"。1931年8月至1932年7月，朱自清在欧洲度过了一年的游历生活。

　　在西去的列车上，朱自清一边悠闲地抽香烟品香茗，一边透过车窗，细细地观赏外面绵延不断的青山和悠然流淌的碧水，并经常有意地把它们与中国山水的意境相对比。他发现欧亚两洲交界处的有些地方，具有中国山水诗或山水画的意境：河中有一叶扁舟在悠然地飘动，划船人缓缓地荡着双桨，远远望去，那船和人都是灰蒙蒙的，这岂不是一幅典型的中国水墨画？

　　在有"欧洲公园"之称的瑞士，到处风景如画。瑞士的湖给朱自清留下了这样的印象：

　　瑞士的湖水一例是淡蓝的，真正平得像镜子一样。太阳照的时候，那水在微风里摇晃着，宛然西方小姑娘的眼。若遇阴天或者下雨，湖上迷迷蒙蒙的，水天混在一块，人如在睡里梦里。也有风大的时候，那时水上便皱起粼粼的细纹有点像颦眉的西子。

——《瑞士》

把秀水与女人相提并论,是朱自清涉水散文的一大特点。这不,看到国外的秀水,他仍习惯于把其与温柔典雅的女性之美联系起来。如他说瑞士的湖呈淡蓝色,太阳下水波闪闪,像西方小姑娘的眼睛;又说粼粼的波纹,像西施皱眉,含蓄多情,给人以想象的空间,给人以探个究竟的冲动。

意大利水城威尼斯,是个闻名遐迩的水城。朱自清一到这里,便发现"威尼斯是一个别致的地方",之所以"别致",全因它是"海中城":

这里没有汽车,要到那儿,不是搭小火轮,便是雇"刚朵拉"。大运河穿过威尼斯像反写的S;这就是大街。另有小河道四百十八条,这些就是小胡同。轮船像公共汽车,在大街上走;"刚朵拉"是一种摇橹的小船,威尼斯特有,它哪都去。

……在圣马克方场的钟楼上看,团花簇锦似的东一块西一块在绿波里荡漾着。远处是水天相接,一片茫茫。这里没有什么煤烟,天空干干净净;在温和的日光中,一切都是透明的。

在朱自清眼里,威尼斯颇似中国江南水乡,水是那么绿,那么酽,简直要把人带到梦中去。现在,许多人称江南名城苏州为"中国的威尼斯"。我去过意大利,到过威尼斯,我的看法是,这只是个比喻而已,不必太当真,因为威尼斯的水毕竟与苏州不同,前者是水天相接、一片茫茫的海中城;后者则是水网密布、洋溢着小桥流水人家风情的陆上城。

朱自清还体验到威尼斯"夜曲"的味道,那场景是:"晚上在圣马克方场的河边上,看见河中有红绿的纸球灯,便是唱夜曲的船","唱曲的有男有女,围着一张桌子坐,轮到了便站起来唱,旁边音乐和着";"音乐节奏繁密,声情热烈,想来是最流行的'爵士乐'","在微微遥摆的红绿灯球底下。颤着酽酽的歌喉,运河上一片朦胧的夜也似乎透出玫瑰红的样子"。这样的描绘,使人不禁想起了当年桨声灯影里的秦淮河,但在朱自清看来,"秦淮河却热闹得多"。

在《欧游杂记》中,朱自清还写到了著名的莱茵河。大概是他觉得莱茵河"天然风景并不异乎寻常的好"的缘故,故一改常态,并没有对这条名河本身的波光水色和风貌韵致进行工笔画式的描绘,而是对"中莱茵河"马恩斯与考勃伦兹之间两岸山上的旧堡垒以及声闻岩凄艳动人的神话传说倾注了不少笔墨。

永远的良师益友

——沈从文与水

一

正值秋色醉人的时节,我借到湖南吉首开会之机,在曾经养育了乡土文学大师沈从文的神秘土地——湘西,盘桓了几日,并特意来到沈先生的老家凤凰,怀着景仰之情和好奇之心寻觅着这位文学巨匠早年生命的印迹。

虽说是走马观花,但湘西和凤凰特别是沈从文还是走入了我心中。要说凤凰城给我留下最深刻印象的地方,并不是沈从文的故居(这是一座典型的南方四合院,如果不是门前挂着沈从文故居的牌子,你会觉得它不过是湘西一个普通的殷实人家),也不是始建于明万历年间的中国南方长城——"湘西边墙",而是那条穿城而过的沱江及两岸如画廊般有声有色的景致——碧波荡漾的江水,夹江而立连接无数小巷的沱江古街,临水招摇的比肩接踵的吊脚楼,盛满了熙攘人流和浓郁民族风情的大街小巷,还有河面上穿梭往来的画舫游船,满江飘荡的带有戏谑色彩的山歌和欢快的笑声……

老实说,以往读沈从文的书并不多,而且除了《边城》等少数作品外,印象也不很深。因为去了一趟凤凰并瞻拜了沈从文故居,点燃了我对沈从文作品的热情。回来以后,便急不可待地搬出沈从文的作品猛"啃"了一通,同时找来凌宇先生的《沈从文传》一读。读沈从文的文字,与其说是在读,不如说是身临其境地去感受、去触摸更贴切。因为颇为投入,一段时间以来，眼前经常跳动着沈从文笔下多情的湘西山水和人物。与此同时，我还有了一个自认为惊人的发现，就是沈从文笔下的湘西，不但充满了田园牧歌式的诗情画意，而且湿润润、水汪汪的，浸透着湘西"水"的清新和灵秀。而沈从文《我的写作与水的关系》等谈水文章，又如同一把钥匙，让我较容易地打开了"沈从文与水"的大门，走近他的内心世界和灵魂深处，感受具有"沈氏风格"的水情怀、水意境。

出生在湘西水乡的沈从文对水是极其偏爱的，他是那样地眷恋水、亲近水和激赏水，并简直把水当成了生命的一部分。追寻沈从文的人生旅程，可以看到处处都打着水的印迹。沈从文出生在沱江之滨的镇筸（因附近有筸子溪流过，故名），这是一个与黔北、川东接壤的偏僻湘西小城，镇筸还有一个极美的名字——凤凰。原籍新西兰、在中国生活了数十年的艾黎老人，曾称湘西凤凰和福建长汀为中国"两个最美的小城"。

不错，凤凰确实很美。小城坐落在一个山坳里，四周环绕着绿水青山。这里山不高而俊雅，水不深而清秀，群山环抱，河溪萦回。尤其是碧清的沱江穿过古老的城墙蜿蜒而下，江中渔舟（确切地说应是游船）点点；河街夹江（沱江）而立，遍布吊脚楼和水码头；河街多用条石铺成，街上挤满了天南海北的观光客（金发碧眼者不在少数），到处洋溢着以苗族为主流的浓郁的民族民俗风情……。在这里，你可以领略原汁原味的楚巫文化，韵味独特的凤凰土话，鲜艳动人的苗族服饰，苦辣咸酸的风味饮食，还可以欣赏到原始戏剧的活化石——傩堂戏，地方味十足的阳戏，散发着泥土清香的文茶灯，以及玻璃吹画、蜡染、苗族银饰等民间工艺。然而，距今二百六七十年前，这里还是人迹罕至的边鄙荒蛮之地。雍正年间，清廷对湘西实施"改土归流"政策。为防止苗民造反，派来大批戍卒屯丁驻守，始有城堡居民。直到上世纪初沈从文呱呱落地，这里才逐渐发育成有三五千居民的边陲小城。那时，小城的总体格调是偏远、宁静、秀丽而又充满神秘和野性，远不像今天那么繁华热闹。我知道，如今凤凰的流金耀眼与声名远扬，与沈从文的名气有很大的关系。时光回到百年前，沈从文就在这片既荒蛮又明媚的神奇土地上出生和成长。那时，这里与外部世界交通的最重要通道，便是那条战国时楚国大诗人屈原踽踽行吟过的沅水及其支流。

在一堆倏然而来悠然而逝的日子里，小从文（那时他的大名叫沈岳焕）在凤凰家乡以"撒野""疯玩"的方式度过了颇为有趣的童年。"年纪六岁七岁时节，私塾在我看来实在是个最无意思的地方。我不能忍受那个偪窄的天地,无论如何总得想出方法到学校以外的阳光下去生活。"(《我的写作与水的关系》)在逃学的日子里,家乡的山山水水都是他游玩的好去处,而且尤其爱与水打交道——到河中游泳,"大家于是脱光了身子,用大石头压着衣裤,各自从悬崖高处向河水中跃去。就这样泡在河水中,一直到晚方回家去"(同上);看河中涨水、行船,观下网捕鱼,"若河中涨了大水,照例上游会漂流得有木头、家具、南瓜同其他东西,就赶快到横跨大河的桥上去看热闹。……我喜欢看人在洄水里扳罾,巴掌大的活鲫鱼在网中蹦跳"(《从文自传·我读一本小书同时又读一本大书》);"同时学用鸡笼去罩捕水田中的肥大鲤鱼鲫鱼,把鱼捉来即用黄泥包好塞到热灰里去煨熟分吃",和同伴偷偷驾别家的柴船去河中兜风、胡闹(《从文自传·我上许多课仍然放不下那一本大书》)……。到后来他成名了,对这段"不着调"的经历仍毫无悔意,宣称"应当去读那本色香具备内容充实用人事写成的大书"(同上)。

人生在世,生存永远是第一位的。为了给自己的人生寻找出路,稚气未脱的沈从文便投身行伍,漂泊在沅水上下游的大小码头,接受另一种人生教育:

> 到十五岁以后,我的生活同一条辰河无从离开。我在那条河流边住下的日子约五年。在一大堆日子中我差不多无日不与河水发生关系。走长路皆得住宿到桥边与渡头,值得回忆的哀乐人事常是湿的。至少我还有十分之一的时间,是在那条河水与它的支流各样船只上消磨的。
> ——《我的写作与水的关系》

20岁时,沈从文辞别父母,背起一个小小的包袱,从常德乘船,渡洞庭,过武汉,抵郑州,转徐州,至天津,最后终于抵达目的地北平(今北京),开始了他生命历程——"从文"的崭新一页;后又来到"海潮来去的吴淞江口(上海),黄浪浊流急奔而下直泻千里的武汉长江边,天云变幻碧波无际的青岛大海边,以及景物明朗民风淳厚沙滩上布满小小螺蚌残骸的昆明滇池边"(《一个传奇的本事》),闯码头,讨生活。

沈从文的写作生涯也一直与"水"如影相随——从家乡小河里嬉戏玩耍,到凤凰以外的沅水、辰河一带的行伍生涯,再到走出湘西,饱览大江大河和大海的雄奇风景,他的生活的阅历日益丰富,创作的视野日益开阔,创作的材料、动力和灵感滚滚而来。后来他自己也说:

> 我可以说是与文学毫无关系的人……我可能说的,是我这个工作的基础,并不建筑在"一本合用的书"或"一堆合用的书"上,因为

它实在却只是建筑在"水"上。

沈从文魂归何处？1988年他走入人生的终点后，家人把他的骨灰分成了两部分，一部分洒在了他儿时相濡以沫的沱江，一部分葬在了凤凰一块山水相依的地方——他灵魂的栖息地前临清澈秀美的沱江，背靠风景秀丽的听涛山。落叶归根，一代文学大师一生都眷恋着水，并沉醉于对水的联想之中，死后的身体亦融化于江河大地之中，与水相伴到永远。

二

沈从文是个智者，而且是个十足"乐水"的智者。关于这一点，在他的散文和小说中很容易找到答案。读一下《湘西书简·沈从文致张兆和的信》，便可窥一斑。

1934年1月，几个月前刚与张兆和喜结连理的沈从文，为探望病重的老母返回湘西老家，下了北平至长沙的火车，乘车到桃源，之后买舟溯沅江西下。水程漫漫，舟行缓缓，家乡的凤凰城还得假以时日方能到达。于是，寂寞中的沈从文便把对新婚妻子的相思和一路的见闻寄托在一张张小小的信笺上：

你瞧，这小船多好！你听，水声多幽雅！你听，船那么轧轧响着，它在说话！

我坐在舱中，就听到水面人语声，以及橹桨搅水声，与橹桨本身被推动时咿咿哑哑声。这真是圣境。

站在船后舱看了许久水，我心中忽然好像彻悟了一些，同时又好像从这条河中得到了许多智慧。……山头夕阳感动我，水底各色圆石也极感动我，我心中似乎毫无什么渣滓，透明烛照，对河水，对夕阳，对拉船人同船，那么爱着，十分温暖的爱着！

今天的河水已极清浅，河床中大小不一的石子，历历可数，如棋子一般，较大石头上必有浅绿色蓝丝，在水中漂荡，摇曳生姿。这宽而平平的河床，以及河中的东西，皆明丽不凡。

透过这些文字，我们分明能感受到水给独行的作者带来了多少的快乐和慰藉。当然，水恩赐给沈从文的绝不仅仅是视觉、听觉、触觉之类的美感享受，更给他以智慧的启迪和人生的教诲——"三十年来水永远是我的良师，是我的净友，给我用笔以各种不同的启发"（《一个传奇的本事》）：

檐溜，小小的河流，汪洋万顷的大海，莫不对于我有极大的帮助。

我学会用小小脑子去思索一切，全亏得是水。我对于宇宙认识得深一点，也亏得是水。

从汤汤流水上，我明白了多少人事，学会了多少知识，见过了多少世界！我的想象是在这条河水上扩大的。我把过去生活加以温习，或对于未来生活有何安排时，必依赖这一条河水（指辰河——笔者注）。这条河水有多少次差一点儿把我攫去，又幸亏他的流动，帮助我作着那种横海扬帆的远梦，方使我能够依然好好的在这人世中过着日子。

海既那么宽泛无涯无际，我对于人生远景凝眸的机会便较多了些。海边既那么寂寞，它培养了我的孤独心情。海放大了我的感情与希望，且放大了我的人格。

——《我的写作与水的关系》

我感情流动而不凝固，一派清波给予我的影响实在不小。我幼小时较美丽的生活，大部分都同水不能分离。我的学校可以说是在水边的。我认识美，学会思索，水对我有极大的关系。

——《从文自传·我读一本小书同时又读一本大书》

文抄公般地将这些文字摘录下来，目的是想说明这样一个问题，就是在沈从文的眼里，水已不再是单纯的审美对象，他已把没有生命的水——包括"檐溜，小小的河流，汪洋万顷的大海"，都看成了充满灵性的"知己"，并与它们不时进行着思想的交流，精神的沟通。水不愧是他的"良师"、"诤友"，不但使他"情感流动而不凝固"；还教他"对于宇宙的认识深一些"，"认识美，学会思索"；更激励他"作着那种横海扬帆的远梦"……

三

一方水土养一方人。家乡的灵山秀水不但给沈从文的文学作品提供了不竭的创作源泉和灵感，而且使他的"湘西题材"的作品既充满浓郁的乡土气息，也弥漫着水气十足的韵味——清新、鲜润、灵动、秀美，给我们以诗情的感染和美的享受。

沈从文被誉为现代中国的"风俗画家"，他的小说主要有两类，一类是以湘西生活为题材，通过描写湘西人原始、自然的生命形态，表现人性美；一类是以都市生活为题材，通过都市生活的腐化堕落，揭示城市自然人性的蜕化乃至消失。前者以恬静平淡的风格、小品散文的笔调、诗歌曲令的意境，构建了一个属于他的"湘西世界"。善于描写湘西边地特有的民族风

情、山光水色，以构成理想的人生形态，是沈从文"湘西题材"小说的最重要特征。他的这类小说，大多是写河畔人家、船工水手的故事，写生活在码头渡口船上普通人的故事，写他们的挣扎奋斗，写他们的悲欢离合，喜怒哀乐。正如作者自己所说："我虽离开了那条河流（指辰河——笔者注），我所写的故事，却多数是水边的故事。故事中我所最满意的文章，常用船上水上作为背景。我故事中人物的性格，全是我在水边船上所见到的人物性格。我文字中一点忧郁气氛，便因为被过去十五年前南方的阴雨天气影响而来。我文字风格，假若还有些值得注意处，那只是因为我记得水上人的方语太多了。"（《我的写作与水的关系》）"……内中写的尽管只是沅水流域各个水码头以及一只小船上纤夫水手等等琐细平凡人事得失哀乐……"；"这种河街我见得太多了，它告诉我许多知识，我大部分提到水上的文章，是从河街认识人物的。我爱这种地方、这些人物"《湘行书简·沈从文致张兆和》）。如《长河》，"用辰河流域一个小小的水码头作背景，就我所熟习的人事作题材，来写写这个地方一些平凡人物生活上的'常'与'变'，以及在两相乘除中所有的哀乐"（《长河·题记》）。再如《柏子》，讲述的是年轻健壮、吃苦耐劳水手柏子与河边吊脚楼痴情妓女朴素而深厚的爱情经历。至于他的代表作中篇小说《边城》，讲述的则是一个 20 世纪初发生在湘西边城"渡口人家"劳动生活和凄美动人的爱情故事：

在湘西"茶峒"这个风光秀丽、人情质朴的小山城的小溪边，生活着靠摆渡为生、相依为命的祖孙二人——年过七旬且仍健壮的外公，年仅 15 岁清纯美丽、情窦初开的外孙女翠翠。他们质朴、善良，但却不那么幸运。两年前在端午节龙舟赛会上，情窦初开的翠翠与船总顺顺的次子傩送一见钟情。傩送的哥哥天保也喜欢翠翠，托人向翠翠的外公求亲。而地方上有钱有势的王团总也想招傩送为东床快婿，并许诺以自家的碾房作陪嫁。傩送一心想娶翠翠为妻，宁愿承袭老船工的职业做个摆渡人。纯朴的兄弟俩互相坦白了心事，并按照当地的传统风俗——唱歌选亲的方式，把选择权交给了翠翠。哥哥天保知道翠翠喜欢弟弟傩送，为了成全他们的好事，外出闯滩，却意外地被激流夺去了生命。傩送认为哥哥的死与自己有关，便在哀痛中抛下翠翠远走他乡。外公为翠翠的婚事和未来忧心忡忡，在风雨之夜撒手人寰。无依无靠的翠翠独守渡船，痴痴地等待着心上人的归来。

小说以翠翠的爱情悲剧为线索，谱写了一曲清澈、美丽但又有些哀婉的湘西人民生活的田园牧歌，全景式地展现了湘西的山水美、风情美、人性美。通过翠翠及外公、天保、傩送等人的形象，讴歌的是一种"优美、健康、自然，而又不悖乎人性的人生形式"；同时，也反映了湘西乡村人民在"自然"、"人事"面前不能完全把握自己的命运，一代又一代重复着悲剧人生的境遇，寄托了作者对他们不幸的深深怜悯与同情。

如果说《边城》为我们绘就了田园牧歌式的湘西美丽世界，那么小说的主人公翠翠俨然就是自然美和人性美的化身：

> 翠翠在风日里长养着，把皮肤变得黑黑的，触目为青山绿水，故一对眸子清明如水晶。自然既长养她且教育她，为人天真活泼，处处俨然如一只小兽物，人又那么乖，如同山头黄麂一样，从不想到残忍事情，从不发愁，从不动气。平时在渡船上遇到陌生人对她有所注意时，便把光光的眼睛瞅着那陌生人，作成随时皆可举步逃入深山的神气，但明白了面前的人无机心后，就又从从容容的在水边玩耍了。

作者这样描写翠翠，是把人与自然融合在一起来塑造，从而找到了湘西少女翠翠的特点，既源于自然、契合自然，又超越自然。翠翠是湘西山川灵气化育的女儿，终日与青山绿水、日月风雨为伴，并在劳动中成长，她是那样的天真、纯朴、活泼，就像湘西泉溪中的水一样，清澈、灵秀、柔媚，浑身上下流淌着水灵灵和水汪汪，洋溢出无限的青春活力。

我曾看到这样一则记载沈从文写《边城》的背景材料：1933年夏，沈从文携未婚妻张兆和游青岛崂山时，意外地看到一个身穿孝服的小姑娘到河边提水。触景生情，他回想起家乡"起水"的古老风俗和美丽如画的青山绿水、充满诗意的淳厚民风，情不自禁对张兆和说，他要以家乡一个小姑娘的经历写一个故事。1934年1月，沈从文归乡探母，在回湘西的路上，他看到原先正直朴素的人情美已快要消失干净，便更加强烈地想要用《边城》来表现一种纯朴的、充满爱和美的人性的生活方式。看完了这段记述，我更加坚信这样一个真理：生活是创作的惟一源泉！

沈从文的散文，特别是《一个传奇的本事》、《湘行散记》、《湘西》所构成的湘西散文三部曲，有多篇是写"长年与流水斗争的水手"劳动和生活的。如《湘西散记·桃源与沅州》，写桃源小划子上水手的作业过程及神情举止，极其细腻和生动：

> 桃源有一种小划子，轻捷，稳当，干净，在沅河中可称首屈一指。……一只桃源小划子只能装载一二客人。照例要个舵手，管理后梢，调动船只左右。张挂风帆，松紧帆索，捕捉河面山谷中的微风。放缆

拉船，量度河面宽窄与河流水势，伸缩竹缆。另外还要有个拦头工人，上滩下滩时看水认容口，出事前提醒舵手避石头、恶浪与泓流，出事后点篙子需要准确、稳重。……张帆落帆时都得很敏捷地即时拉桅下绳索。走风船行如箭时，便蹲坐在船头上叫喝呼啸，嘲笑同行落后的船只。自己船只落后被别人嘲笑时，还要回骂；人家唱歌也得用歌作答。船只逼入急流乱石中，不问冬夏，都得敏捷而勇敢的脱光衣裤，向激流中跳去，在水里尽肩背之力使船只离开险境。……小船除此两人以外，尚需有个小水手居于杂务地位，淘米，烧饭，切菜，洗碗，无事不作。行船时应荡桨就帮同荡桨，应点篙就帮同持篙。这种小水手在学习期间，应处处留心，取得经验同本领。除了学习看水，看风，记石头，使用篙桨以外，也学习挨打挨骂。……上行无风吹，一个人还得负了纤板，曳着一段竹缆，在荒凉河岸小路上拉船前进。小船停泊码头边时，又得规规矩矩守船。

  我本想再费些笔墨解读一下这段文字，但转念一想，大可不必，如此清新自然又通俗明白的描述，已经把该说的东西都说明白了，如再饶舌，岂不蛇足？

<h2 style="text-align:center;">四</h2>

  沈从文曾在小说《来客》中说："写小说是河水告诉他的。"的确，我们读他的小说和散文，不难发现，不论是作者笔下的自然风光还是世俗生活，许多地方都可以体会到他对"河流"的一往深情，同时在他的笔下，江河流淌的已不仅仅是自然之水，还是生命与文化的绿波，包括生命之源——母亲河的意象，覆舟——灾难的意象（与前者共同构成双重而对立的象征意义），以及其他人生形态的意象等等。

  先说母亲河的意象。水是生命之源，江河是养育人类的母亲河，它是承载中华民族繁衍生息的生命之舟。在《从文自传·我所生长的地方》中，作者这样状写家乡的河流：

    地方东南四十里接近大河，一道河流肥沃了平衍的两岸，多米，多橘柚。

    一道小河从高山绝涧中流出，汇集了万山细流，沿了两岸有杉树林的河沟奔驶而过，农民各就河边编缚竹子作成水车，引河中流水，灌溉高处的山田。河水长年清澈，其中多鳜鱼，鲫鱼，鲤鱼，大的比人脚板还大。

在作家的笔下，家乡的河流是养育两岸人们的衣食父母；她在默默无私地为人们提供着舟楫、灌溉之利和丰饶的水产资源。

还有他那篇著名的小说《边城》，有一段关于白河两岸风情的描写：

> 那条河水便是历史上知名的酉水，新名字叫作白河。……近水人家多在桃杏花里，春天时只须注意，凡有桃花处必有人家，凡有人家处必可沽酒。夏天则晒晾在日光下耀目的紫花布衣裤，可以作为人家所在的旗帜。秋冬来时，……人家房屋在悬崖上的、滨水的，无不朗然入目。黄泥的墙，乌黑的瓦，位置则永远那么妥贴，且与四周环境极其调和。……一个对于诗歌、图画稍有兴味的旅客，在这小河中，蜷伏于一只小船上，作三十天的旅行，必不至于感到厌烦。
>
> 白河的源流，从四川边境而来……但属于湖南境界的，茶峒算是最后一个水码头。……小船到此后，既无从上行，因此凡是川东的进出口货物，得从这地方落水起岸。

这些文字犹如一幅油画，生动地再现了白河两岸人民的生存状况，歌颂了母亲河默默赐予人类的种种好处。

水能载舟，亦能覆舟，这使水具有双重且对立的性格特征。因而具有覆舟——灾难意义的河流，也是中华传统文化中常见的意象。《边城》写道：

> 河中涨了春水，到水脚逐渐进街后，河街上人家，便各用长长的梯子，一端搭在自家屋檐口，一端搭在城墙上，人人争骂着嚷着，带了包袱、铺盖、米缸，从梯子上进城里去，等待水退时，方又从城门口出城。某一年水若来得特别猛一些，沿河吊脚楼必有一处两处为大水冲去。……涨水时在城上还可望着骤然展宽的河面，流水浩浩荡荡，随同山水从上流浮沉而来的有房子、牛、羊、大树。

通过小说的描述，我们悲情地看到，每到夏秋涨水季节，温顺的河流有时像被激怒的猛兽，咆哮着涌起滔天的洪水，无情地毁坏着人类的家园，吞噬着人畜的生命。由于当时生产力水平的局限，人们面对洪水的肆虐显得无能为力，并强烈地感受到自身的渺小以及死亡的不可抗拒。即使在不发洪水的时候，河流偶尔也会露出狰狞的一面，比如，生孩子后喝冷河水死去的翠翠母亲，在激流险滩中淹死的天保，他们的生命都是被河流夺走的。

有学者说，《边城》中的河水，还有其他人生形态的象征意义，比如，翠翠、天保、傩送等后生的朝气蓬勃体现了河流生生不息的生命力；老船夫的纯朴厚重则体现了河水的纯静透明；顺顺的宽宏大量体现了河的"有容乃大"……

写到这里，我忽然萌生了这样一个念头：我们对沈从文的作品作如是解读，并未征得他老人家的同意；如果征求意见，他能认同吗？也许我们的解读与作者的本意并不完全符合，比如进行了浮想联翩的"拔高"与"拓展"，或进行了离题千里的"推测"与"感悟"。但我相信，有着海纳百川般胸襟的沈从文，一定会投之以宽容的微笑。

五

我认定，在中国现当代作家中，沈从文对水情最深、意最切，水简直就是他在自然界中寻觅到的一个情人，与他心心相印，伴他走完人生之旅。水不但给他的文学创作以诸多启迪和助力，更让他的人格生命打上了深深的"水性"烙印。沈从文多次谈到水与自己人格生命的契合之处：

> 水的德性为兼容并包，从不排斥拒绝不同方式浸入生命的任何离奇不经事物！却也不受它的沾污影响。水的性格似乎特别脆弱，且极容易就范。其实柔弱中有强韧，如集中一点，滴水穿石，却无坚不摧。水教给我粘合卑微人生的平凡哀乐，并作横海扬帆的美梦，刺激我对于工作永远的渴望，以及超越普通个人功利得失，追求理想的热情洋溢。
> ——《一个传奇的本事》

沈从文柔中有刚，具有水之外表柔弱实则强韧的性格。老子说："天下莫柔弱于水，而攻坚强莫之能胜"（《老子·七十八章》），"天下之至柔，驰骋天下之至坚"（《老子·四十三章》）。正如水的这种特质一样，这个湘西"乡下人"，虽然温良柔弱在外，却顽强倔强于内。他确信别人能办到的，自己也能办到。为了实现自己的人生价值，他不到20岁就毅然告别了偏僻的湘西，"来到住有百万人口的北京"（沈从文《一个传奇的本事》），开始了文学之路的艰辛跋涉。面对生活的窘困，"他一面时断时续地在北大听课，一面在公寓那间'窄而霉小斋'里，开始无日无夜地伏案写作"（凌宇《沈从文传》）。开始的时候，他寄往各地报刊杂志的文学作品常常是泥牛入海无消息。但他没有灰心气绥、怨天尤人，而是更加努力地在荆棘丛生的文学田野上耕耘着，打拼着。天道酬勤，这位只有高小毕业学历的"乡下人"，终于"水滴石穿"，成为享誉中外的一代乡土文学大师。其实，何止是追求文学这个"爱人"如此，他赢得夫人张兆和的芳心，同样是锲而不舍的结果。当这个"乡下人"结束那场马拉松式的求爱过程,终于喝上爱的"一杯甜酒"的时候,我们同样被他这种不达目的不罢休的执著所感动所折服。他晚年曾说过这样意味深长的话:"我不相信命运,却相信时间,时间可以克服一切。"

　　沈从文宽和大度,具有水之兼容并包的性格。海纳百川,有容乃大。经历了无数人生风雨的沈从文,后半生更是以豁达包容的心态坦然面对人生的挑战。当社会环境和条件不允许他继续从事他所钟爱且给他带来莫大声誉的文学天地时,他没有消极颓废,而是在知天命之年,开始向"中国古代文物研究"的陌生高峰攀登。当不少人为此顿足扼腕的时候,他却泰然处之,说什么"塞翁失马,焉知非福"。在中国历史博物馆工作期间,他从不挑肥拣瘦,不论是为文物分类、写标签,充当文物采购员,还是担任外宾的陪同和讲解员等,都干得十分出色。沈从文干一行爱一行,全身心投入于文物研究之中,兢兢业业,乐此不疲。但他并不企求猎取个人名利,只想尽可能多做些有益的事情,以尽一个合格公民应尽的义务。许多年以后,当有人蓦然回首,在灯火阑珊的地方重新看到沈从文的时候,他已在文物研究上取得了惊人的成就:《中国丝绸图案》、《唐宋铜镜》、《龙凤艺术》、《战国漆器》等专著先后问世,尤其是那部经过16个春秋倾力打造、具有极高学术价值的《中国古代服饰研究》,更是填补空白的力作。正是这种兼容并包的性格,使沈从文"东方不亮西方亮",不但在乡土文学世界独领风骚,而且在文物研究领域"富甲天下"。

　　沈从文高风亮节,具有水之"利万物而不争"的性格。水包容万有,润泽万物,但又默默俸献,从不矜夸自伐,更不追名逐利。沈从文心地善良,乐于助人,尤其对于扶持和奖掖青年后生更是不遗余力。20世纪30年代,沈从文作为"京派作家"的领军人物,不但自己"一枝独秀",而且利用他主编《大公报》文艺周刊的条件,大力培养青年作者,引得"百花开放,春色满园"。他不惜放弃自己的写作计划,把许多时间用于看稿、改稿,以及与作者面对面讨论问题上。对那些出身寒微、在困境中挣扎的文学青年,沈从文更是倾注了极大的热情和心血,对于他们的投稿,他总是用极宽容的态度对待,不惜时间和精力进行增删、润色,尽可能使它们变成铅字得到发表;对于质量太差不能刊用的,也尽可能给作者回信,恳切指出作品的缺陷,提出具体的修改意见。他还经常慷慨解囊,帮助那些生活上处于困境的文学青年,如卞之琳自费出版第一本诗集时,囊中羞涩,多亏沈从文的大力资助，诗集才得以问世。在中国博物馆工作期间，沈从文与孤独寂寞为伍，不问收获，只管耕耘，扎扎实实地做了许多基础工作，他曾坦言自己的工作是为"各方面打打杂"，并满腔热情地为研究单位和个人提供无私的帮助。一位年轻的学者编写了一部《中国工艺美术史稿》，寄给他征求意见，他几乎是逐字逐句地进行修改加工，反反复复凡四遍，使原来薄薄的一本小册子增加到20余万言。沈从文对功利得失表现得十分豁达和淡泊。比如1958年，在一次文艺界人士的聚会上，当时任中宣部副部长的周扬提出想让沈从文担任北京文联主席，让人意想不到的是，竟被他以自己是"上不得台面的人"为由，当场拒绝了。

沈从文辞世后，他的妻妹、美国耶鲁大学教授张充和为他写下了这样的诔文：

不折不从，星斗其文；

亦慈亦让，赤子其人。

这四名话的最后一字连接起来便是"从文让人"，读其文，听其言，观其行，这四句话无疑就是沈从文一生的真实写照。

写到这，我的脑海中又涌出了老子那段有名的话来："上善若水。水善利万物而不争，处众人之所恶，故几于道。……夫唯不争，故无尤。"(《老子·八章》)这话是赞美水的，也是赞美沈从文的。

大海的女儿

——冰心与水

大概是受中华传统文化"重陆轻海"观念的影响,对大海,中国古代的文学家们大多采取敬而远之的态度,即使到了国门渐开的近现代,爱海写海的作家仍少之又少。但冰心则是个"另类"——她是聆听着大海的波涛声长大的,她是"大海的女儿",她是一生都眷恋大海并把大海当作伟大导师的人;而且,她这种从小无意识积淀起来的对大海的爱恋,后来终于形成了有意识的对大海的讴歌颂扬与顶礼膜拜。同时,她还把自己坐在海边的感悟和在海上飞翔的幻想,逐渐延伸到对人生真谛的求索之中,形成了"冰心式"的"海化"思想。一段时间以来,我走进了冰心的人生世界,走进她心中的那片"海",并贪婪地捡拾着里边的珍宝。

一

冰心姓谢,本名婉莹,出生地是福州(当时为闽侯县)。尽管福州离海不远,但并不是个推门见海的地方。她与大海第一次亲密接触,是1901年5月,随父母移居上海的路上——刚满7个月尚在襁褓中的小冰心,在北上的轮船上首次看到了她日后一生都爱恋的大海;她长大后,母亲曾经告诉她,正是在北上的轮船上,母亲抱着她站在栏杆旁边,在海浪声的伴奏下,小冰心第一次呼唤了"妈妈"。1904年,冰心的父亲奉调烟台创办海军学校,全家移居烟台。从此,冰心在大海的陪伴下,在烟台度过了近十年的美好童年时光。后来，冰心回忆起童年与那片大海耳鬓厮磨的场景，说过这样充满感情的话："我似乎觉得，不论是日本海，地中海……甚至大边湾，广州湾，都不像我童年的那片'海'。"(《海恋》)那么，与童年的冰心朝夕相处的那片海又是什么样子呢？

> 我的这片海，是在祖国的北方，附近没有秀丽的山林，高悬的泉瀑。冬来春去，大地上一片枯黄，海水也是灰蓝蓝的，显得十分萧瑟。春天来了，青草给高大的南山坡上披上了新装，远远的村舍上，偶然露出一两树桃花。海水映到春天的光明，慢慢地荡漾出翠绿的波浪……
>
> ——《海恋》

就是这片大海，很快成了小冰心最要好的伙伴。晴朗之日，海不扬波，她抱膝沙上，悠然看潮涨潮落；风雨之日，她倚窗观澜，听惊涛拍岸……在她成年之后，母亲曾向她讲述过这样一段令人称奇的往事：在冰心5岁的时候，有一天下午，母亲午后睡了一觉，醒来发现宝贝女儿不见了。找到大门前，"她正呆呆的坐在石阶上，对着大海呢！我睡了三点钟，她也坐了三点钟了。可怜寂寞的小人儿啊！你们看她小时候已经这样天真而沉默了——我连忙上前去，珍重地将她揽在怀里……"(《往事·十》)

一个5岁的小姑娘，居然独坐海边，痴痴地眺望大海达3小时之久，这本身就充满了神奇。至于在这段时间内，这个早慧的"小人儿"都充满了怎样离奇的幻想，恐怕连她自己也未必说得清楚。

冰心曾把大海称作自己童年活动的舞台。她步入老年的时候，想起童年与大海亲近的时光，仍感到十分幸福：

> 这是我童年活动的舞台上，从不更换的布景。我是这个阔大舞台的"独脚"，有时在徘徊独白，有时抱膝沉思。我张着惊奇探讨的眼睛，注视着一切。在清晨，我看见金盆似的朝日，从深黑色、浅灰色、鱼肚白色的云层里，忽然涌上来；这时，太空轰鸣，浓金泼满了海面，泼满了诸天……在黄昏，我看见银盘似的月亮，颤巍巍地捧出了水平，海面变成一道道一层层的，由浓而银灰，渐渐地漾成闪烁光明的一片……这个舞台，绝顶静寂，无边辽阔，我既是演员，又是剧作者。我虽单身独自，却感到无限的欢畅与自由。
>
> ——《海恋》

有人说，作家的本钱是他（她）的童年；作家生命力的第一源泉是故乡。对冰心而言，她童年的舞台（故乡）是北方的大海——正是北方的大海给了这位南国女儿以人格的哺育,智慧的启迪,艺术的熏陶。她长大以后,更是把大海当作一本博大精深的巨著,从它翻不完读不尽的书页中,汲取着知识的营养和人生的力量。

1913年初秋,冰心告别了心爱的北方大海——因她的父亲谢葆璋到北京任职,一家人也随之定居北京。1917年夏,为了躲避张勋辫子军的祸害,17岁的冰心与母亲及弟弟们一道,又一次来到了她童年生活的地方——烟台。冰心又住进了她童年时代住过的房子,又面对着童年时的大海,还有沙滩、山峦、灯塔……呼吸着拂面的海风送来的大海特有的气息,她感到无比的温馨和亲切,她在心中大声地呼喊:大海啊,你的女儿又回来了!但此时,冰心已是个17岁的大姑娘了,她觉得,"原是儿童的海,但再来时却又不同":

  一切都无改:灯塔还是远立着,海波还是粘天的进退着,坡上的花生园子,还是有人在耕种着。——只是我改了,膝上放着书,手里拿着笔,对着从前绝不起问题的四周环境思索了。居然低头写了几个字,又停止了,看了看海,坐的太近了,凝神的时候,似乎海波要将我飘起来。年光真是一件奇怪的东西!这次来心境已变了,再往后如何?也许是海借此要拒绝我这失了童心的人,不让我再来了。

——《往事·八》

其实,大海没变,是冰心的心境变了——年龄大了,阅历深了,思考多了,情感浓了,自然此时的大海与彼时童年时的大海有些异样了。冰心甚至担心自己失去了童心,再也找不回童年大海的样子。但不管怎么说,大海的深沉广阔,大海的波翻浪涌,大海的变幻无穷,永远地留在了冰心的心底。"每次拿起笔来,头一件事忆起的就是海","每次和朋友们谈话,谈到风景,海波又侵进谈话的岸线里"(《往事(一)之十四》)。"故乡的海波呵!你那飞溅的浪花,从前怎样一滴一滴的敲我的磐石,现在也怎样一滴一滴的敲我的心弦"(《繁星·二八》)。即使到了年事已高且身逢乱世的时候,她依然对大海情殷殷、意绵绵:"当我从忧中来,无可告语的时候,一想起大海,我的心胸就开阔了起来,宁静下去。"于是,大海便频频进入冰心的诗、散文和小说之中,成为她文学作品中一个独特的意象。

二

冰心心灵深处的那片海到底是什么样子呢?《冰心传》的作者赵凤翔

先生用诗化的语言描绘道：

> 冰心的海是温柔的、秀美的；它既不像普西金的海，充满了辽阔和神秘气息；更不像海明威的海，粗犷而惊险，永远激荡着人们搏斗的气魄。冰心的海，具有女性的温柔和圣洁，这是一种可以洗涤人们内心污垢的美。

冰心心灵深处的那片海，她的主人是一位美丽温柔的女神。有趣的是，冰心在为我们塑造这位"海之女神"时，没有采用一般人惯用的陈述描写的方式，而是独辟蹊径，通过在院子里乘凉，姐弟们的对话，为她塑了一尊栩栩如生的画像：

> 她住在灯塔的岛上，海霞是她的扇旗，海鸟是她的侍从；夜里她曳着白衣蓝裳，头上插着新月的梳子，胸前挂着明星的璎珞，翩翩地飞行于海波之上……她驾着风车，狂飙疾转地在怒涛上驱走；她的长袖拂没了许多帆舟。下雨的时候，便是她忧愁了，落泪了，大海上一切都低头静默着。黄昏的时候，霞光灿然，便是她回波电笑，云发飘扬，丰神轻柔而潇洒……

我猜，冰心在为这位海之女神构思形象时，一定想到了曹植《洛神赋》中"翩若惊鸿，宛若游龙"的洛神宓妃，你看她艳如桃李，容光灿然，云发飘逸，曳着白衣蓝裳，翩翩飞行于波涛之上，真与宓妃别无二致。但与洛神相比，这位大海女神，更神气，更潇洒。先看她的威风——"海霞是她的扇旗，海鸟是她的侍从"，至于海中的虾兵蟹将，不用说，也都会乖乖地听从她的驱遣。再看她的盛装——浩浩天宇中的一轮皎洁的新月，居然是她的头饰；渺渺天河中晶莹的繁星，居然成了她胸前的环佩。再看她出行的声色——驾驶着风车，飞驰在惊涛巨浪之上；她的喜怒哀乐，天地为之动容，雨是她忧愁的泪，霞是她眼中的波……

中国是一个古老的农耕国度，在这片广袤土地上繁衍生息的人们无求于海便能自给自足——即使有时向海"伸手"，也是以海为田，收获它的鱼盐之利以补土产之不足。因而，那片广阔的蔚蓝色的国土一直处于被冷落的角落，即使偶尔有人提到它，也多把它看作充满黑暗恐怖或神仙出没的地方。就说汉字中这个"海"字，先人造字时，就让它"从水从晦"——晦者，月朔或日暮，昏暗之意也。他们还把大海与苦难、凶险和蛮荒联系在一起，如把深重的灾难称之为苦海，把北方西伯利亚荒凉不毛之地称为北海，把茫茫沙漠称之为瀚海。在我们这个民族的神话传说中，海神的形象差不多都是凶恶狰狞的。中国古代的诗歌，可谓汗牛充栋，但吟海者寥寥，即使有，也是把海当成烟波浩淼、无边无垠或神秘莫测、虚无缥缈之所在。比如曹操眼里的大海，是"日月之行，若出其中；星汉灿烂，若出其里"，无非把大海当成了吞吐日月星辰的地方；再如李白眼里的大海，除了"烟波微茫信难求"，便是"我思仙人乃在碧海之东隅。海寒多天风，白波连山倒蓬壶"，无非把大海当成了神仙出没的场所。难怪冰心在《往事（一）之十四》中以弟弟"涵"为代言人发出这样的感叹：

  也许是我看的书太少了，中国的诗里，咏海的真是不多；可惜这么一个古国，上下数千年，竟没有一个"海化"的诗人！

  直到近现代以后，西方列强用海船上的大炮轰开中国的大门，中国人的海洋意识才逐渐被唤醒。但由于传统文化观念的深入骨髓，国人的现代海洋意识依然比较淡漠。有感于此，青年时的冰心曾对"弟弟们"说过这样振聋发聩的话："我只希望我们都像海"，"我希望我们做个'海化'的青年"。冰心心中的"海化"青年是怎样的呢？像海那样温柔和沉静，像海那样超绝而威严，像海那样既广博精深又虚怀若谷。这里，冰心明确提出了"海化"青年的概念，是颇耐人寻味的。我个人认为，这或许是爱海的冰心留给我们最为重要的启示。

  顺着冰心给我们指出的"海化"之路，当今时代，我以为"海化"青年应具有的品质是：具有世界眼光和未来视野，具有海纳百川的胸襟和与时俱进的精神，具有最前沿的科学文化知识和脚踏实地的作风！

三

  大海啊，母亲！这是冰心对大海的深情呼唤。

  在烟台海边度过童年的冰心，很早就把自己当成了海的女儿。1923年初夏，23岁的冰心以优异的成绩，从燕京大学本科毕业；几乎在同时，她又得到了燕京大学的姊妹学校——美国威尔斯利女子大学的奖学金。因此，大学一毕业，她便决定东渡太平洋，到大洋彼岸的美国深造。这年8月中旬的一个下午，伴着一声长长的汽笛，开往美国的轮船"约克逊号"从上海黄浦江启航，载着冰心和她那颗多情善感的心，乘风破浪去远航。在大海怀抱中长大的冰心，这一次又回到了大海的怀抱，于是，她心中的大海也像眼前的大海一样涌起了波涛。她常常独自站在甲板上，凭栏凝望着浩瀚的大海，一任思绪飞扬，有时忆起烟台的海，有时想起北京的云，有时浮现出父母和家人的音容笑貌……

这天黄昏，轮船从日本的神户向横滨进发。这段航路经常风狂浪涌，颠簸难行。果然，"风浪要来了"的信息一阵风似地传遍了全船。当其他乘客流露出担心乃至惊慌的表情时，我们的冰心却显得异常镇定和从容——因为他是海军军官的女儿，自幼见惯了大海的喜怒哀乐。风浪越来越大，轮船越摇越烈，当许多旅客东倒西歪，腹内翻江倒海的时候，冰心却"渐渐的觉得快乐充溢，怡然地笑了"（《往事（二）·五》）。她的快乐她的笑，绝不是对晕船人的幸灾乐祸，而是她觉得，自己的身心与大海离得愈来愈近了，"仿佛要去接受大海女神的邀请，去赴她的夜宴似的"。当同船的人都已坚持不住，纷纷逃回自己的舱房时，冰心的瘦小身体，却迎着海风，来到了舱外。这时的甲板上，早已空无一人。她把一个救生圈放在甲板上，自己抱膝坐在上面。想着临行前父亲含笑对她说的那番话："这番横渡太平洋，你若晕船，不配作我的女儿！"她会心地笑了，她感到自己已经受住这次风浪的考验，无愧于父亲的女儿。她觉得，海就是一位伟大的母亲，而船，就是母亲给她安置的摇篮。在这个摇篮里，几百个婴儿都睡着了，唯独她一直醒着，倾听着母亲给她讲故事……

船靠近横滨的时候，已经是翌日的黄昏。这时，倚在轮船的栏杆上远眺的冰心忽发奇想，她分别在几张小纸条上写下了这样的句子："不论是哪个渔人捡着，都祝你幸运。我以东方人的至诚，祈神祝福你东方水上的渔人。"写毕，她把它们分别装在几个盛胶片的锡筒里，封好了口，再把它们投到大海里。我不知道是否有渔人捡着冰心投下的锡筒，看到纸条上的字，不过从冰心的这一举动中，我却窥见了她那颗像大海一般宽广而又深沉的爱心。难怪冰心既多福又长寿，原来她心中充满了爱，而且这种爱是跨越国界的博爱！

冰心留学的美国威尔斯利女子大学，位于美国波士顿西郊，建筑典雅，风景秀丽，是美国顶尖的私立文理学院之一，也是美国最好的女子大学。除了谢冰心外，宋美龄和美国前国务卿奥尔布赖特、现任美国国务卿希拉里等许多巾帼名流，都曾就读于这所大学。与这所大学毗邻的，有一处碧水荡漾的湖面。独在异国他乡求学的冰心，经常到湖畔散心，排遣不绝如缕的乡愁，由于这个原因，冰心给她起名为"慰冰湖"。在湖边，冰心写下了一篇又一篇不朽的作品。她在《寄小读者》中这样向她的小朋友们介绍"慰冰湖"：

湖上的明月和落日，湖上的浓阴和微雨，我都见过，真是仪态万千。小朋友，我的亲爱的人都不在这里，便只有她——海的女儿，能安慰我了。小朋友，海上半月，湖上也半月了，若问我爱哪一个更甚，这却难说。——海好像我的母亲，湖是我的朋友。我和海亲近在童年，和湖亲近在现在。海是深阔无际，不着一字，她的爱是神秘而伟大的，我对她的爱是归心低首的。湖是红叶绿枝，有许多衬托，她的爱是温和妩媚的，我对她的爱是清淡相照的。

　　在冰心的眼里，海与湖都是大自然中美的极品，都值得去爱。不过，爱的程度却是深浅不一的，尽管她嘴上说"若问我爱哪一个更甚，这却难说"。她虽然爱湖的"温和妩媚"，但湖毕竟和她一样，也是"海的女儿"，和她只是朋友，她对她的爱是"清淡相照的"；而海则不一样了，"海好像我的母亲"——她曾在不同的诗文中反复强调这一点，她对"神秘而伟大"的海之爱是"归心低首的"。

　　写到这，我的耳边响起了《大海，故乡》这首歌，自己也情不自禁地哼了起来："大海啊，大海，就像妈妈一样，走遍天涯海角，总在我的身旁。……"我想说，大海不仅是冰心的妈妈，也是我们人类共同的衣食父母。未来，我们除了立足于曾经创造出伟大中华文明的广袤大陆外，还要依赖我们的蓝色国土——海洋，因为那里有取之不尽、用之不竭的宝藏；与此同时，大海作为联接世界五大洲的桥梁，正承载着经济文化的巨舟，不断冲破地域的壁垒，把中华民族推向与外部世界不可分割的联系和交往之中。

四

　　"母亲，你是大海！"这是冰心对母亲的深情呼唤。关于自己和母亲的关系，冰心长大以后，曾满怀深情地说：

　　母亲，你是大海，我只是刹那间溅跃的浪花，虽暂时在最低的空间上，幻出种种的闪光，而是在最短的时间中，即又飞进母亲怀里。

　　冰心的母亲叫杨福慈，是有一位非常善良、温柔和知书达理的女人。她虽然体弱多病，但却十分勤劳，每天除了操持家务，就是看书，是一位典型的有文化的贤妻良母。她与丈夫谢葆璋的婚姻，虽属于父母之命、媒妁之言的包办婚姻，但夫妻俩却犹如天作之合，举案齐眉，感情深笃，小家庭中总是洋溢着温馨、和谐的气氛。冰心是这对恩爱夫妻的唯一女儿（母亲后来又给她生了三个弟弟），也是他们的掌上明珠。

世上只有妈妈好。冰心父亲是一位海军军官，常年在外。母亲一边操持着繁重的家务，一边含辛茹苦地抚养着女儿。冰心自幼体弱多病，尤其是3岁那年，得了重病，如果不是母亲日日夜夜守在她的身边，端汤送药，精心照料，她恐怕早就被死神招走了。冰心是在母亲无微不至的呵护下长大的，这种呵护，不仅有物质的，更有精神的，特别是母亲作为冰心人生的第一位老师，用自己的言传身教，让她知道了怎么做人，怎么做事，怎么去爱人……

冰心长大后，开明的母亲没有把她禁锢在闺中，而是积极支持她去新式学堂上学。当冰心读完中学和大学后，母亲又忍受着天各一方的相思之苦，鼓励女儿在万里之外的异国他乡去深造。在自己重病缠身、痛苦异常的时候，还在为女儿的婚事和幸福操心（冰心在那篇带有自传色彩的小说《第一次宴会》中，曾动情地描写了慈母为女儿婚事操心的情景）……

母爱是一种博大无私、至高无上的人类情感，它是生命的源，美的极致和人生的港湾。冰心一直沐浴在母爱温柔、深沉的海洋里，直到后来母亲去世。母爱这种柔情蜜意的浇灌，培育和丰富了她的内心世界，也滋润了她一生的情感。于是，在冰心以"母爱"、"童真"、"大自然"为基本要素的"爱的哲学"中，"母爱"便成了份量最重的元素：

  世界上没有两件事物，是完全相同的，同在你身上的两根丝发，也不能一般长短。然而——请小朋友们和我同声赞美！只有普天下的母亲的爱，或隐或显，或出或没，不论你用斗量，用尺量，或用心灵的度量来推测；我的母亲对于我，你的母亲对于你，她和他的母亲对于她和他；她们的爱是一般的长阔高深，分毫都不差减。

——《寄小读者·通讯十》

冰心之所以这样放歌母爱，除了自幼沐浴在母爱的大海中这一直接因素外，也与时代脉搏的跳动息息相关。冰心虽然没有直接参加五四运动，但这次伟大运动所激起的澎湃大潮，却很快地涌进了她的心田（她的思想除了受反帝反封建的民主思想影响外，同时也受到基督教义以及泰戈尔哲学的影响）。当时，巨大的社会变革和思想震荡，使社会、政治、经济、家庭等面临着诸多的"问题"。于是，刚刚跨出自我小天地的冰心，便把她"所看到听到的种种问题，用小说的形式写了出来"（《从"五四"到"四五"》），诸如《两个家庭》、《斯人独憔悴》、《秋风秋雨愁煞人》、《去国》等，无不是"问题小说"。需要指出的是，冰心有心"暴露"问题，却无力解决"问题"，但她又不甘心，她也在苦苦寻找解决问题的钥匙。于是，在母爱的阳光雨露中长大的她，自然想到了"母爱"这剂药方——她觉得，只要人人都献出自己的爱，人世间的种种隔膜、罪恶，就会化为子虚乌有，世界就会变成美好的人间。我们要说，母爱是美好的，倡导母爱对治疗"冷血社会"的疾病是大有裨益的；但母爱不是万能的，尤其是对"礼崩乐坏""人心不古"的乱世，母爱这剂药方的疗效是微乎其微的。

世上只有妈妈好。在冰心的心目中，母爱是世界上最纯粹的一种爱，它不"为什么"，"不附带任何条件"，"不因万物毁灭而变更"。于是，她在诗歌里，在散文和小说中，充满了"母性的爱"、"宇宙的爱"（"自然之爱"）和"儿童的爱"的赞歌：

母亲呵！你是荷叶，我是红莲。心中的雨点来了，除了你，谁是我在无遮拦天空下的荫蔽？母亲的爱，和寂寞的悲哀，以及海的深远；都在我心中又起了一回不可言说的惆怅！

这是冰心在小说《超人》中，用诗一般的语言，表达出的对母爱的一往情深。

造物者——
倘若在永久的生命中，
只容有一次极乐的应许，
我要至诚地求着：
我在母亲的怀里，
母亲在小舟里，
小舟在明月的大海里。

这是冰心在小诗《春水·一零五》中，把对母爱的歌颂，对童真的呼唤，对自然的咏叹融为一体，诗中的"我"、"母亲"、"大海"、"小舟"的意象互为依存，不可分割，交织成一个令人醉心梦求的境界。

我们看到，冰心歌颂母爱的诗文中，喜用善用大海这个意象，其中显然融进了她的个人记忆、经验和感情。老话说，父爱重如山，母爱深似海。是啊，大海浩淼无际，母爱宽广无边；大海深不见底，母爱深入骨髓与灵魂。其实，一个母亲对儿女的爱，不论是深度和广度，往往超出我们的想象，就像我们有时难以想象海有多深，海有多广一样。

五

在中国传统文化中，山与水经常成双成对地出现在人们的审美视野中。

仁者乐山，智者乐水。山与水，一静一动，动静结合，呈现的是阴阳互动的和谐之美。不过，在中国人的眼里，与山相提并论的水，一般指陆地上江河湖泊中的淡水。但本文的女主人公冰心却别开生面，不但将山与海对举并论，而且颇有些"厚此薄彼"的味道：

> 海是动的，山是静的；海是活泼的，山是呆板的。昼长人静的时候，天气又热，凝望着青山，一片黑郁郁的连绵不动，如同病牛一般。而海呢，你看她没有一刻静止！从天边微波粼粼的直卷到岸边，触着岩石，更欣然的溅跃了起来，开了灿然万朵的银花！海是蓝色灰色的，山是黄色绿色的。拿颜色来看，山也比海不过，蓝色灰色含着庄严淡远的意味，黄色绿色都未免浅显小方一些，固然我们常以黄色为至尊，皇帝的龙袍是黄色的，但皇帝称为"天子"，天比黄色还尊贵，而天却是蓝色的。
>
> ——《山中杂记》

这段文字是冰心留学美国，在沙穰疗养院养病时写的一篇杂记。沙穰疗养院坐落在绿树繁茂的青山中，冰心在那里度过了半年多的青春岁月。很快，这里的青山绿水赢得了冰心的爱恋，她这样写她所居住的青山："青山真有美极的时候。2月7日，正是五天风雪之后，万株树上，都结上了一层冰。早起极光明的朝阳从东方捧出，照得这些冰树玉枝，寒光激射……虽然一般的高处不胜寒，因此琼楼玉宇，竟在人间，而非天上。"（《致小读者·通讯十六》）

中国古人在山与水对举并论时，一般都会一视同仁地将山与水各自拥有的美好特质赞美一番，不会出现"重视或优待一方"的问题。但细读冰心的上述文字，我们明显看到了她的"偏心"——她把山的静看成了"呆板"，还说山"一片黑郁郁的连绵不断，如同病牛一般"。而海呢？她把海的动看成了"活泼"，还说海浪"触着岩石，更欣然溅跃起来"，像"开了灿然万朵的银花"。这样描写、比较还嫌不够，她又"拿颜色来比"，直言海的蓝色灰色"含着庄严淡远的意味"，是尊贵的颜色。而山的颜色呢？不论是"黄色绿色都未免浅显小方一些"。我相信，热爱大自然的冰心，一定也爱山（前面已述），但这次把山与海放在一块，这位"海的女儿"便情不自禁地"厚此薄彼"起来。我要说，冰心，我理解你，你是大海的女儿了，女儿对母亲"高看一眼，厚爱一层"是无可厚非的。

白洋淀上荷花香

——孙犁与水

一

我原以为，把白洋淀、荷花淀的名字叫响，使之扬名海内外的孙犁，要么是在白洋淀边长大的，要么一定在白洋淀一带生活了很长时间。后来才知道，自己犯了"望文生义"的错误。其实，不只是我，许多读者也蒙在鼓里，有孙犁自己的话为证："自从我写过几篇关于白洋淀的文章，各地读者都以为是白洋淀人，其实不是，我的家离这还很远。"（《戏的梦》）

孙犁生于河北省安平县东辽城村，位于滹沱河的南岸。滹沱河是纵贯华北中部的一条著名大河，全长千余华里，源于山西武台山东北麓，冲出太行山脉后，挟带着黄土高原的泥沙，往东流入冀中平原，在献县与滏阳河汇合后称子牙河，注入天津海河后入海。对于这条流经家乡的母亲河，孙犁当然没齿难忘。他曾以亲切的笔调描述滹沱河的源头滥觞："泉水从一条赤红色的石缝中溢出，鼓动着流沙，发出噗噗的声音"，"溪水围绕着三座山流泄，……在溪流上面，盖着很厚的从山上落下的枯枝烂叶，这里的流水，安静得就像躺在爱人怀抱里睡眠的女人一样，流动时，只有一点细碎的声响。"滹沱河的初始，是细微而静美的。当它集纳无数涓涓细流，从太行山中冲下来，来到冀中平原的孙犁家乡一带，已成为一条波浪翻卷的大河，仗着自己威势，脾气也大了起来，"今年往南一滚，明年往北一冲，自由自在地奔流。"(《光荣》),简直就是一个喜怒无常的暴君。滹沱河虽然有暴虐的一面,也有温柔的一面,如果不来大水,这条大河还是可亲可爱的,它不仅给两岸人民以舟楫灌溉之利,还是人们洁身浴心的"澡盆":

> 我看着那里的河水,也像看亲眷一样。经过水淀,大个蚊子追赶着我们,小拨子载着西瓜、香瓜、烧饼、咸鸭蛋,也追赶着我们。夜晚,月亮升起来了,人们也要睡觉了,在一个拐角的地方,几个年轻的妇女,脱得光光的在河里洗澡哩,听到了船声,把身子一齐缩到水里去。还不知害羞地对我们喊:不要往我们这里看。谁要是想念家乡,就对这条流水讲话吧,它会把你的心思,带到亲人的耳朵旁边。

上述这番对滹沱河呢喃细语,是从孙犁长篇小说《风云初记》中一位为抗日队伍担任向导的老佃户嘴里说出来的,不过,我们完全可以视作孙犁自己对滹沱河的感情倾诉。不难想象,孙犁小的时候,这条河一定是他和小伙伴们嬉戏的乐园——春天在河滩上疯跑,夏天在水中捉迷藏,秋天在河中抓小鱼,冬天在冰河上抽陀螺……不仅如此,这条大河还让少年的孙犁从它身上看到了外面的世界:

> 童年,我在这里,看到了雁群,看到了鹭鸶。看到了对艚大船上的纤夫,看到了纤夫,看到了白帆。他们远来远去,东来西往,给这一带的农民,带来了新鲜奇异的生活感受,彼此共同的辛酸苦辣的生活感受。

——《芸斋梦余·关于河》

是否可以这样说,滹沱河不但伴随孙犁度过了虽然贫穷但却不知愁滋味的童年,还成为他了望世界、观察人生的第一座驿站。

滹沱河不只有刚硬暴虐的一面,更有阴柔可爱的一面,只不过后者对孙犁的身心的浸润影响更大,他继承了这条大河温柔的一面,为民造福的一面。文如其人,他的文学作品,也是写给人民的,而且大多是在萧条粗犷的背景下,展现出风格别致的阴柔美来。

二

孙犁的文学作品给我印象最深的,当属《荷花淀》、《芦花荡》等洋溢着白洋淀水乡风情的诗化小说。白洋淀是河北平原中部的最大湖泊,现有大小淀泊143个,以白洋淀为最大,故总称白洋淀。浩阔的白洋淀水产资源十分丰富,以盛产大米、鱼虾、菱藕和"安州苇席"著称,还以大面积的芦苇荡和千亩连片的荷花淀而闻名，又是"华北之肾"，生态功能可谓大矣。

事实上，孙犁与白洋淀的亲密接触，不过三次，而且时间都不太长。

孙犁第一次与白洋淀结缘，是1936年下半年。1933年孙犁在保定育德中学高中毕业后，因为家里经济拮据，再也供不起他上大学。为了养家糊口，他两次赴北平谋事，均失败而归。赋闲在家一段时间后，1936年秋，在高中同学的帮助下，他又谋到了一个小学教员的职位，教书地点在安新县同口镇。同口镇位于白洋淀西南方的岸边，是一个较为繁华的乡镇。孙犁一进同口，便瞪大了好奇的眼睛——这里家家临水，户户有船；苇荡如海，荻花乱飞；鸭鹅引吭，水鸟低翔；莲藕香脆，鱼虾肥美……真仿佛进入了江南水乡。他写有《白洋淀之曲》的诗，由衷地赞美这里的水乡风情：

> 人们在这里，
> 靠着水生活，
> 千百年来，
> 谁不说这一带是水乡南国！
> 在这河北省的平原，
> 有这样一个大水淀，
> 环绕着水淀有一条宽堤，
> 春夏两季有个西湖的颜面。
> 荷花淀的荷花，
> 看不到边，
> 驾一只小船驶到是间，
> 更像入了桃源。
> 淀的四周，
> 长起芦苇，
> 菱角的红叶，
> 映着朝阳的光辉。
> 人们用各种方法捕鱼——
> 用竹条编成小闷笼，
> 用苇杆插成陷阵，
> 或是放着鱼鹰。
> ……

在同口，孙犁度过了一年的教书育人生活（他担任六年级级任，教五年级国文、一年级自然）。他一边教学，一边与白洋淀以及在白洋淀养育下的白洋淀人"打成了一片"，他用作家敏感而又细腻的眼光，观察淀区人民的生活，体察当地的风土人情，领略白洋淀的旖旎风光，从中汲取了丰富的生活营养。

1937年"七七"事变后，华北再也放不下一张安静的书桌，孙犁的教书生涯只好宣告结束。为了不当亡国奴，他和无数青年一起走上了血与火交织的抗日战场。他随部队转战敌后，历经千难万险，饱尝千辛万苦。他以笔作刀枪，克服重重困难，从事抗日文学的创作。白洋淀一带是他所熟悉的，也是他创作的源泉。

孙犁看到，平时温顺的白洋淀也涌起了反抗的怒涛，充满了一种悲壮的英雄色彩，尤其是那一望无际的芦苇荡，就如同田野上的青纱帐，是抗日军民驰骋杀敌的好战场：

——这里地势低下，云雾很低，风声很急，淀水清澈得发黑。芦苇万顷，俯仰吐穗。（《采蒲台》）

——我重新看见了那无底洞一样的苇地，一丈多高的苇子全吐出荻花，到处有苇喳子鸟的噪叫，我们那些把裤脚卷得高高的，不分昼夜在泥泞里转动、战斗的士兵们，静静地机警地在那里出没。（《琴和箫》）

——夜晚，敌人的炮楼从小窗子里，呆望着这阴森黑暗的大苇塘，天空的星星也像浸在水里，而且要滴落下来的样子。到这样深夜，苇塘里才有水鸟飞动和歌唱的声音，白天它们是紧紧藏到窝里躲避炮火去了。苇子还是那么狠狠地往上钻，目标好像就是天上。（《芦花荡》）

——我遥望着那漫天的芦苇，我知道那是一个大帐幕，力量将从其中升起。（《瑟和箫》）

是的，活动在白洋淀的抗日武装"雁翎队"，在中国共产党的领导下，利用淀区芦荡遍布、水道纵横、港汊交错的有利地形，采取灵活机动的游击战术，神出鬼没，沉重地打击了日本侵略者的嚣张气焰，谱写了一曲又一曲燕赵儿女英雄主义的壮歌。

为了表现白洋淀人们英勇抵御外侮的英雄气概，孙犁创作了大量描写白洋淀军民抗日事迹的文学作品。

1945年，孙犁在延安《解放日报》上陆续发表了《杀楼》、《荷花淀》、《村落战》、《芦花荡》等短篇小说，为风沙弥漫的西北黄土高原带来了白洋淀水乡的清新之风。石破天惊之作是《荷花淀》。小说选取白洋淀中的一个并不很大的淀泊——荷花淀一隅为背景,塑造了水生、水生嫂等感人的形象。小说虽然描写抗日的场景,但并没有写战争的激烈、残酷,而是把笔墨集中在普通百姓的夫妻之情、家国之爱上,"纯美的人性,崇高的品格,像白洋淀盛开的荷花一样,美丽灿烂"。

《荷花淀》最早发表于1945年5月15日《解放日报》副刊上,时任该报副刊编辑的方纪,读到这篇小说的原稿时,禁不住拍案叫好,如获至宝。多少年后,他在回忆当时的场景时,激动之情仍溢于言表:

> 读到《荷花淀》原稿时,我差不多跳了起来,还记得当时在编辑部里的议论——大家把它看成一个将要产生好作品的信号。那正是文艺座谈会以后,又经过整风,不少人下去了,开始写新人——这是一个转折点;但多半还用的是旧方法……这就使《荷花淀》无论从题材新鲜,语言的新鲜,和表现方法的新鲜上,在当时的创作中显得别开生面。

无疑,《荷花淀》是孙犁的代表作。此后,我国文坛上便逐渐出现了一个若隐若现的文学流派——"荷花淀派"。我差不多读过孙犁先生的全部著作,若问我最欣赏哪一篇,我会毫不犹豫地说:"《荷花淀》!"至今一想到它,眼前便会浮现出朦胧的月光下编席的水生嫂的形象——"女人坐在小院当中,手指上缠绞着柔滑修长的苇眉子。苇眉子又薄又细,在她怀里跳跃着",还有水生的形象——"这年轻人不过二十五六岁,头戴一顶大草帽,上身穿一件洁白小褂,黑单裤卷过了膝盖,光着脚";还会想起听说水生明天要上大部队去,"女人的手指震动了下,想是让苇眉子划破了,她把一个手指放在嘴里吮一下"的场景,心中不禁为如此细腻传神的描写叫绝。

但作家本人却不那么看,他在晚年接受某报社记者采访时,曾说他最喜欢的是一篇题名《光荣》的小说,原因是在这篇作品中,充满了作者"童年时代的欢乐和幻想"。

三

孙犁第二次与白洋淀见面,是十年后的1947年春,他以《冀中导报》记者的身份,来到一别十年的白洋淀采访。后来,人们便陆续在《冀中导报》看到了孙犁描写白洋淀人民生活的一组文章,包括《渔民的生活》、《织席记》、《采蒲台的苇》、《新安看卖席》、《新安游记》、《一别十年同口镇》

等，这些作品一如他贯有的风格，清新、朴素、真切。

细读上述作品，我发现，孙犁虽然以创立"荷花淀派"享誉文坛，但他笔下荷花"绽放"的时候并不多，倒是常常把浓重的笔墨献给了白洋淀最为常见水生植物——芦苇。在"采蒲台"，他看到"村里是一垛垛打下的苇，它们柔顺地在妇女手中翻动"，认为"最好的苇出在采蒲台"；在同口镇，他看到"村边村里房上地下，都是大大小小的苇垛，真是山堆海积"；在端村，他看到那里的人们正为创造美好新生活辛勤劳动着，一群女孩子们一边唱歌一边织席，"她们只有十二三岁，每人每天可以织一领丈席"；在安新集市上，他看到洋洋大观的席市，"平铺陈列，拥挤异常"……

孙犁对芦苇之所以格外垂青，除了芦苇是白洋淀一道生动的风景外，至少还有三个方面的因素：第一，白洋淀如海的苇田曾是抗日的"青纱帐"，"每一片苇塘，都有英雄的传说"（《采蒲台的苇》）。对于这一点，前面已述，不再重复。第二，芦苇具有极强的生命力，易生易长，普通平常，而且总是集群而生，聚众而长，这种特征容易让人联想到生生不息的白洋淀人民，他们平凡质朴，吃苦耐劳，抱团互助。第三，白洋淀的苇，对于穷苦的淀民来说，是他们赖以生存的衣食之源。

俗话说，靠山吃山，靠水吃水。白洋淀人傍水为生，水村百姓没有耕地，当然要靠白洋淀养活了。白洋淀中有丰富的水产资源，鱼虾菱藕自不必说，如海的芦苇荡更是他们的衣食之源，"男人捕鱼，女人织席"，这是白洋淀人的生活写照。孙犁在《采蒲台的苇》中这样写人与苇的关系：

我到了白洋淀，第一个印象，是水养活了苇草，人们依靠苇生活。
这里到处是苇，人和苇结合的是那么紧。人好像寄生在苇里的鸟儿，整天不停的在苇里穿来穿去。

众所周知，芦苇浑身是宝。苇杆可用来织席、编篓、做帘，造纸、造丝；苇叶包粽子，清香无比；花絮可以充填枕头，旧时穷人买不起棉花，也有以芦花代棉花做冬装的；嫩芽能食用，嫩茎和叶还是优质饲料；叶花茎根均可以入药，芦茎和芦根更是治疗温病的良药。尤其是白洋淀的芦苇，面积大、产量高——"要问白洋淀有多少苇地？不知道。每年出多少苇子？不知道。只晓得，每年芦花飘飞苇叶黄的时候，全淀的芦苇收割垛起垛来，在白洋淀周围的广场上，就成了一条苇子的长城"（《荷花淀》）。白洋淀的苇子多还不算稀罕，品质上佳，才是最出名的，不说别的，单说用它编出的席子，洁白如玉，质地细腻，过去一直是宫廷的贡品，更是各地民用的抢手货——"六月里，淀水涨满，有无数的船只，运输银白雪亮的席子出口，不久，各地的城市村庄，就全有了花纹又密、又精致的席子用了。大家争着买：'好席子，白洋淀席。'"（《荷花淀》）。

孙犁第三次去白洋淀，是1972年夏。上世纪50年代末，一场席卷全中国的反右运动，不但打落了清新多情的"荷花"，也让孙犁运交华盖，敛息缄口十余年。直到1972年，他才从霉运的深潭中探出半个身子。这一年，他刚从"牛鬼蛇神"队伍中"解放"出来，便被"钦定"为一部反映白洋淀抗战体裁的"样板戏"做"首席顾问"。他与剧团的人来到白洋淀边的安新县，故地重游，水淀上吹来熟悉而温馨的风，让孙犁那颗麻木冰冷的心，逐渐出现了些许暖意。

连日来，他们在王家寨、郭里口等水村中体验生活，"正经"事没做好，孙犁却发现了白洋淀中"围堤造田"的问题，引发了一番感慨：

> 现在，白洋淀的水，已经很浅了，湖面越来越小。芦苇的面积，也大大缩减，荷花淀的规模，也大不如以前了。正是荷花开放的季节，我们的船从荷花丛中穿过去。淀里的水，不像过去那样清澈，水草依然在水里浮荡，水禽不多，鱼也很少了。确是用大堤围起了一片农场。据说，原是同口陈调元家的苇荡。实际上是苇荡遭到了破坏。粮食的收成，不一定抵得上苇的收成，围堤造田，不过是新鲜名词。所以费力很大，肯定是得不偿失的。
>
> ——《戏的梦》

我知道，1972年前后正是"以阶级斗争为纲"和"以粮为纲"甚嚣尘上的年份。中国是个人口大国，那时老百姓的温饱问题尚未解决，强调"以粮为纲"应该说无可厚非。但问题是，很多事情都是矫枉过正。白洋淀是华北明珠，它的价值可不在于粮食，而是宽阔的水面，鲜活的鱼虾，香脆的莲藕，鲜艳的荷花，上佳的芦苇……硬要埋葬它本来就已不很广阔的波涛，开垦出所谓的耕地来，"肯定得不偿失的"。孙犁虽对围堤造田的愚蠢行为无能为力，但他却无法保持沉默，作家的良知告诉他，有话还是要说，而且必须实话实说。

白洋淀之行虽然唤醒了作家尘封的记忆，但却未能唤回作家创作的激情和灵感。体验生活回来后，不但"样板戏"的剧本改不下去，其他文字也写不出来。为此，他还专门在《戏的梦》这篇文章中向希望他再写一些《荷花淀》那样小说的读者表示了深深歉意，他说："读者同志们，我向你们抱歉,我实在写不出那样的小说了。这是为什么?我自己也说不出。我只能说句良心话,我没有了当年写作那些小说时的感情,我不愿用虚假的感情,去欺骗读者。"

四

大概是白洋淀的水深深浸润了作家,孙犁的作品亦如波光潋滟的白洋淀,浸透着淀水的温柔多情,摇曳着芦苇的婀娜多姿,飘荡着荷花的淡雅清香。

说实话,我年轻的时候,还真不太爱读孙犁的东西。觉得同是战争题材,却没有刀光剑影、血雨腥风,更没有曲折离奇、爱恨情仇的故事,词藻也不华丽,简直平淡如水,读来一点也不过瘾。后来,随着年龄的增长,阅历的加深,学养的提升,再读孙犁的作品,感觉完全不同了。诚然,孙犁的作品,没有奇崛的句子,花哨的词藻,写人叙事,多是白描,而且惜墨如金。但就在这貌似平淡中,却蕴藉着一种含蓄隽永、朴素洁净和恬淡清雅,是一种绚烂之极归于平淡的"大美",是一种炉火纯青的境界。

不少文学评论家这样评价孙犁的作品:他不是正面描写刀光剑影,而是采取武戏文唱的技艺,以白洋淀明媚如画的风光作背景,用飘飞的芦花,洁白如云如雪的苇眉子,粉红色的荷花箭,清幽香气的荷叶,衬托出主人公的思想感情,传达他们昂扬乐观的战斗精神。

孙犁自己也曾说过这样的话:"看到真善美的极致,我写了一些作品;看到邪恶的极致,我不愿意写。"这道出了他的审美情趣,就是喜欢讴歌美好,不愿触及邪恶(当然,这绝不是说孙犁不憎恶邪恶)。于是,我们看到,即使是在惨烈的、血淋淋的战争环境下,孙犁还是把那双善于发现美的眼睛投到了美好的一面——他根据自己在冀中参加抗战的经历,写了不少"抗日小说",浓墨重彩地描写了战争时代的人情美和人性美,而尽量避免了"邪恶的极致"。

赏读孙犁的作品,我们会从其现实主义的基调中品味到浪漫主义的情调,从其描写冀中人民英勇抗击敌寇的战争中感受到人情美和人性美,从其散发着浓郁泥土芳香的作品中体会到作者对故乡的爱,这就是孙犁的风格,清新雅丽,有诗一般的意境。

赏读孙犁的作品,我们还可以发现,孙犁笔下塑造了许多柔情似水的女性形象。孙犁是多情的,喜爱女性的心灵美、形体美,他对待女性"是古典头脑、浪漫情怀，多愁善感又爱美如狂，一切付诸潜意识的梦幻，流于白纸黑字之间"。

上世纪50年代，京津冀地区有一大批青年作者效法孙犁的风格和路数写小说，涌现出刘绍棠、从维熙、韩映山、房树民等一大批知名作家，形成了一个颇有影响的流派——"荷花淀派"，或称"白洋淀派"。

江山也需文人捧。从某种意义上讲，白洋淀因孙犁的《荷花淀》、《芦花荡》而名闻天下，当我们捧读《荷花淀》、《芦花荡》等作品时，就会情不自禁地想起风光旖旎的白洋淀，想起水淀中那一望无际的芦荡苇海，想起那随风摇曳的田田荷叶和亭亭玉立的鲜艳荷花；当我们慕名来白洋淀游览，就自然会想到孙犁笔下的水生、水生嫂、撑船的"老头子"等栩栩如生的形象，想到他们的勤劳、机智、勇敢、坚强和乐观。

水的大合唱

——谭盾与水

我听过千年流传的中国古典名曲《流水》，那是天地间汩汩流淌出的天籁之音；我欣赏过气势恢宏的《黄河大合唱》，那是从中华民族母亲河——黄河咆哮出的抗日救亡的最强音。最近，我又听到一曲"水的大合唱"——他是一个叫谭盾的鬼才音乐家独具匠心的创造。

我虽然喜欢音乐，但说实话，因为多年来一直在瞎忙，对音乐的关注很不够，比如，当满大街都飘荡着某个流行的音乐旋律时，我甚至都不能哼唱几句。前些日子，一位朋友对我说，你研究水文化，也写过《音乐与水》，谭盾的《水乐》，你可听过？我忙摇头：惭愧，没听过，但谭盾这个人我知道，他是个音乐天才。朋友说，这支"永恒的《水乐》协奏曲"曾在中国和世界上许多地方演出过，很先锋，很时尚，很神奇，你最好听一听。朋友嘴中的三个"很"一下勾起了我的好奇心。那天晚上，我来到办公室，打开电脑，上网，进入"谭盾视频专辑"，欣赏了《水乐》，看了音乐纪录片《谭盾与水——大自然的眼泪》，还看了与谭盾及《水乐》相关的文字介绍。老实说，我的音乐鉴赏力有限，对颇为先锋前卫的《水乐》协奏曲"的妙处并不能全面深入地领会，我的感受只能用四个字概括：新鲜、神奇！

眼见为实。我看到，谭盾真的把"水"搬上了舞台——六个半球形水盆以及众多的杯、盘、管子等器皿陈列在交响乐队之前，加上虚空摇晃的波光水影，构成了奇妙的存在，让人觉得有几分实验话剧的味道。据说，为了实现他的《水乐》创意，谭盾"化腐朽为神奇"，把几个巨大透明的水盆改造成了乐器，并以此为核心独创了一系列水乐器（50多种有关水的装置，它们可以让水发出各种不同的声音）。音乐会之前，他向观众逐个演示了各种水的乐器，并做简要地说明。他用双手掬起一捧水让它们从指缝间滑落，他用手拍击水面，并借助杯子、木碗、水管、锣等，弄出各种跳跃的水声；他在水中敲响一面铜锣，奏出了一种带有奇异回响的乐音……

借助于一位记者的描述，让我们感受一下《水乐》的演奏过程：

第一乐章，《大自然的眼泪》。弦乐并未登场，沉郁的管乐占据了上风，水波被拨弄、拍打的节奏，像是企图与大象的沉重脚步对抗的轻雨之声；旋律并不像传统西乐般圆润流畅……水声与其资质一样柔弱透明，在轻缓的击打和调动中，仿佛是对沉重管乐的点缀。三乐手依次左右循环，进行着独奏：乐曲随着她们的此起彼伏摇摆着，水声轻柔的颤音，从哀伤与沉重中，走向缓慢与柔和，就像被吞没的叹息声。第二乐章，《神秘的慢板》。水声静下来后，气势宏大却又乘戾的管乐也逐渐退隐，仿佛大象投入了雾中。当舞台一度陷入空旷寂静之后，水声不断响起，连成一串。间或衬以水中铜锣的轻振。曲调趋于宁谧深邃，像凌晨时分不断滴落的露水。……第三乐章，《如歌的行板》。旋律越发轻快，水声如摆脱了纠缠的鱼儿，不断穿梭流动。乐队的陪伴显得温和细腻，小提琴的纤细声线，被水流动、泼洒、撞击、振动的各种声响，衬得自在风流。最后的乐章，《激情的快板》。舞台仿佛成为烟花燃放的天空，水如喷泉一般不断被激起，声音四处跳动，百花齐放。接着便是高潮来临，一个乐手将一个水漏沉进透明的水盆中，忽然伸展双臂，用一个近于宗教仪式的动作，高高举起水漏。在这舞蹈般的动作中，水漏下刹那间出现一片白练般的小型瀑布，急速下坠的水声如密弦急雨。……

有人说，《水乐》是谭盾根据童年时对水声的音乐记忆，以独特的方式来表现自然的水声。的确，以自然造化为师，是许多艺术家成功的法宝。毫无疑问，水是谭盾灵感的源泉，谭盾肯定是得到大自然中形态声色各异之水的启迪才将《水乐》"创意"出来，而且这种创意的种子或许早在作者孩提时代就埋下了。

上世纪50年代末，谭盾出生于湖南长沙郊区的丝茅冲，因父母工作忙，他的童年是跟着外婆在农村长大的。外婆家就住在浏阳河畔，无忧无虑、童真顽皮的小谭盾，常常赤着双脚和伙伴们在浏阳河边疯玩，哗哗奔流的河水声就成了他差不多每日必听的"音乐"。另外在他幼小心灵打下烙印的，还有浏阳河边堂客们洗衣、洗菜、洗澡、泼水的声音，以及他帮外婆提水浇菜园的场景。儿时"有机"的生活环境为他日后走上音乐的殿堂创作"有机的音乐"夯实了基础。

长大以后，他走出湖南，考入北京中央音乐学院作曲系，后又到美国哥伦比亚大学深造，获得音乐艺术博士学位。谭盾说："我觉得自己就像一条鱼，别人把我扔进了湖南这片水里，游过一阵后我自己就感觉这里成了一个池塘。后来到了北京，觉得北京很大，但生活了8年后有了同样的约束感，之后就去了纽约，觉得那里才是大海。"在大海中经过一番搏风击浪，他便一飞冲天，成了国际乐坛上一名叱咤风云的骄子——他被《纽约时报》评为1997年"国际乐坛最重要的十位音乐家之一"；他为电影《卧虎藏龙》的作曲获得2001年奥斯卡金像奖"最佳原创配乐奖"，他被《美国音乐》杂志评为2003年度"最佳作曲家"……

人们给这位深受中华楚风浸润和大洋彼岸美雨洗礼的音乐天才写出了这样的"鉴定"：

没有一个人能像谭盾一样，能成为这样一个打破东方与西方、下里巴人与阳春白雪、传统与现代、简单与复杂的多元文化的理想存在；一个生长于中国的东方人，在东西方文化世界里挥洒自如；一个曾经在农村务农的下里巴人，如今是世界文化圈中的贵宾；一个常常使用古老、自然乐器的音乐家，却常常使这些乐器发出最不可思议的、先锋的声音；一个被认为是前卫先锋的作曲家，却拥有最大众的音乐听众；一个音乐界的能人，却让他的音乐与戏剧、装置等别的艺术门类融为一体……

《水乐》是谭盾创作出的一部具有里程碑意义的音乐作品。谈到它的横空出世，谭盾给出的解释是：创作"水乐"的本意，并非制造稀奇古怪的声音，人最初听到的就是水的声音，那是我们还在母体的体验。这一灵感来自当时谭盾怀孕的妻子去医院做超声波检查，他听见母体内美妙的水的声音，便忽然意识到，这是所有人首先听到的声音。所以水是人类最身处其中又浑然不觉的事物。做"水乐"，目的就是希望大家能学会感受生活的点点滴滴，通过自由自在的水，让人们获得内心的自由。

其实，谭盾创作《水乐》的灵感远不止是"听胎"所得。在纽约的一个岛上，一位犹太老人天天坐在海边看水，谭盾问他："你每天都在看什么？"老人回答："水有意思，在陆地上可以划分美国、加拿大，但水是划不开的，昨天有可能从我的家乡来，明天又可能流到别处去，你看到每天水是一样的，但我看水天天是不一样的。"老人的话让谭盾深思了许久。还有一次，谭盾在与NHK合作的一个名为"音乐教室"的节目时，他让一些10多岁的孩子去听水的声音，孩子们有的说听到了眼泪，有的说听见了血流……司空见惯、天天都能听到的水声，专心听来，却这样富于感情。于是谭盾忽发奇想，想让更多的人听到美妙的水声，于是便有了石破天惊的《水乐》。

水是生命之源，《水乐》有永恒与母爱的喻示。谭盾说，水在很多情况下，都是原本的象征，比如，妇女们在河边洗菜、洗衣，这是非常原本的东西。通过水声，我们可以听到从未听到过的声音，可以听到眼泪、风暴、爱情、月光和摇篮曲，可以听到古老的声音、人们灵魂深处的声音，还有梦在水里漂来漂去。另外，在湖南、云南等地少数民族的文化里面，在许多宗教里面，水都跟人类的精神、人类的起源有关系。用水演奏作品，除了是对自我的一种表达，也是在文化方面的一种探索。他想通过一个特别特别熟悉，又天天生活在其中的这么一种媒介的声音中寻求非常本原的一种状态。

当然，谭盾创作《水乐》，还有另一层深意，就是希望以这种音乐形式，来唤醒人们的环保意识。在谈及《水乐》的创作构思时，他强调了"有机音乐"对于环保的意义。谭盾小时候，虽然家里穷，但满世界都是碧水蓝天；现代社会，人类的物质财富极大地丰富起来，但随之而来的是对大自然侵犯破坏的愈演愈烈，水污染、水短缺等问题已成为危害人类生存与发展的大敌。"在纽约见到酸雨，感到这是大自然的眼泪。"谭盾说这话时，语调十分哀伤。我们看到，在《水乐》中，首部乐章《大自然的眼泪》，便用沉重的旋律充分体现了这种深深的忧患意识。而整个《水乐》都在表现这样一个主题：人类要更好地繁衍下去，必须回归自然，朝着天人合一的方向努力，必须珍惜水，爱护水，保护水，实现人水和谐。在许多场合，谭盾爱用两位先贤的思想阐述自己的环保观点，一是两千多年前的大哲学家庄子。谭盾曾用庄周化的语言表达他对人与自然关系的期望：天地与我为一，万物与我为生。一是湖南籍的现代大作家沈从文。谭盾说，沈从文笔下最美的意象总是与水有关。他有几句话说得非常好，大意是，水除了流过山流过河，是否流过你的大脑、你的身体。能不能听到清澈、宁静，也是物质环境对人的乞求？

　　学术超女于丹曾说："谭盾像个水妖，说他没有一份音乐是脱水的。懂了水，就懂了谭盾。"在于丹这位长于文字的学者眼里，音乐家谭盾以水为主题的作品，好像呼唤和聚集了许许多多水的形骸、水的灵魂、水的呼吸、水的温度，用高低跌宕、错落起伏，做成了一个叫音乐的东西。

柔情似水

——女人与水

在中华传统文化中，女人与水似乎有着剪不断的缘。"一阴一阳谓之道"，在中国古代哲学的概念中，水属阴，女性也属阴，水与女性属于同一性质的东西；水性至柔，女人柔媚，于是水便与女人挂起钩来。

一

在中华词语的汪洋大海中，女人与水结缘的词语占据着重要的一席之地。有褒意的，如柔情似水，形容女人温柔多情；出水芙蓉，形容少女如芙蓉一般亭亭玉立，清新美丽；水汪汪，形容女人的眼睛明亮而灵活；水葱、水灵，形容少女漂亮而有精神。有中性的，如似水流年，喻指女子青春短暂，稍纵即逝；嫁出的女、泼出的水，泛指已出阁为人妻的女人。有贬意的，如水性杨花，说的是轻浮女子像水中的杨花一样随波逐流，用情不专；红颜祸水，指美丽风流女子使男人沉湎情色，导致败家亡国……

其实，水有各种形态，就像世间的女人，千姿百态，姹紫嫣红。有的女人像大海，宽阔无垠，变幻莫测，温柔时风平浪静，狂暴时则排山倒海，让你永远也把握不住。有的女人像清泉，晶莹纯美，纵然漫过泉池，淌成小溪也是涓涓婉丽的，这样的女人会让人想起小家碧玉。有的女人像冰山，冷艳、高傲，拒人于千里之外，没有足够的热量，你最好对她敬而远之。有的女人像潭水，含蓄内敛，但内涵丰富，需要你用一生的时光才能读懂她。有的女人像瀑布，一直欢快地展现着自我，她本是山涧中的小溪，自由自在地流着；碰到落差很大的峭壁，还是一无反顾地往前流去，于是便有了"飞流直下"的景象；经过短暂飞珠溅玉的张扬，便化为一潭碧水，之后又悠悠地溢出潭池，继续欢快前行。瀑布一般的女人既随遇而安，又鲜活生动，还丰富多彩。我想，如果出一个让男人选择何种"水态女人"的题目，大概会有不少男人要把橄榄枝伸向瀑布一般的女人吧！

对了，还要特别提醒一下，不要忘记水和女人还有以柔克刚的特性——女人如水，她可能柔若无骨，但是她能磨平最坚硬的石头，还能融化最冷酷的坚冰，这种大而无言的韧性和穿透力，往往超过我们的想象。其实，温柔本身就是一种深刻而强大的力量，君不见无数像项羽那样"力拔山兮气盖世"的英雄们，常常在温柔的女人面前变得儿女情长，风云气少。

二

女人是水作的。美丽的女人总是水汪汪、湿润润的，宛如一泓透明的春水，清新可人，又仿佛一潭幽深的秋水，令人回味无穷；有爱的女人柔情似水，千娇百媚，使人心醉神迷；出浴的美人，娇嫩欲滴，楚楚动人……总之，鲜嫩水灵的女性群体，永远是世界上一道最靓丽的风景。与此同时，女人，因水而美丽；水，因女人而妩媚。天地造化，使二者珠联璧合，堪称"天人合一"的杰作。故周人在水边唱道："蒹葭苍苍，白露为霜。所谓伊人，在水一方。"（《诗经·秦风·蒹葭》）唐人在曲江池畔吟道："三月三日天气新，长安水边多丽人。态浓意远淑且真，肌理细腻骨肉匀。"（杜甫《丽人行》）

水是生命的琼浆，鲜活的生命离不开水的滋养，佳丽多是出自好山好水的地方。南朝萧子显《代美女篇》说："佳人淇洧出，艳赵复倾燕。繁秾既为李，照水亦成莲。"淇河与洧河虽然不大，但水质清碧，风光秀丽，是古代盛产美女的地方。诗中说淇洧佳人倾城倾国，如艳李、清莲一般俏丽。唐杜枚《杜秋娘诗》："京江水清滑，生女白如脂。其间杜秋者，不劳朱粉施。"长江水清质滑，孕育出才貌双全的镇江美女杜秋娘之流也就顺理成章了。

天生丽质固然需要风水宝地来孕育，但美貌持久也需要水来呵护、滋养。女人清明的胴体，要靠水来洗去身上的污垢；女人心灵的美好，也要靠水洗去心间的尘埃。所以，女人爱清洁，清洁难离水；时时勤沐浴，永葆冰玉身。水分还是美丽肌肤的第一要素，尤其是在秋天，肌肤的锁水能力较其他季节大大不如，因此补水是重要的一门美丽功课，美白、防晒、控油，都是在补水保湿的基础上完成的。有中华第一美女之誉的台湾电影演员林青霞，传授给他人的养颜秘诀，竟是"多喝水"三个字。

当今，水中有氧健身运动又成了"美眉"们追求的时尚。具体地说，就是做水中健身操，让女人的生命、身体如鱼儿一般灵动起来。在音乐柔美的旋律下，健身者跟随健美教练在齐腰或齐胸的水中做运动——可以在水中走路、水中慢跑、水中伸展等，从而达到保护皮肤、塑造完美体型（减肥）、锻炼力量与耐力等效果。还有一种经济方便的"熟浴瘦身法"，对过于丰满的女人颇有疗效，具体方法是：用适度的热水浸浴，一边泡澡一边出汗，既可以涤除肌肤表面的污垢，排走积聚体内的多余脂肪和废物，同时促进新陈代谢。女人们，为了青春永驻，赶快行动吧！

三

水曾一度演绎成女人的代名词，而且大多代指的是温婉女子的形象。

唐人元稹写有一首《离思》诗，用托物寄情的手法，表达了对亡妻的一往情深和忠贞不渝："曾经沧海难为水，除却巫山不是云。取次花丛懒回顾，半缘修道半缘君。"把亡妻比做大海的水、巫山的云，传递出的意思是说，见过沧海的人，对其他的水就不以为然了；除了巫山的云，其他的云统统不在话下了。

宋代大文豪苏轼在那首著名的《饮湖上初晴后雨》，把西子湖与中国古代美女西施相提并论："水光潋滟晴方好，山色空蒙雨亦奇。欲把西湖比西子，淡妆浓抹总相宜。"杭州西湖是中国最美丽的城市湖泊，西施——西子是中国古代四大绝色美女之一。西湖的软水柔波、万种风情，正如那千娇百媚的美人西子一样，无论是淡雅或浓艳的打扮，都恰到好处，散发出迷人的神韵。诗人用瑰丽的想象把本不相干却同样天生丽质的二者摆在一起，真是绝妙！从此以后，西湖又多了一个雅名——西子湖。

"水是眼波横，山是眉峰聚。欲问行人去哪边？眉眼盈盈处。"这是宋代词人王观的《卜算子》中上阙的句子。水是眼波横流，山是眉峰攒聚，这里的水，不仅是女性的，而且是女性最精华、最传神的眼神，这种美的韵致值得再三品味。

南宋大诗人陆游也写有著名的怀念前妻唐琬的诗《沈园》二首，其一

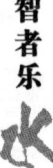

写道："城上斜阳画角哀，沈园非复旧池台。伤心桥下春波绿，曾是惊鸿照影来。"陆游初娶表妹唐琬，可谓郎才女貌，天作之合，二人携手度过了两年恩爱缠绵的美好时光。但佳期如梦，好景不长，唐琬不为陆母所容，二人被棒打鸳鸯。数年后陆游与唐琬在沈园邂逅，二人感情的大海再掀波澜，陆游将对唐琬的悔恨与相思之情化为一首催人泪下的《钗头凤》，题在园壁上。唐琬看后，不胜凄怆，也以《钗头凤》和之，不久便因忧郁而香消玉殒。40年后陆游重游沈园，睹物思人，写下了这首感情深挚的悼念唐琬诗。三、四句由水引发情思，言桥下那一汪春水绿波，几番映出唐婉秀美的倩影，而今物是人非，只有情依旧，思更浓。诗中将唐琬的美丽倩影用一池春水来衬托，让我们分明感到那清秀的碧水分明就是翩若惊鸿的唐琬化身。

把水作为女子的化身，最直接的当属古典文学名著《红楼梦》中的主人公贾宝玉。这位荣国府的多情公子，"行为偏僻乖张"，从小便爱往女儿堆里混，不过他倒是没有男尊女卑的思想，对女子颇为尊重，他曾说过这样的话："女儿是水做的骨肉，男人是泥做的骨肉；我见了女儿便清爽，见了男子便觉浊臭逼人。"贾宝玉身边的少女，或冰清玉洁，或柔弱温婉，或千娇百媚，无不令人怜爱。而他身边的男人们，正像宁国府老奴焦大破口大骂的那样："每日家偷狗戏鸡，爬灰的爬灰，养小叔子的养小叔子。"可见，这些权贵府中的男人大多是膏粱轻薄之流，更不乏污浊邪恶之辈。女儿的"清爽"与男人的"浊臭"，天壤之别，反差强烈，难怪贾宝玉会厚此薄彼了。

有一首一直传唱不衰的台湾民歌《高山青》，旋律优美，歌词隽永，比喻生动亲切，深受人们的喜爱。其歌词是："高山青，涧水蓝。阿里山的姑娘美如水呀，阿里山的少年壮如山。啊—啊—高山长青，涧水长蓝，姑娘和那少年永不分呀，碧水绕着青山转。"用高山比喻男子，用涧水比喻女子，高山—男子，涧水—女子，一阳一阴，和谐共处，相亲相伴——山依水，水傍山，涧水绕着青山转，象征青年男女相亲相爱，永不分离。

四

翻阅古籍，我还发现了一件有趣的现象，就是水井与女人也有着非同寻常的缘分。按照阴阳哲学的观念，井属阴，与阴柔的女人同类。在中国古代神话的家族中，井神是一个吹箫娘子，在天上仙人聚会欢宴时，她常常扮演吹箫助兴的角色。

女人与井长久地厮守，首先因为在传统社会中，井是"居家过日子"不可或缺的基础设施，几乎是家家必备之物，而女人作为以纺绩井灶为劳作对象的家庭主妇，她们中的绝大多数注定要围着井台、锅台转一辈子，直到生命的结束。近日在互联网上看到一位佚名作者写的《女人与井》诗，引起了我的共鸣。诗中道出了井与女人相依相伴的艰辛与无奈，似乎在为女人为何一辈子围着井台转作解读和鸣不平，兹录于下，与大家共同咀嚼：

女人，很年轻；井很深。女人与井长久地相约，秋冬春夏的陪伴，便有了相伴的故事。女人每天到井里挑水，每天在井边洗刷，也每天在井边流泪。井边的身影，长久地孤独着；井边的声音，长久地悲伤着，过往的眼睛注视过女人，便明白了故事的缘由。其实，女人是人贩的卖品，与井守候，不过是劳动的方式；与井守候，也是一种使命；与井守候，将是一辈子的注定。都说是井束缚了女人，其实，是罪恶束缚了女人与井。（注：标点为笔者所加）

中国传统文化还爱把井与女人尤其是美女联系在一起。比如绚丽的唐诗中就不乏以水井对应美人的内容。如：陆龟蒙的《野井》："朱阁前头露井多，碧梧桐下美人过。寒泉未必能如此，奈有银瓶素绠何。"张籍的《楚妃怨》："梧桐叶下黄金井，横架辘轳牵素绠。美人初起天未明，手拂银瓶秋水冷。"曹邺的《金井怨》："西风吹急景，美人照金井。不见面上花，却恨井中影。"金井、梧桐、美人，三种意象叠合在一起，构成一幅凄美的画面和凄凉的意境。自古红颜多薄命，看这些诗流露出的"怨""恨"与"寒""冷"交织的悲凉氛围，诗中的美人似应逃不脱这一宿命。

翻开中华史册，可以看到一个"以井记人"的文化现象，即许多"名井"常常与圣贤名士联系在一起。有趣的是，在"名井"中，同样也能找到美女的名字。比如：昭君井，坐落于有"落雁"之美誉的王昭君的家乡——湖北兴山县南郊宝坪村。相传昭君出世后，宝坪村原本枯竭多年的一口水井泉水涌流，清澈甘美，乡亲们认为这是昭君带来的福水，故称此井为"昭君井"。至今井水仍然清澈碧透，长年不竭，成为远近闻名的人文景观。文君井，坐落在四川邛崃市里仁街，相传为西汉司马相如与卓文君开设"临邛酒肆"时的遗迹。当年，大富商之女卓文君，与穷书生司马相如一见钟情。卓文君不顾乃父的强烈反对，毅然与司马相如交好。为了维持生计，夫妇俩在街上开了个小酒馆，"文君当垆，相如涤器"。酒馆院中有一口井，后人为了纪念奇女子卓文君，遂称之为"文君井"。薛涛井，为纪念唐代著名的女诗人薛涛而得名,坐落于成都望江公园内。相传当年薛涛常用井水与松花纸和朱红色颜料制成精美的小彩笺题写诗文,一时颇有声名,人称"薛涛笺"。这口薛涛井原本与薛涛无关,明代有人效仿薛涛制"薛涛笺",从此井中取水,久而久之,人们便称其为"薛涛井"。还有,与西晋大富豪石崇的宠姬绿珠有关的"绿珠井",与陈朝末帝陈叔宝宠妃张丽华有关的"胭脂井"等等,这些"井"因与美丽的女人有千丝万缕的联系,还演绎出许多缠绵而又煽情的故事,写也写不完。

"古井"一词也不简单,多用来形容一类女人特别的心态。孟郊《列女操》用诗的形式来诠释古井的含义:"贞夫贵殉夫,舍生亦如此。波澜誓不起,妾心古井水。"在封建礼教的桎梏下,夫死守寡,连再嫁的念头都无,正所谓心如古井,难起波澜!后来,古井一词又演化为特指寡妇、妓女之流,如果哪家的男人娶了寡妇或妓女做老婆,就叫"淘古井"。由于"古井"前面加了"淘"这个动词,使原本形容贞妇的"古井"也变了味。

井滋养了女人的容颜,记录了女人的劳碌,浸透了女人的悲苦,最后还承受了女人的生命。古代许多贞洁烈女常用投井的方式殉夫、殉城、殉国,如三国时刘备的糜夫人,在乱军中为了不拖累大将赵云,投井自尽;另有一些因不满现实的黑暗而愤然投井的烈女子,如岳飞的女儿银瓶小姐,因父亲的冤屈无处可申,愤然怀抱银瓶投井,以死作最后的抗争。更为凄惨的是,还有一些女子是被封建礼教逼得填井(投井)而死。如古代一些豪门大户,都自定一套所谓的家法,而且往往把不贞的女人投到井里淹死作为惩罚其过错的残酷手段,张艺谋导演的《大红灯笼高高挂》电影中,三太太被活活扔进老井的场面,并非凭空虚构,而是中国古代许多妇女悲惨命运的真实写照。就连皇家大内也不例外,如光绪皇帝的宠妃珍妃,就因不受慈禧的待见,尽管贵为皇妃,也同样难以摆脱被投井的悲惨命运。

五

水与女人联系在一起,本来是件赏心悦目的事,但一句"红颜祸水"却不由分说把女人与罪恶联系起来。

本来,男欢女爱,是阴阳和谐的表现,我们常常用诸如鸾凤和鸣、琴瑟和谐之类的词祝福新婚男女;本来,英雄爱美人也是天经地义的,许多可歌可泣的爱情故事之所以感人,就是因为这种爱源于人类的天性。但世上之事,都有个度;过了度,就会走向反面。历史上,许多因耽迷于女色而荒废政务的例子比比皆是。但人们不追查帝王沉溺女色的原因，却往往把罪恶之源归结到女人身上，于是就有了"红颜祸水"或"女人误国"的说法。女人成了替罪的羔羊，细数起来，例子还真不少。

妲己，商纣王的宠妃，历史上的知名度很高，堪称"红颜祸水"的典范。据说妲己的罪恶是助纣为虐。比如她怂恿纣王造酒池肉林、游宴无度，残害比干等忠臣，妲己本是纣王剿灭一个叫苏的部落的"战利品"，因美若天仙而见宠于纣王，实则不过是纣王手中的一个玩物。只不过纣王"玩"的时候大都带着妲己，而且最后把江山社稷都玩丢了。即使这样，本来也与妲己没多大干系，但在妲己和纣王死后千余年的《列女传》，还有明代神魔小说《封神演义》，都把种种劣迹和恶名归结到妲己身上，是十足的"女祸亡国论"者。无独有偶，在中国历史上认定为"红颜祸水"者远不止妲己一人。夏桀时的妹喜，周幽时的褒姒，唐朝李隆基时的杨贵妃……好像没有这些"红颜祸水"的存在，这些昏庸残暴的帝王们就会"天子圣明"，他执掌的江山也会固若金汤。当然，不能说妲己之流一点责任也没有，如果他们如唐太宗的长孙皇后、明太祖的马皇后那么贤惠仁德，"吹"的都是让夫君勤政、惠政之类的枕边风，确实会对帝王的暴虐恶行起到一定的抑制作用。但这充其量只不过是外因，决定的因素还在君王个人。主昏必然臣佞，纵然身有一些忠臣良将也无济于世，更何况身边区区一小女子的作用了。

其实，中国历史上对"红颜祸水"说持异议者大有人在。比如唐末诗人罗隐，就毫不含糊地唱过反调，他的《西施》写道："家国兴亡自有时，吴人何苦怨西施。西施若解倾吴国，越国亡来又是谁？"在罗隐看来，一个家庭、一个国家的兴盛或败亡，自有它内在的规律。吴国人为什么把亡国的怨恨记在西施头上呢？如果说西施导致吴国灭亡这一说法成立的话，那么越国灭亡这笔帐又该算在谁的头上呢？短短四句诗，可谓入木三分，直击"红颜祸水"论的要害。

还有女人为自己及其同胞大鸣不平者，五代后蜀国主孟昶的贵妃花蕊夫人就是其中的一位。北宋灭后蜀后，孟昶和花蕊夫人等一起被掳入北宋都城汴京。宋太祖赵匡胤垂涎花蕊夫人美艳，便害死孟昶，将花蕊夫人纳入自己的后宫。一次，太祖与花蕊夫人饮酒作乐，谈及后蜀败亡之事。太祖道：我听许多人说，后蜀灭亡是因为宠幸你而荒疏国事所致。花蕊夫人闻听此言，压抑已久的悲愤之情如火山般爆发了，她口占一绝："君王城上竖降旗，妾在深宫哪得知？十四万人齐解甲，更无一个是男儿。"太祖本以为花蕊夫人是个花瓶、玩物，想拿民间的说法调侃她一下，没想到花蕊夫人有如此诗才和见识，不由得对她刮目相看。我们看到，作为蜀人，花蕊夫人对后蜀的亡国是非常痛惜的，对世人将亡国的原因归结于"女祸"，尤其是让她背这个黑锅是根本不认同的。她在诗中高声抗议：君王不战而降，这本是那帮既胆怯又无能的男人们所干的事，我居于深宫，哪里知道他们的所作所为呢？退一步讲，即使我知道，我一个弱女子又能奈局势如何呢？在宋军兵临城下时，那14万人竟丢盔弃甲，拱手投降，试问他们中哪一位称得上"男人"呢？悲愤的反诘，堪称对"红颜祸水"说最有力的批判。

花蕊夫人的满腔悲愤和不平，是不难理解的。我们知道，进入父系社会后，男人便成为社会的主宰，男尊女卑，三从四德，几乎成为数千年中国男女关系的定式。在男权社会里，男子可以为所欲为。而女性则处于从属地位，受尽了男人的压迫和欺凌。平民百姓尚且如此，贵为天子，惟我独尊，有着无限权力，连男人都要匍匐于他们脚下的帝王们，更不会把女人放在眼里了。他们宠爱某一位女子，不过把他当成自己的玩偶而已。至于他们沉溺于女色，以致误国、亡国，是他们自己把持不住，玩物丧志，咎由自取的结果。说句不中听的粗话，别拉不出屎来赖茅房！

至于中国历史上"红颜祸水"说或者"女人误国"论之所以颇有市场，我认为除了根深蒂固的男尊女卑封建传统以外，还有如下两个原因：一是旧时文人有意为昏君暴君开脱罪责；二是小说家们为了使故事"引人入胜"，便拿君王身边的女人作调味品。

女人与水，一个永恒而且永远也说不完的话题。

后　记

　　这次结集出版的文章，主要来源于三个部分：一部分是前几年的"库存"，如《秦始皇与水》、《毛泽东与水》、《沈从文与水》、《女人与水》等；一部分是改写而成，如"先秦诸子与水"系列（收录在拙作《中华文化与水》一书中），就是在原来论文体的基础上，按照"散文笔法"改写而成的；一部分是去年10月以来至今的新作，如"现当代作家与水"系列，王羲之、郦道元、李白、杜甫、苏轼、李清照、徐霞客等"先贤与水"系列。

　　较之已出版的《水之礼赞》、《追寻大禹的足迹》而言，这个集子主要是从书海中"探宝寻贝"得来（这其中当然有自己的思考和感悟），行万里路追寻"乐水"者的足迹，从中发掘出隐于历史尘埃中的"金子"远远不够，这是笔者深以为憾的。

　　为了完成这部书稿，一年多来，我差不多把全部的业余时间用在了读书、思考和写作上，其中甘苦，如鱼在水，冷暖自知。虽然殚精竭虑，费力不少，但由于自己的学养才力有限，还找不出一篇自己认可的"阳春白雪"的东西，这也是没有办法的事情。

　　在《智者乐水》的写作过程，得到了许多亲友和同事有形无形的大力帮助和支持，在此深表谢意。无以回报，只有鞭策自己再接再厉，继续辛勤耕耘，争取少收些草籽和稗子。

作　者
2009年11月8日于津门乐水书屋